浙江省普通本科高校"十四五"重点立项建设教材

财务大数据分析与可视化

——基于Power BI

主　编：董淑兰　杨行翀

副主编：沈逸萌　刘琦璐　付　伟

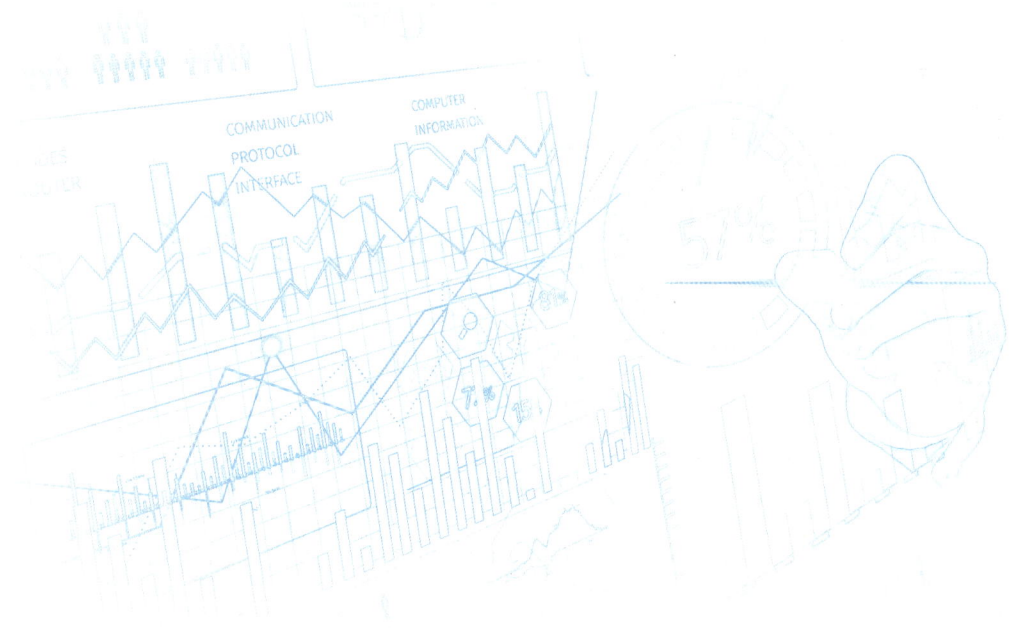

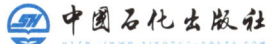

·北京·

图书在版编目（CIP）数据

财务大数据分析与可视化：基于 Power BI／董淑兰，杨行翀主编 . -- 北京：中国经济出版社：中国石化出版社，2025.6. -- ISBN 978-7-5136-8274-9

Ⅰ. F231.2-39

中国国家版本馆 CIP 数据核字第 2025A85S08 号

选题策划　雷　生
责任编辑　彭　欣
责任印制　李　伟
封面设计　任燕飞

出版发行	中国经济出版社
印 刷 者	北京科信印刷有限公司
经 销 者	各地新华书店
开　　本	889mm×1194mm　1/16
印　　张	18
字　　数	458 千字
版　　次	2025 年 6 月第 1 版
印　　次	2025 年 6 月第 1 次
定　　价	59.00 元

广告经营许可证　京西工商广字第 8179 号

中国经济出版社 网址 http://epc.sinopec.com/epc/　社址 北京市东城区安定门外大街 58 号　邮编 100011
本版图书如存在印装质量问题，请与本社销售中心联系调换（联系电话：010-57512564）

版权所有　盗版必究（举报电话：010-57512600）
国家版权局反盗版举报中心（举报电话：12390）　　服务热线：010-57512564

PREFACE 前言

新文科建设是全面深化高等教育教学改革的重大举措。专业优化、课程提质、模式创新是新文科建设的三个基本抓手，注重推进学科之间的交叉融合，在"理+文"交叉学科建设中，注重信息技术、大数据管理与应用等学科背景的人才培养。同时，随着大数据、人工智能和数据可视化技术的快速发展，财会领域也在逐步应用这些技术。企业、事业等单位对财务数据分析的要求越来越高，因此财务人员需要具备大数据分析和数据可视化的能力。传统的财务分析方法已无法满足现代企业对海量数据处理和深度分析的需求。本书正是在这样的背景下，立足新时代会计专业人才培养目标，培养学生从事财会工作应具备的会计核算能力、财务分析能力、财务决策能力，使学生具有良好的职业道德及社会责任感、使命感和家国情怀。主要从课程思政建设、教材编写理念、现代信息技术与专业深度交叉融合三个层面体现"新文科建设"内容。本书紧跟信息技术与财会行业发展，契合大数据与可视化分析技术在财务会计中的应用，精准设计、特色打造以 VDC 平台和 Power BI 工具为支撑、实现现代信息技术与专业知识交叉融合的《财务大数据分析与可视化——基于 Power BI》新文科教材。

本教材的编排思路：让学生明确通过各章节的学习应达到的知识目标、能力目标和价值目标，以及学习完相关内容后应达到的学习目标。从第 3 章开始，本教材结合现实案例，讲解具体操作过程，同时，详细讲解各章节内容与相关知识点。每章后通过"课后拓展"提出需深入思考的问题。教材中结合重点和难点，以真实的上市公司案例激发学生学习兴趣、以问题导向引发学生思考；教材章节主题与内容将弘扬奋斗精神、创新精神、奉献精神和工匠精神；各章节设计使学生更好地运用财务大数据和可视化工具解决实际问题，培养学生的创新能力和科学探索精神。另外，每一章节都将插入二维码，使学生可以随时查看名师课程、案例视频、教师答疑、最新会计准则、财务管理制度等。

本教材的特色主要体现在以下四个方面：一是立德树人，思政引领。新文科建设要求立足国情，立足新时代改革开放和社会主义现代化建设的伟大实践。本教材案例均来自我国实践，在讲解专业知识的基础上，加入反映社会主义核心价值观的思政课堂，使学生着眼国内实践，扎根本土，学好知识为社会主义建设贡献力量，并培养学生的家国情怀。**二是学科交叉，应用性强**。编写团队成员来自高校教师与技术专家的组合，涵盖管理学、统计学、经济学以及信息技术等多学科背景,经过多次财务大数据与可视化的相关培训、课程演练、学术研讨,积累了丰富的会计专业仿真教学设计和企业财会工作经验。**三是理实一体,学做合一**。本教材在讲授理论的同时,更突出实践性和实战性,力求实现案例和情景化教学,培养学生分析问题、解决问题等实际操作能力。同时紧密结合我国现行的会计准则体系、财务管理制度以及经济法律法规安排章节内容,使教材与实际贴合更加紧密。学生能在阅读有趣的故事中领悟知识,解决现实问题和重点难点。**四是准则法规,动态更新**。全书按照最新的会计准则和相关法规进行编写,紧跟专业领域前沿,同时提供最新的会计准则、财务管理制度和相关法规的链接,使师生可随时查阅到最新的法律法规资源,避免从百度等搜索引擎搜到互相矛盾或不准确的资源信息,浪费宝贵的时间和精力。

本书由嘉兴大学董淑兰教授和杨行翀老师组织编写并担任主编,嘉兴大学沈逸萌博士、刘琦璐博士和跃客科技总裁付伟先生担任副主编。在本书编写过程中,付伟先生及其团队给予重大支持。

(服务邮箱:173741581@qq.com)

CONTENTS 目录

第1章　总论　001

- 1.1　大数据与财务大数据 …………………………………………………… 001
- 1.2　可视化技术简介 ………………………………………………………… 002
- 1.3　数据类型 ………………………………………………………………… 004
- 1.4　常用数据分析模型 ……………………………………………………… 006
- 1.5　数据可视化工具 ………………………………………………………… 007

第2章　Power BI 介绍　010

- 2.1　**Power BI** 概述 …………………………………………………………… 010
- 2.2　**Power BI** 应用模式及系列组件 ………………………………………… 012
- 2.3　**Power BI Desktop** 安装与账号注册 …………………………………… 013
- 2.4　**Power BI Desktop** 界面 ………………………………………………… 015

第3章　Power BI 基本应用　019

- 3.1　数据获取与整理 ………………………………………………………… 019
- 3.2　数据建模 ………………………………………………………………… 039
- 3.3　**Power BI** 数据可视化 …………………………………………………… 067

第4章　资产负债表可视化设计与分析　077

- 4.1　数据导入 ………………………………………………………………… 077
- 4.2　数据清洗 ………………………………………………………………… 079

4.3 数据度量 …… 081
4.4 数据建模 …… 083
4.5 数据可视化——"报表页" …… 084
4.6 新建度量值 …… 092
4.7 数据可视化——"分析"页面 …… 111
4.8 数据可视化——页面导航器 …… 125

第5章 财务能力可视化分析　128

5.1 数据导入 …… 128
5.2 数据清洗 …… 130
5.3 数据建模 …… 133
5.4 数据度量 …… 135
5.5 数据可视化 …… 143

第6章 存货分析可视化　165

6.1 数据导入 …… 165
6.2 数据清洗 …… 167
6.3 数据建模 …… 170
6.4 数据度量 …… 171
6.5 数据可视化——"信息页" …… 175
6.6 数据可视化——"数据页" …… 214
6.7 数据可视化——页面导航器 …… 240

第7章 管理会计综合业绩评价可视化　242

7.1 数据导入 …… 242
7.2 数据清洗 …… 244
7.3 数据建模 …… 248
7.4 数据可视化——"信息"页面 …… 250
7.5 数据可视化——"杜邦分析"页面 …… 267

参考文献 …… 281

第1章

总论

1.1 大数据与财务大数据

1.1.1 大数据

财务大数据及应用场景

大数据(Big Data)也称巨量数据,是指其数据规模巨大到无法通过人工或常规工具在合理时间内完成捕获、管理和处理的数据集合。2015年,国务院印发的《促进大数据发展行动纲要》指出,大数据是以容量大、类型多、存取速度快、应用价值高为主要特征的数据集合。

大数据的基本特征可以用5个"V"来表示:数据量(Volume),即生成数据的体量大;速度(Velocity),即生成数据的处理速度快;多样性(Variety),即生成数据的类型和结构多;准确性(Veracity),即生成数据的可靠性高;价值(Value),即数据价值密度低但商业价值高。

1.1.2 财务大数据

企业经营受国际形势、国家宏观政策和经济环境的影响,不仅要严格遵守相关政策、法律法规,还要考虑同业竞争以及供应链企业、自身资源的限制。传统的分析方法和分析工具不足以支撑对海量数据的获取,更不能按照决策者的信息需求对数据进行深入挖掘和深度分析,因此传统的财务数据仅反映企业经营状况。

财务大数据是利用大数据技术,从企业内部管理信息系统中获取企业经营数据,以及从各种数据库、政府网站、上下游合作伙伴、Web上获取外部数据而形成的海量数据集。企业的财务大数据主要包括企业内部数据和企业外部数据两种。

1. 企业内部数据

企业内部与财务相关的大数据主要来自ERP系统或会计信息系统中的财务、业务数据,例如用友U8、金蝶K3、SAP等系统中的数据,以及存储在Access、SQLServer、Oracle等数据库中的数据。在做数据分析时,我们需要将这些数据从信息系统中导出。

2. 企业外部数据

企业外部与财务相关的大数据主要来自政策法规文件、行业数据、客户(供应商)数据、国家统计数据等。

企业内部数据的获取相对容易,企业外部数据主要来自公开的网站(见表1-1)。

表1-1 常见财务数据来源

数据分类	网站及网址
宏观经济数据	国家统计局:http://data.stats.gov.cn 中国经济信息网:http://www.cei.cn
金融统计数据	中国人民银行:http://www.pbc.gov.cn
财政数据	财政部:http://www.mof.gov.cn
证券市场交易信息	上海证券交易所:http://www.sse.com.cn 深圳证券交易所:http://www.szse.cn 北京证券交易所:http://www.bse.cn
财经网站	新浪财经:https://finance.sina.com.cn 网易财经:https://money.163.com 巨潮资讯:https://cninfo.com.cn
商业数据库	国泰安数据库(CSMRA)、锐思数据库(RESSET)、万得数据库(Wind)

课后拓展

财务大数据在识别财务舞弊行为中的作用。

基于财务大数据的财务舞弊识别

1.2 可视化技术简介

1.2.1 可视化技术定义

可视化技术是将抽象的数据信息以直观、形象的图形、图表、地图、信息图等视觉形式呈现出来的一种技术手段。其本质是通过视觉通道(如颜色、形状、大小、位置等)对数据的属性和关系进行编码,使用户能够快速、准确地理解数据背后的模式、趋势、关联等信息,从而辅助决策和探索性分析。

1.2.2 可视化的功能

可视化(Visualization)是利用图形进行信息交流的一种方法。可视化过程是指将复杂的信息以图形的形式呈现出来,让这些信息更容易、更快速地被人理解。因此,它也是一种放大人类感知的图形化表示手段。可视化技术是对所需表达内容进行可视化表达以增强认知的技术。

通常,可视化具有三大功能。

1. 信息记录与保存

古今中外,草图是记录与保存大量历史信息的最好方式。最早,古人采用结绳记事,通过在不同粗细的绳子上系成不同距离、不同大小的结来记录事物。虽然结绳记事的方式不能直接反映出记录的事物,但通过结法、结的大小、距离长短以及绳子粗细可以表达出不同的信息。草图不仅能直观地描述事物,如达·芬奇对人头盖骨的可视化,而且多幅连续渐变的图能反映事物周期变化,如伽利略关于月亮周期的绘图。当然,现代的绘画和图形图像形式更多样,内容更丰富,能更加详细地记录方方面面的历史信息。

2. 信息推理与分析

可视化能扩充人脑记忆,帮助人脑形象地理解和分析任务,显著提升信息分析的效率。将信息以可视化形式呈现给受众,可以引导受众通过可视化结果进行合理的推理和分析,进而得到有用的信息。这种直观的信息感知机制,大大降低了受众对对象感知和理解的复杂程度。如湖泊藻类生长的可视化场景,能帮助受众理解藻类蔓延的路径和速度等信息,以辅助分析消除和控制藻类蔓延的关键点和时长等。

3. 信息传播与扩散

俗话说,"百闻不如一见""一图胜千言",可视化图形能简洁明了地让受众理解并传播信息,也能抓住受众的"眼球",对信息进行扩散。例如,在数字经济蓬勃发展的当下,电子商务平台充分使用图片和视频等可视化形式展示和推广商品,一张好的图片或一段视频展示远胜过长篇的文字介绍。

1.2.3 数据可视化的重要性

在制定业务策略和目标时,数据可视化能以多种方式帮助决策者提高数据洞察力,其重要性体现在以下方面:

1. 使分析更深入

大数据可视化有助于利益相关者深入分析有关销售、营销策略和产品的报告,使他们可以专注于需要关注的领域,从而进一步增加企业的利润,提高企业的竞争能力。

2. 促进快速行动

可视化数据比表格、报告更容易理解。大数据可视化使决策者能够第一时间得到有关新数据的见解,并为实现业务增长采取必要的行动。

3. 识别模式

大数据可视化可以为人们提供更多的机会洞察数据背后的故事和规律,帮助他们识别出特定的模式。用户可以将注意力集中在数据中需要关注的特定领域,以便确定这些领域的重要性,进而推动业务发展。

4. 查找数据错误

数据存在错误或质量不佳的情况比较常见,大数据可视化可以帮助人们更快地将其识别出来,以便人们在分析过程中能进行相应的处理。

5. 提升商业洞察力

在当前竞争激烈的商业环境中，使用可视化技术发现数据的相关性是提升商业洞察力的关键。探索数据相关性对管理人员确定实现业务目标的正确路径非常重要，大数据可视化有助于管理人员提升商业洞察力。

6. 把握最新趋势

通过大数据可视化，人们可以发现业务发展的最新趋势，为客户提供高质量的产品，并在问题出现之前发现端倪，促使管理人员投入更多的精力紧跟最新趋势，为企业增加利润。

1.2.4 Power BI 在数据可视化中的作用

Power BI 是微软公司推出的商业智能（Business Intelligence，BI）工具，其数据可视化功能不仅是数据呈现的载体，更是从数据洞察到决策支持的全链路赋能工具。其核心作用可归纳如下：

1. 多源数据整合与标准化

Power BI 支持连接超过 200 种数据源（包括 Excel、数据库、云服务、API 等），通过 Power Query 实现数据清洗与转换，解决财务数据中常见的异构性问题。例如，企业可将 ERP 系统的结构化数据与社交媒体评论的非结构化数据整合，形成统一分析视图。

2. 交互式动态仪表盘构建

用户可创建包含钻取、切片器、书签等交互元素的仪表盘，实现从宏观趋势到微观细节的穿透式分析。例如，在财务分析中，用户点击区域地图可联动显示该地区的成本构成明细。

3. 复杂业务逻辑的可视化表达

通过数据分析表达式（Date Analysis Expression，DAX）语言，Power BI 可将财务比率计算（如杜邦分析）、时序预测模型等复杂逻辑转化为动态图表。例如，利用折线图与预测线展示现金流趋势，或通过桑基图揭示资金流动路径。

4. 实时数据监控与预警

支持与 Azure、SQLServer 等平台的实时数据流对接，生成动态更新的可视化看板。例如，零售企业通过 Power BI 实时监控库存周转率，当突破阈值时触发预警色块。

1.3 数据类型

数据是对客观事物的逻辑归纳，是事实或观察的结果。随着科学技术的发展，凡是可以电子化记录的都是数据，如社交网络产生的社交数据、购物网站产生的大量客户及购物数据、物联网技术催生的车联网数据等。数据的内涵越来越广泛，不仅包括 GDP、股市指数、人口数量等数值型数据，还包括文本、声音、图像、视频等非数值型数据。常见的数据分类方法有 3 种：按结构属性分类、按连续特征分类及按测量尺度分类。

1.3.1 按结构属性分类

按结构属性分类,数据可以分为结构化数据与非结构化数据。它们不仅存储形式不同,在数据处理和数据分析的方法上也大相径庭。结构化数据通常是指存储在数据库里,可以用二维表结构表示的数据。从数据存储角度看,Excel表格数据、SQLServer数据库和Oracle数据库中的数据,都是结构化数据;从应用的角度看,企业ERP系统数据、企业会计信息系统数据、银行交易记录数据等,也是结构化数据,它们大多存储在大型数据库中,方便用户检索、分析和处理。

非结构化数据通常是指不能用二维表结构来表示和存储的数据。相对于结构化数据而言,非结构化数据没有统一的规则,主要涉及音(视)频、图片、文本等形式。例如,利用一定手段从网站抓取的新闻数据、某个电影的评价数据等,都需要通过一定的方法将其量化为结构化数据,才能进行有效的分析。

1.3.2 按连续特征分类

按连续特征分类,数据可以分为连续型数据与离散型数据。连续型数据与离散型数据可以用线、点来区分理解。

连续型数据是指在一定区间内可以连续取值的数据。例如,人的身高、体重数值,气温度数,电影票房收益等。

离散型数据也被称为不连续数据,其取值只能用自然数或整数表达。例如,硬币的正反面取值、某人的学历取值等。

1.3.3 按测量尺度分类

按测量尺度分类,数据可分为定类数据、定序数据、定距数据和定比数据。

定类数据表现为类别,用于标识数据所描述的主体对象的类别或者属性名称。定类数据不区分顺序,无法描述大小、高度、重量等信息,不能进行任何运算,包括比较运算。比如,人的性别分为男性和女性两类,量化后可分别用0和1表示;企业按行业分类,分为旅游业、教育业、制造业、建筑业、金融业等,分别用数字1、2、3、4、5表示。这些数字只是代号,不能区分大小或进行任何数学运算。

定序数据表现为类别,但有顺序,也称为序列数据,用于对事物所具有的属性按顺序进行描述。定序数据虽然可以用数字或者序号来排列,但并不代表数据的大小,只代表数据之间的顺序关系。例如,人的受教育程度分为高中毕业、大学本科毕业、硕士研究生毕业、博士研究生毕业,分别用1、2、3、4表示,这些只代表顺序,按照大小正序排列,但不能进行计算。定序数据不仅具有定类数据的特点,可以将所有的数据按照互斥穷尽原则(MECE)加以分类,而且各类型之间具有某种意义上的等级差异,从而形成一种确定的排序。

定距数据是由定距尺度计量形成的,表现为数值,可以进行加减运算,不能进行乘除运算。定距数据没有绝对零点,比如温度计的零点是人为指定的,并不能说20℃是10℃的2倍,只能说20℃比10℃高10℃。

定比数据是由定比尺度计量形成的,表现为数值,既可以进行加减运算,也可以进行乘除运算。定比数据代表数据的最高级,既有测量单位,也有绝对零点(可以取值为0)。比如,小明的体重是60千克,小刚的体重是30千克,我们可以说小明的体重是小刚体重的2倍。

由此可以看出,定类数据和定序数据表现为分类,属于定性数据;定距数据和定比数据表现为数值,属于定量数据。

1.4 常用数据分析模型

我们在做数据分析时,会用到许多分析模型。常见的数据分析模型有以下几种:用于企业战略分析的 SWOT 分析模型;用于外部宏观环境分析的 PEST 模型;用于外部微观环境分析的波特五力模型;用于厘清业务问题思路的逻辑树模型;用于市场营销的 4P 模型;用于产品运营管理的 AARRR 模型;用于客户分析与评价的 5W2H 模型、RFM 模型等。

1.4.1 SWOT 分析模型

SWOT 分析法也叫态势分析法,20 世纪 80 年代初由美国旧金山大学管理学教授韦里克提出,经常被用于企业战略制定、竞争对手分析等场合。SWOT 分析模型是产业研究中最常用的分析工具之一,对企业内部的优势(Strength)与劣势(Weakness)、外部环境的机会(Opportunity)与威胁(Threat)进行综合分析,并结合企业的经营目标对备选战略方案作出系统评价,最终制定出一种正确的经营战略。

1.4.2 PEST 模型

PEST 模型是战略咨询顾问用来帮助企业分析其外部宏观环境的一种方法。宏观环境又称一般环境,是指影响一切行业和企业的各种宏观力量。不同行业和企业会根据自身特点和经营需要对宏观环境因素进行分析,虽然分析的具体内容会有差异,但一般都对政治(Politics)、经济(Economic)、社会(Society)和技术(Technology)四大类影响企业的主要外部环境因素进行分析。

1. 政治环境

政治环境包括一个国家的社会制度,执政党的性质,政府的方针、政策、法令等。

2. 经济环境

经济环境主要包括宏观和微观两个方面。宏观经济环境主要指一个国家的人口数量及其增长趋势,国民收入、国内生产总值及其变化情况,以及通过这些指标能够反映的国民经济发展水平和发展速度。微观经济环境主要指企业所在地区或所服务地区的消费者的收入水平、消费偏好、储蓄情况、就业程度等因素。这些因素直接决定着企业目前及未来的市场规模。

3. 社会环境

社会环境包括一个国家或地区的居民受教育程度、宗教信仰、风俗习惯、价值观念等。

4. 技术环境

技术环境除了包括与企业直接相关的技术手段的发展变化外,还包括:①国家对科技开发的投资和支持重点;②该领域技术发展动态和研究开发费用总额;③技术转移和技术商品化速度;④专利及其保护情况等。

1.4.3 波特五力模型

波特五力模型由美国管理学家迈克尔·波特(Michael Porter)于20世纪80年代初提出,是企业制定竞争战略时经常利用的战略分析工具。波特五力分析属于外部环境分析中的微观环境分析,主要用来分析本行业的企业竞争格局,以及本行业与其他行业之间的关系。

根据波特的观点,一个行业中的竞争,不是只在原有竞争对手之间进行,而是存在5种基本的竞争力量(供应商的议价能力、购买者的议价能力、潜在竞争者进入的能力、替代品的替代能力、行业内竞争者现在的竞争能力),这5种竞争力量的状况及综合强度决定着行业的竞争激烈程度。5种力量的不同组合变化,最终影响行业利润潜力的变化。

1.4.4 4P模型

4P模型产生于20世纪60年代的美国,是随着营销组合理论的提出而出现的。营销组合实际上有几十个要素,杰罗姆·麦卡锡于1960年在《基础营销》一书中将这些要素概括为4类:产品(Product)、价格(Price)、渠道(Place)、促销(Promotion)。1967年,菲利普·科特勒在其畅销书《营销管理:分析、规划与控制》中进一步确认了以4P为核心的营销组合方法,具体分析如下:

(1)产品。注重产品开发,要求产品有独特的卖点,把产品的功能诉求放在第一位。

(2)价格。根据不同的市场定位,制定不同的价格策略。产品的定价依据是企业的品牌战略,注重品牌的含金量。

(3)渠道。企业并不直接面对消费者,而是注重经销商的培育和销售网络的建立,企业与消费者的联系是通过分销商来进行的。

(4)促销。企业注重通过销售行为的改变来刺激消费者,以短期行为(如打折、买一送一等)吸引其他品牌的消费者或促进提前消费,从而获得销售的增长。

1.4.5 5W2H模型

5W2H模型是围绕时间、地点、人物、事件、原因、方式方法、程度7个要素,也即为什么(Why)、什么事(What)、谁(Who)、什么时候(When)、什么地方(Where)、如何做(How)、什么价格(How much),发现解决问题的线索。5W2H模型简单、方便,易于理解,主要用于客户行为分析、业务问题分析和营销活动等,有助于企业做出决策和制定措施,也方便考虑问题时查漏补缺。

1.5 数据可视化工具

1.5.1 ECharts

ECharts是由百度开发的开源大数据可视化工具,具有交互性好、图表设计精巧的优点,得到众多开发者和用户的认可。ECharts兼容主流浏览器(如Internet Explorer8/9/10/11、Chrome、Firefox、Safari等),可以在个人计算机和移动设备上运行,是一款非常优秀的可视化前端框架。

ECharts 支持线状图、柱形图、散点图、饼状图、雷达图、地图、仪表盘、漏斗图等,同时提供标题、详情气泡、图例、值域、数据区域、时间轴、工具箱等可交互组件,支持多图形、组件的联动和混搭展现。

1.5.2　R 语言

R 语言是一种开发良好、简单有效的编程语言,包括条件、循环、用户定义的递归函数以及输入和输出设施;具有高效的数据处理和存储功能;提供了一套用于数组、列表、向量和矩阵计算的运算符;为数据分析提供了大型、一致和集成的工具集合;可以提供直接在计算机或纸张上打印的图形设施用于分析和显示数据。

R 语言作为一种编程语言和软件环境,可以为用户提供统计分析、图形表示和报告服务;允许使用函数的模块化编程、分支和循环;能够与 C、C++、.NetPython 或 FORTRAN 语言编写的过程集成以提高其运行效率;可以在 GNU 通用公共许可证下免费获得,并为各种操作系统(如 Linux、Windows 和 Mac)提供预编译的二进制版本。

R 语言有两大独立的绘图系统——基础绘图系统和 Grid 绘图系统。基础绘图系统直接在图形设备上画图,主要涵盖简单、快速和具有探索性的图形;而 Grid 绘图系统将界面分成矩形区域,每个区域有自己独立的坐标体系,这些坐标体系可以相互嵌套,使 Grid 系统可以画出更加复杂的图形。

R 语言是通过一个个的库(Package,又称工具包)来实现一系列功能的。基础绘图系统依赖于 graphics 包;基于 Grid 系统的包有 grid、lattice 和 ggplot 等。

1. ggplot2

ggplot2 包是 R 语言用于绘图的一个扩展包,它在作图时可以将一个作图任务分解为若干个子任务,人们只要完成各个子任务就可以完成作图。它在制作常用的图形时只需要两个步骤:首先将图形所需的数据输入函数 ggplot( );其次调用相应函数 geom_xxx( )来确定图形类型,如散点图、盒形图等。

如果需要进一步控制图形细节,如表现方式、图例、配色等,则可调用其他函数。与 R 语言的其他作图系统相比,ggplot2 的作图有规律可循,其制作的图形可以达到出版印刷要求。除了可以按照既定模式画出常见的图形,它也能很轻松地将不同种类的图形组合在一起,或者设计出更新颖的图形。

2. Recharts

Recharts 提供了 ECharts 的 4.0 版本的 R 语言接口,提供的图形展示接口包括地图(eMap)、柱形图(eBar)、折线图(eLine)、雷达图(eRadar)、散点图(ePoints)、漏斗图(eFunnel)和饼状图(ePie),同时计划逐一实现力导向图(eForce)、时间序列散点图(ePointsTimeseries)、矩阵树图(eTree)、平行坐标图(eParALLel)和桑基图(eSankey)。

1.5.3　Python

Python 是一种易于学习、功能强大的编程语言。它具有高效的高层数据结构和简单有效的面向对象的编程方法。Python 优雅的语法和动态类型,加上它的解释性质,使它成为大多数平台上多个领域脚本编写和快速应用程序开发的理想语言。

Python 解释器和扩展的标准库可以从 Python 网站免费获得。Python 解释器很容易扩展,可以使用 C 语言或 C++语言实现新函数和数据类型(或 C 语言调用的其他语言),Python 也适合作为可定制应用程序的扩展语言。Python是一种高层次的,结合解释性、编译性、互动性和面向对象的脚本语言。

Python是一种解释型语言,这意味着在开发过程中没有编译这个环节,类似于PHP和Perl语言。Python是面向对象的语言,支持面向对象的风格或代码封装于对象的编程技术。Python还是初学者的语言,对初级程序员而言很友好,它支持广泛的应用程序开发,如从简单的文字处理到浏览器,再到游戏。

1. Matplotlib

Matplotlib是用于大数据可视化最流行的Python库之一。Matplotlib是一个综合性的库,用于在Python中创建静态、动画和交互式可视化图形。Matplotlib是用Python编写的,可以和Python的数值数学扩展包NumPy一起使用。Matplotlib最重要的特性之一是它能够很好地处理许多操作系统和图形后端。Matplotlib支持几十种后端和输出类型,这意味着无论使用哪种操作系统或希望使用哪种输出格式,Matplotlib都可以实现。这种跨平台、人人共享的特点是Matplotlib的一大优势。

2. Seaborn

Seaborn是一个基于Matplotlib的Python数据可视化库,能以高层次的界面来绘制有吸引力和信息丰富的统计图形。Seaborn还提供了一个可以快速探索、分析数据不同特征的API,它建立在Matplotlib之上,并与pandas数据结构紧密集成。

Seaborn的目标是使可视化成为探索和理解大数据的核心部分。它可以用于检查多个变量之间的关系,支持使用分类变量来显示观察值或汇总统计数据,还可用于可视化单变量或双变量分布及在数据子集之间进行比较,以及用于不同类型因变量线性回归模型的自动估计与作图及复杂数据集整体结构的查看。

3. Pyecharts

Pyecharts结合了Python和百度开源的ECharts。它具有以下特点:可集成至Flask、Django等主流Web框架;相较于Matplotlib等传统的数据可视化库,语法更加简洁,更加注重数据的呈现方式而非图形细节。它包含原生的百度地图,可以很方便地绘制地理可视化图形。

1.5.4 Power BI

Power BI是微软公司推出的一款可视化智能软件,是一套业务分析工具,可提供见解以帮助用户做出正确的决策,将数据转换为令人赞叹的视觉对象,并可在任何设备上与同事共享,在一个视图中直观浏览和分析本地数据和云端数据,协作并共享自定义仪表板和交互式报表。Power BI的主要功能包括轻松获取数据、强大的数据分析能力、可视化展现、共享协作机制及移动端动态信息查阅,第2章将对此进行详细描述。

课后拓展

人工智能和大数据对会计学科发展的影响。

第2章 Power BI介绍

2.1 Power BI 概述

Power BI 是微软推出的一款商业智能分析工具,用于数据可视化与分析,支持从多种数据源获取数据并生成交互式报表和仪表盘。Power BI 既是员工个人的报表与可视化工具,也是团队及企业级的数据分析与决策平台。

PowerBI 与可视化技术

2.1.1 Power BI 的发展历程

Power BI 的发展历程可追溯至 2009 年,最初以 Excel 插件形式出现,包括 Power Pivot、Power Query、Power View 和 Power Map 等功能组件,为后续发展奠定了基础。2015 年 7 月,微软正式推出独立的 Power BI 1.0 版本,标志着其从 Excel 辅助工具转型为专业的自助式商业智能平台。此后,Power BI 进入快速发展阶段,陆续推出 Power BI Premium 企业服务、本地部署的 Report Server、AI 增强功能以及嵌入式分析等创新服务,不断拓展其应用场景并提升技术能力。

2.1.2 Power BI 家族

Microsoft 为不同需求的用户提供了多样化的 Power BI 工具和服务。

1. Power BI Desktop

Power BI Desktop 是免费的桌面应用程序,主要满足个人数据建模、分析及报表制作的需求。

2. Power BI Pro

Power BI Pro 相当于网络版的 Power BI Desktop,在免费版基础上提供企业级协作与分析功能,支持团队成员在 Power BI 云端平台共享和协作处理数据报表。费用每月大约 10 美元,适用于个人及中小企业。

3. Power BI Premium

Power BI Premium 是微软专为企业部署设计的高级服务模式,采用专属容量的授权方式。企业购买计算资源容量后,即可在该专属环境中无限制地向内部用户分发报表和仪表盘,所有员工均可直接访问内容,无须额外用户许可,大幅降低了大规模部署成本。

4. Power BI Mobile

Power BI Mobile 是一款跨平台移动应用软件,支持用户在 iOS、Android 和 Windows 10 设备上随时随地访问 Power BI 报表和仪表盘。

5. Power BI Embedded

Power BI Embedded 提供了一套 API,支持将 Power BI 的交互式报表和仪表盘嵌入到第三方应用程序中。

6. Power BI 报表服务器

Power BI 报表服务器是一款本地化部署的企业级解决方案,部署在组织防火墙内部,提供集中式的报表和 KPI 管理平台。该服务器不仅包含创建 Power BI 报表和 KPI 的专业工具,还提供基于 Web 的门户访问功能,支持用户通过浏览器、移动设备或电子邮件等多种渠道实时查看和分析关键业务数据。

7. PowerBI 服务

Power BI 服务是软件运营服务(SaaS),用户通过登录 Power BI 服务门户,即可直接在云端完成报表设计、仪表盘创建等数据可视化工作,实现随时随地的协作分析与数据共享。

2.1.3　Power BI 的核心功能

Power BI 是一款数据可视化与分析工具,为用户提供了从数据连接到可视化分析的全流程支持,其核心功能可概括为:

1. 数据连接与整合

Power BI 支持连接数百种数据源,包括文件(如 Excel、CSV、JSON、PDF 等)、数据库(如 SQL Server、MySQL、Oracle、PostgreSQL 等)、云服务(如 AzureSQL、Snowflake、GoogleAnalytics、Salesforce 等)以及实时数据流(如 API、流数据集),实现多源数据统一管理(见图 2-1)。同时运用 Power Query 工具,支持数据清洗、转换和结构化处理。

2. 数据建模与分析

通过 Power BI 内置强大的 DAX(数据分析表达式)语言,支持复杂计算和度量值定义。创建数据关系模型,实现跨表关联分析。

3. 交互式可视化

Power BI 提供丰富的图形类型(如柱状图、折线图、地图等)和自定义视觉对象,并且支持钻取、交叉筛选和动态交互,帮助用户多维度探索数据。

4. 协作与共享

通过 Power BI Service 实现云端报表发布和团队协作。支持移动端(iOS/Android)访问,随时随地查看数据洞察。

5. 企业级部署

Power BI 提供 Power BI Premium 和 Report Server,满足大规模企业需求,同时也支持数据网关,实

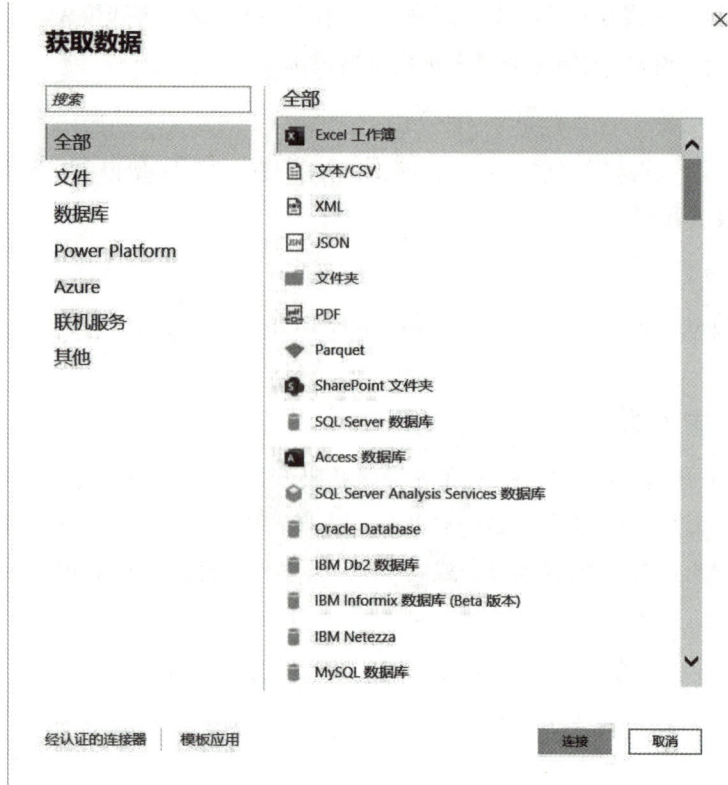

图 2-1　Power BI 可以连接的数据库

现本地与云端数据安全同步。

2.2　Power BI 应用模式及系列组件

Power BI 提供三种应用模式及系列的组件体系,接下来将分别进行介绍。

2.2.1　Power BI 应用模式

Power BI 采用三端协同的架构体系,包括 Windows 桌面端应用程序(Power BI Desktop)、云端在线应用(Power BI 服务),以及全面支持 iOS 和 Android 设备的移动应用(Power BI Mobile)。这三个组件相互配合,共同构建起从数据准备到分析展示的完整闭环。

在这三个应用模式下,Power BI 的常规工作流程大致如下:

(1)将数据导入 Power BI Desktop,通过一系列的数据清洗、建模、可视化等操作,最终创建报表。

(2)将形成的报表发布至云端 Power BI 服务,在这里用户可继续创建、补充可视化内容并整合为交互式仪表盘,实现数据共享。

(3)通过 Web 浏览器或移动设备(包括智能手机及平板电脑)查阅报表数据。

2.2.2　Power BI 系列组件

由 Power BI 的发展历程可知,Power Query、Power Pivot、Power View 和 Power Map 最初是 Excel 插

件,Power BI Desktop 则整合了这4个插件,成为专业的自助式商业智能分析工具和数据可视化工具。

上述4个插件工具各司其职,Power Query 实现数据获取与清洗,Power Pivot 完成数据建模和深度分析,Power View 和 Power Map 则是运用强大可视化能力,生成交互式报表和实现地理空间可视化。

这些工具极大地降低了数据分析的门槛,业务人员无须依赖技术团队支持,仅需掌握基础操作方法即可快速开展商业数据分析和可视化呈现,真正实现了"商业智能分析大众化"的目标。

2.3 Power BI Desktop 安装与账号注册

Power BI Desktop 的部署流程与账户配置机制经过深度优化,其标准化的安装路径和规范化的注册流程显著降低了用户操作门槛。

2.3.1 安装 Power BI Desktop

Power BI Desktop 是微软推出的数据分析工具,可通过微软官方分发平台(Power BI 官网)获取标准化可执行软件安装包。其免费许可协议涵盖软件功能完整性及版本更新服务,用户无须支付任何授权费用即可完成全功能组件的本地化部署。Power BI Desktop 的安装步骤如下:

步骤一,访问 Power BI 中文版官方网站,将页面滚动至底部,在"资源"列表中找到"获取 Power BI Desktop"的链接,点击"免费获取",如图2-2所示。

图2-2 Power BI Desktop 下载链接

步骤二,跳转至"下载中心",选择语言"中文(简体)",并点击"下载"按钮,如图2-3所示。

图2-3 Power BI 下载页面

步骤三,根据个人计算机操作系统架构(x86/x64),选择对应32位或64位的软件安装包进行部署,如图2-4所示。再点击"下载"按钮,即可进行安装包的下载。

步骤四,双击已下载的 exe 安装包,选择语言"中文(简体)",按系统操作提示点击"下一步"即可,默认安装至C盘,可按需更改安装路径,最后点击"安装"完成。

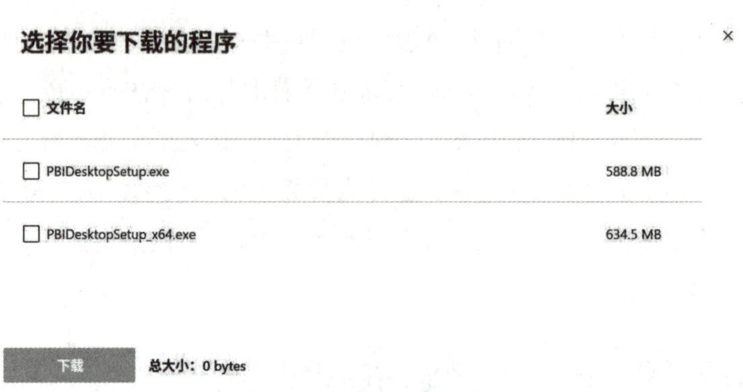

图 2-4　选择要下载的程序

若为 Windows10/11 操作系统,可直接在 Microsoft Store 中找到 Power BI Desktop 完成安装。

步骤五,安装完成后,桌面将生成 图标,双击该图标,即可启动 Power BI Desktop 应用程序。

2.3.2　注册 Power BI 账号

用户使用 Power BI Desktop 制作可视化报表若需用到在线发布、查看和编辑功能,需启动 Power BI Online–Service 服务,若要在移动设备上访问在线报表,则需通过 Power BI Mobile 应用实现。基础场景下,仅使用 Power BI Desktop 本地功能可不注册账号;但如需使用 Online–Service 在线服务与 Mobile 移动端功能,则必须完成 Power BI 账号注册及登录。

启动 Power BI Desktop 时,系统将自动提示用户注册并登录账号,对于需要用到高级功能的用户,可通过 Power BI 官网申请免费试用 60 天的 Power BI Pro 专业版账号。该平台官网提供完整的账号注册流程指引,包含以下核心步骤:

步骤一,打开 Power BI 中文版官方网站,点击"免费试用"按钮,如图 2-5 所示。

图 2-5　点击"免费试用"按钮

步骤二,在打开的页面中,输入工作电子邮件地址进行注册,输入完成后,点击"提交"即可,如图 2-6 所示。

注意:该平台仅接受企业邮箱(工作电子邮件地址)作为有效注册凭证。163、126、QQ 等公共邮箱及个人邮箱账户均不符合注册要求。

步骤三,按系统指引逐步填写密码及相关身份验证信息。所设密码需同时包含大写英文字母、小

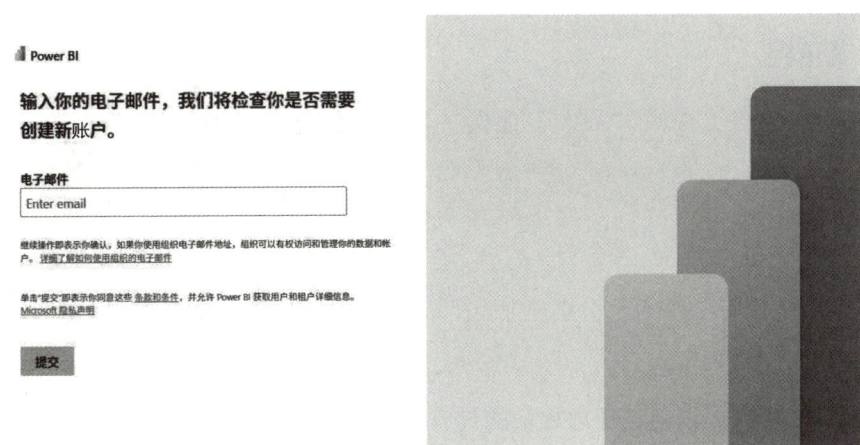

图 2–6　注册账号

写英文字母、阿拉伯数字和系统指定的特殊符号四类字符。

成功激活 Power BI 账号后，系统将授予用户完整的产品功能权限，涵盖以下三大核心模块：Power BI Desktop、Power BI Online – Service 和 Power BI Mobile。

2.4　Power BI Desktop 界面

Power BI Desktop 界面由菜单栏、视图和报表编辑器三部分组成，如图 2–7 所示。

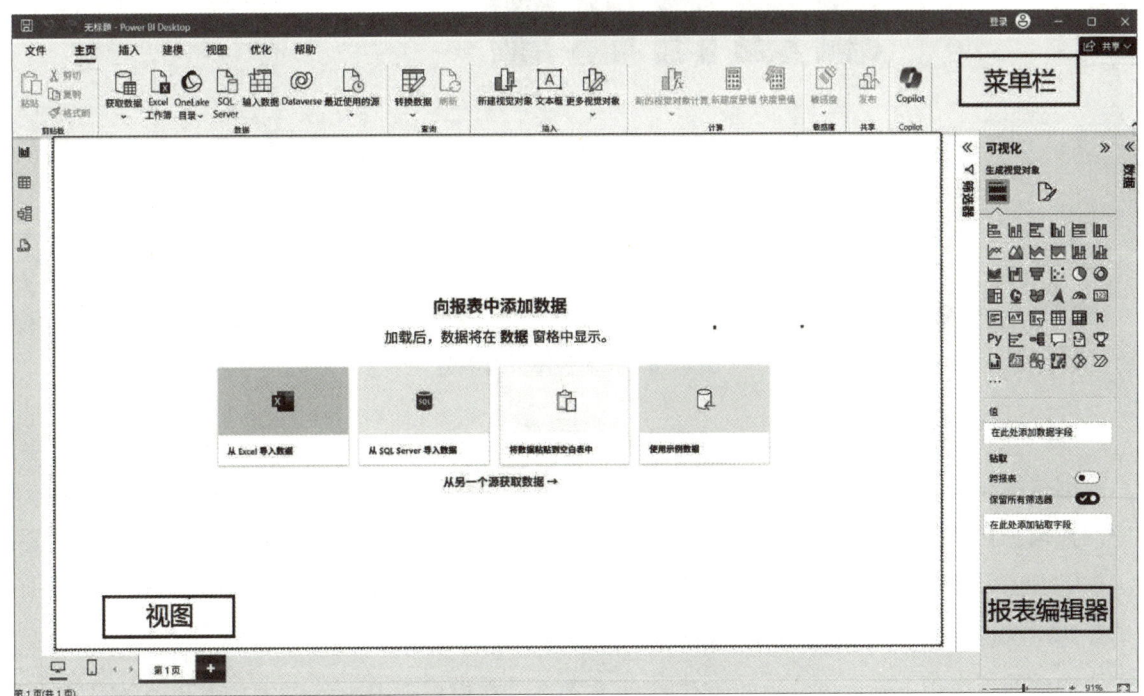

图 2–7　Power BI Desktop 界面

2.4.1 菜单栏

菜单栏主要有"文件""主页""插入""建模""视图""优化""帮助"等菜单，可以用于数据可视化的基本操作。

2.4.2 视图

Power BI Desktop 中有三种视图，分别是报表视图、数据视图和模型视图，下面将按顺序逐一进行介绍。

1. 报表视图

对于报表视图，用户可以创建任意数量的具有可视化图表的报表页。每一个报表页的初始形状就是一张空白的画布，在画布上可以插入文本、图形、图片、条形图和柱状图等各种可视化对象。在 Power BI Desktop 中，点击窗口左侧的"报表"按钮，筛选好数据，选择好可视化的类型，即可看到如图 2-8 所示的报表视图页面。

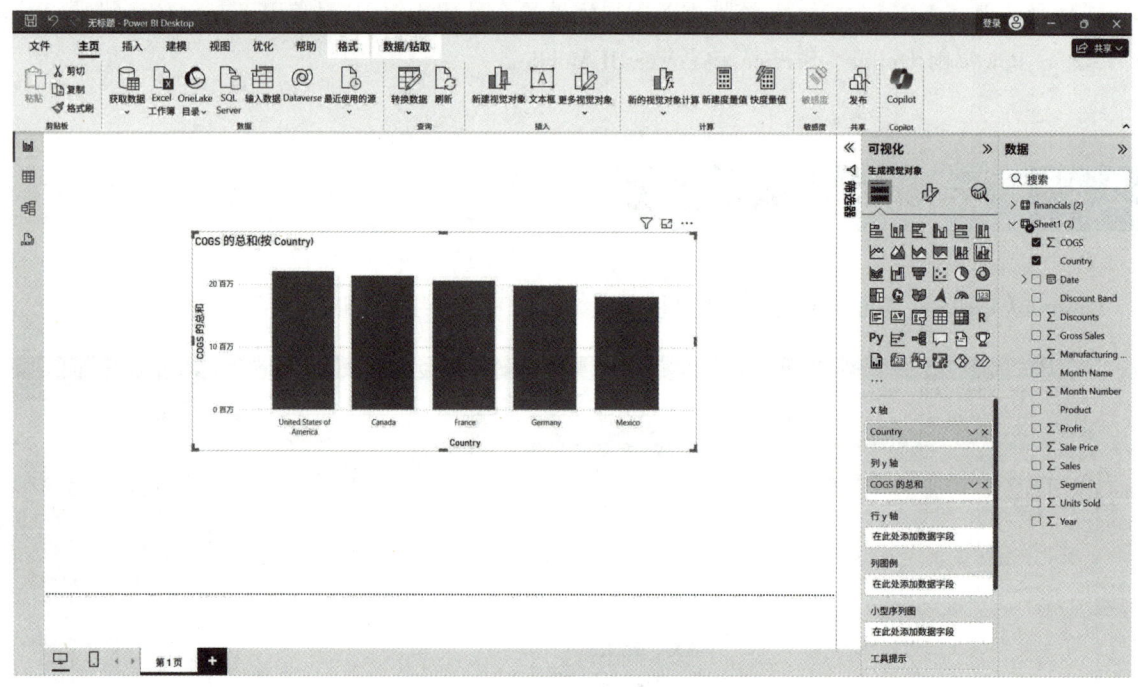

图 2-8　报表视图页面举例

2. 数据视图

数据视图显示的是整理好的数据。用户通过数据视图可以检查、浏览和了解 Power BI Desktop 模型中的数据。在需要创建、计算度量值时，或者需要识别数据类型的情境下，数据视图发挥着重要作用。在 Power BI Desktop 中，点击窗口左侧的"数据"按钮，即可看到如图 2-9 所示的数据视图页面。

3. 模型视图

模型视图主要用于显示模型中的所有表、列和关系。在模型视图中可以建立表和表之间的关联，也就是数据建模。数据建模是数据可视化的基础，因此非常重要。在 Power BI Desktop 中，点击窗口左侧的"模型"按钮，即可看到如图 2-10 所示的模型视图页面。

图 2-9 数据视图页面举例

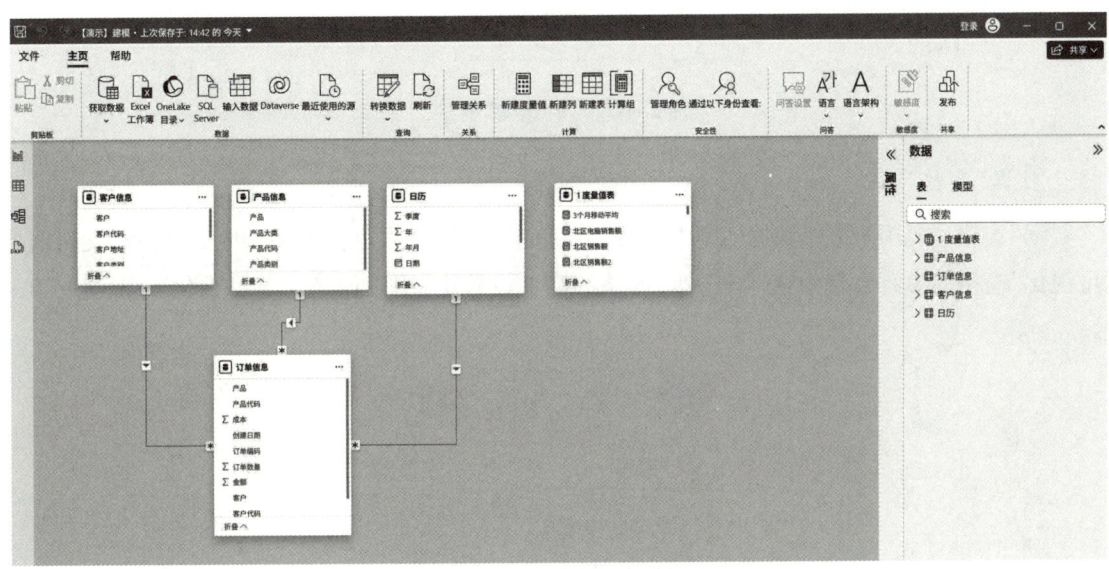

图 2-10 模型视图页面举例

2.4.3 报表编辑器

报表编辑器由三个窗格构成,分别是"可视化""筛选器"和"数据"。其中,"可视化"和"筛选器"分别用于控制可视化对象的外观和编辑交互,包括可视化图表类型、格式设置和筛选器设置等;"数据"则用于管理可视化效果的基础数据。

报表编辑器各个窗格中显示的内容会随着报表画布中可视化对象的不同而发生变化。

1. "可视化"窗格

"可视化"窗格提供了饼状图、折线图、散点图等可视化图表类型,如图 2-11 所示。

2. "筛选器"窗格

"筛选器"窗格主要用于查看和设置视觉级、页面级和报告级筛选器,对

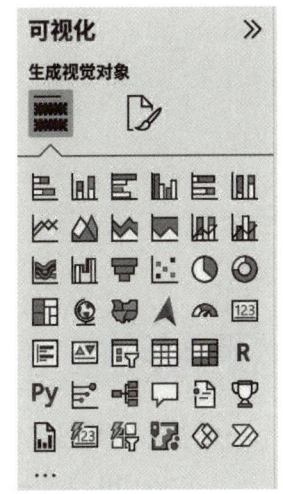

图 2-11 "可视化"窗格

可视化图表对象之间的编辑交互范围进行控制,如图 2-12 所示。

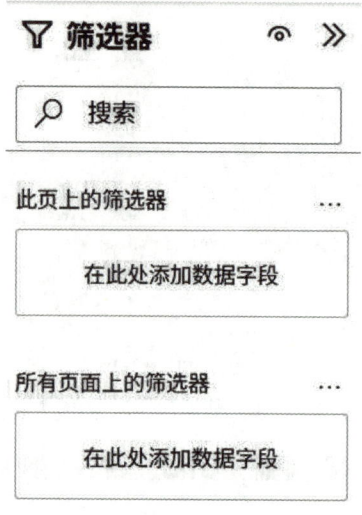

图 2-12 "筛选器"窗格

3. "数据"窗格

"数据"窗格主要用于显示数据模型中的表、字段和度量值,并根据需要将相应的字段和度量值拖放到"可视化"窗格的参数设置中或"筛选器"窗格的筛选设置中,用以创建动态可视化效果,如图 2-13 所示。

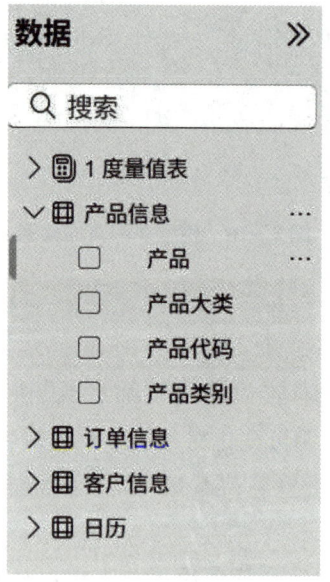

图 2-13 "数据"窗格

课后拓展

1. 财务大数据可视化相对于传统数据而言,其重要性是什么?
2. Power BI 作为一种可视化智能分析软件,其优势是什么?

第3章

Power BI 基本应用

学习目标

1. 了解 Power BI 数据可视化分析的完整过程。

2. 熟悉常用的数据获取的方法，了解 Power BI 编辑器，掌握在 Power BI 编辑器中进行数据转换、添加列、合并查询与追加查询等数据整理方法。

3. 掌握数据建模的基本方法，掌握 DAX 公式的书写规范，理解 CALCULATE 等常用的 DAX 函数使用场景和作用。

4. 了解制作可视化图表的基本步骤，掌握编辑可视化图形的方法。

内容概述

基于全国水果连锁店数据介绍 Power BI 的基本应用：数据获取与整理、数据建模、数据可视化。在数据获取与整理部分，介绍不同来源的数据获取方法，讲解数据表的类型、数据表的不规范问题及整理方法；在数据建模部分，介绍数据建模的相关概念、基本操作、常用 DAX 函数及应用场景，并通过 Power BI 对案例数据进行整理；在数据可视化部分，介绍如何根据数据分析需求进行可视化设计和可视化对象选择，并通过 Power BI 对案例数据进行可视化操作。

3.1 数据获取与整理

使用 Power BI Desktop 可以连接许多不同的数据源，如文件、文件夹、数据库、Azure（微软公有云上的 AzureSQL 数据库、Azure 云端 Hadoop 的 HDinsight 等）、联机服务（Salesforce、Dynamic365 等在线服务）及其他（Web 网页、R 脚本、Python 脚本、Hadoop 文件系统 HDFS 等）。

Power BI 可以获取的数据源是"文件"类型的数据，获取的文件格式包括 Excel、CSV、XML、JSON、PDF 等。

其中，Excel 是最常用的文件格式。文本文件是指以 ASCII 码方式（也称文本方式）存储的文件，比如英文字母、数字等字符。

CSV（Comma-Separated Values，逗号分隔值）文件是指用逗号作为分隔符的文件，通常以纯文本形式存储表格数据（数字和文本）。CSV 文件由任意数量的记录组成，记录间以某种换行符分隔；每条记录由字段组成，字段间的分隔符是逗号。

XML（Extensible Markup Language，可扩展标记语言）文件非常适合用于网络传输，它可以提供统一的方法来描述和交换独立于应用程序或供应商的结构化数据。

JSON（Java Script Object Notation，JS 对象简谱）是一种轻量级的数据交换格式。它基于 ECMAScript（欧洲计算机协会制定的 JS 规范）的一个子集，采用完全独立于编程语言的文本格式来存储和表示数据。

PDF（Portable Document Format，便携式文档格式）文件以 Post Script 语言图像模型为基础，无论在哪种打印机上都可保证精确的颜色和准确的打印效果，即 PDF 会忠实地再现原稿的每一个字符、颜色及图像。

3.1.1 表格的标准化与规范化

在日常工作中，公司信息技术人员需要把 ERP 系统中的业务、财务数据导出为 Excel 文件或其他文件格式，将其交给业务、财务部门的相关人员，然后由业务、财务部门的相关人员将文件加载到 Power BI 中。在财务人员的实际工作中，Excel 是最常用的文件格式。虽然 Power BI 具有一定的数据规范整理能力，但是为了进一步提高数据处理效率，提前对 Excel 数据进行一些预处理，使之更加标准化与规范化也很有必要。

Excel 表格大多为清单型表格，即按照一定的顺序，清晰地保存了原始数据的表格，具体可分为一维表和二维表两种。所谓一维表，就是字段、记录的简单罗列，一维表的每个字段都是事物的属性，而不是具体形态，例如，字段是性别，而不是男性、女性，或字段是部门，而不是具体的部门名称；二维表的字段通常包含属性的具体形态，如男性人数、女性人数、部门人数等。通俗来讲，一维表就是明细记录表，二维表就是统计汇总表。

在数据分析过程中，应尽量使用一维表。实际工作中，如果取得的数据是二维表，可以采用一定的方法将其统一处理为一维表，有两种处理方法：一是在 Power BI 中采用逆透视功能，将二维表迅速转换为一维表；二是利用数据透视表中多重数据透视功能进行处理。

清单型表格在设计时应尽量做到：字段命名统一、规范、有规律；避免多行标题、多列标题；避免合并单元格；各记录行间不要有空行、小计、合计等内容；同一列应存放同一类型的数据等。在实际工作中，应注意上述要求，这样后期的数据清洗工作会减少很多。

下面以某连锁店 2024 年 4 个季度的销售数据为例，介绍如何区分一维表和二维表。如图 3-1 所示，该连锁店 2024 年 4 个季度（Q1 至 Q4）在字段上为二维表；如图 3-2 所示，4 个季度对应"季度"维度为一维表。

1²₃ 年份	1.2 Q1	1.2 Q2	1.2 Q3	1.2 Q4
2024	31	0	0	0
2024	29	0	0	0
2024	31	0	0	0
2024	0	30	0	0
2024	0	31	0	0
2024	0	30	0	0
2024	0	0	31	0
2024	0	0	31	0
2024	0	0	30	0
2024	0	0	0	0
2024	0	0	0	0
2024	0	0	0	0

图 3-1 二维表

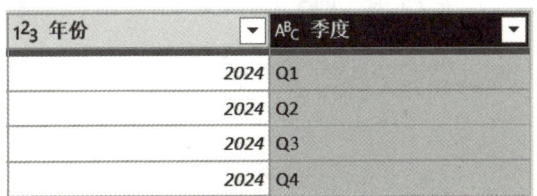

图 3-2 一维表

3.1.2 数据获取

1. 从文件中获取数据

（1）从 Excel 文档中获取数据。

【任务一】 从"全国连锁水果店 LOGO.xlsx"文件中获取可视化分析的数据

步骤一，打开 Power BI，在报表视图中，单击"主页"，再单击"转换数据"下方的倒三角符号，随后单击"转换数据"，如图 3-3 所示。

任务1 从Excel中获取数据

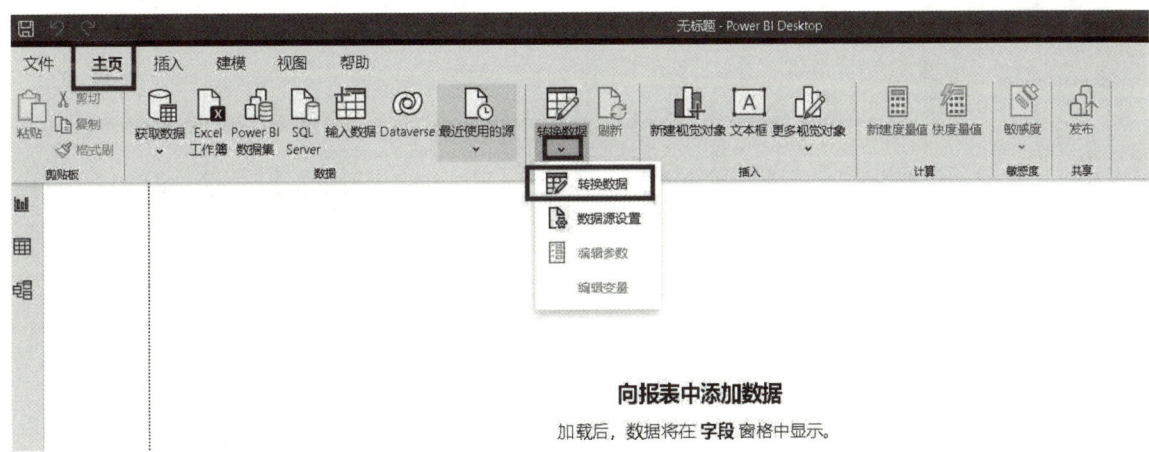

图 3-3 主页"转换数据"按钮

步骤二，在弹出的 Power Query 编辑器页面，单击"主页"，再单击"新建源"下方的倒三角符号，随后单击"Excel 工作簿"，如图 3-4 所示。

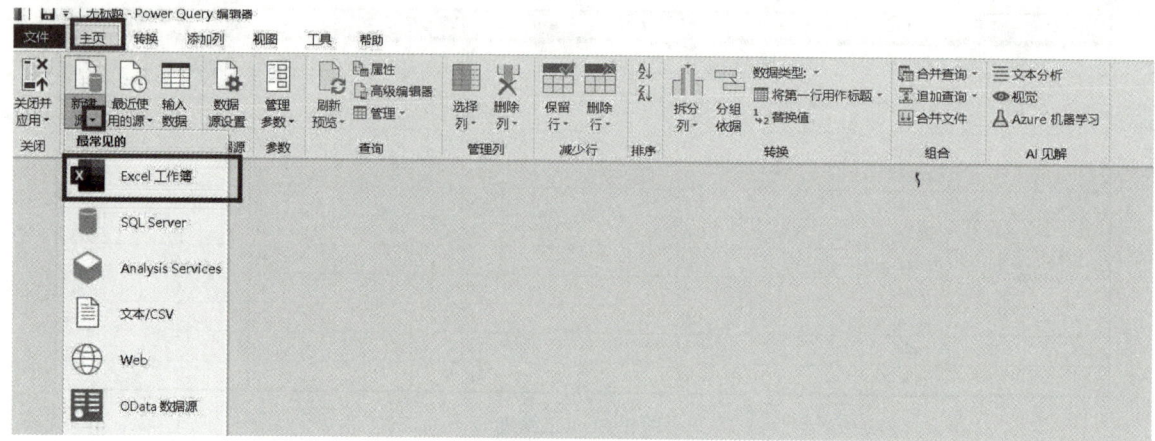

图 3-4 在 Power Query 编辑器页面导入 Excel 工作簿

步骤三,在弹出的"打开"窗口中,单击选中"全国连锁水果店 LOGO.xlsx",随后单击"打开",如图 3-5 所示。

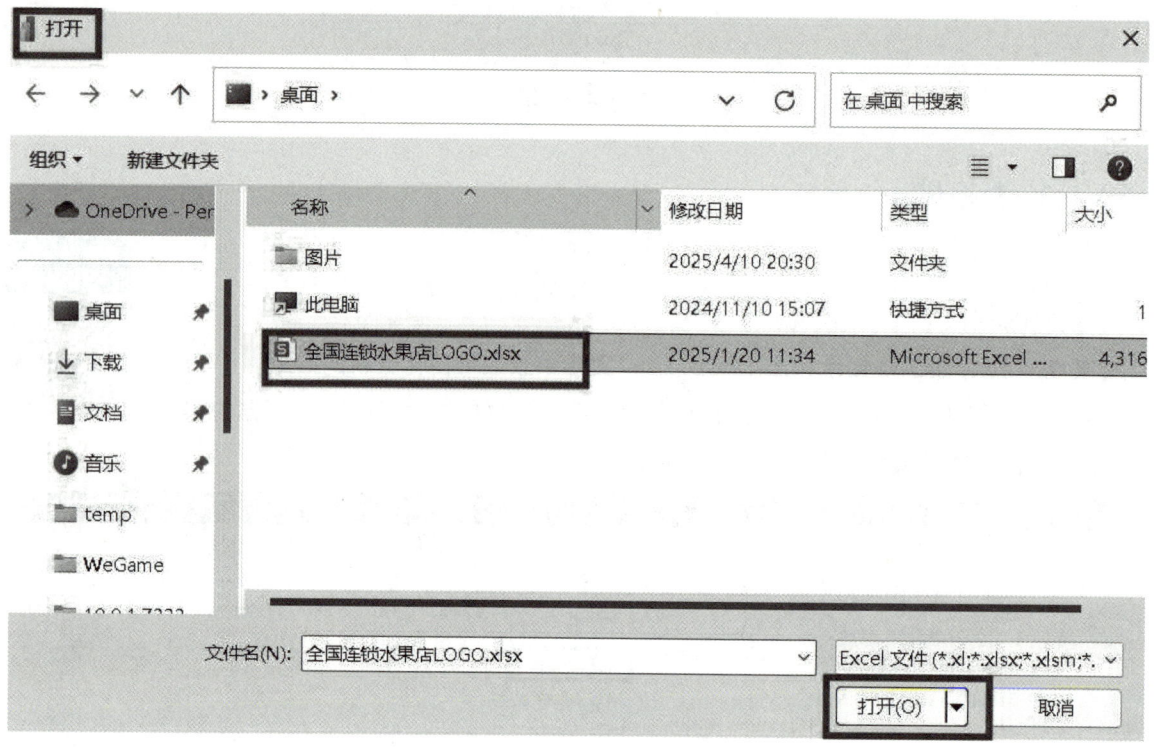

图 3-5 选择文件

步骤四,在弹出的"导航器"窗口中,勾选"产品表、门店表、日期表和销售数据表",随后单击"确定",如图 3-6 所示。

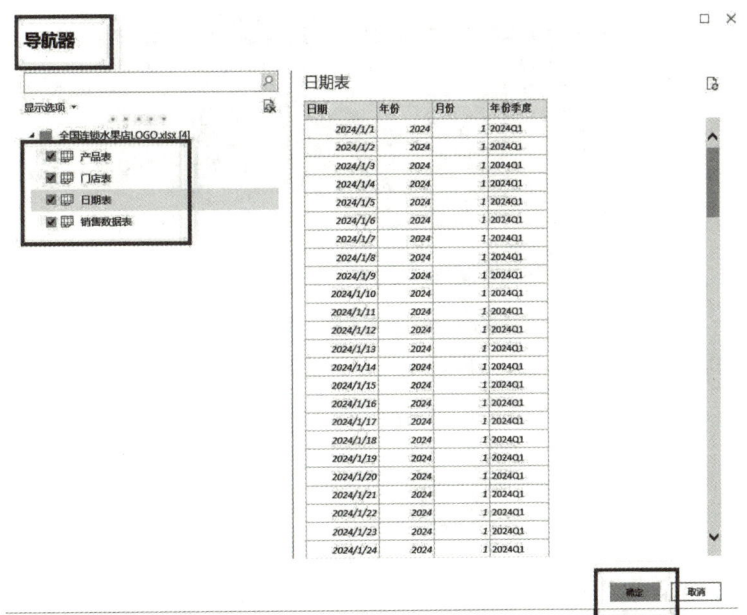

图 3-6 加载数据

(2) 从文本文件中获取数据。

文本文件主要有两种类型：一是 TXT 文本文件，文件扩展名为 .txt，可以存储任何类型的文本数据；二是 CSV 文本文件，也叫逗号分隔文本文件，是以纯文本形式存储的表格数据，通常以逗号或制表符分隔字段。文本文件可以利用记事本等文本编辑器打开。图 3-7 所示为在记事本中打开的"科目期初余额"文本文件。

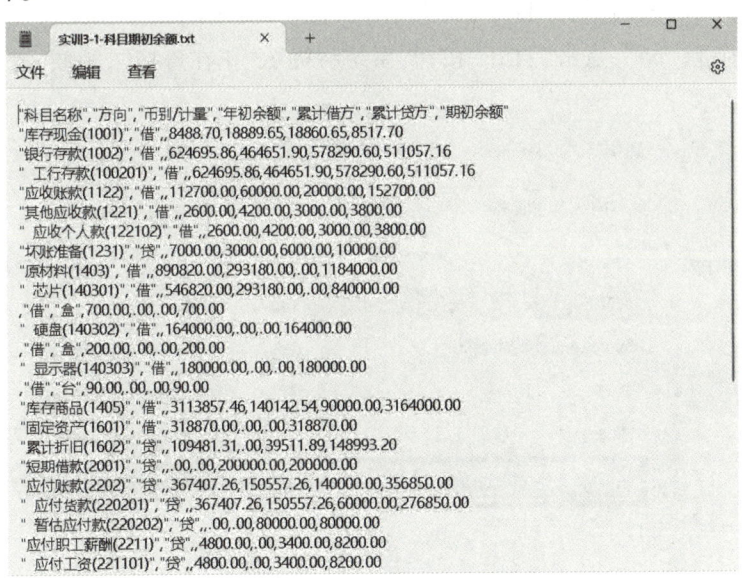

图 3-7 "科目期初余额"文本文件

【任务二】从文本文件"科目期初余额"中获取数据

步骤一，选择从文本文件中获取数据。在 Power BI Desktop 中，执行"主页"→"获取数据"→"文本/CSV"命令，如图 3-8 所示。

任务2 从文本文件中获取数据

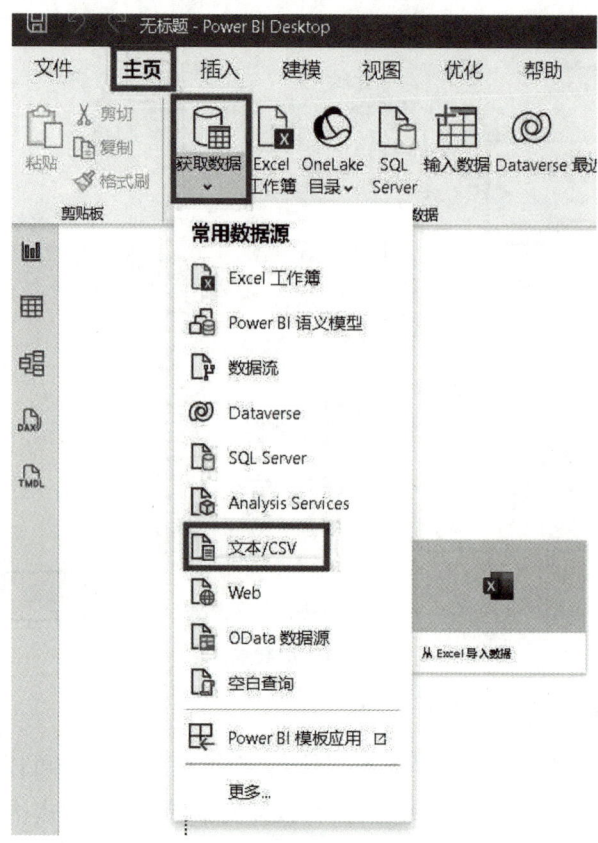

图 3-8 从文本文件中获取数据

步骤二,打开文本文件并预览。打开"打开"对话框,在存放路径中找到要加载的文本文件"实训 3-1-科目期初余额.txt",点击"打开"按钮,系统将提示"正在连接",稍候,进入文本文件预览界面,如图 3-9 所示。

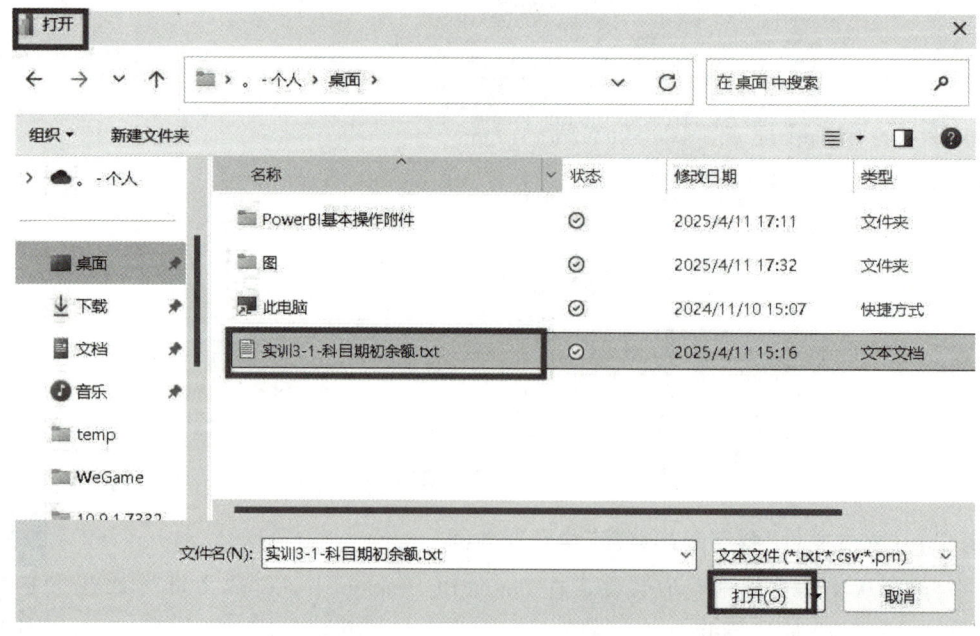

图 3-9 打开文本文件并预览

步骤三,加载文件。单击"加载"按钮,系统将提示"正在模型中创建连接""正在将数据加载到模型"等工作进程。加载完成后,便可在"数据视图"中看到文本文件内容,如图3-10所示。

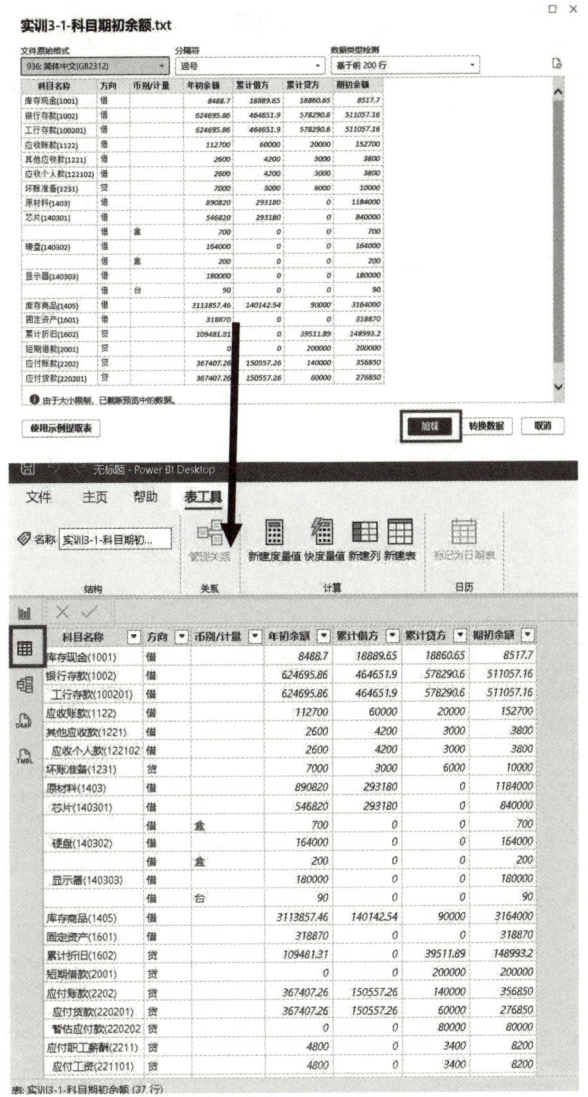

图 3-10 加载文件

(3) 从 PDF 文件中获取数据。

公司的年报、公告等正式文件往往都是以 PDF 格式发布的,在 Power BI 中可以对 PDF 文件中的表格数据进行提取。

【任务三】从"华森制药:2020 年年度报告"PDF 文件中获取"华森制药营业收入分地区"数据

步骤一,导入 PDF 类型数据:①点击"主页";②点击"新建源"或点击下拉列表中"更多...";③在"获取数据"界面中选择"PDF";④点击"连接"。具体操作如图 3-11 所示。

步骤二,导入"华森制药:2020 年年度报告",数据加载到导航器中。①选择"Table022(Page 18)"的数据表;②点击"确定"导入数据。具体操作如图 3-12 所示。

任务3 从PDF文件获取数据

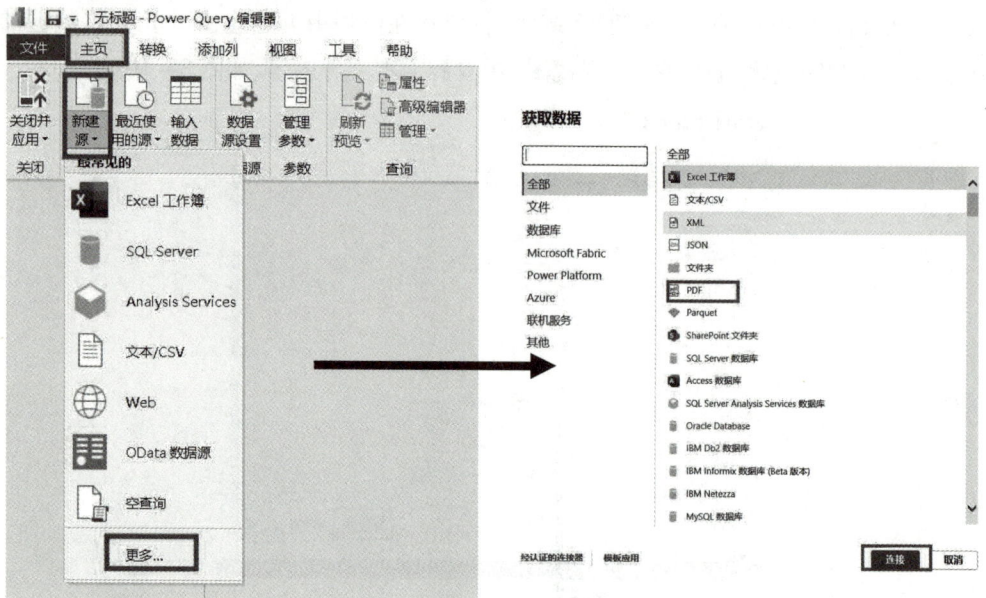

图 3-11 获取 PDF 数据

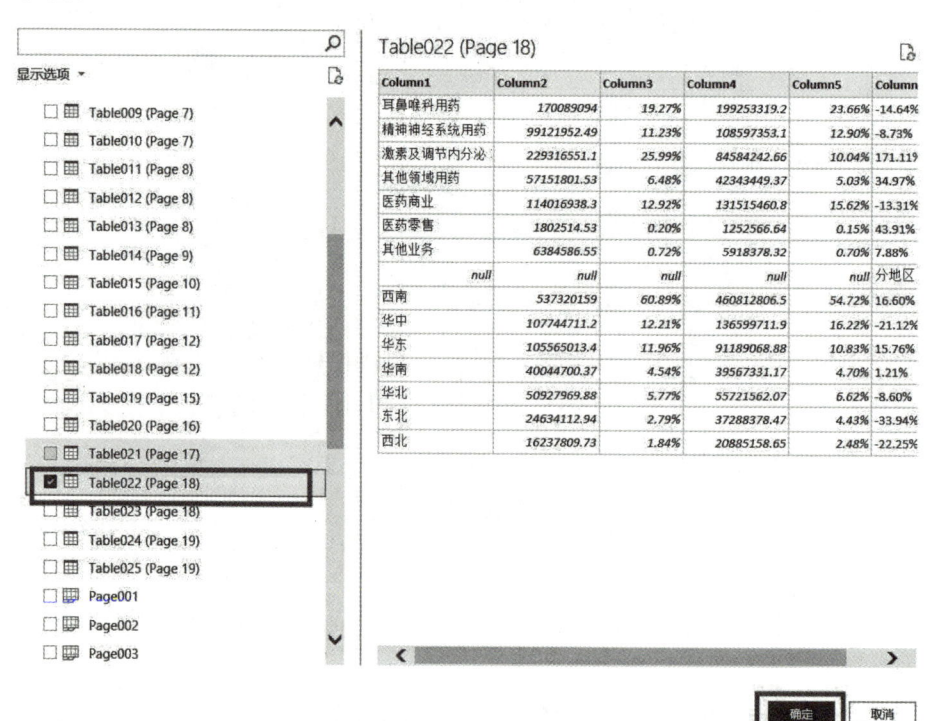

图 3-12 导入数据

步骤三,双击名称,重命名为"华森制药营业收入分地区",如图 3-13 所示。

2. 从文件夹中获取数据

一些分支机构众多的企业,经常需要汇总一些业务或者经营数据,通常是由总部下发表单模板至各分支机构,再由各分支机构填写后返回总部,由总部进行汇总。这种情况下,如果人工汇总数据,不仅费时、费力,而且容易出现差错。采用文件夹导入汇总形式,则能够很好地解决这一问题。

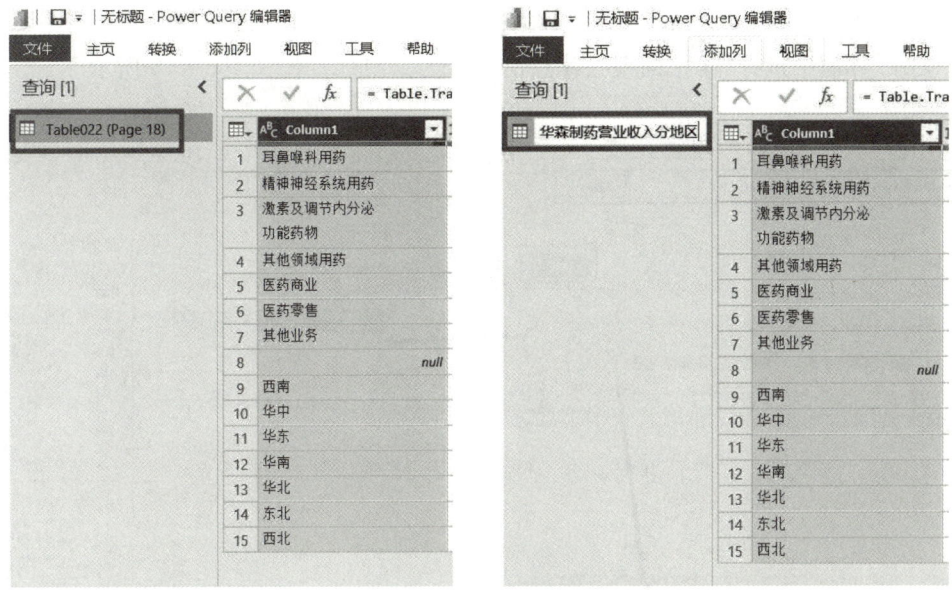

图 3–13 重命名数据

下面以一个文件夹为例,介绍如何从文件夹中导入数据,此文件夹下有华森制药、济川药业和葵花药业 3 家公司的年报词频,分别放在 3 个 Excel 工作簿中。

【任务四】在 Power BI 中获取"年报词频"文件夹中华森制药、济川药业 2 家制药公司的数据

任务4 从文件夹获取数据

步骤一,导入文件夹类型数据:①点击"主页";②点击"新建源"或点击下拉列表中"更多…";③在"获取数据"界面中选择"文件夹";④点击"连接"。具体操作如图 3–14 所示。

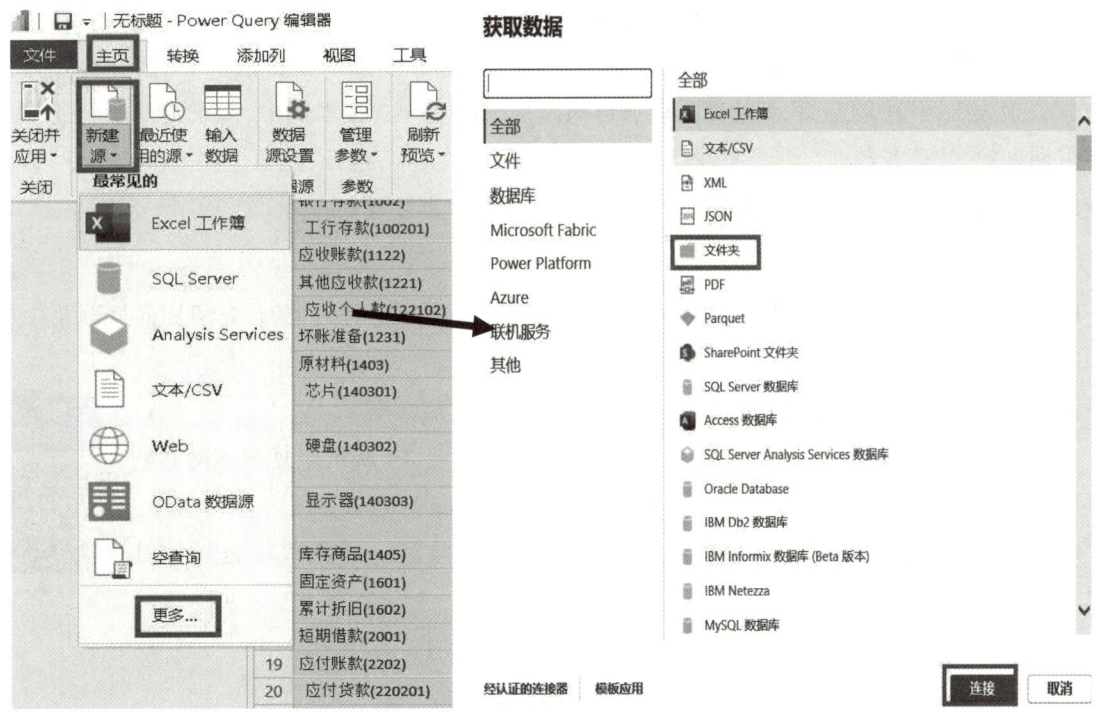

图 3–14 导入文件夹类型数据

步骤二：①获取本地"年报词频"文件夹,点击"确定";②在数据窗口中点击"合并并转换数据";③在"合并文件"界面中选择"年报词频";④点击"确定"。具体操作如图 3-15 所示。

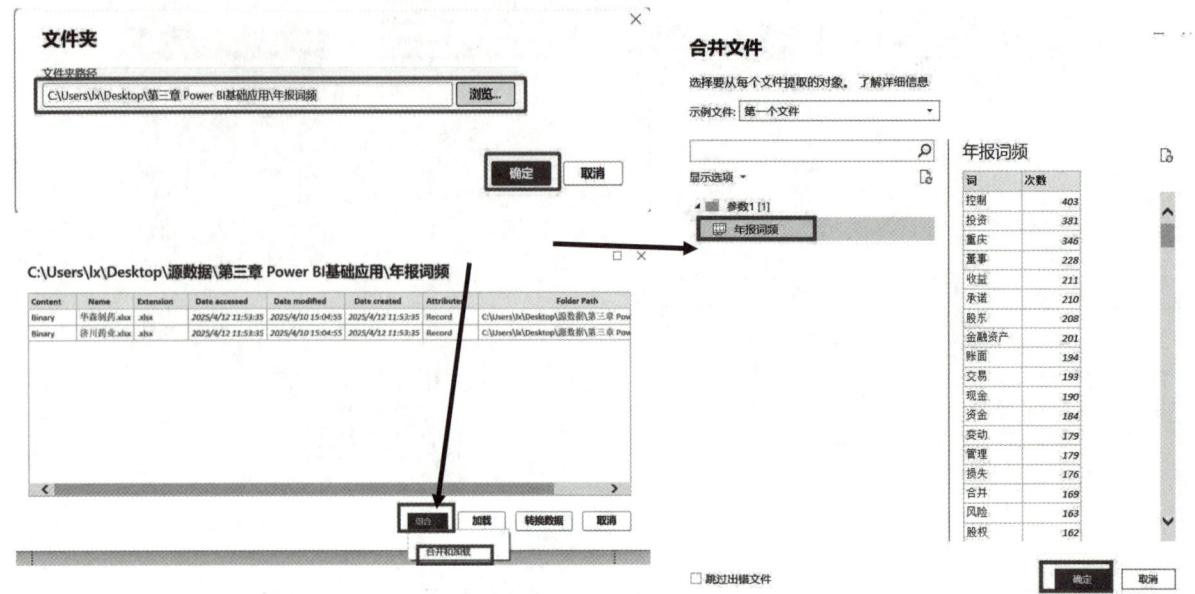

图 3-15　获取两家制药公司的数据

【提示】

若选择"合并和加载数据"选项,获取数据后直接返回 Power BI Desktop 界面。

若选择"合并并转换数据"选项,获取数据后会打开 Power Query 编辑器。

【提示】

从文件夹中获取数据的前提条件是,文件夹中的文件格式(如字段、字段顺序等)必须保持一致。如果文件的格式不一致,则需要把各个文件的格式修改一致后再做合并汇总。

从文件夹中获取数据的优势是,随着业务数据的增加,可以将新的销售数据 Excel 文件存入文件夹中,在"报表视图"中刷新后,新的数据能够自动添加到图表中。在本例中,如果将一家新的制药公司年报词频数据"葵花药业.xlsx"文件存入"年报词频"文件夹中,执行"主页"→"刷新"命令,那么该企业的数据会自动加载到 Power BI 中,且无须再对其进行数据整理。

3. 从 Web 上获取数据

Power BI 还可以从 Web 直接抓取外部数据。下面以新浪财经网站为例,介绍如何从网页中提取国内交易所行情实时数据。

【任务五】在 Power BI 中获取新浪财经网站沪市 A 股实时数据

(1)访问新浪财经网站,查看沪市 A 股实时数据,如图 3-16 所示。复制该网站的网址(https://vip.stock.finance.sina.com.cn/mkt/?f=caishou#sh_a)备用。

(2)打开 Power BI Desktop 应用程序,点击"主页"→"数据"→"获取数据"→"其他",打开"Web"对话框,点击"连接",如图 3-17 所示。

任务5 从网站获取数据

图 3–16　沪市 A 股实时数据

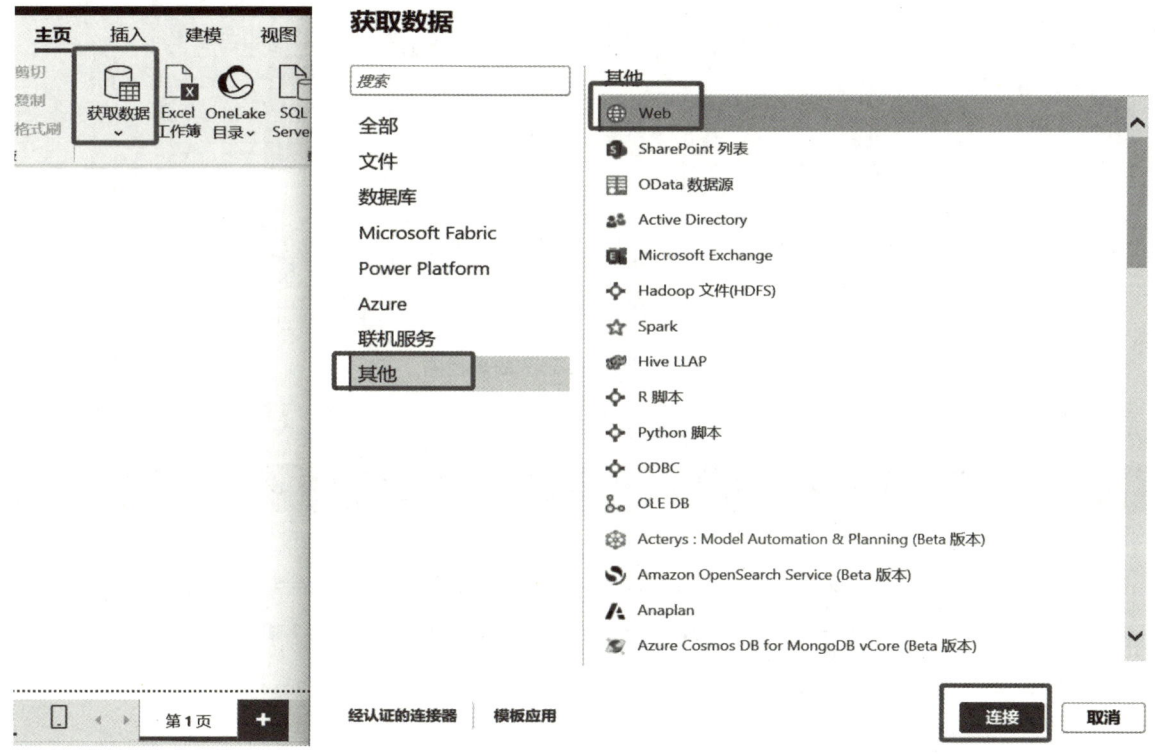

图 3–17　从 Web 中获取数据

（3）在 URL 中输入上述复制的网站地址 https://vip.stock.finance.sina.com.cn/mkt/?f=caishou#sh_a，点击"确定"按钮，如图 3–18 所示。

（4）单击"连接"，打开"导航器"对话框，Power BI 将页面中抓取的内容拆分为 7 个 HTML 表，分别为表 1 至表 7。按顺序选择表 1 至表 7，此时右侧显示对应的表视图，如图 3–19 所示。

（5）选中"表 7"复选框，单击"加载"按钮，将表 7 加载到 Power BI Desktop。

（6）实时更新数据。在 Power BI Desktop 中执行"主页"→"刷新"命令，此时表 7 中的 A 股行情数

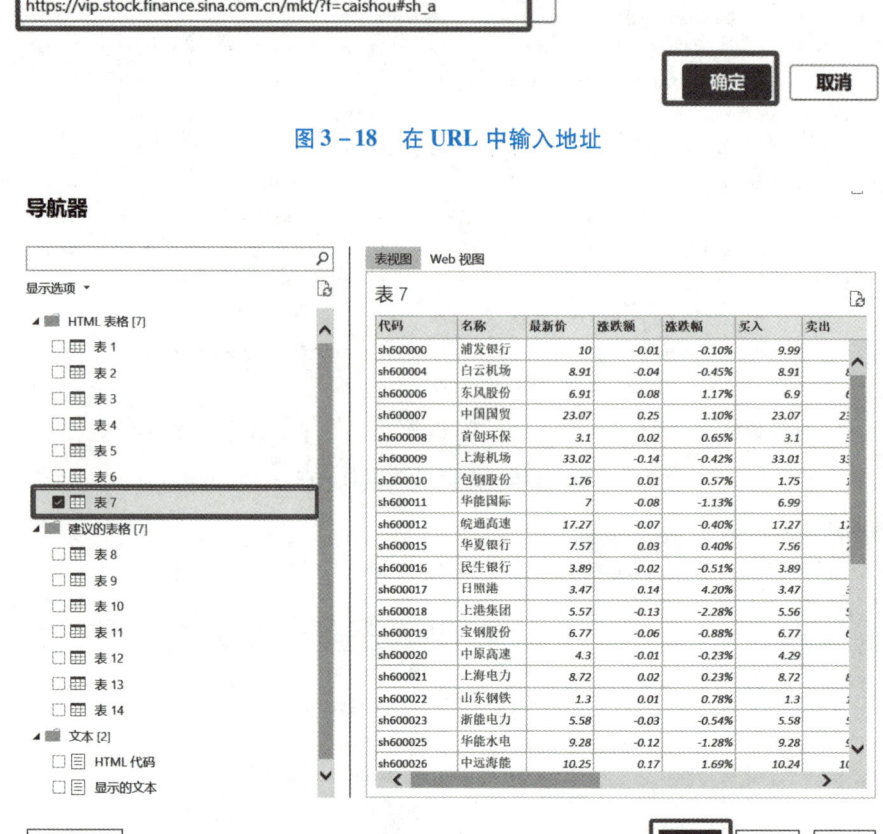

图3-18　在URL中输入地址

图3-19　HTML表7的表视图

据可以自动更新为当前网页上的最新信息,如图3-20所示。

图3-20　主页"刷新"按钮

4. 重新设定数据源

当已设定的数据源文件路径发生改变时,用户就需要重新设定数据源的位置,否则会影响数据建模和数据可视化。重新设定数据源的具体操作如下:

以"全国连锁水果店LOGO.xlsx"数据为例,执行"主页"→"查询"→"转换数据"→"数据源设置"命令,然后在打开的窗口中单击"更改源…"按钮,即可根据实际情况更改数据源,具体操作步骤如图3-21所示。

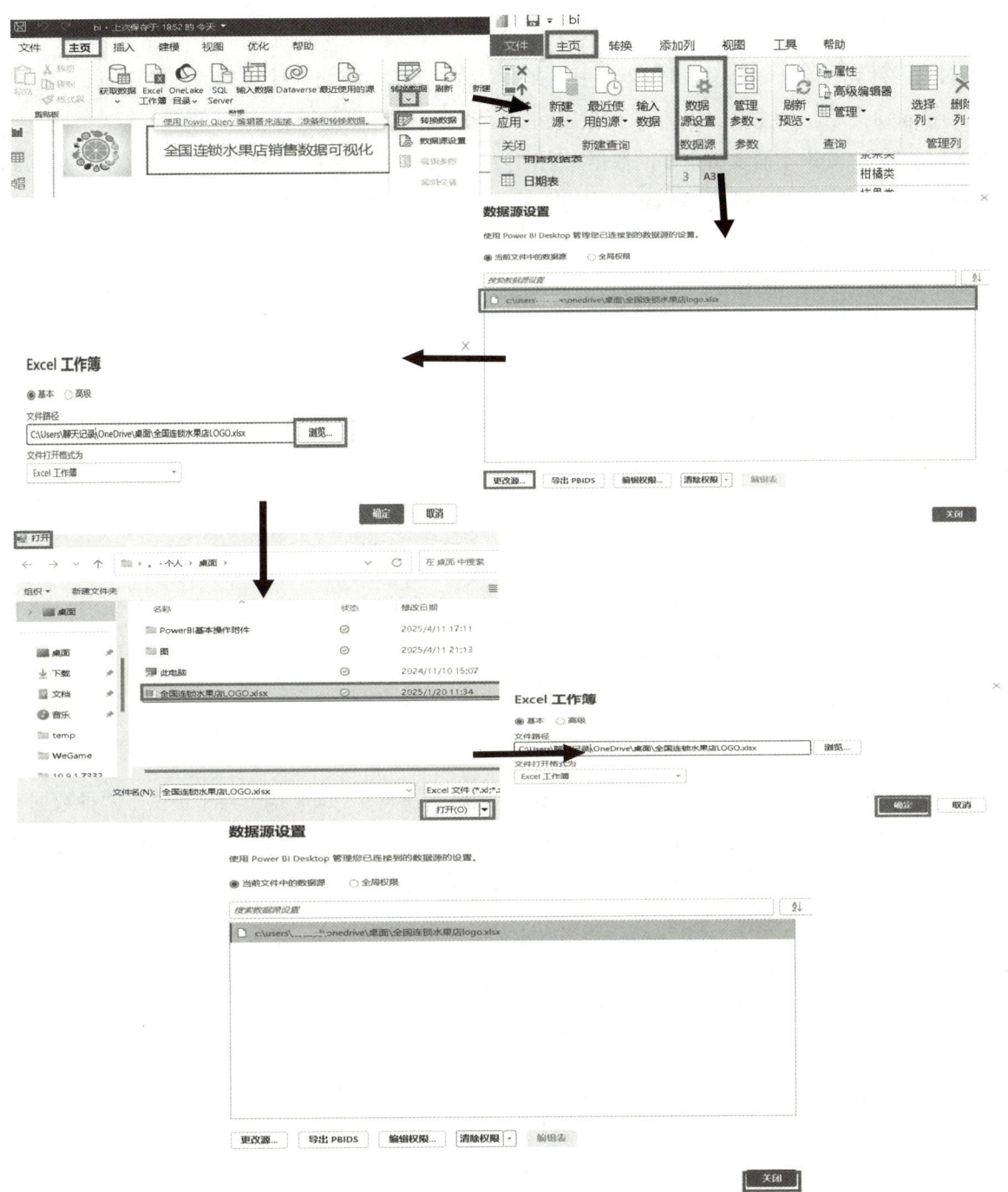

图 3-21 重新设定数据源

3.1.3 数据整理

前文讲述了数据获取的途径,从数据获取的结果来看,无论是从数据库中获取的数据,还是从 Web 上直接爬取的数据,通常都是杂乱、不易阅读的,要经过整理变成规范的数据。数据整理也称为数据清洗,是指利用特定的方法将从各种数据源中获取的数据整理成规范化的数据,以便进行后续的数据建模和可视化分析。

1. 数据规范化

通常,设计者在设计数据库表时,会使用英文字符为字段命名(如会计科目编码使用 ccode、会计期间使用 iperiod 等)。数据库表中字段的设置除了要考虑存放数据的需要,还要考虑表与表之间进行数据关联的需要,如果不需要将全部的数据库表作为基础数据,字段就一定会存在大量冗余。从 Web 上获取的数据就更是如此,因为 Power BI 在进行数据转换时会自动把获取的内容拆分为数量不等的表,这种拆分是粗略的。

数据不规范主要体现在以下几方面:

(1)日期不规范。

(2)数值项中间存在空格。

(3)全角和半角字符的使用不一致。

(4)有些列存在错误值。

(5)有些列有空值。

(6)不应该存在重复值的列有重复值。

(7)数据类型不正确。

(8)列值太复杂,需要拆分成简单的列值。

(9)表中数据不可读,需要替换成可读的数据。

(10)其他问题。

2. 数据整理的方法

Power BI 的数据整理是通过 Power Query 编辑器完成的,Power Query 编辑器中提供了两种数据整理的方法,分别面向不同基础的用户。对于初学者来说,可以直接使用 Power Query 编辑器中的图形化工具对数据进行清洗或转换;而对于有一定计算机基础的技术达人来说,可以在 Power Query 编辑器中使用"M 语言"对数据进行整理。

(1)Power Query 编辑器。

Power Query 编辑器主要用于对数据进行清洗和转换。

①打开 Power Query 编辑器的方法。

一种方法是在导入数据时打开 Power Query 编辑器。从数据源获取数据时,"导航器"对话框中设有"转换数据"按钮,如图 3-22 所示。单击"转换数据"按钮,即可直接打开 Power Query 编辑器。

另一种方法是在进入 Power BI Desktop 后打开 Power Query 编辑器。在 Power BI Desktop 主界面中,执行"主页"→"转换数据"命令,即可打开 Power Query 编辑器,如图 3-23 所示。

②认识 Power Query 编辑器的工作界面。

Power Query 编辑器的工作界面分为四个区域,如图 3-24 所示。

界面上方为功能区,提供了对数据进行整理的各类功能。注意,Power Query 编辑器功能区中的具体内容与 Power BI Desktop 功能区中的内容有差异。

界面左侧的查询区列出了当前文件中的所有项,每项对应一个表或一个实体,单击选中某项,编辑区便会展现该项的具体内容。

界面中间为编辑区,用于显示已选择的内容,并可对其进行编辑,编辑完成后可通过"关闭并应

图 3-22 "转换数据"按钮

图 3-23 主页"转换数据"按钮

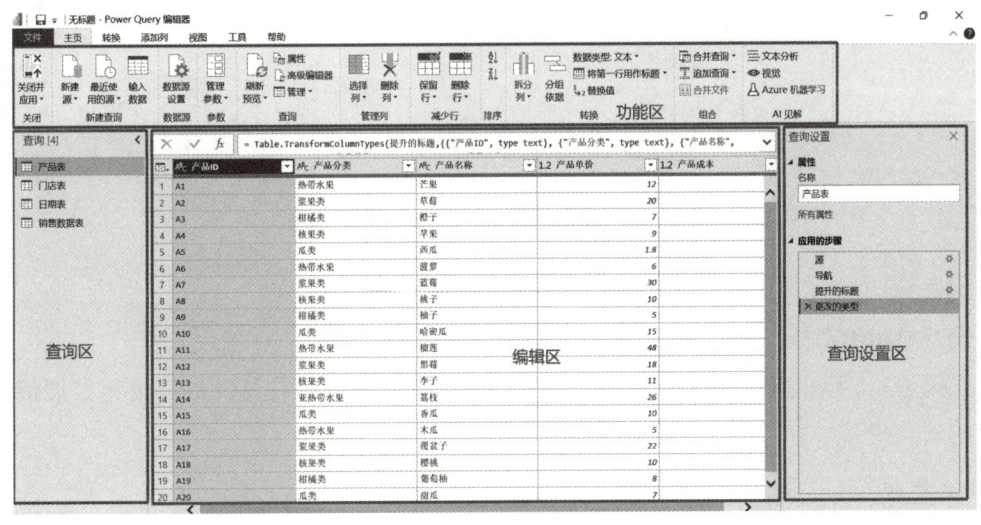

图 3-24 Power Query 编辑器的工作界面

用"命令将其上传到数据模型中。

界面右侧为查询设置区,包括"属性"和"应用的步骤"两部分。"应用的步骤"列表中会自动记录每一步数据操作。单击某步骤前的 ╳ 按钮可撤销该步骤。

③数据清洗相关功能。

Power Query 编辑器的功能区提供了丰富的功能,可以使用户在不编写代码的情况下,通过执行功能区中的命令,对获取的数据进行清洗与转换。

在 Power Query 编辑器中,数据清洗与转换工作主要通过"转换"和"添加列"两个选项卡中的命令完成,这两个选项卡的区别在于:"转换"选项卡中的命令是在原列上直接进行修改;而"添加列"选项卡中的命令是在原列基础上新增加一个列。

此外,"主页"选项卡中也有一些数据清洗与转换命令,有些命令与"转换"选项卡中的命令一样。我们可以根据需要选择这 3 个选项卡中的命令对获取的数据进行整理。

(2)M 语言。

在 Power Query 编辑器中使用功能区的图形化操作命令,编辑栏中就会自动生成一段 M 语言代码。如果熟悉 M 语言,也可以在编辑栏中使用 M 语言编写代码来完成数据整理工作,如图 3 – 25 所示。

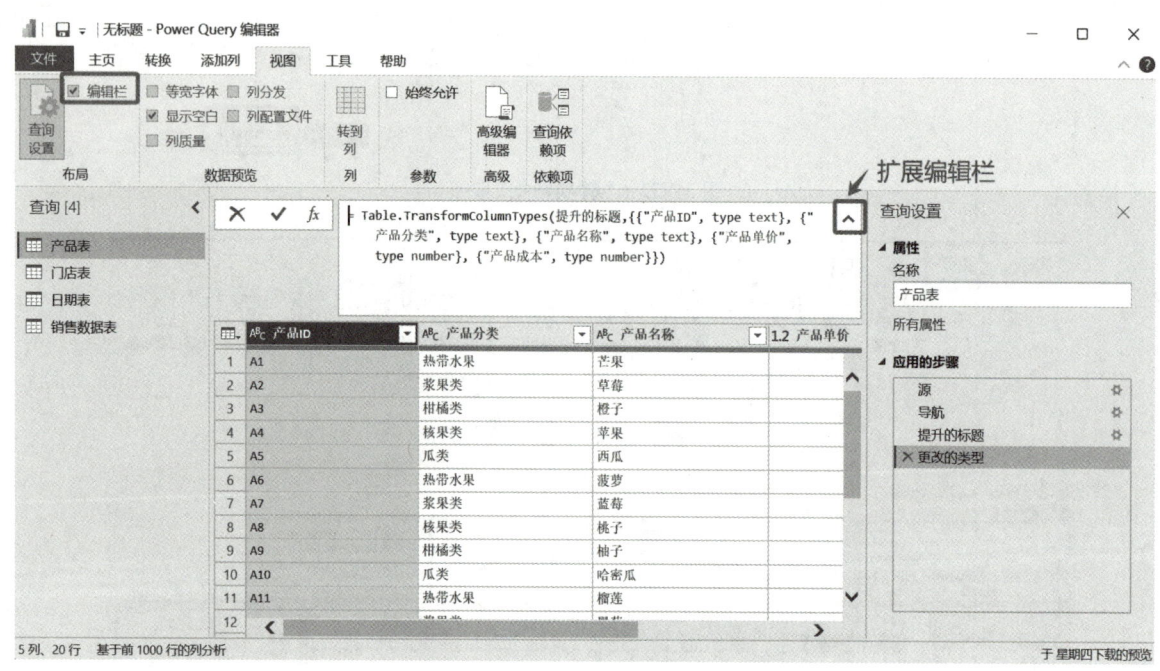

图 3 – 25　利用编辑栏查看或编写 M 代码

【提示】

如果没有显示编辑栏,需在"视图"选项下勾选"编辑栏"复选框。

如果代码太长,无法显示完整的 M 语言代码,则可单击编辑栏右侧的"^"按钮扩展编辑栏,如图 3 – 25 所示。

3. 数据整理

(1)将第一行用作标题。

数据导入后,Power Query 编辑器默认所有数据都属于数据行,所以数据表中第一行可能会包含列名称。而在 Power BI 中,从第一行开始就必须都是数据行,标题在数据行之上。一般情况下,Power

Query 编辑器获取数据后会自动完成标题提升,如果没有,就需要手动完成标题提升的操作。

【任务六】检查"全国连锁水果店 LOGO.xlsx"数据中各表格的第一行是否为标题行,将不符合规范的数据表第一行提升为标题行

任务6 提升标题行

步骤一,查看当前标题行。发现产品表、门店表、日期表和销售数据表四张表格中,只有门店表的标题在数据行中,需要上升为标题行。选择"门店表",当前标题如图 3-26 所示。

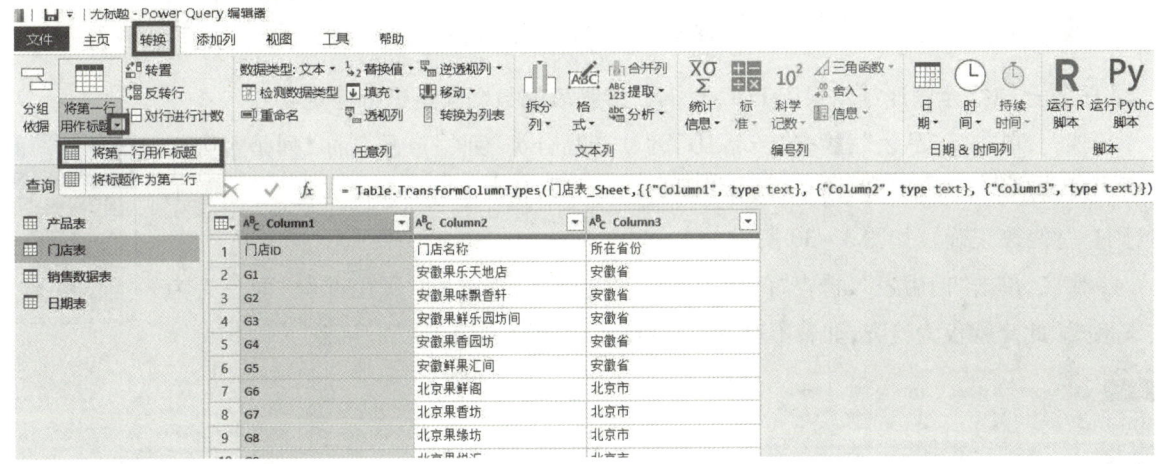

图 3-26 提升标题前

步骤二,将"门店表"第一行用作标题。单击"门店表",单击"转换"功能按钮,随后单击"将第一行用作标题"右下方的倒三角符号,最后单击"将第一行用作标题",如图 3-27 所示。

图 3-27 标题提升

标题提升后效果如图 3-28 所示。

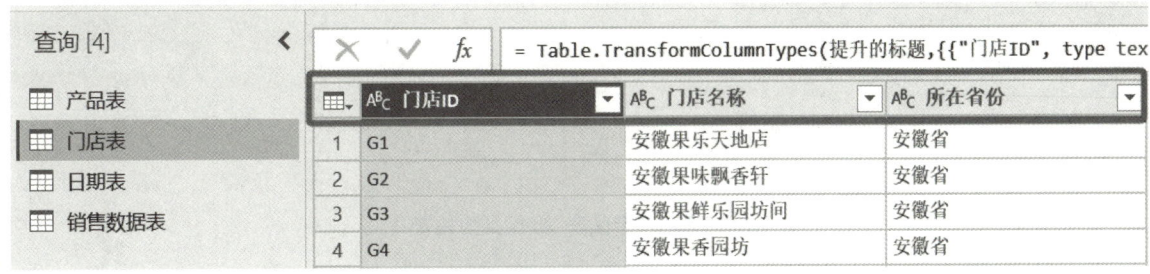

图 3-28 标题提升后

(2)更改数据类型。

Power BI 常见的列标题类型有小数、整数、日期、文本、百分比等,将数据表导入 Power BI 时,Power

BI 会自动扫描前 1000 行（默认设置）数据，并尝试检测每列的数据类型，但在某些情况下，系统可能会无法识别出正确的数据类型，这时就需要我们更改数据类型。

在 Power Query 编辑器中，每列列名的左侧都有一个数据类型标识按钮，如图 3-29 所示。若系统识别出的数据类型有误，则单击该按钮，在下拉列表中选择正确的数据类型。有些列名前面的数据类型标识按钮为 ，表示该数据为任意类型，此时需要重新设定该列的数据类型。

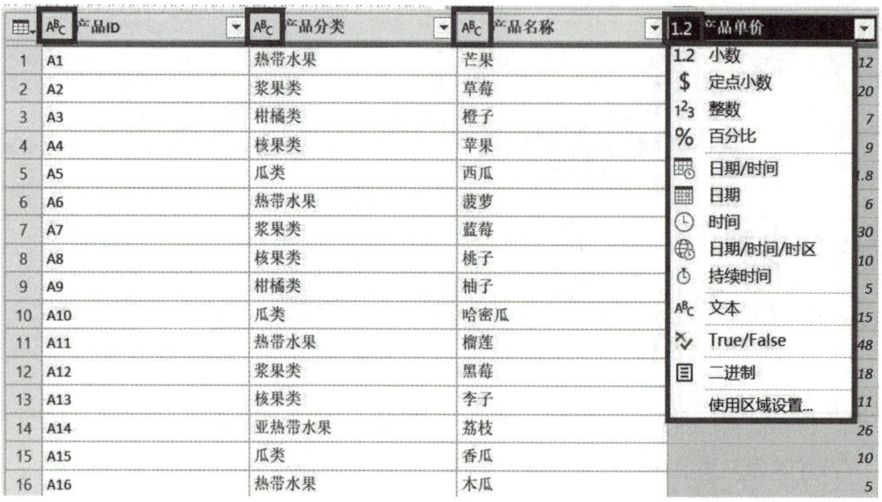

图 3-29 数据类型标识

【任务七】对"全国连锁水果店 LOGO.xlsx"四张表的数据类型进行检查

步骤一，单击"产品表"，检查"产品 ID"列、"产品分类"列、"产品名称"列是否为文本格式，检查"产品单价"列、"产品成本"列是否为小数格式（此步骤仅为检查，如若不对，则自行修改正确），如图 3-30 所示。

步骤二，单击"门店表"，检查"门店 ID"列、"门店名称"列和"所在省份"列是否为文本格式（此步骤仅为检查，如若不对，则自行修改正确），如图 3-31 所示。

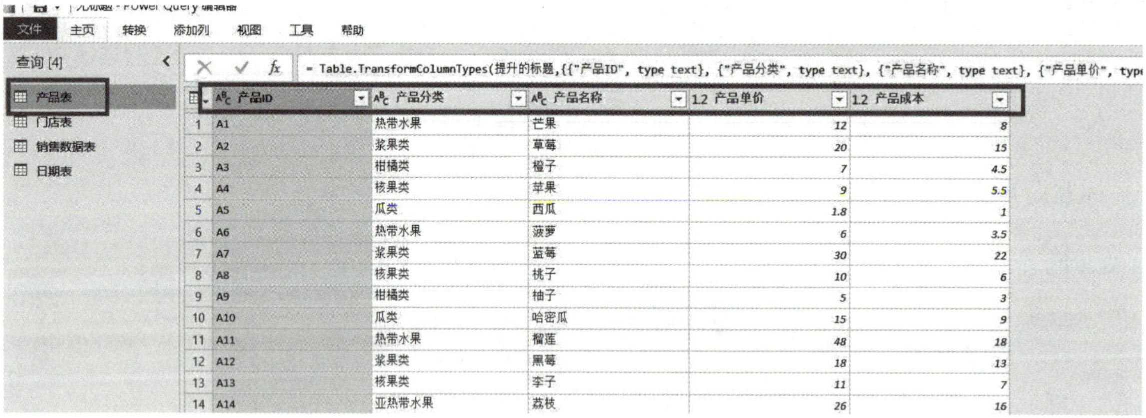

图 3-30 "产品表"数据类型检查

步骤三，单击"日期表"，检查"日期"列是否为日期格式，"年份"列和"月份"列是否为整数格式，"年份季度"列是否为文本格式（此步骤仅为检查，如若不对，则自行修改正确），如图 3-32 所示。

步骤四，单击"销售数据表"，检查"订单编号"列是否为整数格式，"订单时间"列是否为日期格

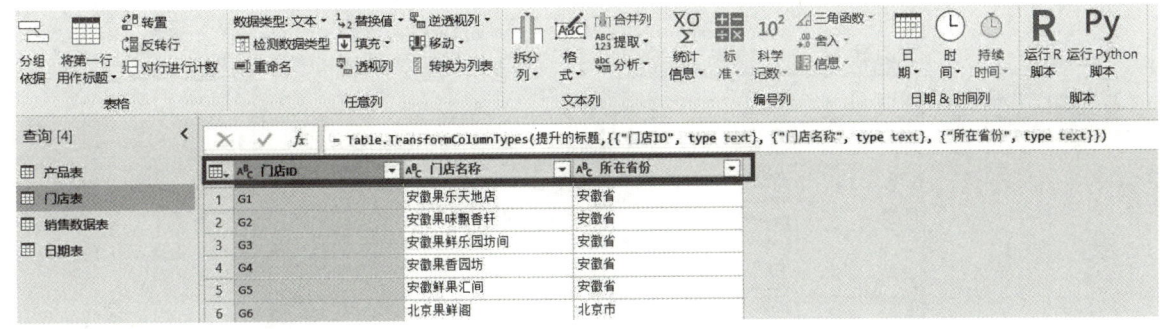

图 3-31 "门店表"数据类型检查

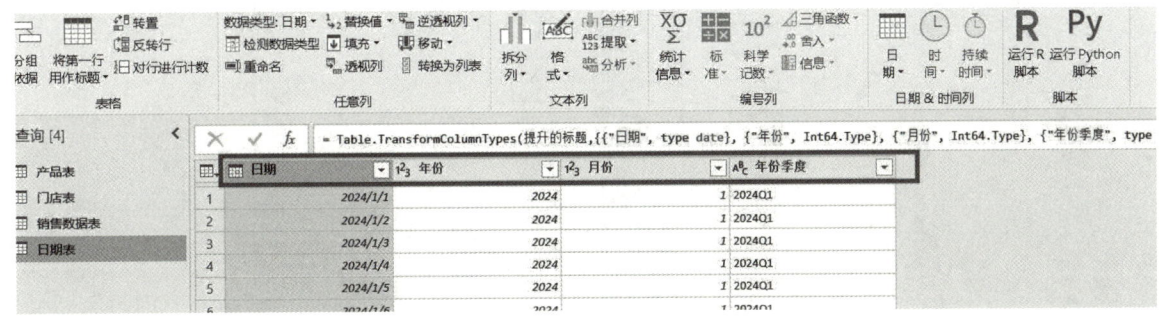

图 3-32 "日期表"数据类型检查

式,"产品 ID"列和"门店 ID"列是否为文本格式,"数量"列是否为整数格式(此步骤仅为检查,如若不对,则自行修改正确),如图 3-33 所示。

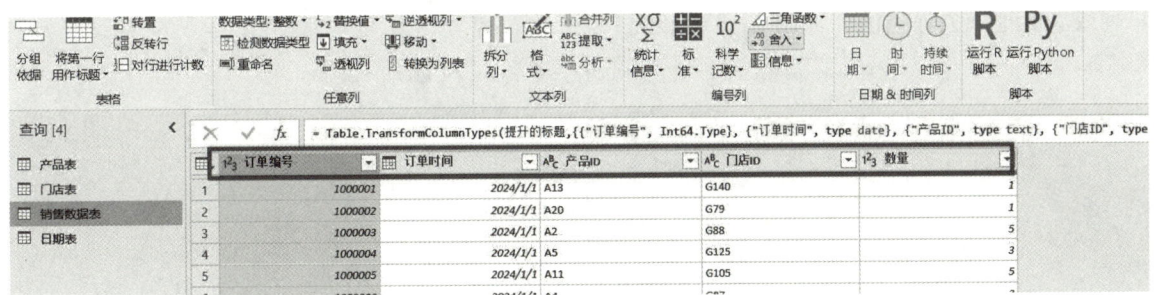

图 3-33 "销售数据表"数据类型检查

(3) 筛选与删除。

Power Query 编辑器中提供了筛选和删除功能,筛选功能是将需要的、符合条件的数据保留在 Power BI 中;删除功能是将不需要的、不符合条件的数据从 Power BI 中删除,主要包括删除行、删除列、删除错误、删除空值、删除重复项等操作。

【任务八】对"全国连锁水果店 LOGO. xlsx"四张表的数据的完整性进行检查,并且将"销售数据表"的空值筛选掉

步骤一,逐一单击产品表、门店表、销售数据表和日期表四张表格,对表中各列进行检查,发现"销售数据表"中多列提示"列表可能不完整"。

步骤二,单击选中"产品 ID"右方的倒三角符号,随后单击"加载更多"按钮,如图 3-34 所示。

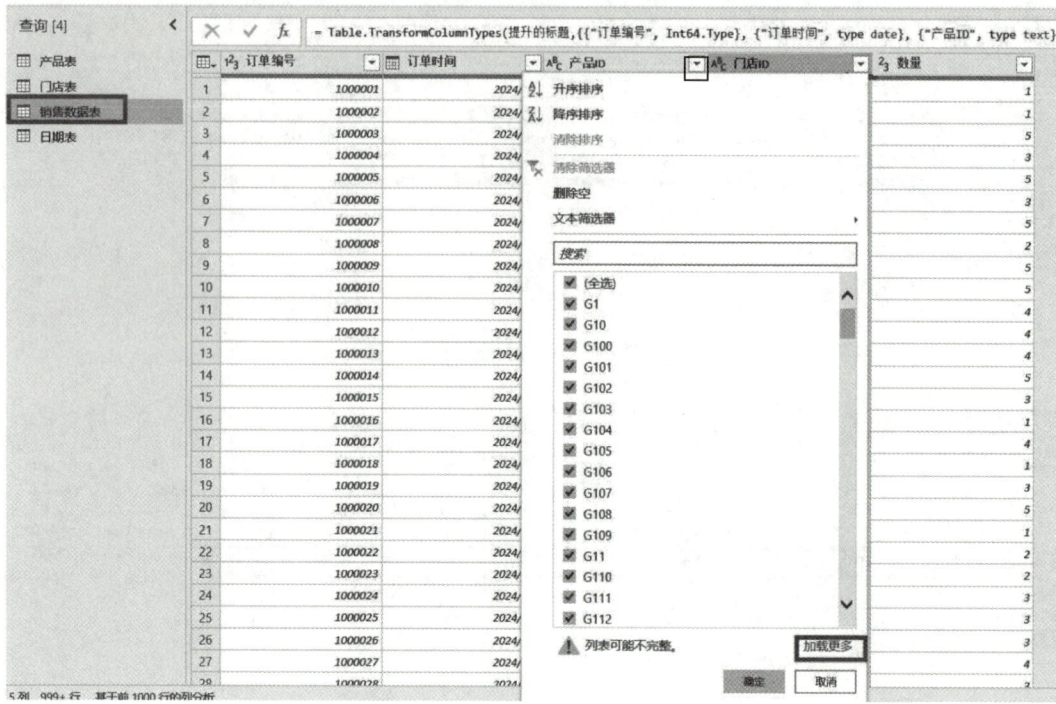

图 3-34 "加载更多"按钮

步骤三,将"(null)"取消勾选,随后单击"确定"[将(null)取消勾选的原因在于,销售数据表是从企业收银系统导出,难免会有空白值,所以通过"产品 ID"列,将空白值去除,当然也可以通过"门店 ID"列或者其他列去除空值],如图 3-35 所示。

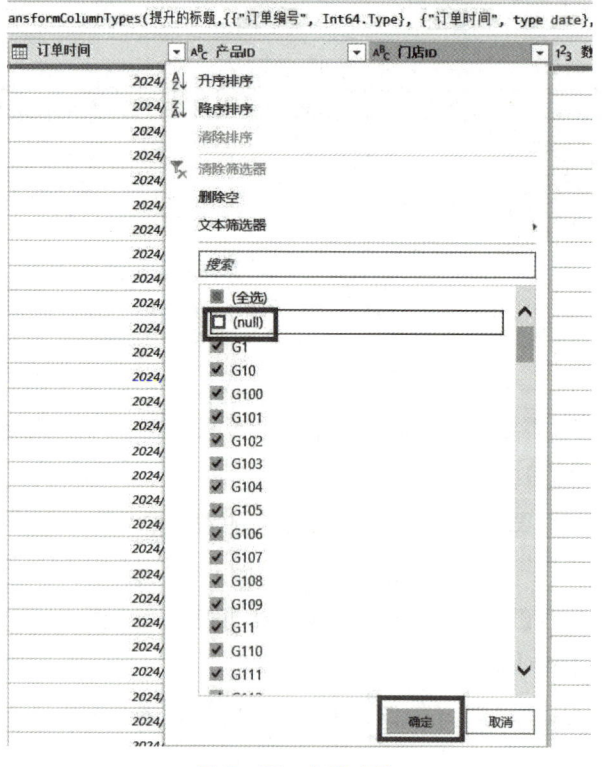

图 3-35 去除空值

【提示】

Power Query 编辑器的左下角会显示数据表的行数与列数,应注意删除前后数据表行数与列数的变化。

(4)关闭并应用。

关闭 Power Query 编辑器窗口,将所有在 Power Query 中进行的变更操作(如数据加载、转换、清洗等)应用到当前的数据模型中。单击"主页",随后单击"关闭并应用"右下方的倒三角符号,最后"单击关闭并应用",如图 3-36 所示。

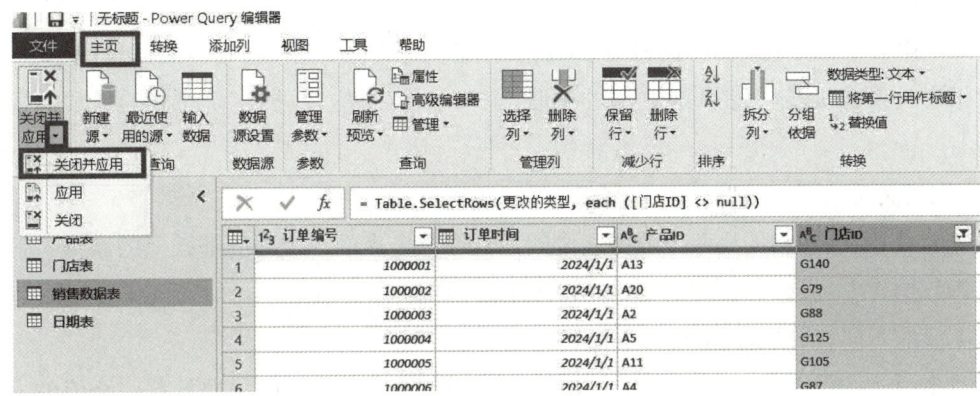

图 3-36　关闭并应用

3.2 数据建模

数据建模是 Power BI 等数据分析工具中的关键环节,它通过构建数据表之间的关系进行整合,使不同来源的数据在逻辑上形成一张大表,以便从不同维度对数据进行可视化分析。

3.2.1 管理表关系

在利用 Power BI 进行数据分析之前,首先要了解表的类型及它们之间的关联,其次才能管理各表之间的关系。

1. 认识表

为便于数据建模和数据分析,Power BI 将表分为维度表和事实表两类。维度表的主要特点是包含类别属性信息、数据量较小。事实表的主要特点是含有多列数值类型的数据,能够提取度量值信息,数据量较大。维度表和事实表的关系是:通过维度表中的不同维度可以分析事实表中的各类度量值数据。两者区别如表 3-1 所示。

表 3-1　事实表与维度表的区别

项目	维度表	事实表
特征	通常存放各种分类信息,数据较少	又叫数据表,有较多数值型字段,行数较多
举例	日期、地域、客户、产品等	销售数据、存货数据、预算数据等

续表

项目	维度表	事实表
用途	生成分析表的行或列,生成筛选器和切片器	数值型字段可生成各种分析指标,即度量值
关系视图	"1"的一端	"﹡"的一端,箭头指向的一端

下面以"全国连锁水果店 LOGO. xlsx"数据中的 4 个维度表(产品表、日期表、门店表和销售数据表)为例,来了解维度表和事实表的关联。

2. 数据表关系及关系模型

在 Power BI 中,单表是最简单的模型,不需要创建关系。若是多表,则需要创建数据表关系。所谓创建数据表关系,就是建立表和表之间的关联,也叫数据建模。数据建模建立的是数据模型,而非算法模型。

(1) 数据表关系。

在 Power BI 中,关系指的是两个数据表之间建立在每个表的一个列的基础上的联系。例如,在门店表和销售数据表中,通过"门店 ID"建立两表之间的关联,即关系。

根据关系的不同,可以将其分成以下 3 类:

①一对多(1:﹡)关系。一对多关系是指一个表(通常是维度表)中的列具有一个值的一个实例,而与其关联的另一个表(通常是事实表)的列具有一个值的多个实例。例如,门店表中的"门店 ID"具有唯一值,而销售数据表中对于相同的"门店 ID"则具有多个值。门店表通过"门店 ID"和销售数据表建立关系,即一对多(1:﹡)的关系。

②多对一(﹡:1)关系。多对一关系与一对多关系正好相反,指的是一个表(通常为事实表)中的列具有一个值的多个实例,而与之相关的另一个表(通常为维度表)仅具有一个值的一个实例。例如,销售数据表通过"门店 ID"和门店表建立关系,即多对一(﹡:1)的关系。

③一对一(1:1)关系。一对一关系是指一个表(事实表)对应另一个表(维度表)的记录有一一对应的关系。例如,产品表中的"产品 ID"对应产品分类表中的"产品 ID",即一对一(1:1)的关系。

在 Power BI 关系设置中,还需要对关系的交叉筛选器方向进行设置。对于大多数关系,交叉筛选器方向均设置为"双向"筛选。双向筛选是指连接的两张表可以互相筛选,设置为"单向"筛选则适用于依据维度表的维度单向对事实表数据进行汇总。默认情况下,Power BI Desktop 会将交叉筛选器方向设置为"双向",但是如果从 Excel、Power Pivot 导入数据,则默认将所有关系设置为"单向"。

(2) 关系模型的布局。

关于布局模式的理论来源于数据仓库的方法论。在 Power BI 中,关系模型的布局是指建立了关联的维度表与事实表的摆放样式。关系模型的布局模式有两种:星形(Star)和雪花形(Snowflake)。

①星形布局模式。星形布局模式的特点是在事实表外侧只有一层维度表,所有维度表都直接与事实表关联,呈现的形状就像星星一样。

下面通过"全国连锁水果店 LOGO. xlsx"数据中的 4 个维度表(产品表、日期表、门店表和销售数据表)来认识关系模型的星形布局模式(星形分布),如图 3-37 所示。

②雪花形布局模式。雪花形布局模式的特点是在事实表外侧有多层维度表,每个维度可能串起多个维度表,就像雪花一样由中心向外延伸。

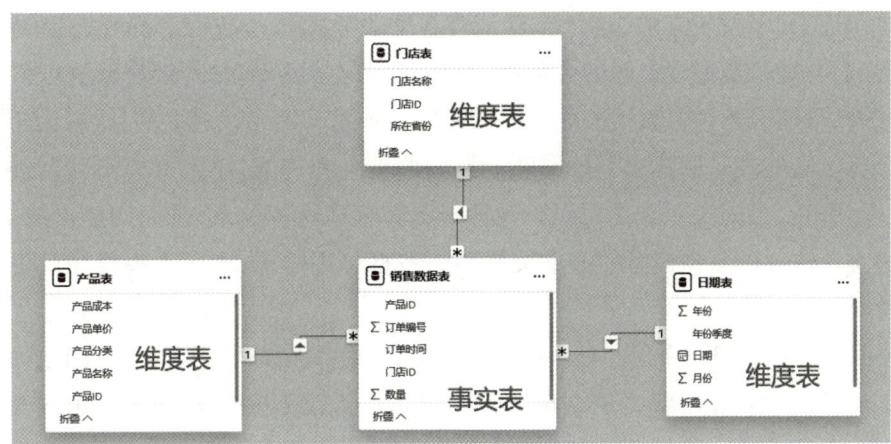

图 3-37 星形布局模式

如图 3-38 所示,该结构中有 6 个维度表和 1 个事实表,其中"产品品牌"先与"产品表"相关联,再与"销售数据表"相关联;"直播平台"先与"销售主播表"相关联,再与"销售数据表"相关联。

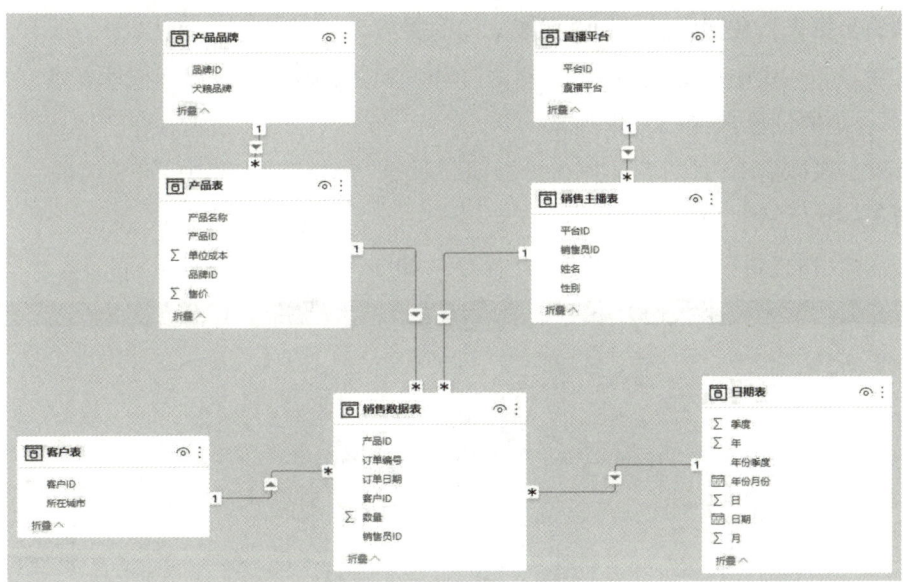

图 3-38 雪花形布局模式

星形布局模式和雪花形布局模式的区别是:星形布局模式在事实表外侧只有一层维度表,而雪花形布局模式在事实表外侧有多层维度表。显然,星形布局模式较为简单,且更容易掌控,所以一般被建议采用。如果在一个维度上又有多个维度,则需想办法把它们合并到一个维度表上,从而简化维度表的结构。例如,可以将产品分类表和产品表合并到一个维度表中,将门店表和门店省份表合并到一个维度表中。

星形布局模式属于一种理想化的布局模式,在实际工作中,应尽量使用此种模式。当不可避免地需要用到多层维度表时,再选择雪花形布局模式。原则上讲,这种基于叠加的多层维度表的雪花形布局模式尽量不要使用。

3. 创建关系

在常见的数据建模实践中,关系通常是通过特定字段建立的。例如,门店表与销售数据表之间的关系是通过门店ID字段建立的,这意味着销售数据表中的每一条记录都可以追溯到具体的门店。同样,产品表与销售数据表之间的关系是通过产品ID字段建立的,销售数据可以与具体的产品相对应。此外,日期表与销售数据表之间的关系则是通过日期字段建立的,这有助于按时间维度对数据进行分析。这些关系的建立不仅有助于数据的整合和清洗,还可以提高数据查询和分析的效率。在Power BI中,通过关系视图可以直观地查看和管理这些关系,进而构建出结构清晰、易于理解的数据模型。这样的数据模型能够支持复杂的数据分析需求,为业务决策提供更加准确和全面的数据支持。

在导入数据的过程中,Power BI Desktop会自动创建关系。如果同时导入两个或多个表格,则Power BI Desktop在加载数据时将尝试查找、创建关系,并自动设置基数、交叉筛选器方向和活动属性。Power BI Desktop会查看表格中正在查询的列名,以确定是否存在任何潜在关系,若存在,则将自动创建这些关系。如果Power BI Desktop无法确定存在匹配项,则不会自动创建关系。对于没有创建关系的数据表,可以通过鼠标拖曳或设置属性的方式手动创建关系。

【任务九】通过"全国连锁水果店LOGO.xlsx"数据中的3个维度表(产品表、日期表、门店表)和1个事实表(销售数据表),创建维度表和事实表之间的关系

步骤一,在Power BI Desktop界面,点击左侧"模型"视图,随后,通过鼠标拖动表格,将表格摆放至合理的位置,如图3-39所示。

步骤二,单击鼠标拖动"日期表"当中的"日期",移至"销售数据表"中"订单时间"的位置,如图3-40所示。

步骤三,在弹出的"新关系"窗口中,单击"保存",如图3-41所示。

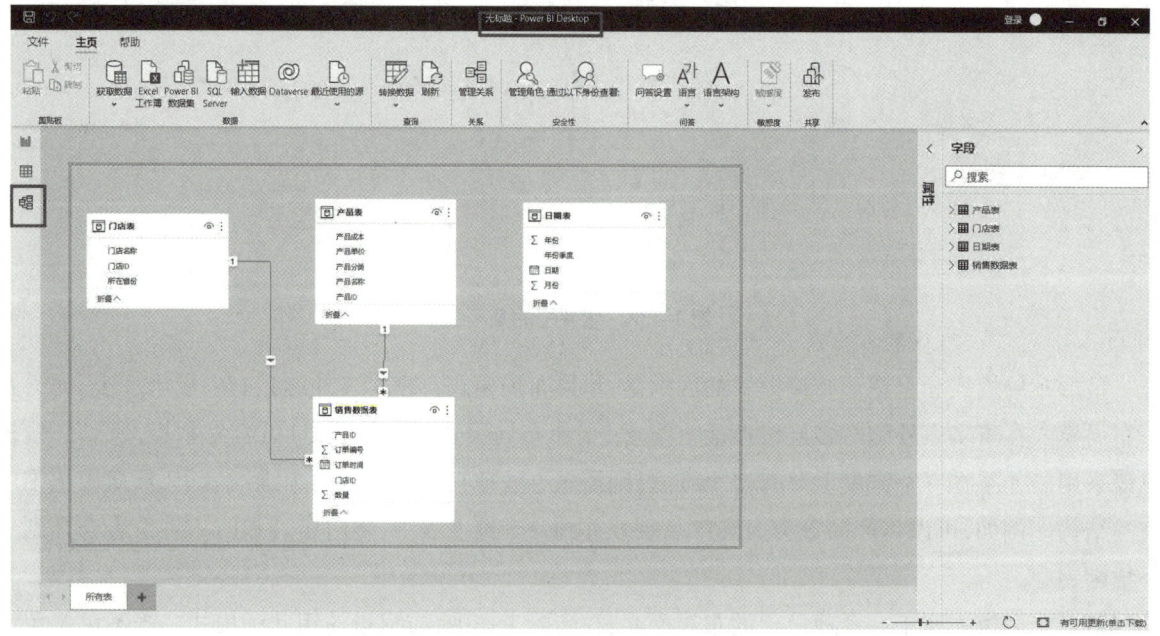

图3-39 创建关系(自动创建)

步骤四,如图3-42所示,鼠标轻放在"产品表"与"销售数据表"框体之间的线条上,检查"产品表"和"销售数据表"是否通过产品ID建立了联系(图3-42为成功建立联系的效果图,此步骤仅为检查,如若不对,自行修改为正确的)。

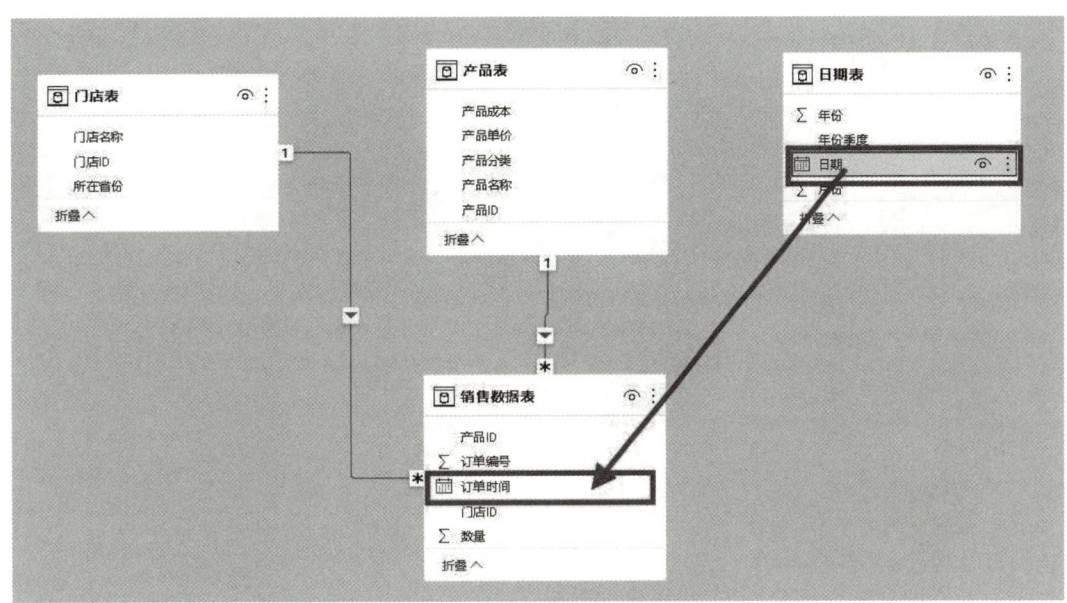

图 3-40　创建销售数据表与日期表的关系（手动创建）

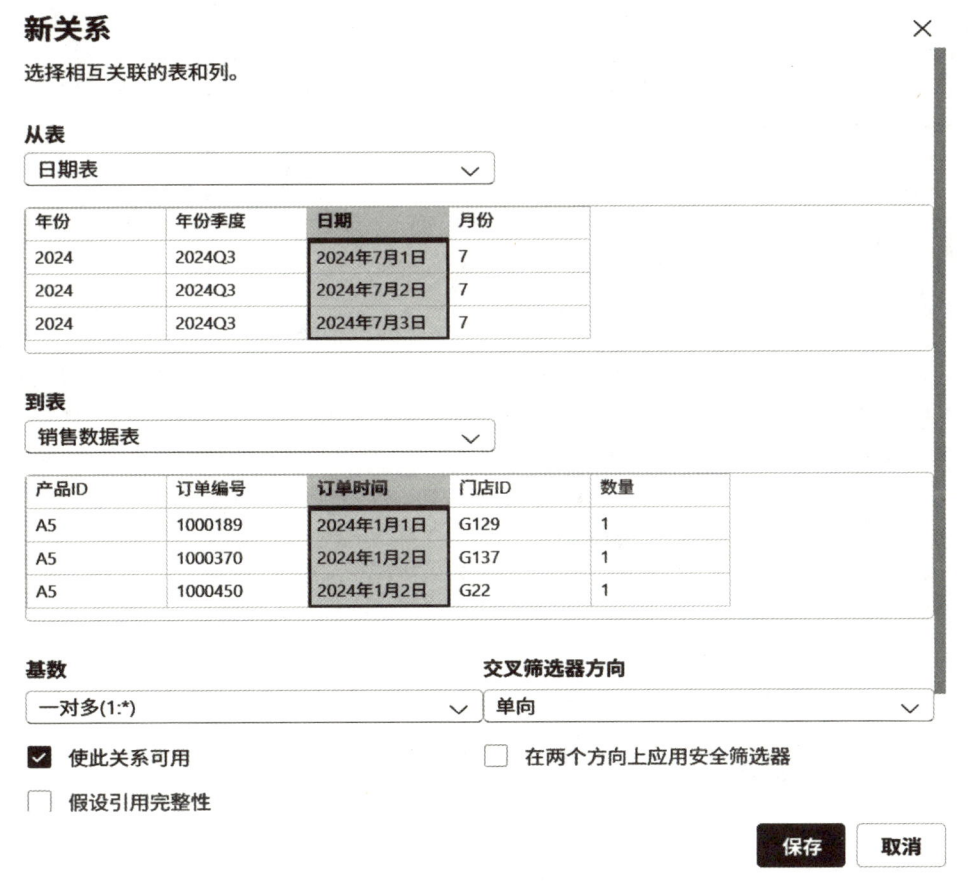

图 3-41　"新关系"设置窗口

步骤五，如图 3-43 所示，鼠标轻放在"门店表"与"销售数据表"框体之间的线条上，检查"门店表"和"销售数据表"是否通过门店 ID 建立了联系（图 3-43 为成功建立联系的效果图，此步骤仅为检查，如若不对，自行修改为正确的）。

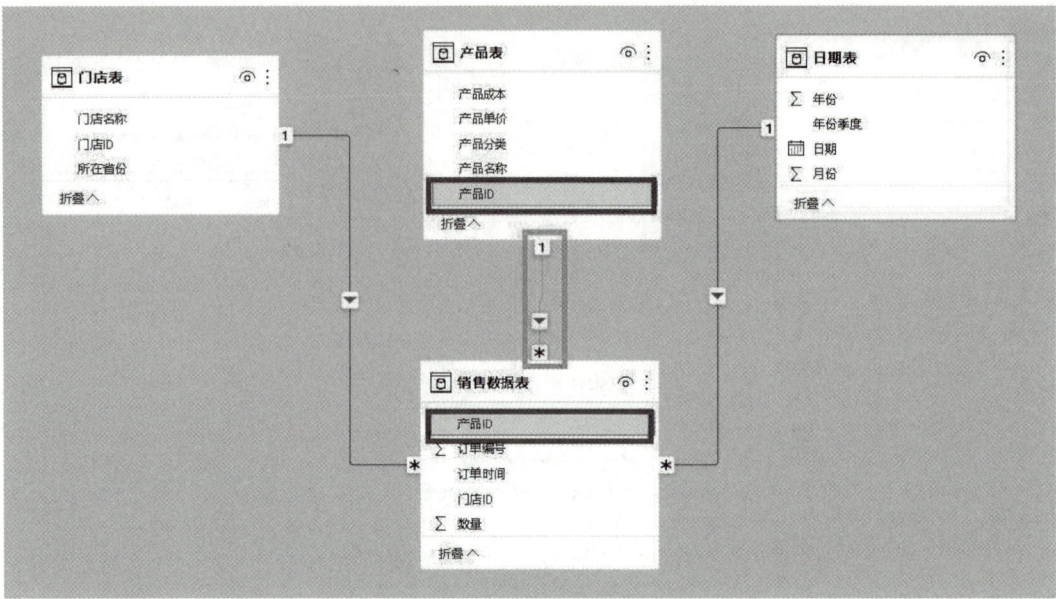

图 3-42　创建销售数据表与产品表的关系（手动创建）

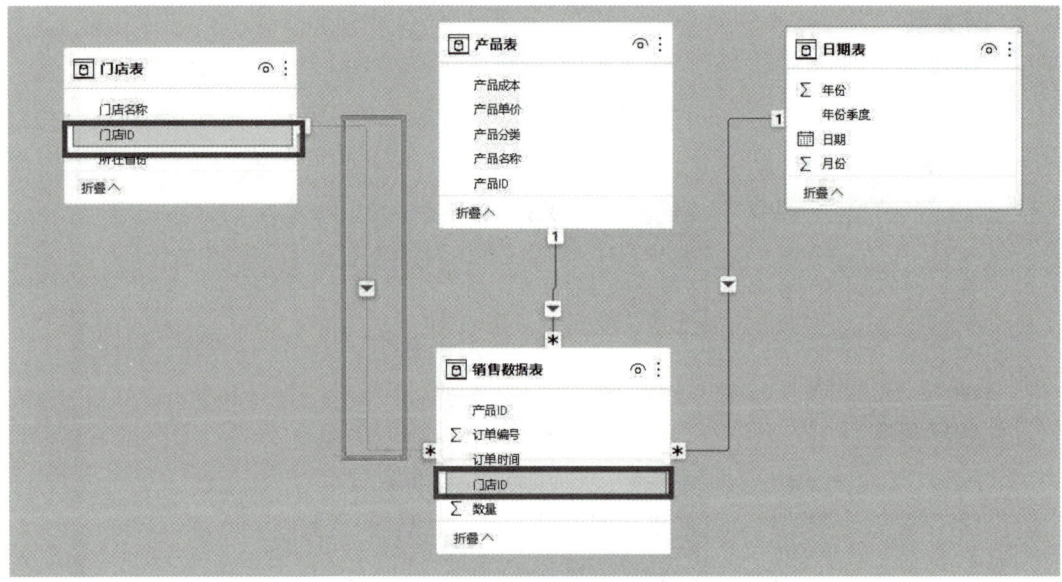

图 3-43　创建销售数据表与门店表的关系（手动创建）

3.2.2　新建列和新建度量值

在 Power BI 中进行数据建模时，新建列和新建度量值是两个重要的操作。

1. 新建列

新建列也叫创建计算列，在 Power BI 中有两种方式可以添加列：一是在 Power Query 编辑器中使用图形化工具或者 M 语言来添加，如添加自定义列、日期列、示例中的列、索引列、条件列等；二是在 Power BI Desktop 中通过 DAX 公式来创建计算列。

两者的区别在于：在 Power BI Desktop 的"报表视图"或"数据视图"中创建列是以已经加载到模型中的数据为基础的，例如在"销售数据表"中使用 related 函数从"产品表"中提取数据新建"单价"

列:单价 = related('产品表'[单价])。

在 Power BI Desktop 中新建的计算列会显示在"字段"窗格的所选当前列表中,新建的列前面会有特殊图标 ,表示其值为 DAX 公式的计算结果。

【任务十】在"销售数据表"中新建"单价"列

任务10
新建列

步骤一,在 Power BI Desktop 界面单击左侧"数据视图",选择"销售数据表",执行"表工具"→"新建列"命令。

步骤二,在公式编辑栏中输入:单价 = relsted('产品表'[产品单价]),再按回车键,即可新建"单价"列,如图 3-44 所示。

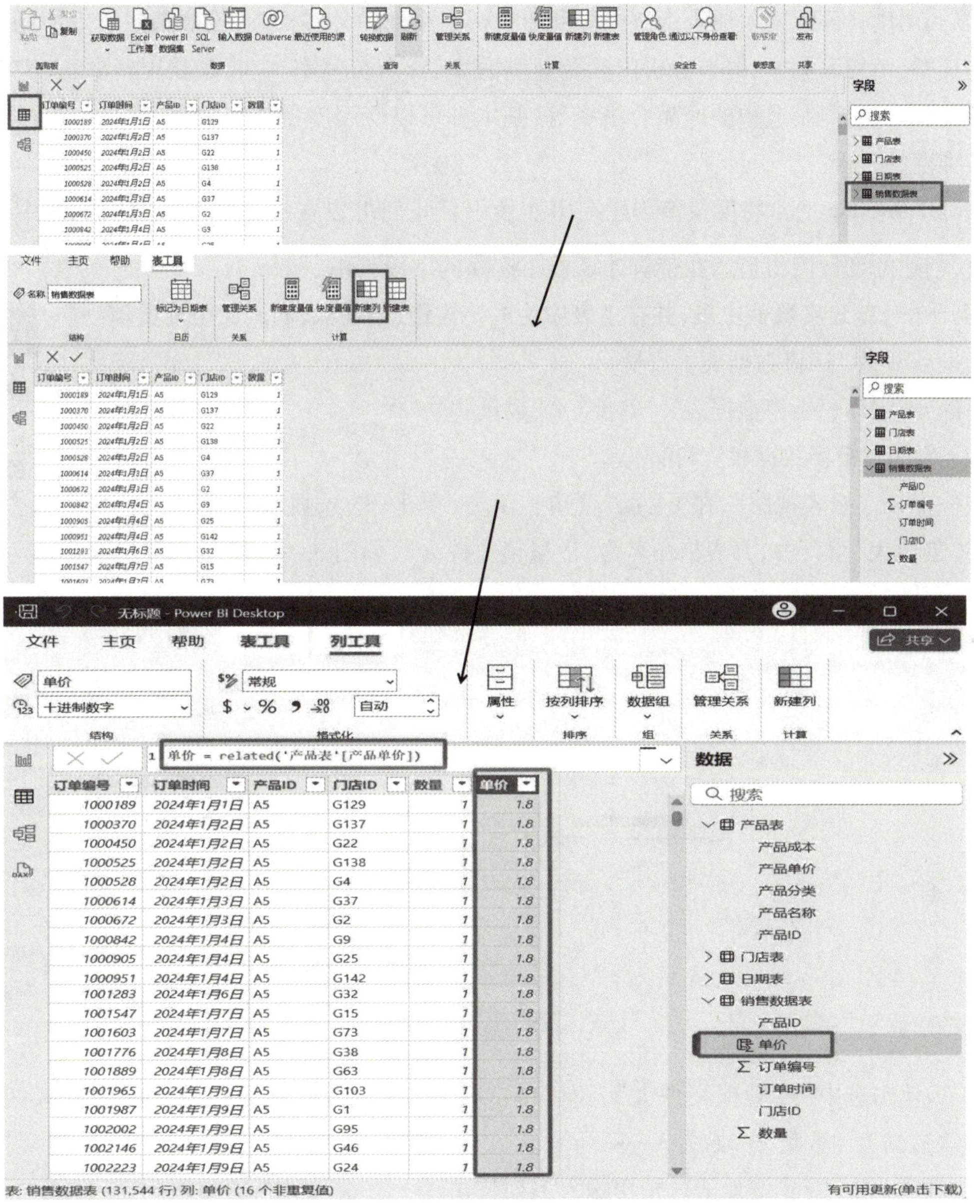

图 3-44 新建"单价"列

【练习】新建列,生成成本和利润列

同理,再次单击新建列,依次输入下列公式:

成本 = related('产品表'[产品成本])

利润 = [单价] – [成本]

2. 新建度量值

度量值是使用 DAX 函数创建的一个虚拟的数据值,通常可以理解为要分析的数据指标。它不改变源数据,也不改变数据模型。度量值是 Power BI 数据建模的关键因素,通常用于常见的数据分析中,如求和、求平均值等,实际操作中,也可以使用 DAX 公式创建更高级的计算。

度量值可以随着不同维度的选择而变化,一般在报表交互时使用,以便进行快速和动态的数据浏览。例如,要想查看烘焙工坊不同产品、不同年度、不同门店、不同性别会员的销售数量和销售金额情况,就可以利用度量值瞬间生成查询数据。商业分析中用到的各类指标,比如销售管理中的销售环比或同比增长率、销售毛利率,财务分析中的营业利润率、资产负债率、应收账款周转率,人力资源管理中的员工离职率,生产制造中的产品合格率等,基本都可以使用度量值来计算,并且可以任意变换维度实现多维度的分析。

Power BI Desktop 通常将度量值创建在事实表中。我们可以在报表视图或数据视图中创建和使用度量值,创建的度量值将显示在带有计算器图标▦的字段列中。

【任务十一】 新建度量值主表,并在主表中生成销售量、销售额、利润 3 个度量值

销售量 = SUM('销售数据表'[数量])

销售额 = SUMX('销售数据表',[单价]*[数量])

利润 = SUM('销售数据表'[利润])

步骤一,单击"报表视图",在"主页"菜单栏下方,单击"输入数据"(见图 3–45),在弹出的"创建表"窗口中,将表格命名为"度量值文件夹",如图 3–46 所示。

图 3–45 "输入数据"按钮

步骤二,单击选中"度量值文件夹",随后单击"新建度量值",在公式编辑栏中输入:销售量 = SUM('销售数据表'[数量]),如图 3–47 所示。

同理,再次单击"新建度量值",依次输入下列公式:

销售额 = SUMX('销售数据表',[单价]*[数量])

利润 = SUM('销售数据表'[利润])

图 3-46 创建度量值文件夹

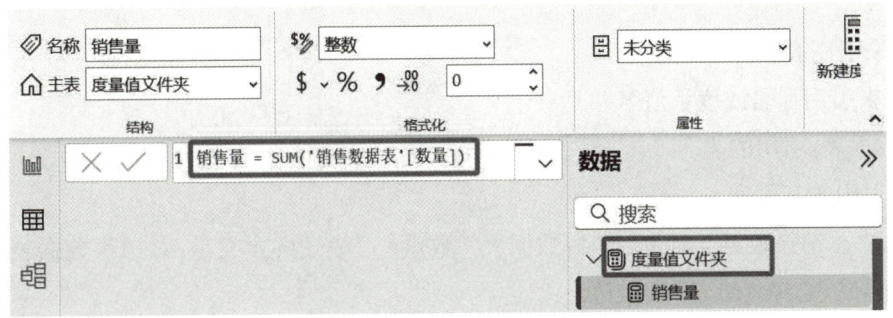

图 3-47 创建"销售量"度量值

3.2.3 DAX 语言

在 Power BI 中进行数据建模时,经常要用到 DAX 公式和 CALCULATE 函数、RELATED 函数、DIVIDE 函数等。

1. 认识 DAX 公式

DAX 是公式或表达式中可用于计算并返回一个值或多个值的函数、运算符或常量的集合。DAX 是一种函数语言,其中可以包含嵌套函数、条件语句和值引用等其他内容。DAX 的执行是从最内部的函数参数开始,然后逐步向外计算。

【提示】

微软公司在开发 DAX 时,参考了 Excel 中的很多函数,它们的名称相同,参数用法也类似。因此,DAX 简单易学,只要理解它的基本原理就能熟练使用。但 DAX 的深度应用还是有一些难度,需要多加练习。

本章节只介绍 DAX 的初级用法。读者可以参考专门的 DAX 书籍或者到 Power BI 官方网站详细学习、了解 DAX,构建复杂的 DAX 公式,以满足业务需求。

(1) DAX 语法。

DAX 语法包括组成公式的各种元素,简单来说,就是公式的编写方式。DAX 公式的特点如下:

① 类似 Excel 函数。

② 基于列或表的计算。

③ 引用"表""列"或度量值。

④ 通过"'"或"["启动智能感知。

下面来看一个度量值的 DAX 公式:

总销售数量 = SUM('销售数据表'[数量])

该 DAX 公式中包含了如下语法元素:

① 总销售数量:表示度量值名称。

② =:表示公式的开头。完成计算后将会返回结果。

③ SUM:DAX 函数名,表示对销售表中"金额"列的所有数据求和。

④ ( ):内含一个或多个参数的表达式。所有函数都至少需要一个参数,这个参数可以传递一个值给函数。

⑤ ':用来引用表名。

⑥ [ ]:用来引用列名或度量值名。

⑦ 销售数据表:引用的表名。

⑧ 数量:引用的字段列。

DAX 公式"总销售数量 = SUM('销售数据表'[数量])"表达的含义是:对销售数据表的"数量"字段列求和,并生成"总销售数量"度量值。

(2) DAX 运算符。

与 Excel 一样,DAX 公式也是使用 +、-、*、/这些符号进行运算的,并使用小括号( )来调整运算的优先次序。DAX 公式中基本运算符的分类及含义如表 3-2 所示。

表 3-2　DAX 公式中基本运算符的分类及含义

运算符类型	符号	含义
算术符	+	加法
	-	减法
	*	乘法
	/	除法
比较符	=	等于
	< >	不等于
	>	大于
	> =	大于等于
	<	小于
	< =	小于等于
文本连接符	&	连接字符串
逻辑符	&&	且
	||	或

(3) DAX 函数。

DAX 拥有许多可用于组织或分析数据的函数。这些函数包括聚合函数、逻辑函数、信息函数、数学函数、文本函数、转换函数、日期函数、关系函数、高级聚合函数、时间智能函数、筛选器函数等。

①聚合函数。在实际应用中，常见的聚合函数如表 3-3 所示。

表 3-3　常见的聚合函数

函数	说明
SUM	求和
AVERAGE	求平均值
MEDIEN	求中位值
MAX	求最大值
MIN	求最小值
COUNT	数值格式的计数
COUNTA	所有格式的计数
COUNTBLANK	空单元格的计数
COUNTROWS	表格中的行数
DISTINCTCOUNT	不重复计数

②逻辑函数。在实际应用中，常见的逻辑函数如表 3-4 所示。

表 3-4　常见的逻辑函数

函数	说明
IF	根据某个或几个逻辑判断是否成立，返回指定的数值
IFERROR	如果计算出错，返回指定数值
AND	逻辑关系的"且"（&&）
OR	逻辑关系的"或"（||）
SWITCH	数值转换

③信息函数。在实际应用中，常见的信息函数如表 3-5 所示。

表 3-5　常见的信息函数

函数	说明
ISBLANK	是否空值
ISNUMBER	是否数值
ISTEXT	是否文本
ISNOTEXT	是否非文本
ISERROR	是否错误

④数学函数。在实际应用中，常见的数学函数如表 3-6 所示。

表 3-6　常见的数学函数

函数	说明
ABS	绝对值
ROUND	四舍五入

续表

函数	说明
ROUNDUP	向上舍入
ROUNDDOWN	向下舍入
INT	向下舍入到整数（取整数）

⑤文本函数。在实际应用中，常见的文本函数如表3-7所示。

表3-7 常见的文本函数

函数	说明
FORMAT	日期或数字格式的转换
LEFT	从左向右取
RIGHT	从右向左取
MID	从中间开始取
LEN	返回指定字符串的长度
FIND	返回一个文本字符在另一个文本字符中的起始位置（区分大小写）
SEARCH	返回一个文本字符在另一个文本字符中的起始位置（不区分大小写）
REPLACE	替换
SUBSTITUTE	查找替换
VALUE	转换成数值
BLANK	返回空值
CONCATENATE	连接字符串，等同于"&"
LOWER	将字母转换成小写
UPPER	将字母转换成大写
TRIM	从文本中删除两个词之间除了单个空格外的所有空格
REPT	重复字符串

⑥转换函数。在实际应用中，常见的转换函数如表3-8所示。

表3-8 常见的转换函数

函数	说明
FORMAT	日期或数字格式的转换
VALUE	转换成数值
INT	转换成整数
DATE	转换成日期格式
TIME	转换成时间格式
CURRENCY	转换成货币

⑦日期函数。在实际应用中，常见的日期函数如表3-9所示。

表3-9 常见的日期函数

函数	说明
YEAR	返回当前日期的年份
MONTH	返回1~12整数（表示月份）

续表

函数	说明
DAY	返回月中第几天的整数
HOUR	返回 0~23 整数(小时)
MINUTE	返回 0~59 整数(分钟)
SECOND	返回 0~59 整数(秒)
TODAY	返回当前的日期
NOW	返回当前的日期和时间
DATE	根据年、月、日生成日期
TIME	根据时、分、秒生成日期时间
DATEVALUE	将文本格式的日期转换成日期格式
TIMEVALUE	将文本格式的时间转换成日期时间格式
EDATE	调整日期格式中的月份
EOMONTH	返回调整后的日期中月份的最后一天
WEEKDAY	返回 1~7 的整数(表示星期几)
WEEKNUM	当前日期在一整年的第几周(从 1 月 1 日开始算)

⑧关系函数。在实际应用中,常见的关系函数如表 3-10 所示。

表 3-10 常见的关系函数

函数	说明
RELATED	从关系的一端返回标量值
RELATEDTABLE	从关系的多端返回符合要求的所有记录

⑨高级聚合函数。在实际应用中,常见的高级聚合函数如表 3-11 所示。

表 3-11 常见的高级聚合函数

函数	说明
SUMX	求和
AVERAGEX	求平均值
MAXX	求最大值
MINX	求最小值
COUNTX	数值格式的计数
COUNTAX	所有格式的计数
MEDIENX	求中位值
RANKX	排名

表 3-11 中的几个函数可以循环访问表的每一行,并执行计算,所以也被称为迭代函数。

⑩时间智能函数。在实际应用中,常见的时间智能函数如表 3-12 所示。

表 3-12 常见的时间智能函数

函数	说明
PREVIOUSYEAR/Q/M/D	上一年/季/月/日
NEXTYEAR/Q/M/D	下一年/季/月/日

续表

函数	说明
TOTALYTD/QTD/MTD	年/季/月初至今
SAMEPERIODLASTYEAR	上年同期
PARALLELPERIOD	上一期
DATESINPERIOD	指定期间的日期
DATEADD	日期推移

利用时间智能函数，可以灵活地筛选出需要的时间区间。做同比、环比、滚动预测、移动平均等数据分析时，都会用到这类函数。

⑪筛选器函数。在实际应用中，常见的筛选器函数如表3-13所示。

表3-13　常见的筛选器函数

函数	说明
FILTER	按条件筛选数据
VALUES	返回列或者去重后的结果
TOPN	返回前几名的数据
ALL	返回所有数据
ALLEXCEPT	返回所有数据，除了……
ALLNOBLANKROW	返回非空白行的所有数据

2. 认识CALCULATE函数

CALCULATE函数被称作DAX中最强大的计算器函数。

（1）CALCULATE函数语法结构。

CALCULATE(表达式,条件1,条件2,……)函数语法结构中,第一个参数是计算表达式,可以执行各种聚合运算；从第二个参数开始,皆为一系列筛选条件（也可以为空）,多个筛选条件之间用逗号隔开。CALCULATE函数中所有筛选条件的交集形成最终的筛选数据集合,然后根据筛选出的数据集合执行第一个参数的聚合运算并返回运算结果。

CALCULATE函数的筛选条件有布尔筛选表达式、表筛选表达式、筛选器修饰符函数3种,它们的特点如表3-14所示。

表3-14　CALCULATE函数筛选条件的类别及特点

类别	特点	举例
布尔筛选表达式	计算结果为TRUE或者FALSE的表达式,但是不能引用度量值	'产品表'[产品分类]=热带水果,'产品表'[产品名称]="芒果"
表筛选表达式	这个表可以是对模型中基表的引用,也可以是返回表的函数（FILTER函数）	FILTER('产品表','产品表'[产品分类]="芒果")
筛选器修饰符函数	使用REMOVEFILTERS、ALL等筛选器修饰符函数来添加、修改筛选器上下文	REMOVEFILTERS('产品表'[产品分类])

从CALCULATE函数的语法结构可以看出,CALCULATE函数能够把计算表达式和筛选表达式整合起来。例如在创建报表或可视化对象时将筛选器、切片器、行、列设置看作初始筛选条件,从而缩小

或扩大筛选上下文。

（2）CALCULATE 函数应用示例。

①筛选条件为空,不影响上下文。

【任务十二】新建度量值"销售量1",销售量1 = CALCULATE([销售量]),然后新建矩阵表观察筛选上下文的变化

步骤一,新建度量值。在"报表视图"中选择"产品表",执行"主页"→"新建度量值"命令,在编辑栏中输入"销售量1 = CALCULATE([销售量])",按回车键。

步骤二,新建页面,命名为 CALCULATE,在该页面新建矩阵表。在"报表视图"中新建矩阵,将"产品名称"拖动到"行",将"销售量"和"销售量1"拖动到"值",即可显示度量值"销售量1"的函数计算结果,如图 3-48 所示。

图 3-48 度量值"销售量1"的函数计算结果

步骤三,结果解读。在创建度量值"销售量1"时,CALCULATE 只用了第一个参数,该函数的内部筛选条件为空,所以此度量值完全依赖初始条件,其计算结果与原度量值"销售量"一致。

②添加筛选条件,缩小上下文。

【任务十三】新建度量值"销售量2",销售量2 = CALCULATE([销售量],'产品表'[产品分类] = "热带水果"),然后在矩阵表中观察筛选上下文的变化

步骤一,新建度量值。在"报表视图"中选择"产品表",执行"主页"→"新建度量值"命令,在编辑栏中输入"销售量2 = CALCULATE([销售量],'产品表'[产品分类] = "热带水果")",按回车键。

步骤二,将度量值"销售量2"放入矩阵表。将"销售量2"拖动到"值",即可显示度量值"销售量2"的函数计算结果,如图3-49所示。

产品名称	销售量	销售量1	销售量2
菠萝	19686	19686	19686
草莓	19500	19500	
橙子	19387	19387	
覆盆子	19767	19767	
哈密瓜	19958	19958	
黑莓	19552	19552	
蓝莓	19913	19913	
李子	19071	19071	
荔枝	20008	20008	
榴莲	19626	19626	19626
芒果	19362	19362	19362
木瓜	20259	20259	20259
苹果	19614	19614	
葡萄柚	20035	20035	
桃子	19945	19945	
甜瓜	19684	19684	
西瓜	20231	20231	
香瓜	19802	19802	
樱桃	19684	19684	
柚子	19664	19664	
总计	394748	394748	78933

图3-49 度量值"销售量2"的函数计算结果

步骤三,结果解读。在创建度量值"销售量2"时,CALCULATE 函数中添加了筛选条件"'产品表'[产品分类]="热带水果"",计算的是热带水果的销售量,在矩阵表中只筛选出热带水果的产品销售数据。可见,该度量值已经改变了初始筛选条件,缩小了筛选上下文。

③结合 ALL 函数,扩大上下文。

【任务十四】新建度量值"ALL 销售量表",ALL 销售量表 = CALCULATE([销售量],ALL('产品表')),然后在矩阵表中观察上下文的变化

步骤一,新建度量值。在"报表视图"中选择"产品表",执行"主页"→"新建度量值"命令,在编辑栏中输入"ALL 销售量表 = CALCULATE([销售量],ALL('产品表'))",按回车键。

步骤二,将度量值"ALL 销售量表"放入矩阵表。将"ALL 销售量表"拖动到"值",即可显示度量值"ALL 销售量表"的函数计算结果,如图3-50所示。

步骤三,结果解读。在创建"ALL 销售量表"时,CALCULATE 函数中添加了筛选条件"ALL('产品表')",其含义是清除产品表的所有外部筛选上下文,即涉及"产品表"的初始筛选条件均不起作用,矩阵表中每行统计的是产品表中所有产品的信息,其值均为所有产品的销售量。可见,将 CALCULATE 函数与 ALL 函数结合使用,可以扩大筛选上下文。

产品名称	销售量	销售量1	销售量2	All销售量表
菠萝	19686	19686	19686	394748
草莓	19500	19500		394748
橙子	19387	19387		394748
覆盆子	19767	19767		394748
哈密瓜	19958	19958		394748
黑莓	19552	19552		394748
蓝莓	19913	19913		394748
李子	19071	19071		394748
荔枝	20008	20008		394748
榴莲	19626	19626	19626	394748
芒果	19362	19362	19362	394748
木瓜	20259	20259	20259	394748
苹果	19614	19614		394748
葡萄柚	20035	20035		394748
桃子	19945	19945		394748
甜瓜	19684	19684		394748
西瓜	20231	20231		394748
香瓜	19802	19802		394748
樱桃	19684	19684		394748
柚子	19664	19664		394748
总计	394748	394748	78933	394748

图 3-50 度量值"ALL 销售量表"的函数计算结果

从上述例子中可以看出,在使用 CALCULATE 函数创建度量值时,如果筛选条件为空,则不影响外部上下文;如果添加了限制的筛选条件,则缩小了上下文;在限制条件中使用 ALL 函数,则会扩大上下文。

3. 认识 DIVIDE 函数

在进行数据分析时,很多指标都是相对值,如环比增长率、利润率、存货周转率、离职率、借款逾期率等,它们的数学表达式都使用了除法。我们可以使用运算符"/"进行除法运算,但当分母为 0 时,系统会报错。

(1) DIVIDE 函数语法。

DIVIDE 函数又叫安全除法函数,其格式为"DIVIDE(分子,分母)"。它的好处是当分母为 0 时,系统不报错,可以显示为空或其他特定信息。

(2) DIVIDE 函数应用示例。

【任务十五】在度量值文件夹下创建以下两个度量值,用以计算销售额的环比增长率

上月销售额 = CALCULATE([销售额],PREVIOUSMONTH('日期表'[日期]))

销售额环比 = DIVIDE([销售额]-[上月销售额],[上月销售额])

步骤一,新建度量值。在"报表视图"中选择"产品表",执行"主页"→"新建度量值"命令,在编辑栏中输入"上月销售额 = CALCULATE([销售额],PREVIOUSMONTH('日期表'[日期]))",按回车键。

步骤二,新建度量值。在"报表视图"中选择"产品表",执行"主页"→"新建度量值"命令,在编辑

栏中输入"销售额环比 = DIVIDE([销售额]-[上月销售额],[上月销售额])",按回车键。

步骤三,新建页面,命名为DIVIDE,在该页面中新建矩阵表。在"报表视图"中新建矩阵,将"日期表"中的"月份"拖动到矩阵的"行",将"销售额""上月销售额"和"销售额环比"拖动到"值",即可显示度量值的函数计算结果,如图3-51所示。

月份	销售额	上月销售额	销售额环比
1	302,808.00		
2	280,446.00	302,808.00	-0.07
3	282,222.00	280,446.00	0.01
4	399,766.20	282,222.00	0.42
5	446,681.40	399,766.20	0.12
6	466,153.00	446,681.40	0.04
7	525,870.00	466,153.00	0.13
8	543,461.60	525,870.00	0.03
9	534,204.60	543,461.60	-0.02
10	573,805.20	534,204.60	0.07
11	574,765.00	573,805.20	0.00
12	606,527.80	574,765.00	0.06
总计	5,536,710.80		

图3-51 度量值"上月销售额"与"销售额环比"的函数计算结果

4. 认识ALL函数

DAX筛选器函数中存在以ALL开头的几个函数,这些函数往往不单独使用,而是作为中间函数,用于清除上下文筛选器,可用于更改其他计算的结果集。例如,这些函数经常与CALCULATE函数一起使用,更改CALCULATE函数的计算范围。

(1)ALL函数语法。

ALL函数语法格式为:ALL([<table>|<column>[,<column>[,<column>[,…]]]])。

函数功能:返回表中的所有行或列中的值,忽略可能已应用的任何筛选器。此函数可用于清除筛选器并针对表中的所有行创建计算。

函数参数:ALL函数的参数必须是对基表的引用或对基列的引用。不能对ALL函数使用表表达式或列表达式。

(2)ALL函数的具体用法。

ALL():删除所有筛选器,只用于清除筛选器,不能返回表。

ALL(<table>):删除指定表的筛选器,实际上是返回表中的所有值,同时删除上下文中已应用的筛选器。

ALL(column[,column[,...]]):删除表中指定列的所有筛选器,表中针对其他列的所有筛选器仍有效。需要注意的是,所有列参数必须来自同一张表。

(3)ALL函数应用示例。

①使用ALL()删除所有筛选器。

【任务十六】在"产品表"下新建度量值"ALL 销售量",ALL 销售量 = CALCULATE ([销售量],ALL())

步骤一,新建度量值。在"报表视图"中选择"产品表",执行"表工具"→"新建度量值"命令,在编辑栏中输入"ALL 销售量 = CALCULATE([销售量],ALL())",按回车键。

步骤二,新建矩阵。在页面右侧"可视化"→"生成视觉对象"中双击"矩阵",新建一个矩阵,将"度量值文件夹"中的"销售量"和"产品表"中的"ALL 销售量"拖动到"值",即可显示度量值"销售量"和"ALL 销售量"的计算结果,如图 3 – 52 所示。

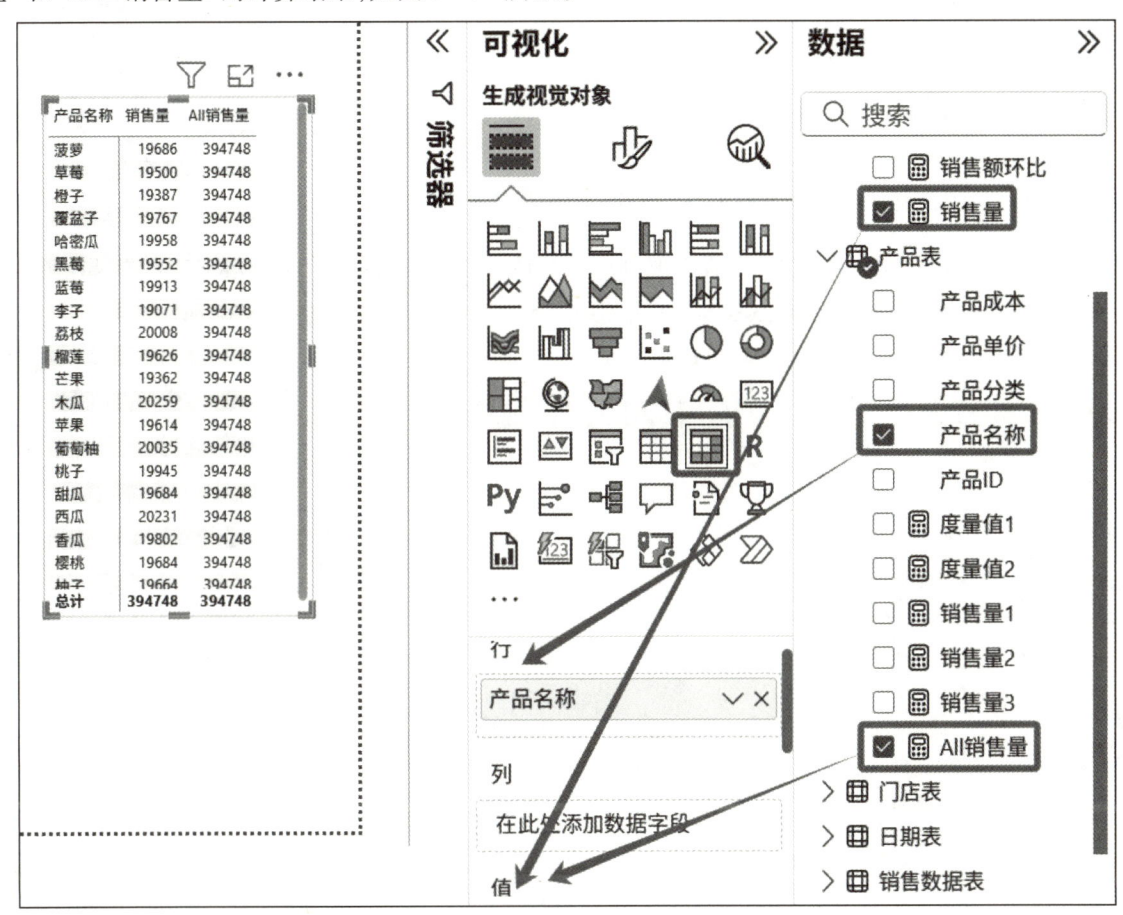

图 3 – 52　度量值"销售量"和"ALL 销售量"的计算结果

②使用 ALL(<table>)删除指定表的筛选器。

【任务十七】在"产品表"下新建度量值"ALL 销售量表",ALL 销售量表 = CALCULATE([销售量],ALL('产品表')),并在报表视图中新建切片器"门店名称",观察"ALL 销售量表"与"ALL 销售量"的区别

步骤一,新建度量值。在"报表视图"中选择"产品表",执行"表工具"→"新建度量值"命令,在编辑栏中输入"ALL 销售量表 = CALCULATE([销售量],ALL('产品表'))",按回车键,如图 3 – 53 所示。

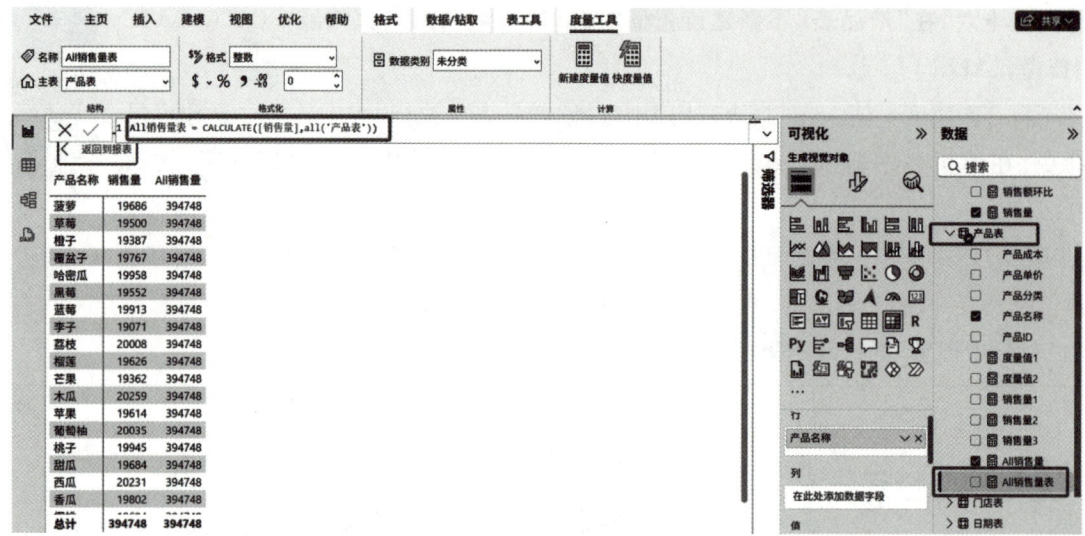

图 3-53 新建"ALL 销售表"度量值

步骤二,将"ALL 销售量表"度量值添加到原有矩阵视觉对象中。将"产品表"中的"ALL 销售量表"拖动到矩阵"值",即可显示度量值"ALL 销售表"的函数计算结果,如图 3-54 所示。

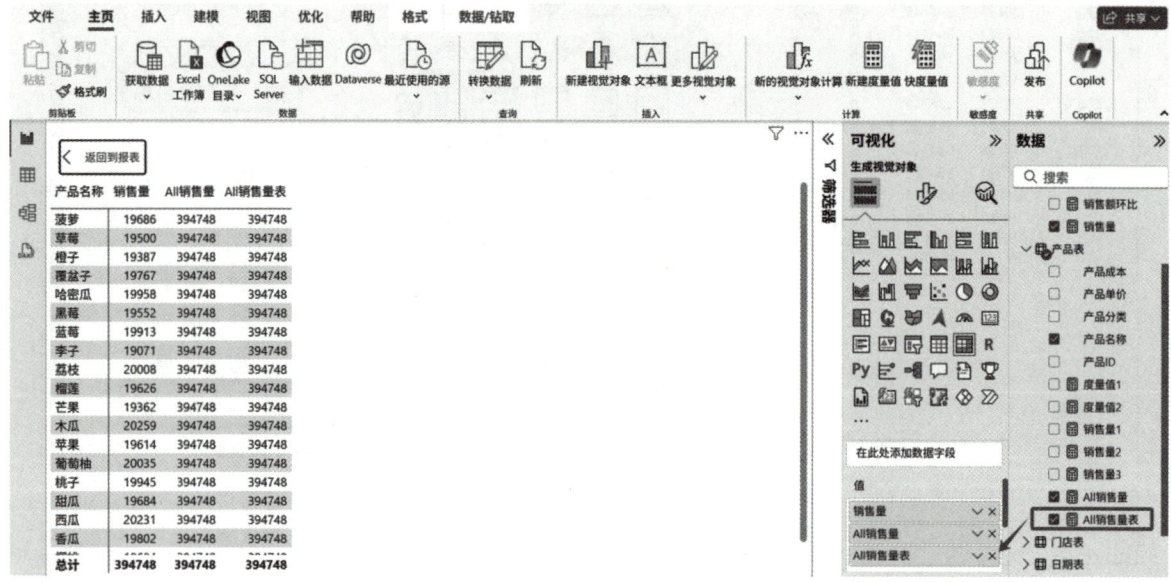

图 3-54 度量值"ALL 销售量表"的函数计算结果

步骤三,设置切片器。新建切片器,将"门店表"中的"门店名称"拖动到"字段",在切片器中勾选"北京果香坊"选项,如图 3-55 所示。

【提示】

在设置切片器视觉对象时,确保不要选中原有的矩阵视觉对象,否则新视觉对象建立时,原有的视觉对象会被新视觉对象替换掉。

步骤四,结果解读。当不选择"门店名称"切片器中的选项时,"ALL 销售量"与"ALL 销售量表"的值相同,都清除了涉及产品表的筛选条件;当选择"门店名称"切片器中的"北京果香坊"时,"ALL 销售量"反映的是所有产品、所有门店的产品销售量,而"ALL 销售量表"只删除了"产品表"的初始筛

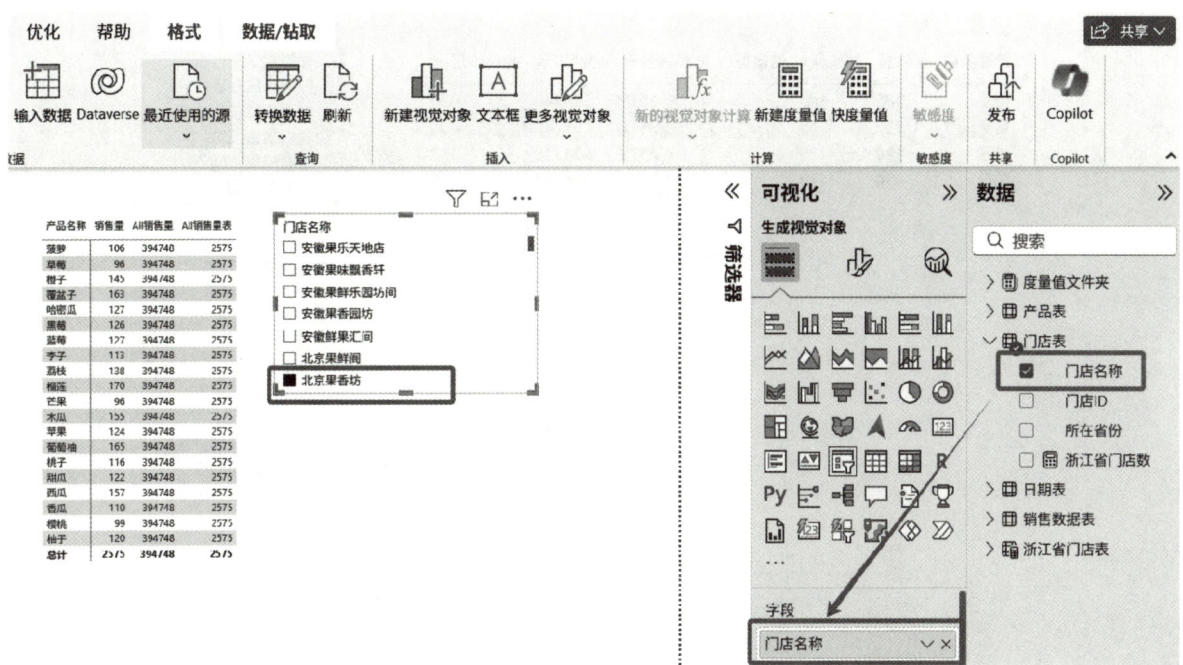

图 3-55　添加"门店名称"切片器并选择"北京果香坊"门店

选条件,并没有删除"门店表"的筛选条件,反映的是"北京果香坊"的所有产品销售量。

③使用 ALL(column[,column[,…]])删除表中指定列的所有筛选器。

【任务十八】在"产品表"下,新建度量值"ALL 销售量列",ALL 销售量列 = CALCULATE([销售量],ALL('产品表'[产品分类])),在报表视图中新建切片器"产品分类",并观察"ALL 销售量列"与"ALL 销售量"的区别

任务18 ALL 函数应用3

步骤一,新建度量值。在"报表视图"中选择"产品表",执行"表工具"→"新建度量值"命令,在编辑栏中输入"ALL 销售量列 = CALCULATE([销售量],ALL('产品表'[产品名称]))",按回车键。

步骤二,设置切片器。新建切片器,将"产品表"中的"产品分类"拖动到"字段",勾选"柑橘类"选项;将"ALL 销售量列"拖动到"值",即可显示度量值"ALL 销售量列"的计算结果,在切片器"门店名称"中选择"北京果香坊",如图 3-56 所示。

步骤三,结果解读。度量值"ALL 销售量列"只删除与"产品表"中"产品名称"列相关的初始筛选条件,"产品表"中其他字段筛选条件(如产品分类)继续起作用。因此,"ALL 销售量列"输出的是北京果香坊柑橘类产品的销售量。

5. 认识 FILTER 函数

(1)FILTER 函数的语法。

FILTER 函数是一个功能强大的筛选器函数,可以应用复杂的筛选条件。FILTER 函数不能直接用于新建度量值,可以用于新建表,最常见的用法是作为 CALCULATE 函数的参数,返回表中符合筛选条件的行,也可以直接与某些聚合函数搭配使用。

函数语法:

FILTER(<table> , <filter>)。

图 3-56 度量值"ALL 销售量列"的计算结果

函数功能：

返回一个表，用于表示另一个表或表达式的子集。

函数参数：

table：表或者返回表的表达式。

filter：筛选条件。

注意事项：

如果有多个筛选条件，则可以用"&&"或者"||"等逻辑运算符将筛选条件连接起来。

FILTER 函数的筛选条件一般是布尔筛选表达式，而 CALCULATE 函数的筛选条件可以是布尔筛选表达式，也可以是表筛选表达式或筛选器函数，FILTER 函数本身可以作为表筛选条件应用于 CALCULATE 函数。

【任务十九】在"产品表"下分别使用 CALCULATE 函数的布尔表达式筛选条件和 FILTER 函数的筛选条件，新建两个度量值，计算产品单价大于 10 元的"芒果销售量"，并将其应用于视觉对象中，观察计算结果

步骤一，新建页面，命名为"FILTER"。

步骤二，在"报表视图"中选择"产品表"，执行"表工具"→"新建度量值"命令，在公式编辑栏中依次输入下面两个度量值："度量值 1 = CALCULATE（［销售量］，'产品表'［产品名称］="芒果"，'产品表'［产品单价］>10）""度量值 2 = CALCULATE（［销售量］，FILTER（'产品表'，'产品表'［产品名称］="芒果"&&'产品表'［产品单价］>10））"，并按回车键。

步骤三，新建一个矩阵表，将"年份季度"拖到"行"上，将"度量值 1"和"度量值 2"拖到"值"上，

如图3-57所示。这两个度量值计算结果相同,均为产品单价大于10元的芒果销售量。

年份季度	度量值1	度量值2
2024Q1	3119	3119
2024Q2	4810	4810
2024Q3	5465	5465
2024Q4	5968	5968
总计	19362	19362

图3-57　CALCULATE函数中使用FILTER函数

FILTER函数与CALCULATE函数对布尔筛选表达式的要求不同(见表3-15),FILTER函数可以应用于更复杂的计算。

表3-15　FILTER函数与CALCULATE函数对布尔筛选表达式的要求

函数	对布尔筛选表达式的要求
CALCULATE	可以引用单个表中的列,但不能引用度量值。一般只执行[列名]=固定值,从Power BI Desktop 2021年9月的版本开始,可以执行[列名]=聚合函数表达式。两个表达式之间可以使用"逗号"或"&&"表示"and"的关系
FILTER	FILTER函数的筛选条件没有局限性,可以是[列]=[列]、公式、度量值,也可以是度量值=度量值、公式、固定值。两个表达式之间只能使用"&&"表示"and"关系

(2)FILTER函数应用示例。

①FILTER函数可以单独用于创建表。

【任务二十】使用FILTER函数新建"浙江省门店表"

步骤一,在"报表视图"中选择"门店表",执行"建模"→"新建表"命令,在编辑栏中输入"浙江省门店=FILTER('门店表','门店表'[所在省份]="浙江省")",按回车键。

步骤二,在"表格视图"中选择"数据"窗格中的"浙江省门店",查看该表的具体信息,如图3-58所示。

图3-58　使用FILTER函数创建"浙江省门店表"

②FILTER函数直接与某些聚合函数结合起来使用。

【任务二十一】接【任务二十】,新建度量值,计算"浙江省门店数"

步骤一,在"报表视图"中选择"门店表",执行"表工具"→"新建度量值"命令,在编辑栏中输入"浙江省门店数=COUNTEROWS(FILTER('门店表','门店表'[省份]="浙江省"))",按回车键。

步骤二,在"报表视图"中插入一个卡片图,将度量值"浙江省门店数"拖到"字段"上,该度量值的函数计算结果如图 3-59 所示。

5
浙江省门店数

图 3-59 度量值"浙江省门店数"的函数计算结果

③FILTER 函数作为 CALCULATE 函数的参数。

【任务二十二】新建度量值,计算不同产品销售额大于 10000 的门店的销售量

步骤一,在"报表视图"中选择"产品表",执行"表工具"→"新建度量值"命令,在公式编辑栏中输入"Filter = CALCULATE([销售量],FILTER('门店表',[销售额] > 10000))",按回车键。

步骤二,在"报表视图"中插入一个矩阵表,将"年份季度"拖到"行"上,将"销售额"和"Filter"拖到"值"上,如图 3-60 所示。"Filter"度量值计算的是不同年份季度销售额大于 10000 的门店的销售量合计。

年份季度	销售额	Filter
2024Q1	865476	
2024Q2	1312601	252313
2024Q3	1603536	1403399
2024Q4	1755098	1735632
总计	5536711	5536711

图 3-60 销售额大于 10000 的门店的销售量合计

CALCULATE 函数如果不能直接由布尔筛选表达式定义筛选条件,则可以将 FILTER 函数作为 CALCULATE 函数的参数,应用复杂的筛选条件。

6. 认识 VALUES、HASONEVALUE、SELECTEDVALUE 函数

VALUES 函数属于表操作函数,HASONEVALUE 函数属于信息函数,SELECTEDVALUE 函数属于筛选器函数,之所以把它们放在一起介绍,是因为这三个函数都与"VALUE"有关,在应用上有一定程度的关联。

(1) VALUES 函数。

函数语法:

VALUES(<TableName/ColumnName>)。

函数功能:

参数为表名时,返回具有相同列的表。参数为列名时,返回不含重复值列的表。

函数参数:

TableName:表名。

ColumnName:列名。

【提示】

VALUES 函数一个重要的应用场景是在使用 FILTER、CALCULATE、COUNTROWS、SUMX、TOPN 等函数时,需要引用表,而不能直接引用列。VALUES 函数可以把列转换成含该列的表,所以可以将

VALUES 函数作为中间函数以获取一个非重复值的列表。

经典句型：CALCULATE([度量值],FILTER(VALUES('表'[列名称]),筛选条件))。

(2) HASONEVALUE 函数。

函数语法：

HASONEVALUE(＜columnName＞)。

函数功能：

如果筛选 column 的上下文后仅剩下一个非重复值,则返回 TRUE,否则返回 FALSE。

函数参数：

columnName：列名。

COUNTROWS(VALUES(＜column＞))＝1 是 HASONEVALUE(＜column＞)的等效表达式。该函数经常与 IF 函数配合使用,用于拦截错误信息,较常用的功能是禁止求总计,把总计变成空值。

(3) SELECTEDVALUE 函数。

函数语法：

SELECTEDVALUE(＜columnName＞[,＜alternateResult＞])。

函数功能：

当筛选 columnName 的上下文后仅剩下一个非重复值时,返回该值,否则返回 alternateResult。

函数参数：

columnName：是现有列的名称,不能是列表达式。

alternateResult：(可选)如果筛选 columnName 的上下文后剩下零个或多个非重复值,则返回该值,如果该参数没有提供,则默认值为 BLANK( )。

IF(HASONEVALUE(＜columnName＞),VALUES(＜columnName＞),＜alternateResult＞)是 SELECTEDVALUE(＜columnName＞,＜alternateResult＞)的等效表达式。例如,"hasonevalue = if(HASONEVALUE('日期表'[月份]),VALUES('日期表'[月份]),FALSE( ))" 和 "selectedvalue = SELECTEDVALUE('日期表'[月份],FALSE( ))" 这两个度量值的结果相同,都表示当月份为唯一值时返回该月份,否则返回 FALSE。

SELECTEDVALUE 函数最常用于动态切换数据。

7. 认识 IF 与 SWITCH 函数

IF 函数与 SWITCH 函数均为逻辑函数。

(1) IF 函数。

IF 函数的用法与 Excel 中的 IF 函数基本一样。

函数语法：

IF(＜logical_test＞,＜value_if_true＞,[value_if_false])。

函数功能：

计算第一个表达式的值,如果为 TRUE,则返回第 2 个参数,否则返回第 3 个参数。

函数参数：

logical_test：逻辑表达式,计算结果为 TRUE 或 FALSE。

value_if_true：如果第 1 项参数计算结果为 TRUE,则取该项的值。

value_if_false：如果第 1 项参数计算结果为 FALSE，则取该项的值。

注意事项：

①最后一个参数是可选项，如果省略，则默认返回空。

②IF 函数可以嵌套使用。

(2)SWITCH 函数。

存在多个 IF 函数嵌套问题时，可以使用 SWITCH 函数来解决。

函数语法：

SWITCH(＜expression＞,＜value＞,＜result＞[,＜value＞,＜result＞]…[,＜else＞])。

函数功能：

SWITCH 函数的返回值是一个标量值，如果与＜value＞匹配，则该值来自相应的＜result＞表达式，如果与任何＜value＞值都不匹配，则该值来自＜else＞表达式。

函数参数：

expression：该表达式将根据行上下文被多次计算。

value：与＜expression＞的结果相匹配的常量值。

result：当＜expression＞的结果与对应的＜value＞参数匹配时，要进行计算并返回的值。

else：当＜expression＞的结果与对应的＜value＞参数不匹配时，要进行计算并返回的值。

8. 认识时间智能函数

财务大数据分析通常会涉及时间维度，如与上年同期比较、与上个月比较或者计算到某一个时间点的累计值等，时间智能函数可以帮助我们解决这一问题。与普通的日期/时间函数相比，时间智能函数的优势在于可以重置上下文，快速移到指定区间。

在 Power BI 中，一般在新建度量值时使用时间智能函数，在新建列时使用一般的日期/时间函数（例如，使用 YEAR 函数、MONTH 函数、DAY 函数分别提取日期列中的年、月、日）。

在 DAX 函数中，目前有 37 个时间智能函数。根据返回值的结果，我们将其归集为时期智能函数（返回某个时间段）、时点智能函数（返回某个时间点）和计算类时间智能函数（返回表达式的值），其中时期智能函数、时点智能函数返回的是表，在创建度量值时不能单独使用，通常与 CALCULATE 函数配合，用于筛选条件设置。

(1)时期智能函数包括：DATESYTD 函数、DATESQTD 函数、DATESMTD 函数。

时期智能函数的返回值均为某一时间段，以 DATESYTD 函数为例。

函数语法：

DATESYTD(＜dates＞[,＜year_end_date＞])。

函数功能：

返回当前上下文中所在年份至今的一系列日期。

函数参数：

dates：包含日期的列。

year_end_date：日期文本字符串，用于定义年末日期，默认值为 12 月 31 日。

除了上述时期智能函数以外，Power BI 中还有 PREVIOUSYEAR/PREVIOUSQUARTER/PREVI-OUSMONTH（返回上一期）、NEXTYEAR/NEXTQUARTER/NEXTMONTH（返回下一期）、DATESBE-

TWEEN/DATESINPERIOD/PARLELPERIOD(返回指定区间段)等时期智能函数,这些函数在当前上下文中的返回值如表3-16所示。

表3-16 在当前上下文中部分时期智能函数的返回值

函数分类	函数举例	返回值
返回上一期	CALCULATE([销售量],PREVIOUSYEAR('日期表'[日期]))	计算结果是2021年全年的销售量
	CALCULATE([销售量],PREVIOUSMONTH('日期表'[日期]))	计算结果是上一个月份(2022年5月)的销售量
	CALCULATE([销售量],PREVIOUSQUARTER('日期表'[日期]))	计算结果是上一季度(2022年1月至2022年3月)的销售量
返回下一期	CALCULATE([销售量],NEXTYEAR('日期表'[日期]))	计算结果是下一年度(2023年)全年的销售量
	CALCULATE([销售量],NEXTQUARTER('日期表'[日期]))	计算结果是下一季度(2022年7月至2022年9月)的销售量
	CALCULATE([销售量],NEXTMONTH('日期表'[日期]))	计算结果是下一个月份(2022年7月)的销售量
返回指定区间段	CALCULATE([销售量],DATEADD('日期表'[日期],-1,year))等价于CALCULATE([销售量],SAMEPERIODLASTYEAR('日期表'[日期]))	这两个度量值的计算结果均是返回上一年的同期(即2021年6月1日至2021年6月26日)的销售量
	CALCULATE([销售量],DATESBETWEEN('日期表'[日期],"2021-01-01",MAX('日期表'[日期])))	计算结果是起始日期2021年1月1日至2022年6月26日时间段的销售量
	CALCULATE([销售量],DATESINPERIOD('日期表'[日期],"2021-01-01",1,month)	以2021年1月1日为起点,向后数1个月,即计算结果是2021年1月1日至2021年1月31日时间段的销售量

(2)时点智能函数包括:FIRSTDATE函数、LASTDATE函数。

时点智能函数的返回值为某一时间点,是有一个具体日期的表。

函数语法:

FIRSTDATE(<dates>)。

函数功能:

返回当前上下文中指定日期列的第一个日期。

函数参数:

dates:日期列。

Power BI 中还有 ENDOFMONTH/ENDOFQUARTER/ENDOFYEAR(返回最后一天)、STARTOFMONTH/STARTOFQUARTER/STARTOFYEAR(返回第一天)等时点智能函数,这些函数在当前上下文中的返回值如表3-17所示。

表 3-17 在当前上下文中部分时点智能函数的返回值

函数分类	函数举例	返回值
返回最后一天	CALCULATE([销售量],ENDOFMONTH('日期表'[日期]))	2022 年 6 月 30 日(即月末)的销售量
	CALCULATE([销售量],ENDOFQUARTER('日期表'[日期]))	2022 年 6 月 30 日(即季度末)的销售量
	CALCULATE([销售量],ENDOFYEAR('日期表'[日期]))	2022 年 12 月 31 日(即年末)的销售量
返回第一天	CALCULATE([销售量],STARTOFMONTH('日期表'[日期]))	2022 年 6 月 1 日(即月初)的销售量
	CALCULATE([销售量],STARTOFQUARTER('日期表'[日期]))	2022 年 3 月 1 日(即季度初)的销售量
	CALCULATE([销售量],STARTOFYEAR('日期表'[日期]))	2022 年 1 月 1 日(即年初)的销售量

(3)计算类时间智能函数包括:TOTALYTD 函数、TOTALQTD 函数、TOTALMTD 函数。带有计算功能的时间智能函数返回的值是函数中表达式的值。

函数语法:

TOTALYTD(< expression > , < dates > [, < filter >][, < year_end_date >])。

函数功能:

计算当前上下文中表达式的年初至今累计值。

函数参数:

expression:返回标量值的表达式。

dates:包含日期的列。

filter:可选,指定要应用于当前上下文的筛选器的表达式。

year_end_date:可选,是带有日期的文本字符串,用于定义年末日期,默认值为 12 月 31 日。

Power BI 中还有 CLOSINGBALANCEMONTH/CLOSINGBALANCEQUARTER/CLOSINGBALANCEYEAR(返回期末数)、OPENINGBALANCEMONTH/OPENINGBALANCEQUARTER/OPENINGBALANCEYEAR(返回期初数)等计算类时间智能函数,这些函数在当前上下文中的返回值如表 3-18 所示。

表 3-18 在当前上下文中部分计算类时间智能函数的返回值

函数分类	函数举例	返回值
返回期末数	CLOSINGBALANCEMONTH([销售量],'日期表'[日期])	2022 年 6 月 30 日(即月末)的销售量
	CLOSINGBALANCEQUARTER([销售量],'日期表'([日期])	2022 年 6 月 30 日(即季度末)的销售量
	CLOSINGBALANCEYEAR([销售量],'日期表'([日期])	2022 年 12 月 31 日(即年末)的销售量
返回期初数	OPENINGBALANCEMONTH([销售量],'日期表'[日期])	2022 年 6 月 1 日(即月初)的销售量
	OPENINGBALANCEQUARTER([销售量],'日期表'[日期])	2022 年 3 月 1 日(即季度初)的销售量
	OPENINGBALANCEYEAR([销售量],'日期表'[日期])	2022 年 1 月 1 日(即年初)的销售量

9. 学习 VAR 函数

在进行数据分析时,会遇到在一个复杂的表达式中使用多个函数的嵌套或重复使用某个表达式等情况,此时在 DAX 公式中使用 VAR 语句可以提高程序的性能、可靠性和可读性,并降低公式编写的复杂性。

VAR 是 Variable(变量)的简写,在 DAX 公式中,VAR 语句就是将表达式的结果存储为命名变量,然后可以在其他度量值表达式中作为参数使用。在实际使用中,先用 VAR 定义变量,再用 RETURN 返回包含该变量的度量值公式的计算结果。

函数语法:

VAR ＜name＞ ＝ ＜expression＞。

函数功能:

返回包含该表达式结果的命名变量。

函数参数:

expression:DAX 表达式。

name:定义的变量名称。

注意事项:

变量名称不能与模型中现有表的名称、字段名相同。

可以使用 a～z、A～Z、0～9 中的字符,但是第一个字符不能是数字。

DAX 公式博大精深,大家在使用时可登录网站"https://docs.microsoft.com/zh－cn/dax/calculate－function－dax"。网站中针对每个 DAX 函数都对语法、函数参数、返回值、注意问题、函数应用示例等方面有详细介绍。此外,Power BI 会持续新增或改进 DAX 函数的功能,使之支持新特性,网站也会显示过去一年内的新增函数,以及对现有函数的更新。

3.3　Power BI 数据可视化

在 Power BI 中,经过数据获取、整理和建模之后,便可以可视化的方式展示数据分析的结果。数据可视化就是在 Power BI 的"报表视图"中插入各种视觉对象来展示和分析数据。

3.3.1　数据可视化设计

在数据可视化之前,首先要进行可视化设计,即选择什么样的图形可以达到分析目的和最佳效果。对此,可以从以下三个方面考虑:①通过数据可视化想要表达什么?②各个类型图表的特性是什么?③要呈现选定的视觉对象,需要准备好哪些指标?

实际操作时,首先,需要计算图形可视化所需要的指标数据,通常通过新建度量值、新建变量、新建表等方式进行,这在前文已作了详细介绍,此处不再赘述。其次,需要根据数据本身的属性(如时间数据、空间数据)和数据分析目的(如比较、关联、分类等)来选择合适的视觉对数据进行展示和分析。对于视觉对象的选择依据,可视化专家安德鲁·阿伯拉(Andrew Abela)给出过一个图表选择思维导图,电子表格应用大会首席讲师明月将图表选择思维导图进行优化,总结出图形选择决策树,将数据的展示分成比较、序列、描述、构成4种,如图3-61所示。

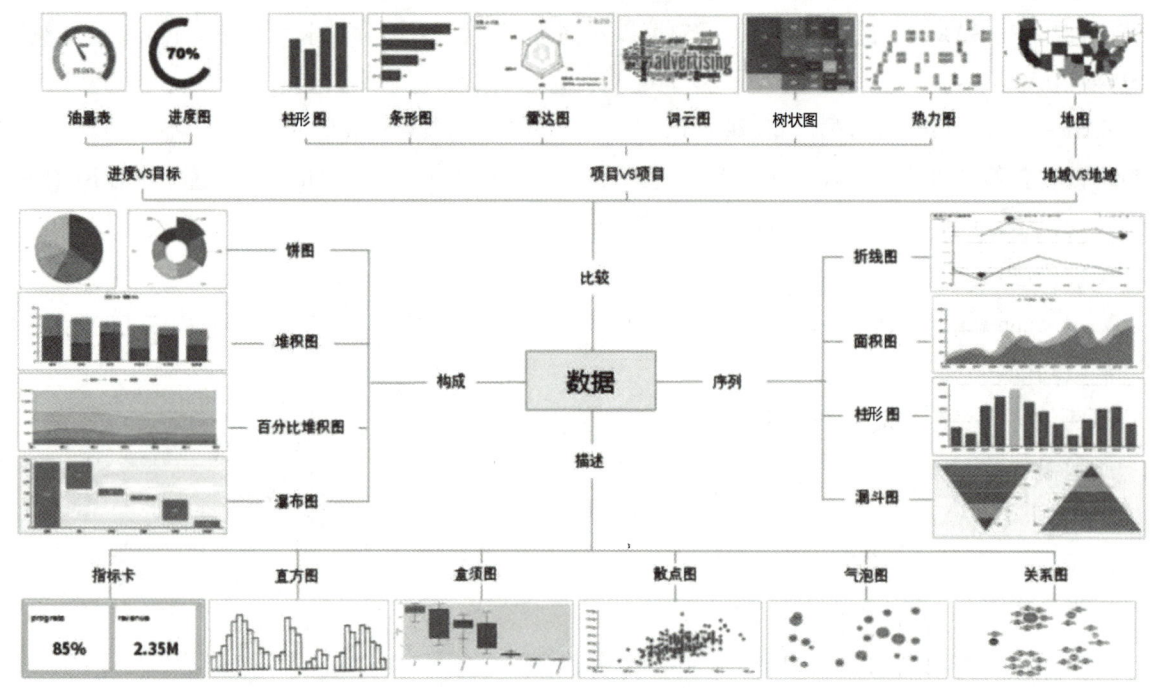

图3-61 图形选择决策树

资料来源:"明月说数据"微信公众号。

进行数据可视化时,用户究竟选择哪种图形更方便呈现数据背后的含义?我们根据实际应用效果作了总结,如表3-19所示。

表3-19 图形选择参考

分类	子分类	图形	解释
比较	实际值与目标值对比	仪表图(或称油量表)、码表图	实际值与目标值的比较,关注目标值的完成情况
		百分比仪表图(或称进度图)	实际值相对于目标值的占比情况(比如90%)
	项目与项目对比	柱形图	适合1~2个维度数据的比较(数据不多的情形)
		条形图	适合1~2个维度数据的比较(数据较多的情形)
		雷达图	适合3个或更多维度数据的对比
		文字云(或称词云图)	过滤大量低频文本,快速提取高频文本
		树状图	用矩形大小比较同维度下不同的数据
		热力图	通过颜色深浅来表示两个维度数据的大小
	地域与地域对比	地图	不同地域间的数据比较,点越大,数据值越大
序列	连续、有序类别的数据波动(趋势)	折线图、面积图、柱形图	常用于显示随时间变化的数值;折线图和面积图可以展示多个维度的变化数据
	各阶段递减过程	漏斗图	将数据自上而下分成几个阶段,每个阶段的数据都是整体的一部分

续表

分类	子分类	图形	解释
描述	关键指标	卡片图(或称指标卡)	突出显示关键数据
	数据分组差异	直方图	将数据根据差异进行分类展示
	数据分散	箱线图(或称盒须图)	展示数据的分散情况(最小值、中位数、最大值等)
	数据相关性	散点图、气泡图	识别变量之间的关系
	人或事物之间的关系	关系图	表示人或事物之间的关系
构成	占比	饼图、环形图、南丁格尔玫瑰图	展现某一维度下不同数值的占比情况
	多类别部分到整体	堆积图、百分比堆积图	展现多个维度下某一维度不同数值的部分和整体情况
	各成分分布情况	瀑布图	表达最后一个数据点的数据演变过程

【提示】

上述分类并非绝对,某些图形不只是属于一种分类,可能会有交叉。比如,柱形图既可以用作比较,也可以用作序列,因此表3-19仅在图形选择时作为参考。

3.3.2　对比分析与可视化

对比分析主要分为三类:一是实际值与目标值对比,常用的图形包括仪表图、百分比仪表图、华夫饼图等;二是项目与项目对比,常用的图形主要有柱形图、条形图、树状图、热力图等;三是地域与地域对比,主要通过地图来呈现。

3.3.3　趋势分析与可视化

Power BI中有很多用于进行趋势分析的视觉对象,如折线图、柱形图、散点图、簇状柱形图、漏斗图等,这些图形一般用于表示变量的变化趋势。

3.3.4　结构分析与可视化

在Power BI中,我们经常使用饼图、环形图、树状图、堆积图、瀑布图等视觉对象进行结构分析。例如,使用环形图进行结构费用分析、使用瀑布图进行利润构成分析等。

3.3.5　描述分析与可视化

其他类型的可视化图形主要用于数据描述,常用的图形包括卡片图、直方图、箱线图、散点图、气泡图、词云图、关系图等。

【任务二十三】继续沿用"全国连锁水果店"数据可视化案例,应用基本的视觉对象进行可视化

1. 插入图像

点击"插入"功能按钮,随后点击"图像",将LOGO插入报表画布,并调整位置、大小等,如图3-62所示。

任务23 视觉对象可视化

2. 插入按钮

点击"插入"功能按钮,随后点击"按钮"下方的倒三角符号,点击"空白"按钮,如图3-63所示。

图 3-62 插入图像

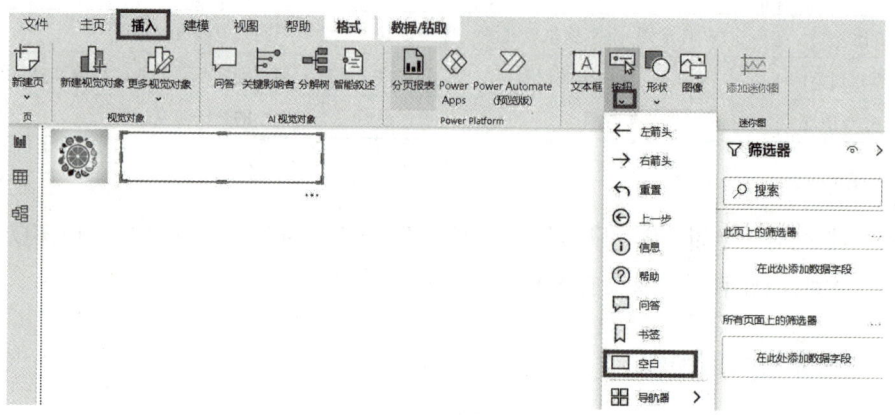

图 3-63 插入按钮

选中视觉对象,在"样式"中选择"文本",输入"全国连锁水果店销售数据可视化",如图 3-64 所示。

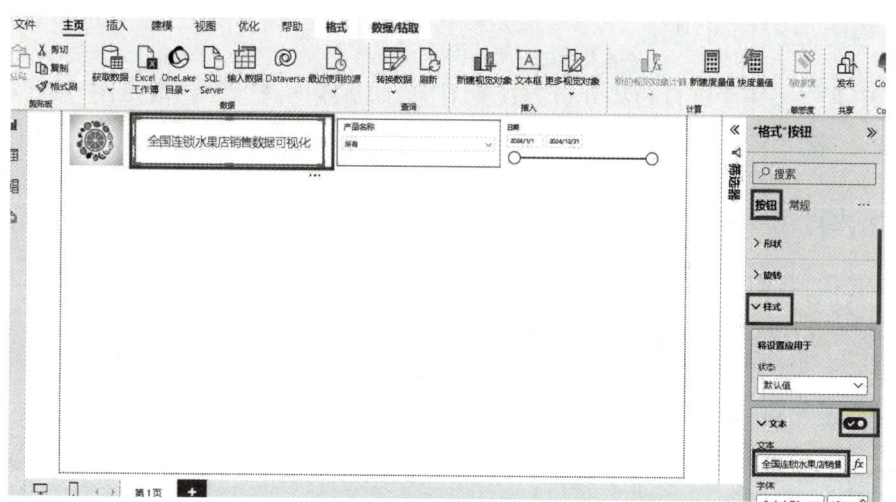

图 3-64 视觉对象格式设置

3. 新增切片器

交互式筛选:切片器允许用户通过简单的点击操作来选择特定的值,从而动态地过滤报表中的数据。这使得用户能够更专注于分析所关注的数据子集。

数据可视化:切片器不仅提供筛选功能,还可以作为数据可视化的一个组成部分,帮助用户更直观地理解数据。

提高报表的交互性:通过切片器,用户可以轻松地与报表进行交互,从而发现数据中的模式和趋势。

单击"切片器"视觉对象,随后将"产品表"中的"产品分类"放入切片器的字段中,如图 3-65 所示。

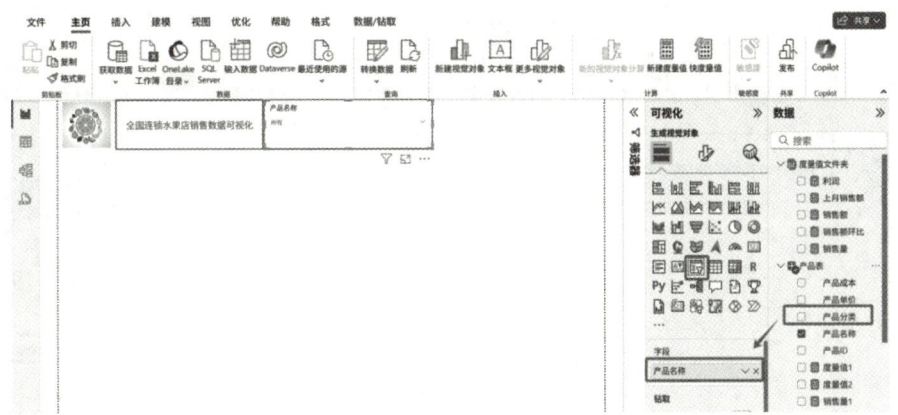

图 3-65　插入切片器

单击选中"切片器"视觉对象,在"可视化"窗格中,单击"常规",随后在"效果"中,将视觉对象的"背景"关闭,如图 3-66 所示。

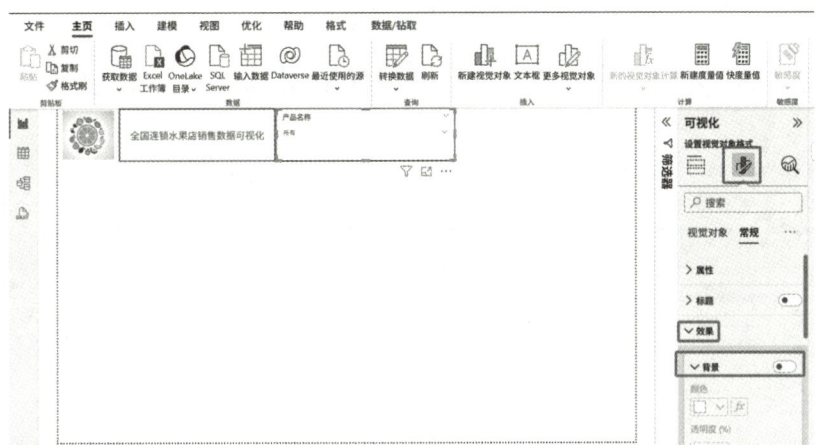

图 3-66　切片器效果设置

打开视觉对象边框,进行边框大小设置,如图 3-67 所示。

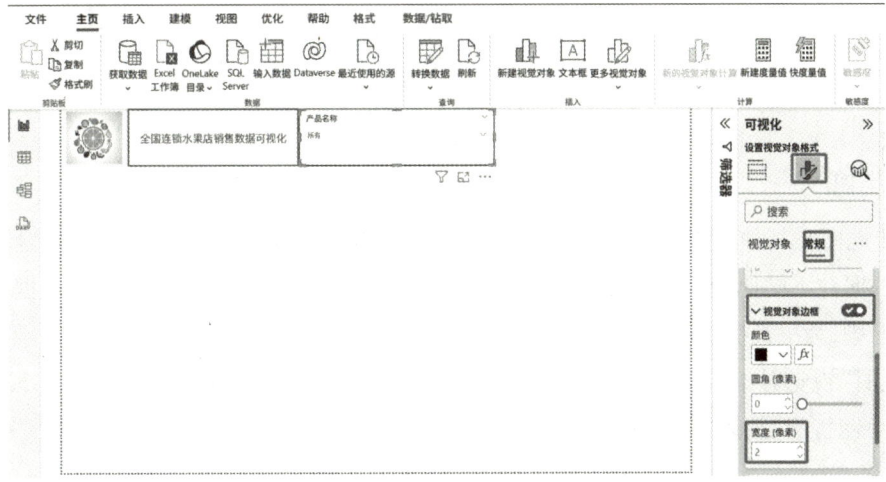

图 3-67　切片器边框设置

单击选中"切片器"视觉对象,在"可视化"窗格中,单击"格式",随后单击"视觉对象",将"样式"修改为"下拉",如图3-68所示。

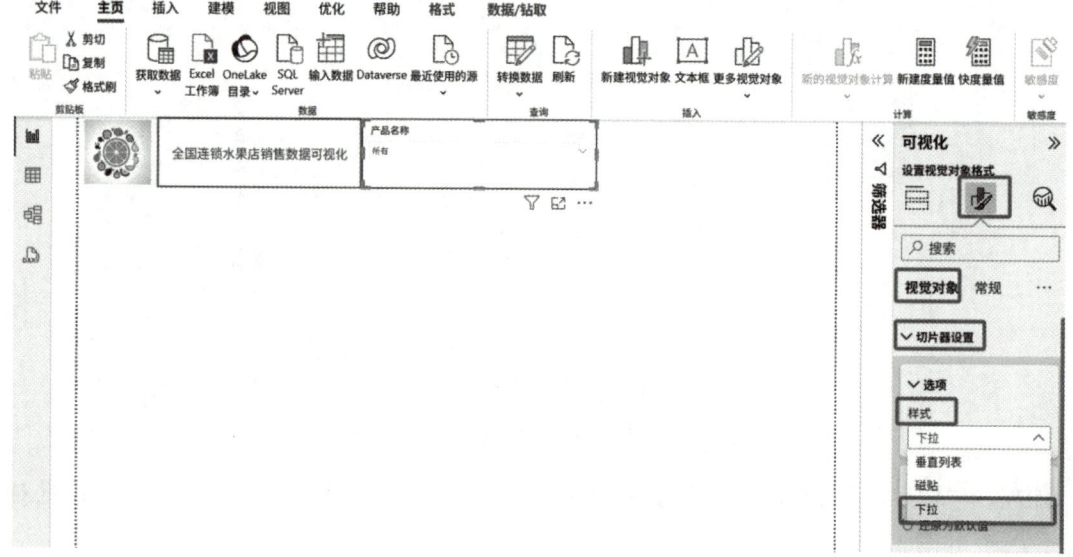

图3-68 切片器样式设置

单击选中"切片器"视觉对象,随后将"日期表"中的"日期"放入切片器字段当中,并进行美化,如图3-69所示。

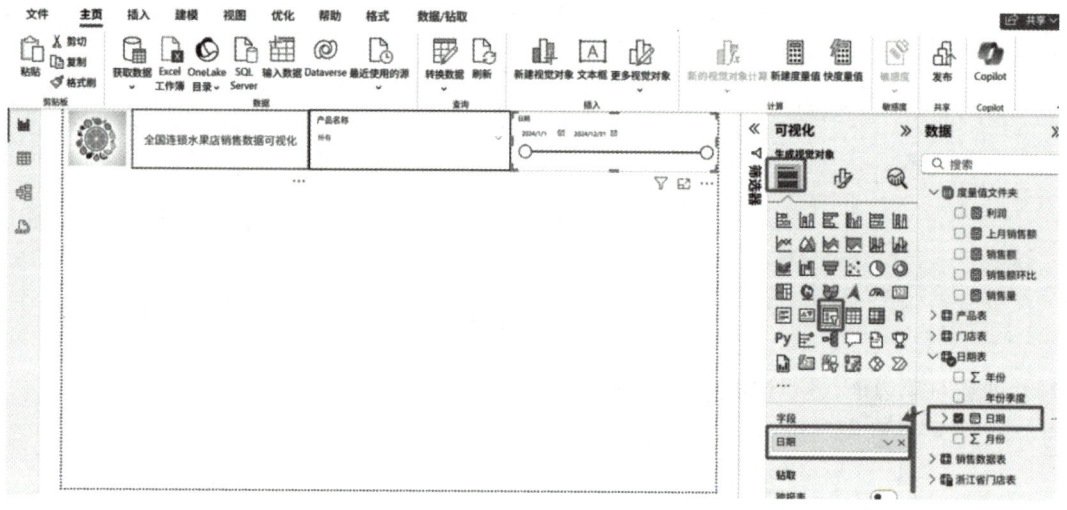

图3-69 切片器字段设置

4. 新增地图

Power BI地图是一种直观的数据可视化工具,其作用在于将地理位置与数据相结合,使用户能够清晰地看到数据在不同地理区域的分布和变化情况。通过地图,用户可以快速识别数据中的热点、冷点以及地理趋势,为决策提供有力的支持。

单击"地图"视觉对象,将"门店表"中的"所在省份"依次放入"位置"和"图例"字段,将"度量值文件夹"中的"销售额"放入"气泡大小"字段,如图3-70所示。

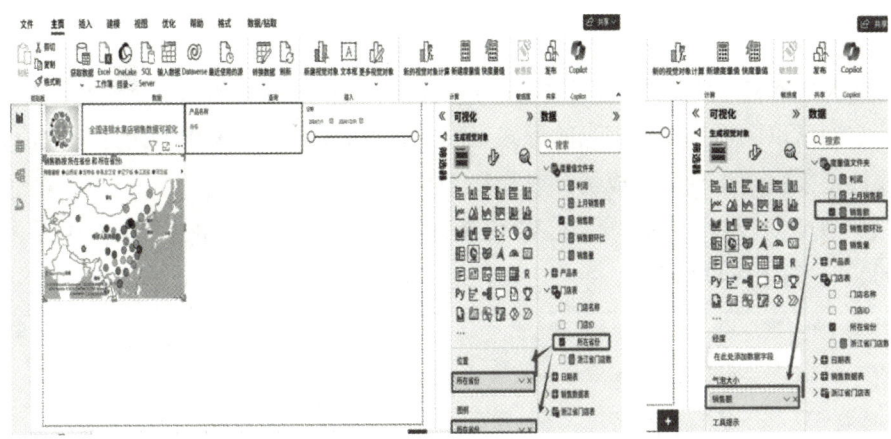

图 3-70　地图字段设置

单击选中"地图"视觉对象,在"可视化"窗格中,单击"格式",随后在"常规"选项当中,找到"标题"选项,可以修改标题的名称及其字体大小背景颜色,如图 3-71 所示。

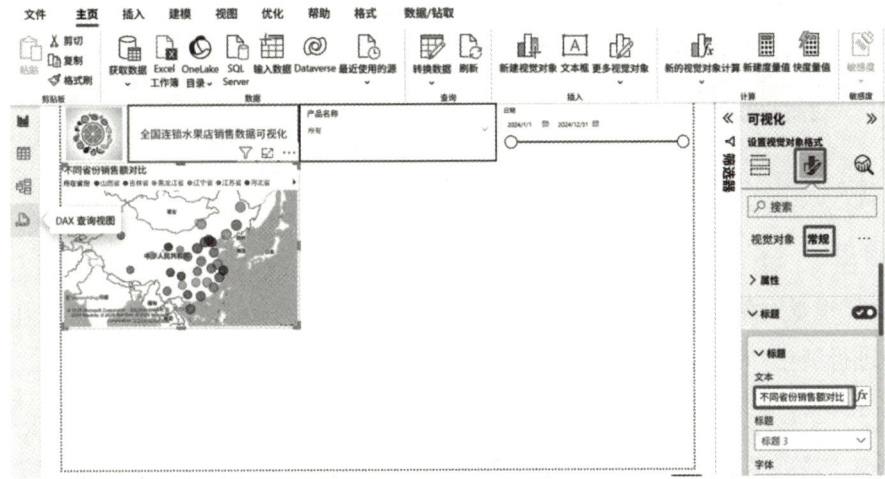

图 3-71　地图标题设置

5. 新增簇状条形图

单击选中"簇状条形图",将"门店表"中的"所在省份"放入 Y 轴,将"利润"放入 X 轴,并进行视觉对象美化,如图 3-72 所示。

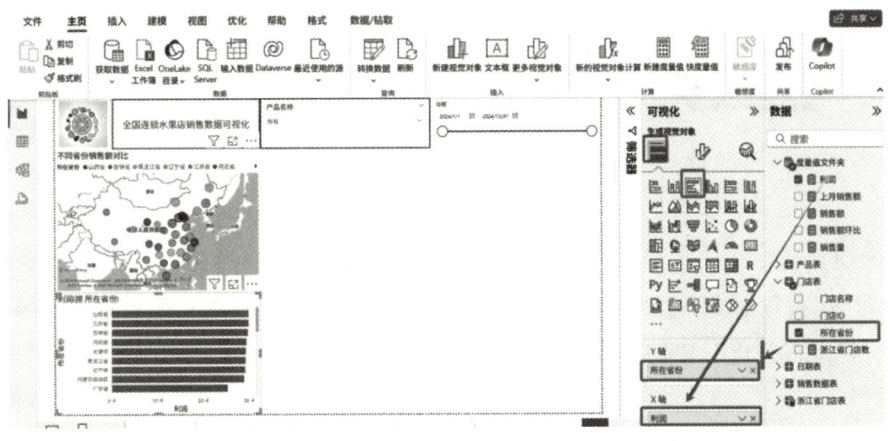

图 3-72　簇状条形图坐标轴设置

6. 新增仪表图

Power BI 仪表视觉对象的作用是提供一种直观、易于理解的界面,用于展示关键业务指标(KPIs)的当前状态。它通常以圆形或弧形表盘的形式呈现,通过指针的位置来指示指标的数值,同时可能包含颜色编码或标签来强调指标的达成情况或趋势。

新增"仪表"视觉对象,将"销售额"放入"仪表"的字段当中,并在"格式"窗格中,将测量值的目标修改为"6000000",如图 3-73 所示。

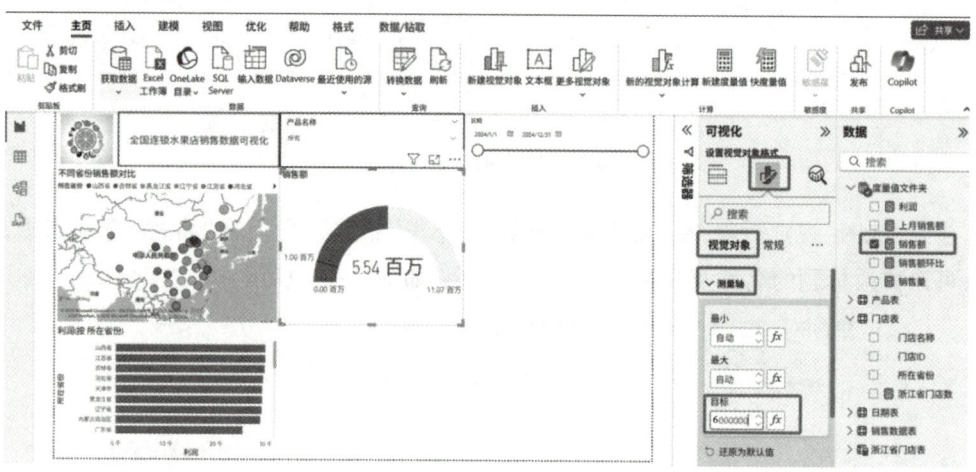

图 3-73 仪表图目标设置

7. 新增饼图

新增"饼图"视觉对象,将"产品表"中的"产品分类"放入图例,将"度量值文件夹"中的"销售额"放入"值",并进行美化,如图 3-74 所示。

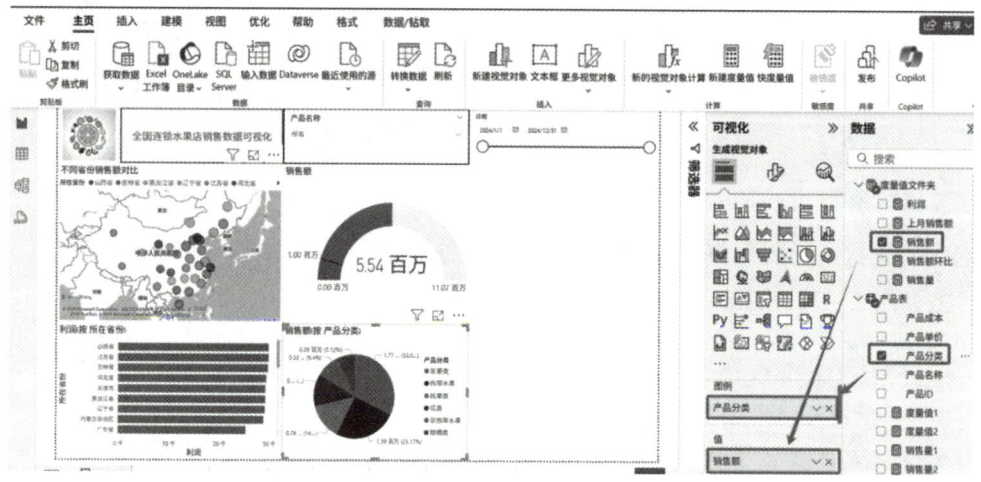

图 3-74 饼图图例及值设置

8. 新增瀑布图

新增"瀑布图"视觉对象,将"日期表"中的"年份季度"放入类别,将"度量值文件夹"中的"销售量"放入 Y 轴,并进行美化,如图 3-75 所示。

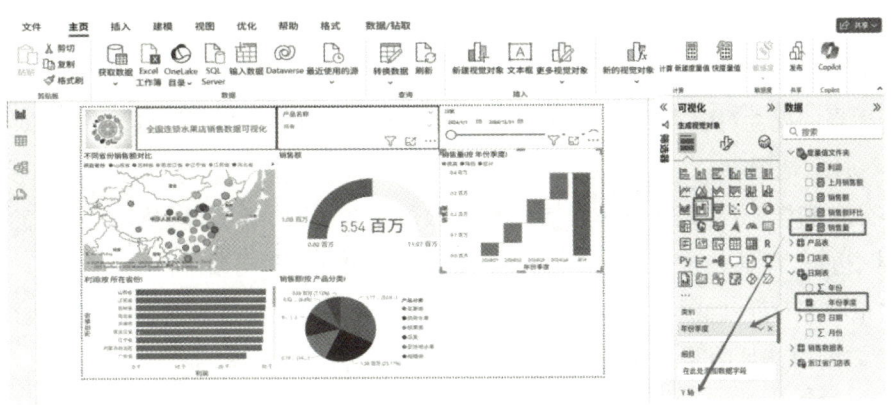

图 3–75　瀑布图字段设置

9. 新增树状图

新增"树状图"视觉对象,将"产品表"中的"产品名称"放入类别,将"度量值文件夹"中的"销售额"放入"值",并进行美化,如图 3–76 所示。

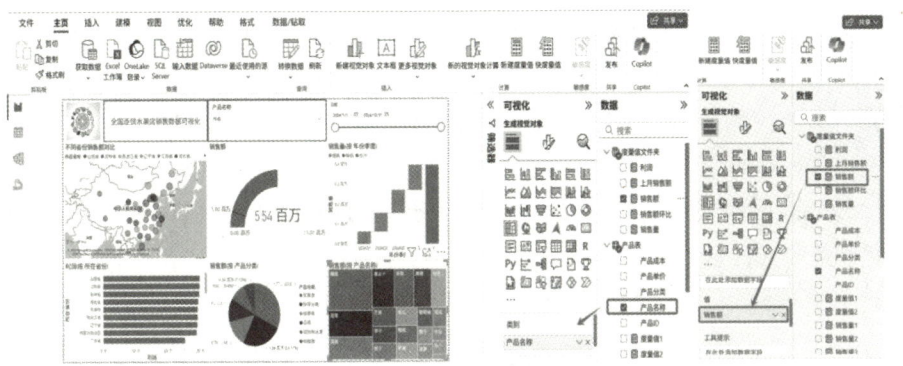

图 3–76　树状图字段设置

调整整体布局,效果如图 3–77 所示。

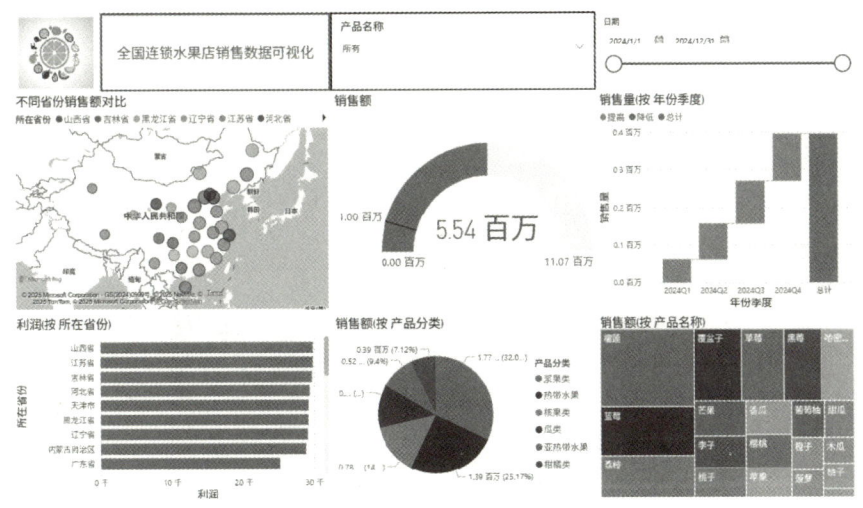

图 3–77　可视化图形整体布局

【提示】

Power BI 可视化小技巧：

（1）选择适当的视觉对象类型：根据要展示的数据类型和目的，选择最合适的视觉对象类型，如柱形图、折线图、饼图、地图等。

（2）调整颜色和样式：使用与整体报表风格一致的颜色方案，确保视觉对象在报表中和谐统一。通过调整字体、边框、背景等样式元素，使视觉对象更加突出和易于阅读。

（3）优化布局和对齐：确保视觉对象在报表中的布局合理，避免过于拥挤或分散。合理摆放位置，确保视觉对象之间对齐且间距一致。

本章小结

通过本章学习，学生需掌握利用 Power BI 进行数据可视化分析的完整过程，基于全国水果连锁店数据，掌握数据导入、数据转换、添加列、合并查询与追加查询等数据整理方法，理解建模的基本方法，掌握 DAX 公式的书写规范，理解 CACULATE 等常用的 DAX 函数使用场景和作用，并能够根据数据分析需求进行可视化设计和可视化对象选择，通过 Power BI 对案例数据进行可视化操作。

课后拓展

1. 从"新浪财经"网站下载"三只松鼠""良品铺子"利润表数据，并将其导入 Power BI。
2. 简述度量值和列的区别。

第4章

资产负债表可视化设计与分析

学习目标

借助 Power BI,对航空运输业历年资产负债表数据进行可视化呈现,结合垂直分析法进行结构分析,结合报表项目的历年金额及增长率进行水平分析,并对资产负债率、流动比率等资产负债表核心指标进行可视化展示。

内容概述

本章内容使用航空运输业数据,借助 Power BI 分别设计报表页和分析页。在报表页中呈现"合并资产负债表",并且通过"表"展示了"报表项目本期占比及变动情况"。在分析页通过"饼图"反映了总体结构、资产结构、负债结构、权益结构,形象化呈现了公司资本结构情况;"折线图"展现了重点指标"资产负债率"等的变化趋势;"折线和簇状柱形图"则可以直接反映指标的均值和变动率,便于进行定量化分析。

4.1 数据导入

4.1.1 获取数据

本实验数据对应"航空运输业",实验资料根据公开财报数据整理,教材直接提供整理后的 Execl 表格数据,通过 Power BI 导入后进行数据清洗。

4.1.2 数据导入

打开 Power BI 后,点击"主页"下的"获取数据",在其下拉窗口中选择"Excel 工作簿",如图 4-1 所示。

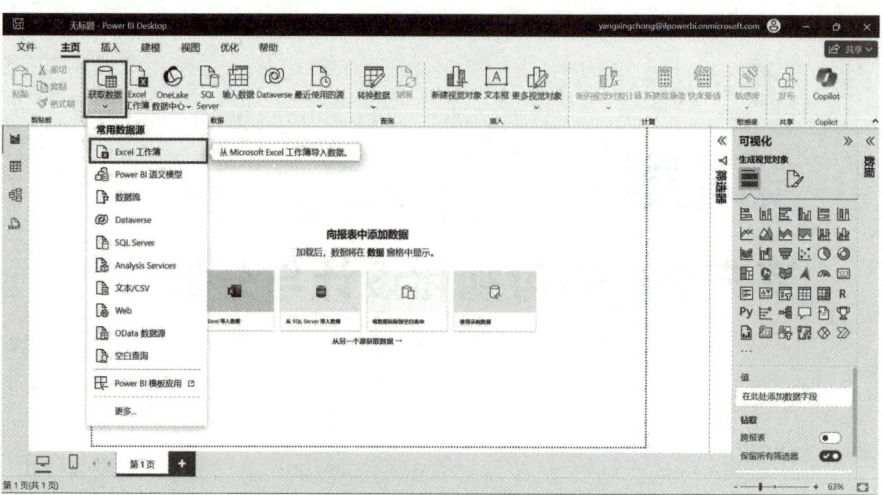

图 4-1 数据导入界面

选择所需 Excel 表格,打钩并点击绿色"加载"按钮,如图 4-2 所示。

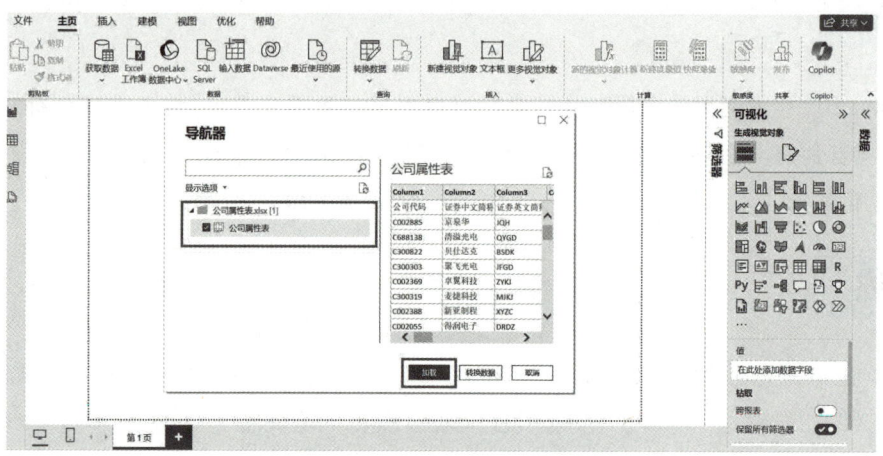

图 4-2 导入"公司属性表"

依次导入数据表格"公司属性表""主表项目""主表项目属性表"以及"资产负债表报表格式",如图 4-3 所示。

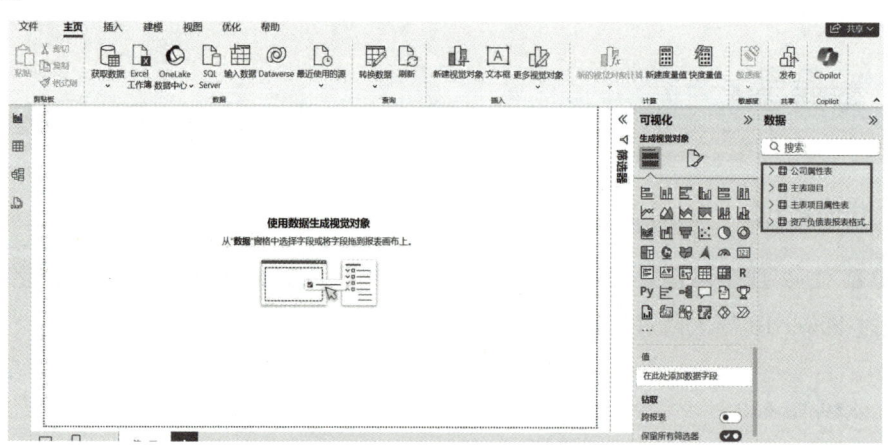

图 4-3 4 个表格导入界面

4.2 数据清洗

打开导航栏"主页"下的"转换数据",通过"转换数据"进入"Power Query 编辑器(查询编辑器)"页面,如图4-4所示。

图4-4 "转换数据"界面

4.2.1 清洗"主表项目"表

1. 日期格式设置

选择"主表项目"表的"会计期间"列,点击左侧图标,选择日期格式,如图4-5所示。

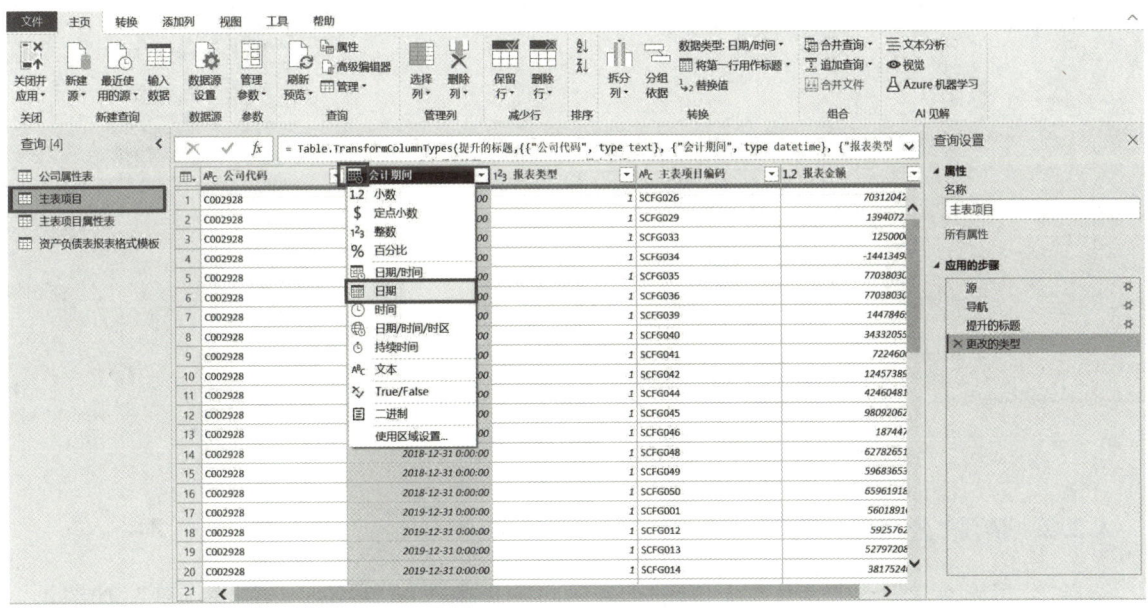

图4-5 日期格式转换界面

在弹出的窗口中,点击"添加新步骤",如图4-6所示。

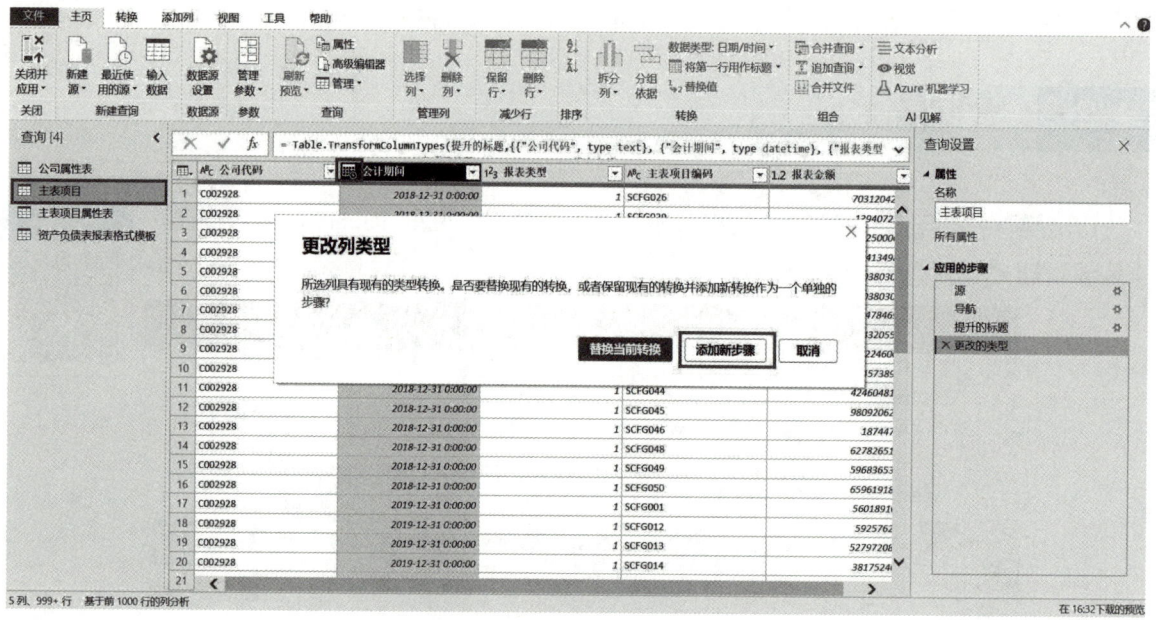

图4-6 "添加新步骤"界面

2. 检查数据类型

检查确定各列数据类型是否正确,具体见图4-7。

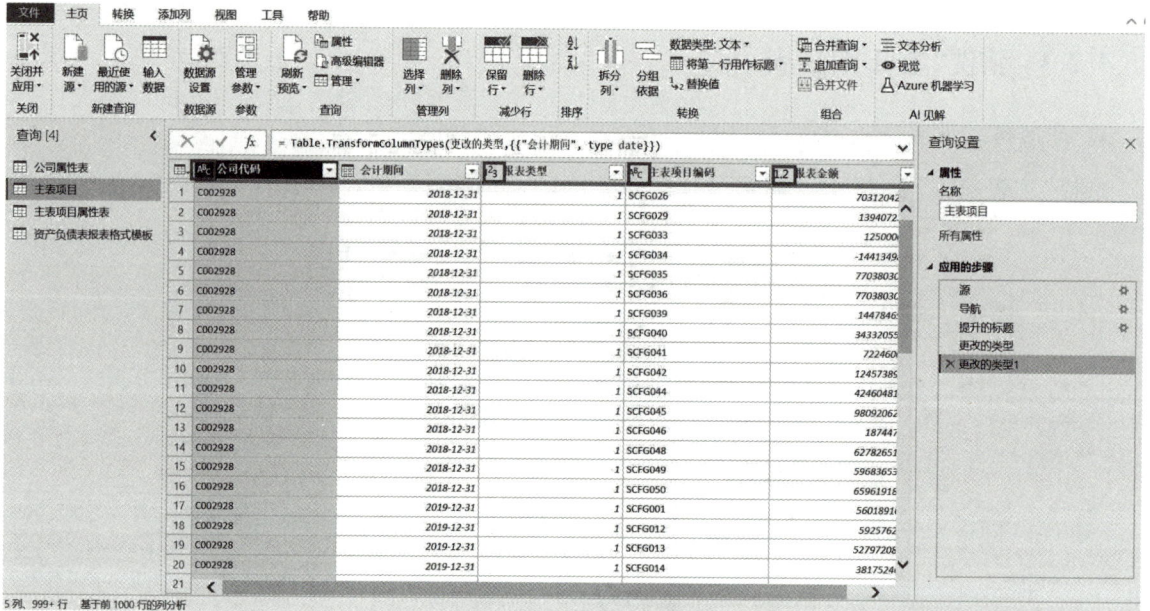

图4-7 确定数据类型

4.2.2 清洗"公司属性表"

选择"公司属性表",点击表格左上角图标,在下拉列表中选择"将第一行用作标题",如图4-8所示。

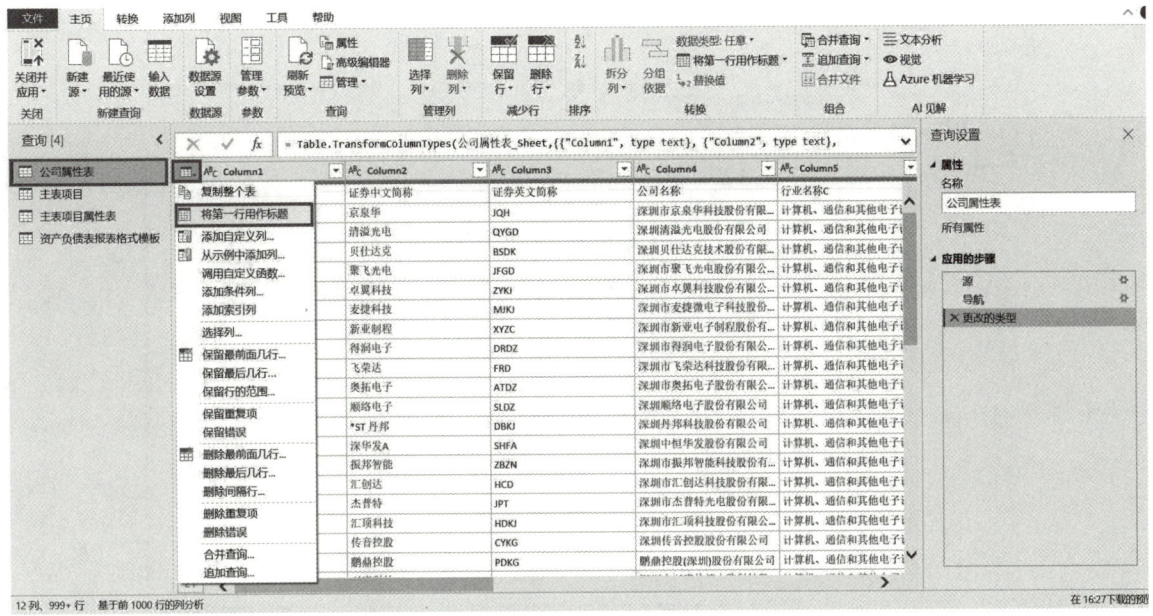

图 4-8　提升标题行

4.2.3　加载并应用

点击"主页"中的"关闭并应用"加载数据，如图 4-9 所示。

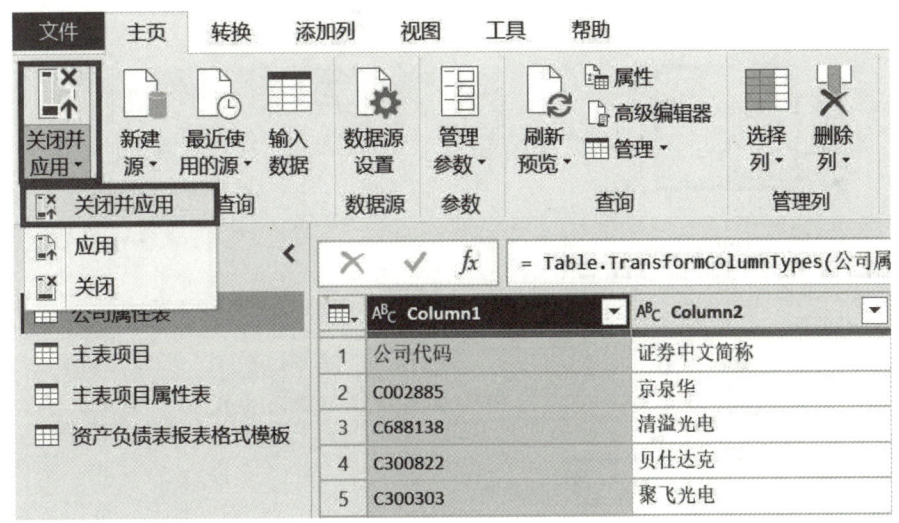

图 4-9　"关闭并应用"界面

4.3　数据度量

4.3.1　新建"资产负债表指标"表

在"主页"中点击"输入数据"，如图 4-10 所示。

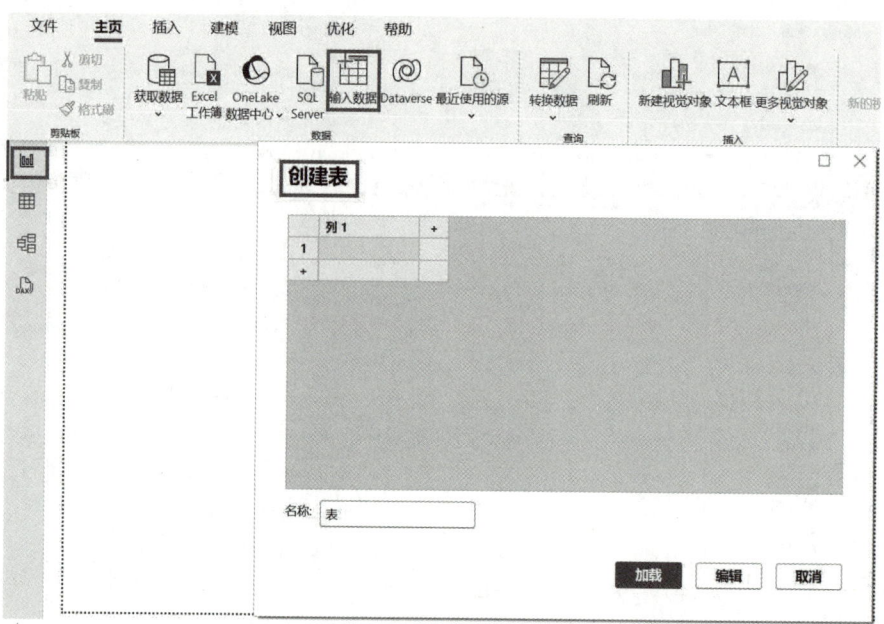

图 4-10 采用输入方式创建表

在"创建表"界面中双击"列1"并将列名改为"指标",列下数据栏分别输入"资产负债率""流动比率""速动比率","名称"处输入"资产负债表指标",然后点击"加载",如图 4-11 所示。

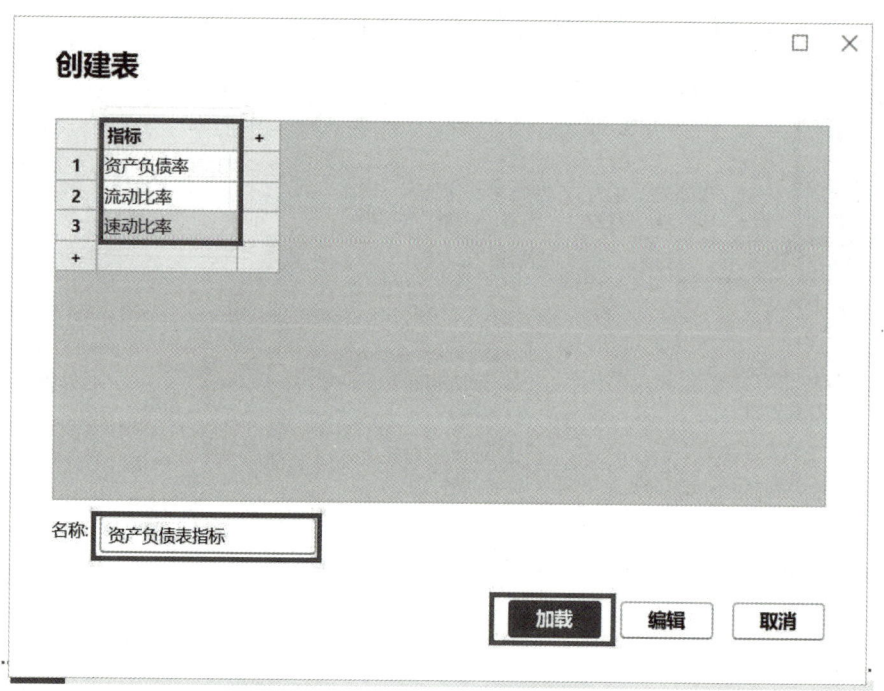

图 4-11 输入"资产负债表指标"表内容

4.3.2 新建"日历表"

通过 DAX 函数创建日历表,选择菜单栏的"建模"选项卡,点击"新建表",输入 DAX 语句:

日历表 = ADDCOLUMNS(

CALENDAR(date(2007,1,1),date(2020,12,31)),
"年",YEAR([Date]),
"季度",ROUNDUP(MONTH([Date])/3,0),
"月",MONTH([Date])
)

输入后,按回车键或点击"√"确认,见图4-12。

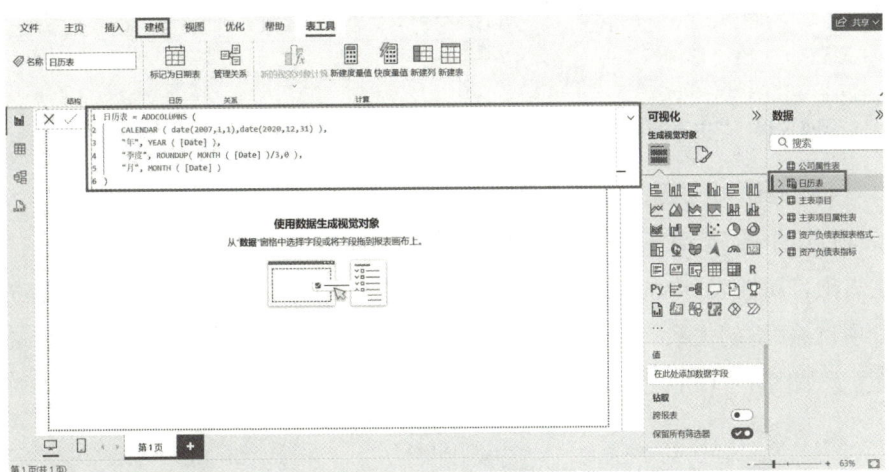

图4-12 通过DAX函数创建"日历表"

4.4 数据建模

点击"模型视图"图标,进入模型视图页面,点击箭头符号,单击鼠标右键可以删除无用或错误的联系,如图4-13所示。

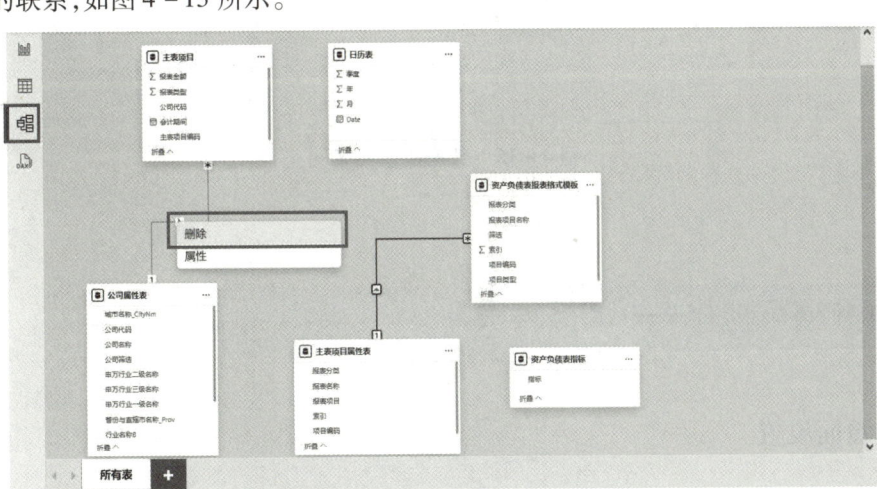

图4-13 删除自动建立的联系

通过鼠标拖拽建立关系。如拖拽"主表项目"中"公司代码"到"公司属性表"中"公司代码",从而建立关系,如果已经建立联系,双击"编辑关系"检查是否正确,如图4-14所示。

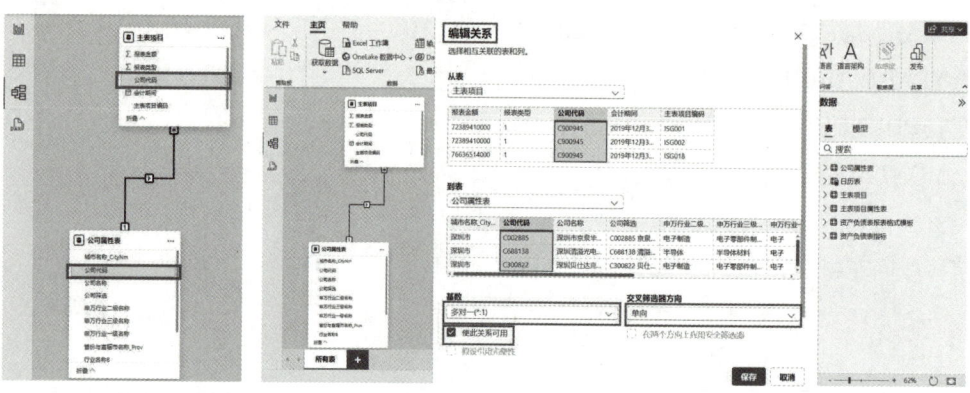

图4-14 "主表项目"中"公司代码"和"公司属性表"中"公司代码"建立联系

根据图4-14的操作,分别建立以下关系:

建立"主表项目"中的"会计期间"与"日历表"中的"Date"的关系;建立"主表项目"中的"主表项目编码"与"主表项目属性表"中的"项目编码"的关系;建立"主表项目属性表"与"资产负债表报表格式模板"中的"项目编码"的关系。

最终建模关系如图4-15所示。

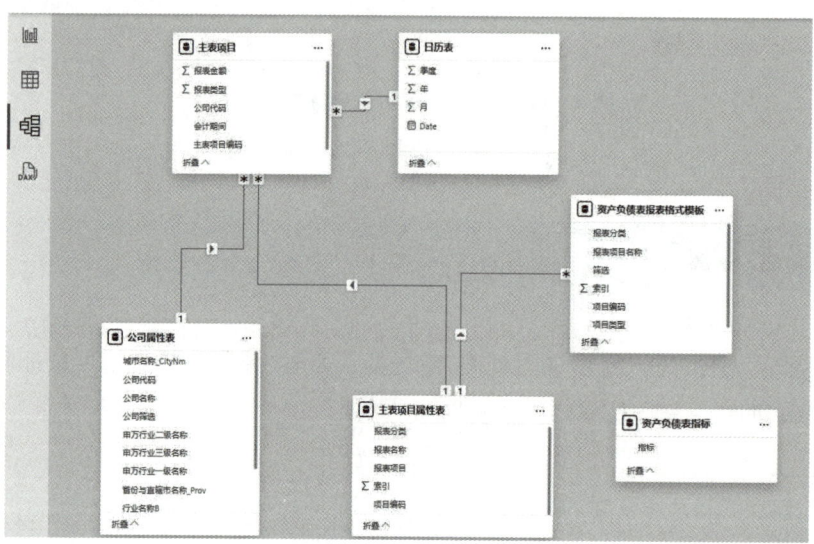

图4-15 数据建模关系图

4.5 数据可视化——"报表页"

4.5.1 页面设置

1. 画布设置

点击"报表视图"图标,在"可视化"窗格中选择"设置页面格式",点击"画布设置",在"类型"中选择"自定义",输入高度"1080",宽度"1920",如图4-16所示。

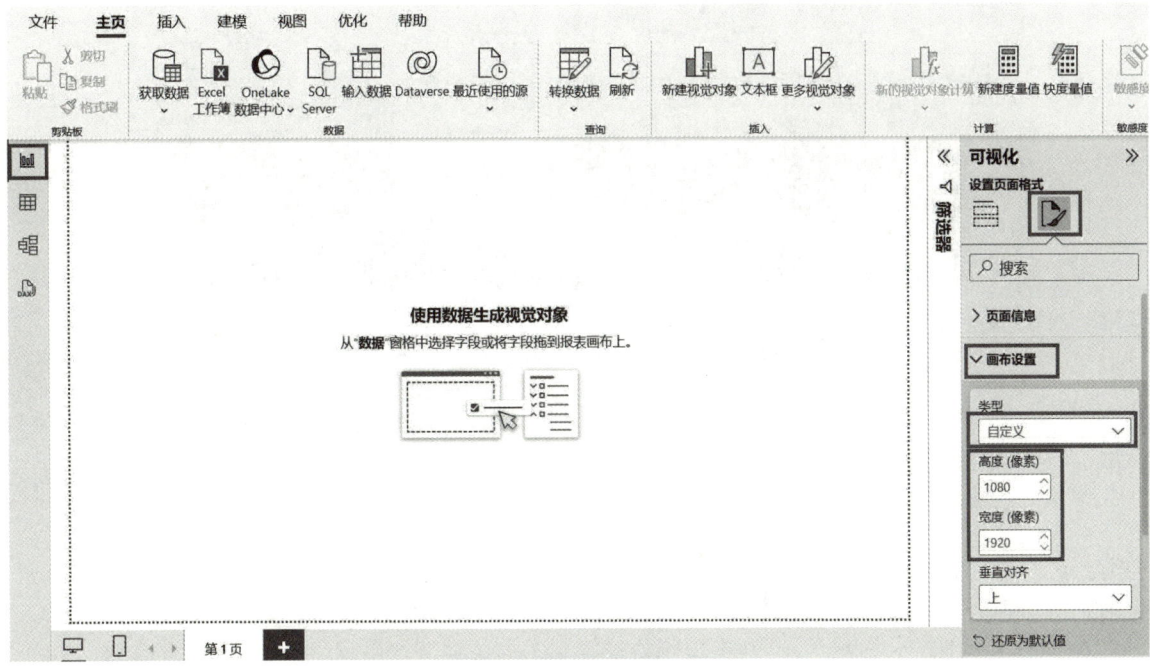

图 4-16　画布设置

2. 添加画布背景

在报表视图"可视化"窗格中进一步选择"画布背景",在"图像"→"浏览…"中选择文件名为"背景图(1)"的图像文件,设置"透明度(%)"为"0",如图 4-17 所示。

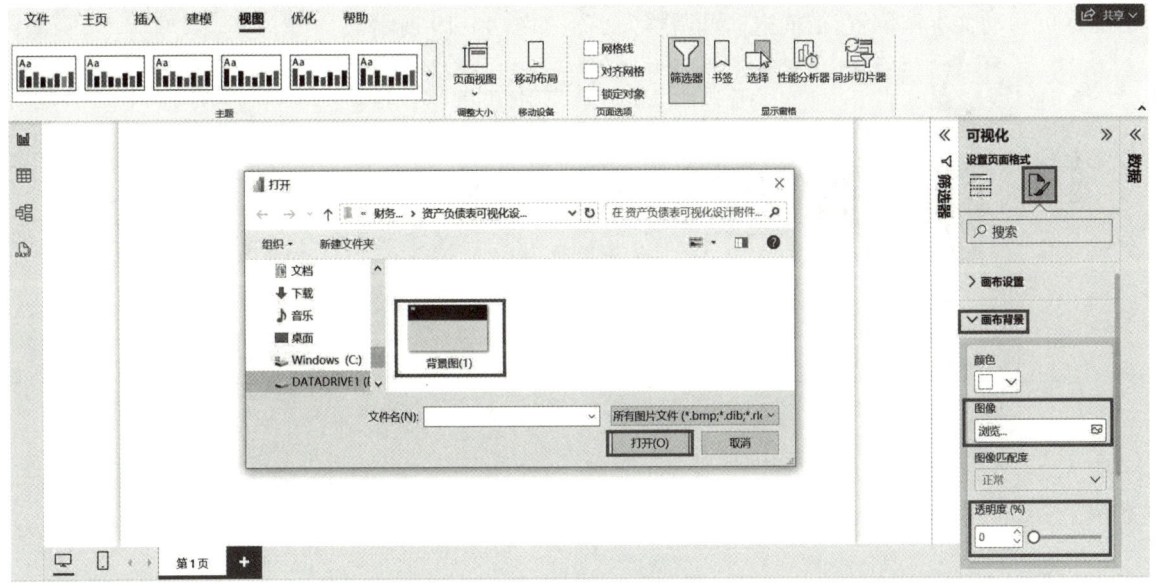

图 4-17　画布背景设置

3. 页面视图设置

点击"视图"下的"页面视图",在其下拉窗口中选择"适应宽度",并将该页面名称"第 1 页"重命名为"报表",如图 4-18 所示。

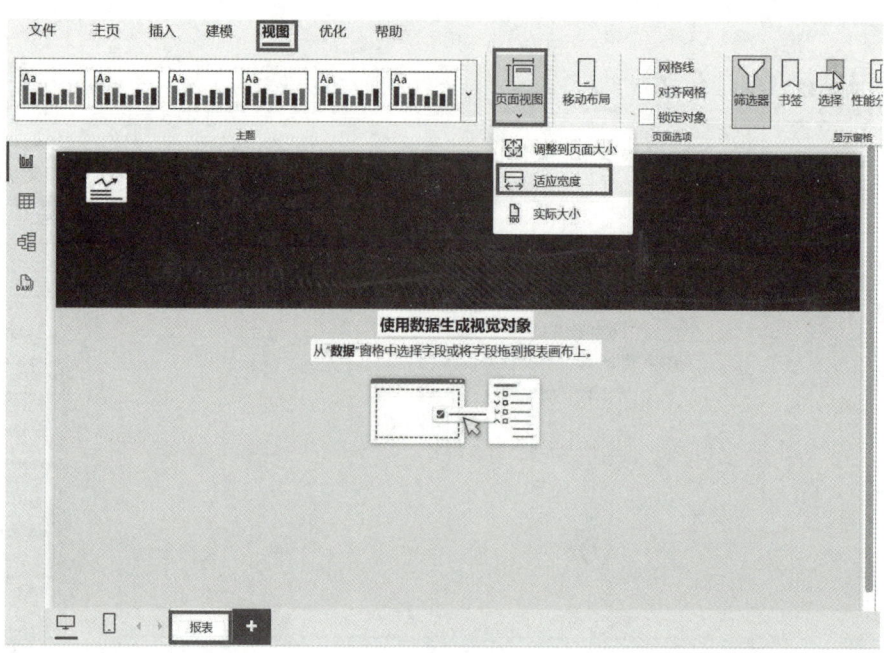

图 4-18 "适应宽度"设置

4.5.2　创建视觉对象"文本框"——页面表头

选择菜单栏中"插入",点击"文本框"。在插入的文本框内输入文本"资产负债表",设置字体颜色为"白色",字号为 20 磅,选择"常规"→"效果"中的"背景",将其关闭,调整好位置(拖住文本框边上的图标可移动文本框位置,拖拽边框可调整大小),如图 4-19 所示。

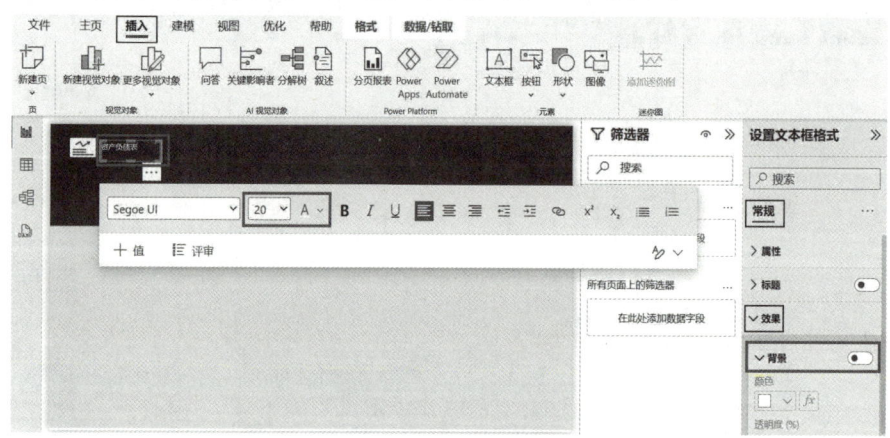

图 4-19　文本框设置

4.5.3　创建视觉对象"切片器"——时间切片器

1. 创建时间切片器

如图 4-20 所示,点击右侧"可视化"窗格中的"切片器"图标,将"数据"窗格中"日历表"中的"年"拖拽至"字段"中。

时间切片器

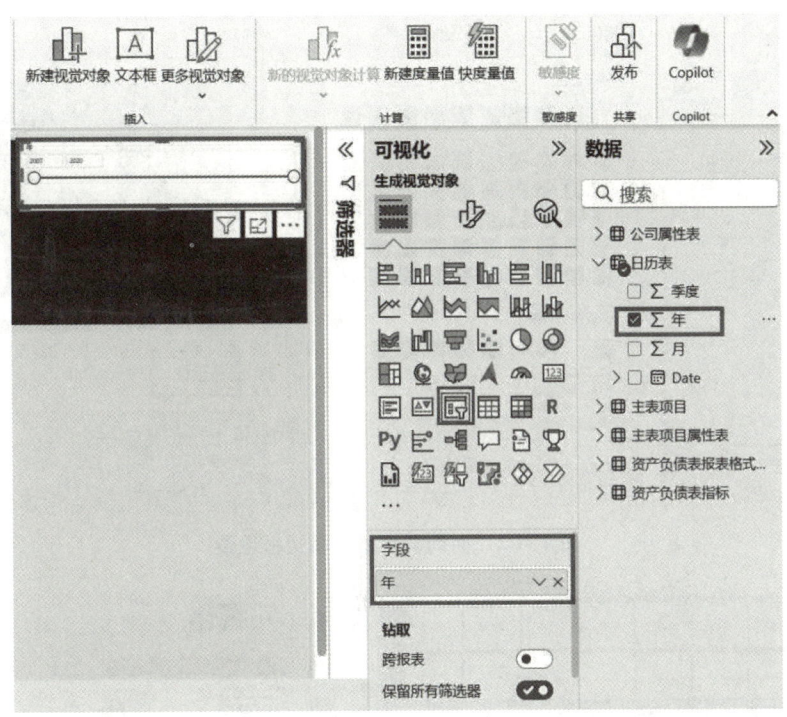

图 4-20　创建时间切片器

2. 时间切片器格式设置

在"视觉对象"→"切片器设置"→"选项"中的"样式"下选择"磁贴",并将"切片器标头"关闭,如图 4-21 所示。

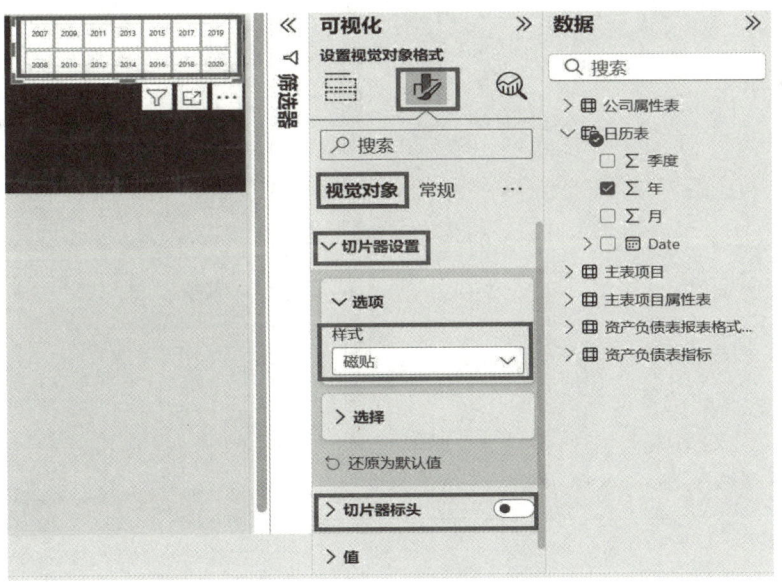

图 4-21　时间切片器样式设置

对"视觉对象"的"值"进行设置,"字体"设置为 10 磅、加粗、斜体,设置"边框"→"颜色","十六进制"处填入"#605E5C",如图 4-22 所示。

选择"常规"→"效果"中的"背景",将其关闭,呈现效果如图 4-23 所示。

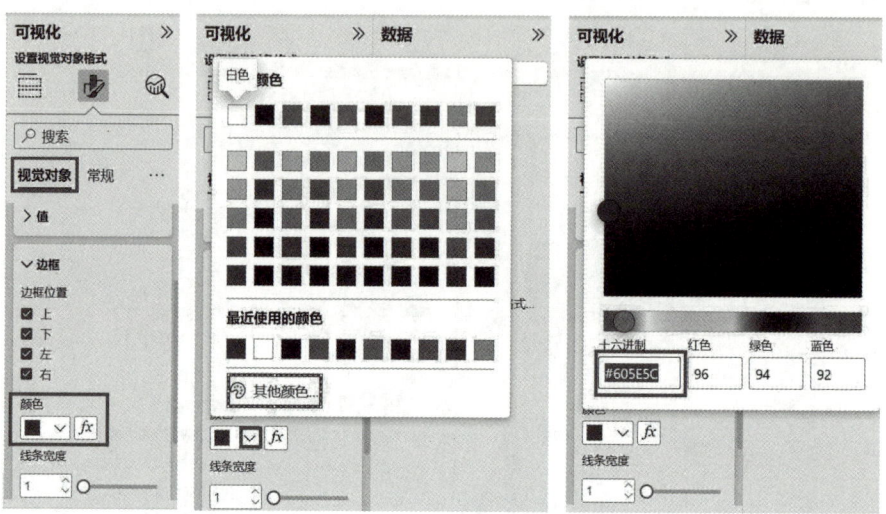

图 4-22　时间切片器值和边框设置

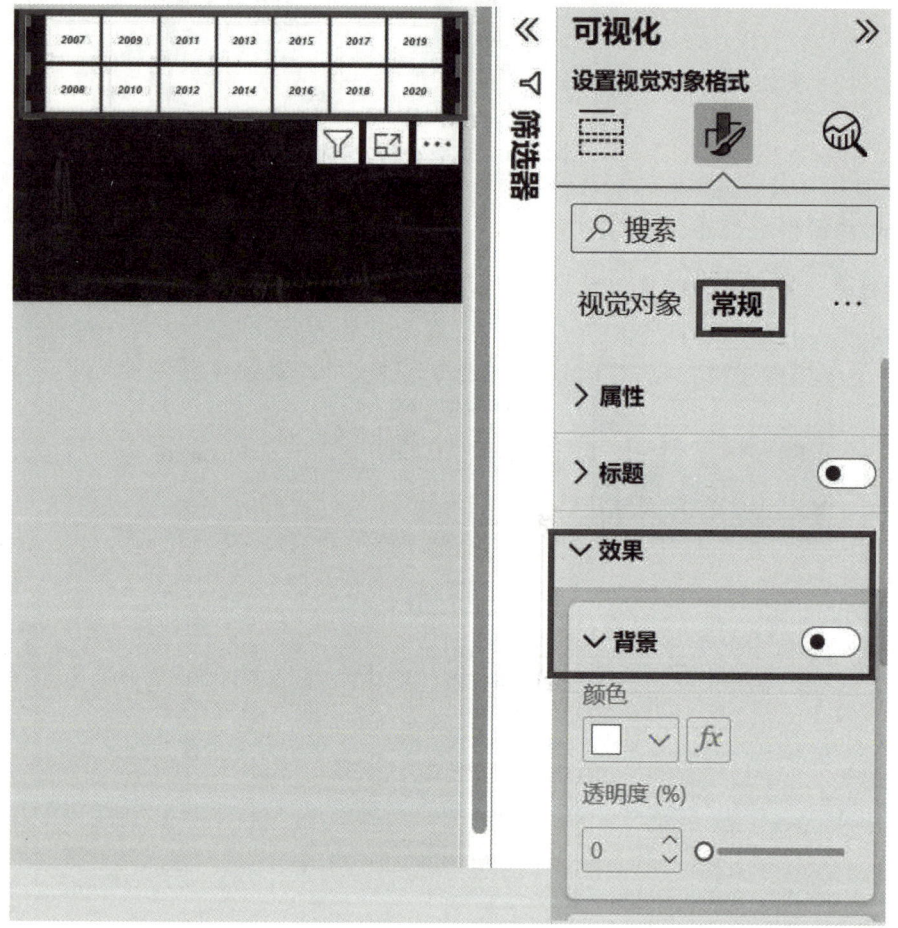

图 4-23　时间切片器效果

3. 筛选器设置

打开筛选器,将"日历表"中"年"字段拖拽至"所有页面上的筛选器",筛选类型选择"基本筛选",勾选 2017、2018、2019、2020 四个年份,拉动切片器边框变成一行,如图 4-24 所示。

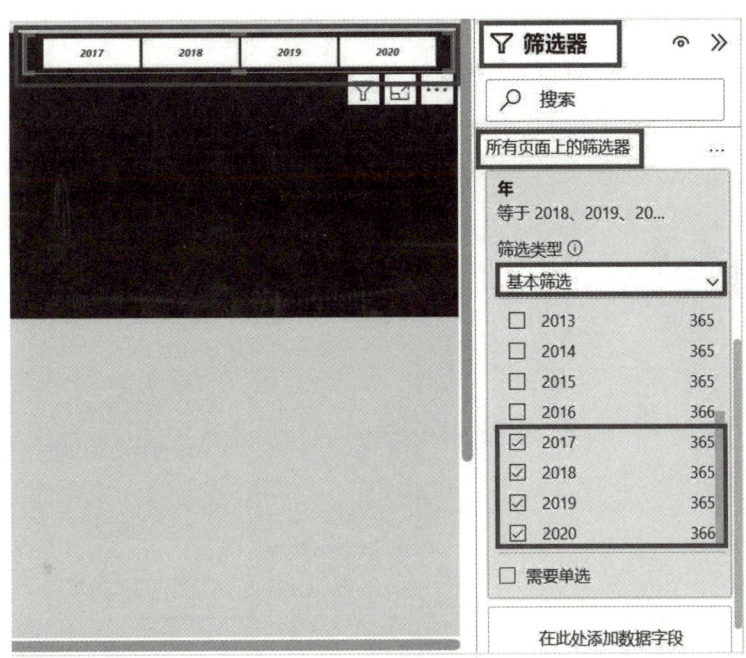

图 4-24 筛选器设置

4.5.4 创建视觉对象"切片器"——申万行业切片器

1. 创建申万行业切片器

如图 4-25 所示,点击右侧"可视化"窗格中的"切片器"图标,拖拽数据中"公司属性表"下的"申万行业三级名称"至"字段"下,将"申万行业三级名称"双击重命名为"申万行业"。

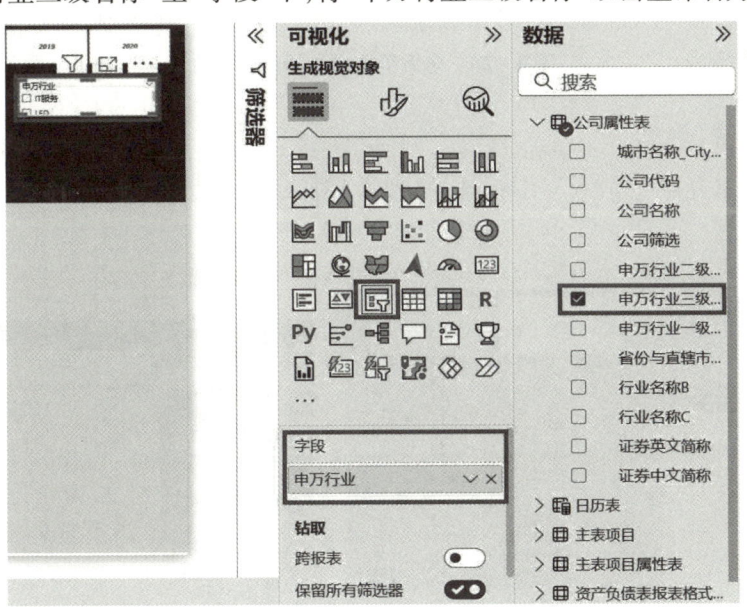

图 4-25 创建申万行业切片器

2. 申万行业切片器格式设置

在"可视化"窗格中,选择"视觉对象"→"切片器设置"→"选项",在"样式"中选择"下拉"。

选择"视觉对象",将值的字体设置为黑色、10 磅,设置"背景"→"颜色"为白色。

"切片器标头"设置:将文本的字体设置为 10 磅、加粗、白色。

选择"常规"→"效果"中的"背景"并将其关闭。

具体操作见图 4-26。

图 4-26　申万行业切片器格式设置

3. 切片器"搜索"设置

选中切片器后点击右上角"…"图标,选中"搜索"图标(放大镜图案前面显示打钩),并选择"航空运输",见图 4-27。

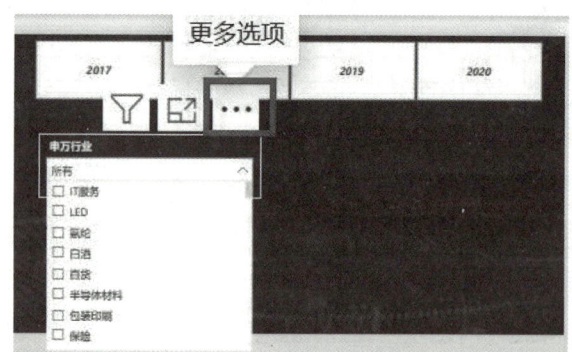 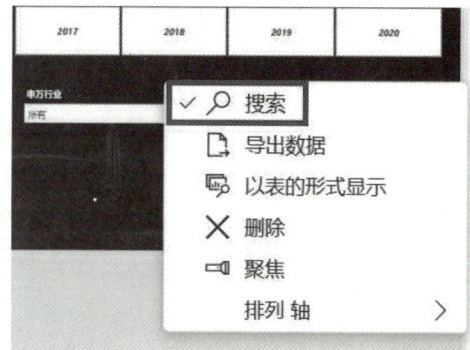

图 4-27　申万行业切片器"搜索"设置

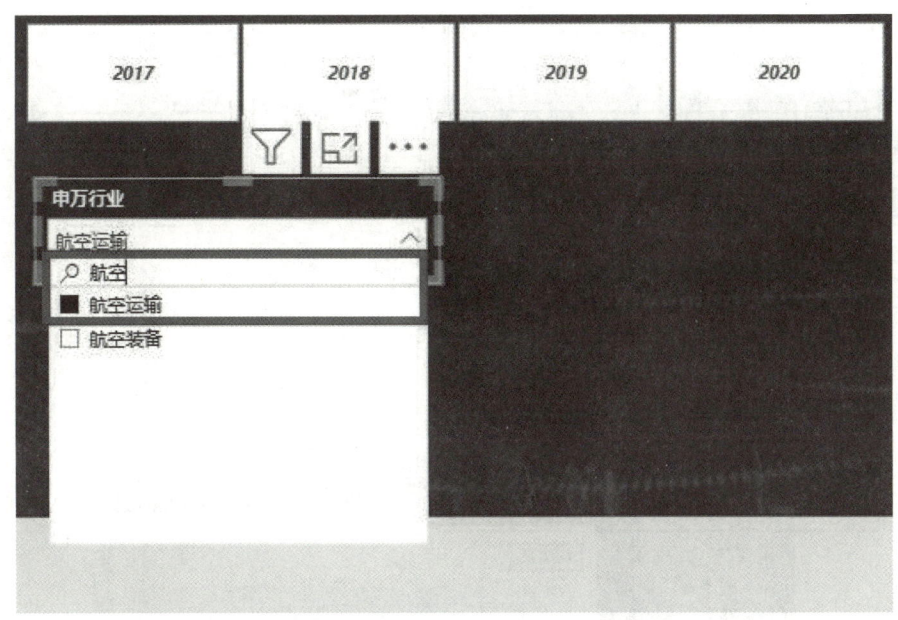

图 4-27　申万行业切片器"搜索"设置(续)

4.5.5　创建视觉对象"切片器"——公司切片器

如图 4-28 所示,点击右侧"可视化"窗格中的"切片器"图标,拖拽"公司属性表"下的"公司筛选"至"字段"下。公司切片器格式设置和申万行业切片器格式设置相同。

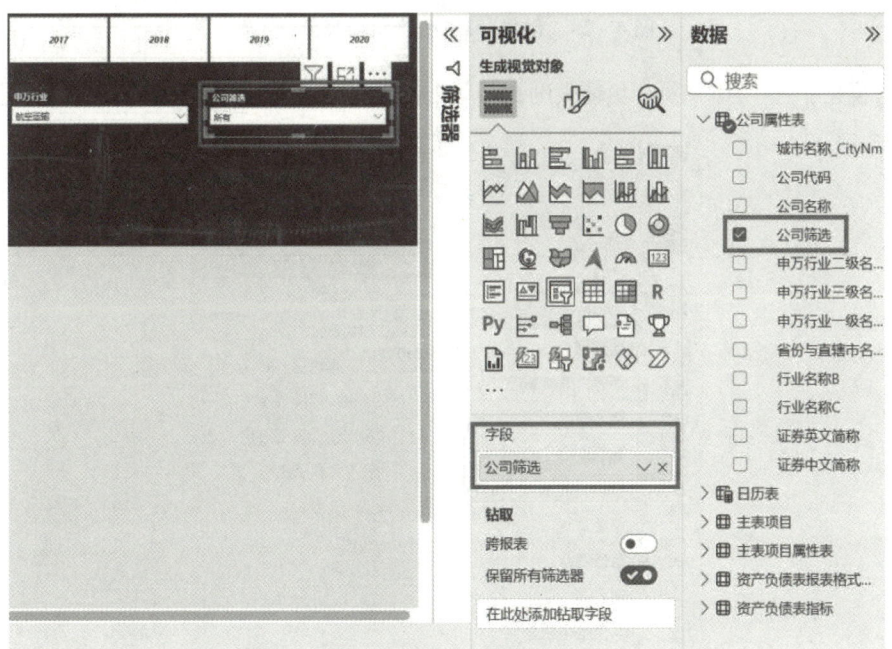

图 4-28　公司切片器设置

4.6 新建度量值

1. 新建"01-资产负债表度量"表并新建度量值(22个)

点击"主页"中的"输入数据",在"创建表"中的"名称"处输入"01-资产负债表度量",点击"加载",如图4-29所示。

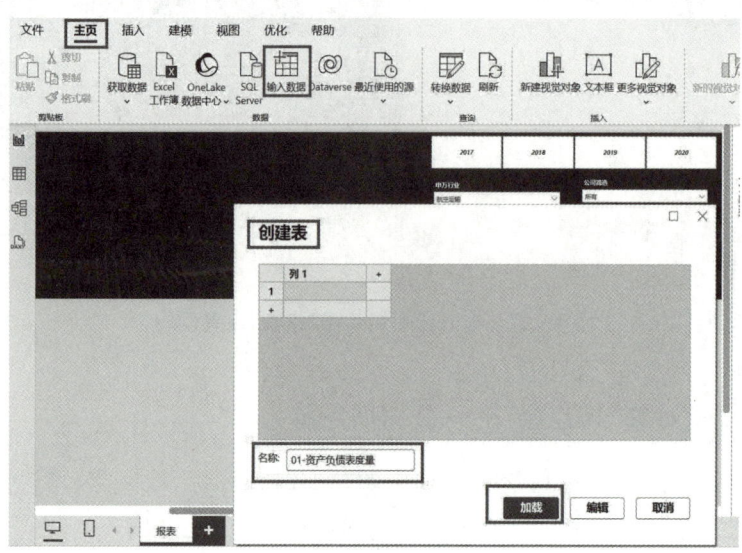

图4-29 创建"01-资产负债表度量"表

在"数据"窗格中选中"01-资产负债表度量",单击鼠标右键选择"新建度量值",如图4-30所示。

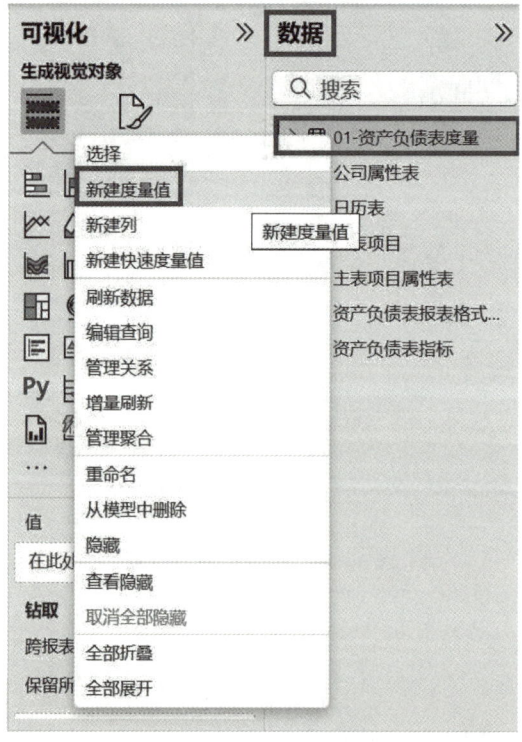

图4-30 新建度量值

在公式编辑栏中输入度量值"01-01 资产负债表度量 = SUM('主表项目'[报表金额])",按回车键即成功创建,如图 4-31 所示。

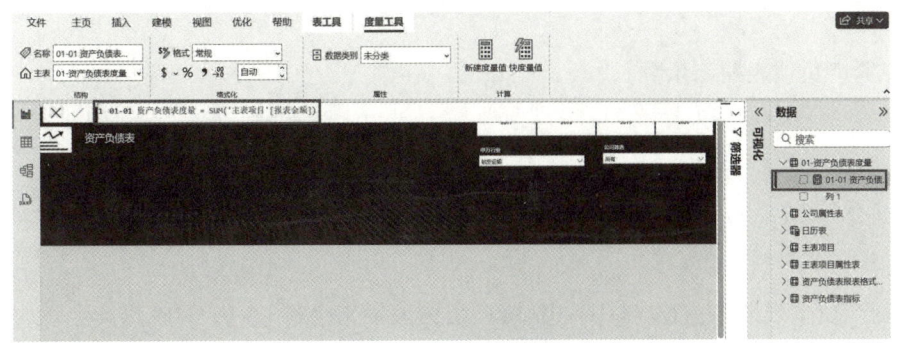

图 4-31 输入度量值

依次创建"01-资产负债表度量"下的其余 21 个度量值,在创建完成后删除"列 1",如图 4-32 所示。

01-02 资产负债表金额 = CALCULATE(varx = MAX('日历表'[Date]) RETURNCALCULATE([01-01 资产负债表度量],'日历表'[Date] = x))

01-03 货币资金 = CALCULATE([01-02 资产负债表金额],FILTER('主表项目','主表项目'[主表项目编码] = "BSG001"))

01-04 资产合计 = CALCULATE([01-02 资产负债表金额],FILTER('主表项目','主表项目'[主表项目编码] = "BSG059"))

01-05 负债合计 = CALCULATE([01-02 资产负债表金额],FILTER('主表项目','主表项目'[主表项目编码] = "BSG107"))

01-06 所有者权益合计 = CALCULATE([01-02 资产负债表金额],FILTER('主表项目','主表项目'[主表项目编码] = "BSG125"))

01-07 资产合计(上年) = CALCULATE([01-04 资产合计],SAMEPERIODLASTYEAR('日历表'[Date]))

01-08 负债合计(上年) = CALCULATE([01-05 负债合计],SAMEPERIODLASTYEAR('日历表'[Date]))

01-09 所有者权益合计(上年) = CALCULATE([01-06 所有者权益合计],SAMEPERIODLASTYEAR('日历表'[Date]))

01-10 资产负债表期末余额 =

varx = SELECTEDVALUE('资产负债表报表格式模板'[报表项目名称])

vary = SELECTEDVALUE('资产负债表报表格式模板'[项目编码])

return

SWITCH(TRUE(),

x = "货币资金",[01-03 货币资金],

CALCULATE([01-02 资产负债表金额],'主表项目'[主表项目编码] = y)

)

01-11 资产负债表期初余额 =

varreportyear = max('日历表'[年])

return

CALCULATE(

[01-10 资产负债表期末余额],

FILTER(

ALL('日历表'),

'日历表'[年] = reportyear - 1)

)

01-12 资产负债表期末占比 = [01-10 资产负债表期末余额]/[01-04 资产合计]

01-13 资产负债表变动金额 = [01-10 资产负债表期末余额] - [01-11 资产负债表期初余额]

01-14 资产负债表变动率 = [01-13 资产负债表变动金额]/[01-11 资产负债表期初余额]

01-15 流动资产合计 = CALCULATE([01-02 资产负债表金额],FILTER('主表项目','主表项目'[主表项目编码] = "BSG031"))

01-16 非流动资产合计 = CALCULATE([01-02 资产负债表金额],FILTER('主表项目','主表项目'[主表项目编码] = "BSG057"))

01-17 流动负债合计 = CALCULATE([01-02 资产负债表金额],FILTER('主表项目','主表项目'[主表项目编码] = "BSG094"))

01-18 非流动负债合计 = CALCULATE([01-02 资产负债表金额],FILTER('主表项目','主表项目'[主表项目编码] = "BSG105"))

01-19 实收资本(或股本) = CALCULATE([01-02 资产负债表金额],FILTER('主表项目','主表项目'[主表项目编码] = "BSG108"))

01-20 资本公积 = CALCULATE([01-02 资产负债表金额],FILTER('主表项目','主表项目'[主表项目编码] = "BSG113"))

01-21 投入资本 = [01-19 实收资本(或股本)] + [01-20 资本公积]

01-22 留存收益 = [01-06 所有者权益合计] - [01-21 投入资本]

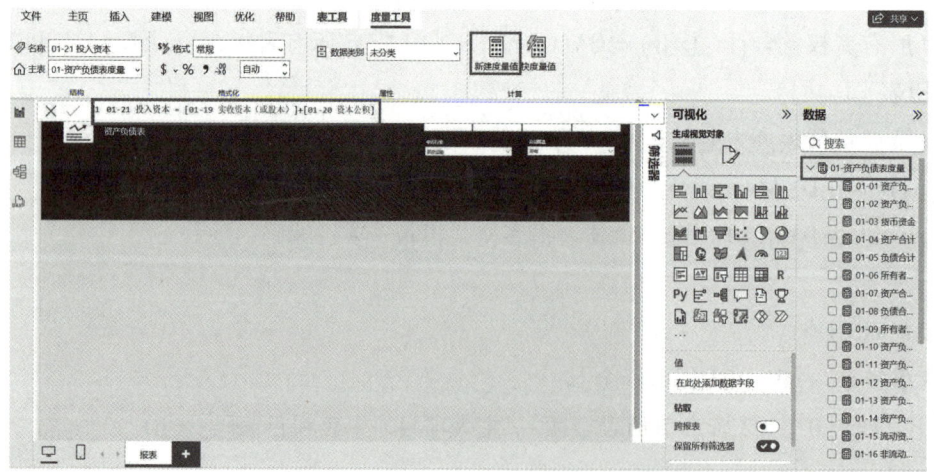

图 4-32 "01-资产负债表度量"下的度量值

2. 新建"02-文本分析"表并新建度量值(22个)

根据"01-资产负债表度量"创建步骤创建"02-文本分析"表,如图4-33所示。采用输入方式依次创建"02-文本分析"下的22个度量值,在创建完成后删除"列1",见图4-34。

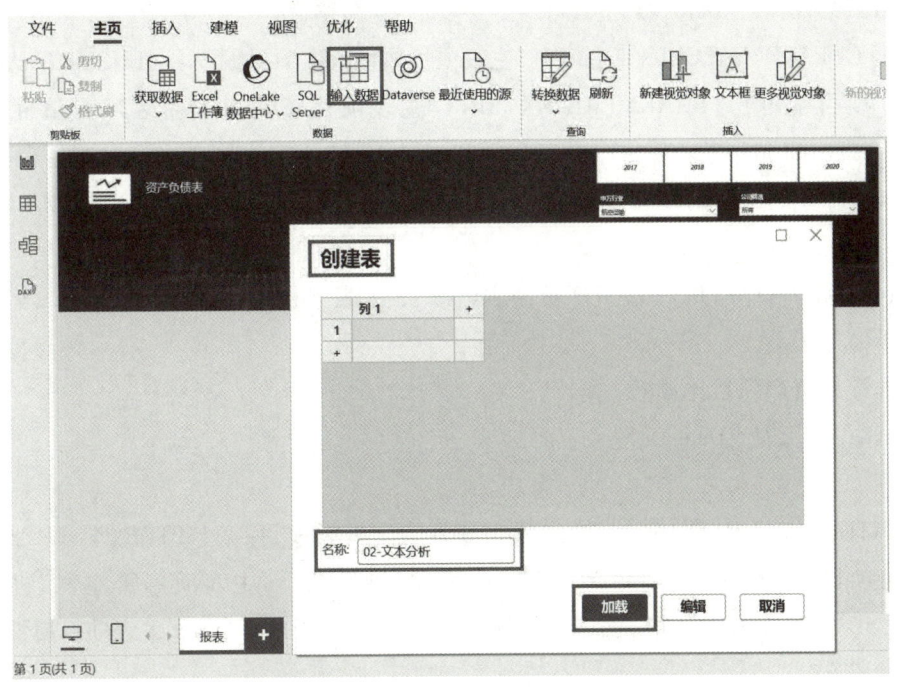

图4-33 创建"02-文本分析"表

02-01 当前年度 = MAX('日历表'[年])

02-02 资产合计增长率 = DIVIDE([01-04 资产合计] - [01-07 资产合计(上年)],[01-07 资产合计(上年)])

02-03 流动资产合计(上年) = CALCULATE([01-15 流动资产合计],SAMEPERIODLASTYEAR('日历表'[Date]))

02-04 流动资产占总资产比重 = [01-15 流动资产合计]/[01-04 资产合计]

02-05 流动资产占总资产比重(上年) = [02-03 流动资产合计(上年)]/[01-07 资产合计(上年)]

02-06 非流动资产合计(上年) = CALCULATE([01-16 非流动资产合计],SAMEPERIODLASTYEAR('日历表'[Date]))

02-07 非流动资产占总资产比重 = [01-16 非流动资产合计]/[01-04 资产合计]

02-08 非流动资产占总资产比重(上年) = CALCULATE([02-07 非流动资产占总资产比重],SAMEPERIODLASTYEAR('日历表'[Date]))

02-09 流动资产项目比重第一 =
varx = MAX('日历表'[Date])
RETURN
CALCULATE(CALCULATE(MIN('主表项目属性表'[报表项目]),FILTER(VALUES('主表项目属性表'[报表项目]),RANKX(ALLEXCEPT('主表项目属性表','主表项目属性表'[报表分类]),

CALCULATE(SUM('主表项目'[报表金额]),'日历表'[Date] = x)) = 1)),'主表项目属性表'[报表分类] = "流动资产")

02 – 10 流动资产项目比重第一占比 =

varx = MAX('日历表'[Date])

vara = CALCULATE(CALCULATE(MIN('主表项目属性表'[项目编码]),FILTER(VALUES('主表项目属性表'[项目编码]),RANKX(ALLEXCEPT('主表项目属性表','主表项目属性表'[报表分类]),CALCULATE(SUM('主表项目'[报表金额]),'日历表'[Date] = x)) = 1)),'主表项目属性表'[报表分类] = "流动资产")

RETURN

DIVIDE(CALCULATE([01 – 02 资产负债表金额],'主表项目属性表'[项目编码] = a),[01 – 15 流动资产合计])

02 – 11 非流动资产项目比重第一 =

varx = MAX('日历表'[Date])

RETURN

CALCULATE(CALCULATE(MIN('主表项目属性表'[报表项目]),FILTER(VALUES('主表项目属性表'[报表项目]),RANKX(ALLEXCEPT('主表项目属性表','主表项目属性表'[报表分类]),CALCULATE(SUM('主表项目'[报表金额]),'日历表'[Date] = x)) = 1)),'主表项目属性表'[报表分类] = "非流动资产")

02 – 12 非流动资产项目比重第一占比 =

varx = MAX('日历表'[Date])

vara = CALCULATE(CALCULATE(MIN('主表项目属性表'[项目编码]),FILTER(VALUES('主表项目属性表'[项目编码]),RANKX(ALLEXCEPT('主表项目属性表','主表项目属性表'[报表分类]),CALCULATE(SUM('主表项目'[报表金额]),'日历表'[Date] = x)) = 1)),'主表项目属性表'[报表分类] = "非流动资产")

RETURN

DIVIDE(CALCULATE([01 – 02 资产负债表金额],'主表项目属性表'[项目编码] = a),[01 – 16 非流动资产合计])

02 – 13 流动资产项目比重第二 =

varx = MAX('日历表'[Date])

RETURN

CALCULATE(CALCULATE(MIN('主表项目属性表'[报表项目]),FILTER(VALUES('主表项目属性表'[报表项目]),RANKX(ALLEXCEPT('主表项目属性表','主表项目属性表'[报表分类]),CALCULATE(SUM('主表项目'[报表金额]),'日历表'[Date] = x)) = 2)),'主表项目属性表'[报表分类] = "流动资产")

02 – 14 流动资产项目比重第二占比 =

varx = MAX('日历表'[Date])

vara = CALCULATE(CALCULATE(MIN('主表项目属性表'[项目编码]),FILTER(VALUES('主表

项目属性表'[项目编码]),RANKX(ALLEXCEPT('主表项目属性表','主表项目属性表'[报表分类]),CALCULATE(SUM('主表项目'[报表金额]),'日历表'[Date]=x))=2)),'主表项目属性表'[报表分类]="流动资产")

RETURN

DIVIDE(CALCULATE([01-02资产负债表金额],'主表项目属性表'[项目编码]=a),[01-15流动资产合计])

02-15非流动资产项目比重第二=

varx=MAX('日历表'[Date])

RETURN

CALCULATE(CALCULATE(MIN('主表项目属性表'[报表项目]),FILTER(VALUES('主表项目属性表'[报表项目]),RANKX(ALLEXCEPT('主表项目属性表','主表项目属性表'[报表分类]),CALCULATE(SUM('主表项目'[报表金额]),'日历表'[Date]=x))=2)),'主表项目属性表'[报表分类]="非流动资产")

02-16非流动资产项目比重第二占比=

varx=MAX('日历表'[Date])

vara=CALCULATE(CALCULATE(MIN('主表项目属性表'[项目编码]),FILTER(VALUES('主表项目属性表'[项目编码]),RANKX(ALLEXCEPT('主表项目属性表','主表项目属性表'[报表分类]),CALCULATE(SUM('主表项目'[报表金额]),'日历表'[Date]=x))=2)),'主表项目属性表'[报表分类]="非流动资产")

RETURN

DIVIDE(CALCULATE([01-02资产负债表金额],'主表项目属性表'[项目编码]=a),[01-16非流动资产合计])

02-17流动资产前两大项目占比合计=[02-10流动资产项目比重第一占比]+[02-14流动资产项目比重第二占比]

02-18非流动资产前两大项目占比合计=[02-12非流动资产项目比重第一占比]+[02-16非流动资产项目比重第二占比]

02-19流动资产增减判断=IF([01-15流动资产合计]>[02-03流动资产合计(上年)],"增加",IF([01-15流动资产合计]=[02-03流动资产合计(上年)],"无变化","减少"))

02-20流动资产比重增减判断=IF([02-04流动资产占总资产比重]>[02-05流动资产占总资产比重(上年)],"增加",IF([02-04流动资产占总资产比重]=[02-05流动资产占总资产比重(上年)],"无变化","减少"))

02-21非流动资产增减判断=IF([01-16非流动资产合计]>[02-06非流动资产合计(上年)],"增加",IF([01-16非流动资产合计]=[02-06非流动资产合计(上年)],"无变化","减少"))

02-22非流动资产比重增减判断=IF([02-07非流动资产占总资产比重]>[02-08非流动资产占总资产比重(上年)],"增加",IF([02-07非流动资产占总资产比重]=[02-08非流动资产占总资产比重(上年)],"无变化","减少"))

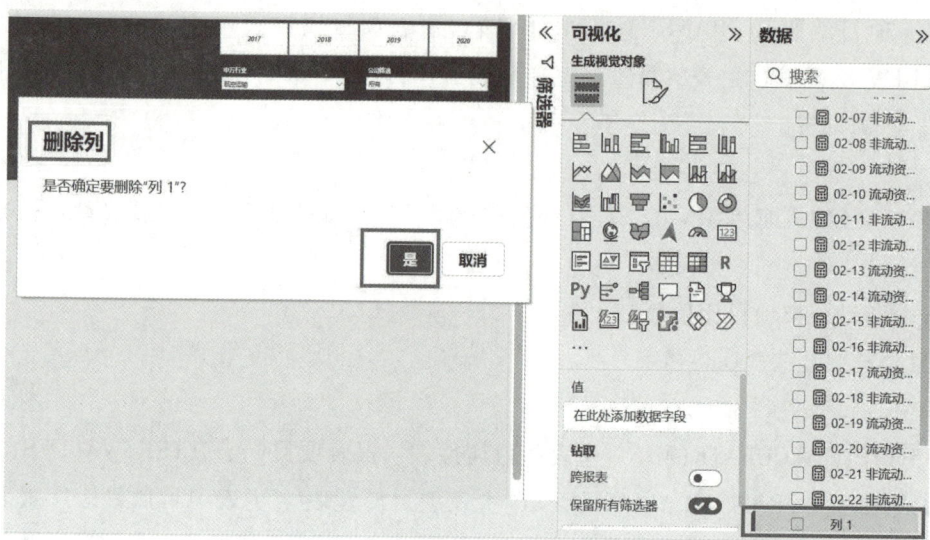

图 4-34 "02-文本分析"的度量值

3. 新建"03-指标及均值"表并新建度量值(9个)

根据"01-资产负债表度量"创建步骤创建"03-指标及均值"表,见图 4-35。采用输入方式依次创建"03-指标及均值"下的9个度量值,在创建完成后删除"列1",见图 4-36。

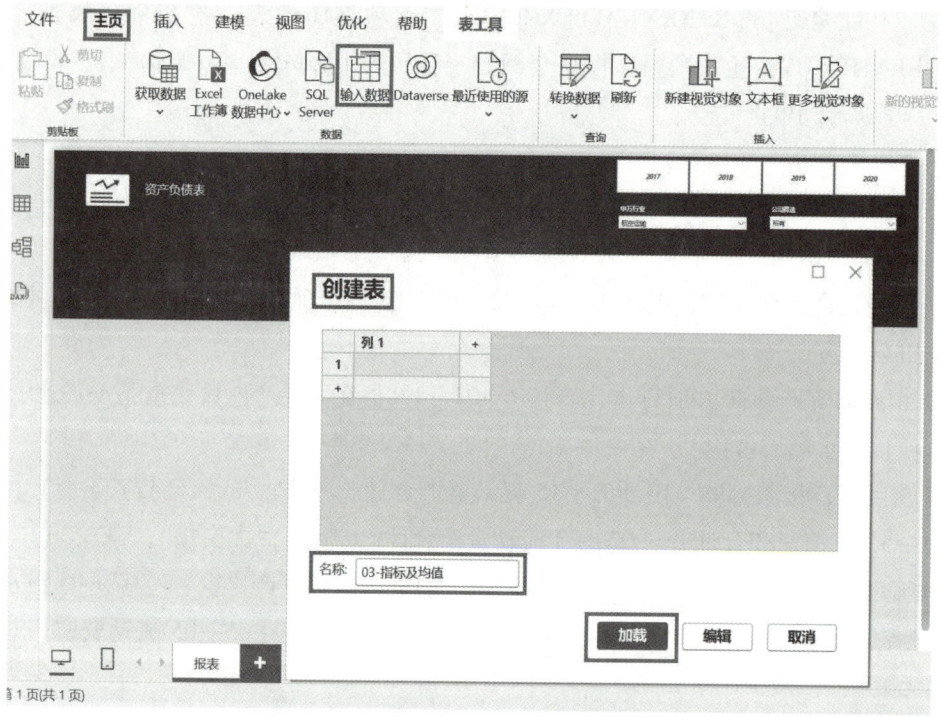

图 4-35 创建"03-指标及均值"表

03-01 资产负债率 = [01-05 负债合计]/[01-04 资产合计]

03-02 流动比率 = [01-15 流动资产合计]/[01-17 流动负债合计]

03-03 速动资产 =

[01-15 流动资产合计] −

（CALCULATE（[01-02 资产负债表金额]，FILTER（'主表项目'，'主表项目'[主表项目编码]="BSG027"）））-

（CALCULATE（[01-02 资产负债表金额]，FILTER（'主表项目'，'主表项目'[主表项目编码]="BSG014"）））

03-04 速动比率=[03-03 速动资产]/[01-17 流动负债合计]

03-05 资产负债表指标=

SWITCH（

TRUE（），

SELECTEDVALUE（'资产负债表指标'[指标]）="资产负债率"，[03-01 资产负债率]，

SELECTEDVALUE（'资产负债表指标'[指标]）="流动比率"，[03-02 流动比率]，

SELECTEDVALUE（'资产负债表指标'[指标]）="速动比率"，[03-04 速动比率]

）

03-06 申万行业三级公司数量=

varx = max（'日历表'[Date]）

return

CALCULATE（CALCULATE（DISTINCTCOUNT（'主表项目'[公司代码]），values（'公司属性表'[申万行业三级名称]），ALLEXCEPT（'公司属性表'，'公司属性表'[申万行业三级名称]）），'日历表'[Date]=x）

03-07 申万行业三级项目金额均值=DIVIDE（CALCULATE（[01-10 资产负债表期末余额]，VALUES（'公司属性表'[申万行业三级名称]），ALLEXCEPT（'公司属性表'，'公司属性表'[申万行业三级名称]）），[03-06 申万行业三级公司数量]）

03-08 申万行业三级项目金额均值（上年）= CALCULATE（[03-07 申万行业三级项目金额均值]，SAMEPERIODLASTYEAR（'日历表'[Date]））

03-09 申万行业三级项目金额均值变化率= （[03-07 申万行业三级项目金额均值]-[03-08 申万行业三级项目金额均值（上年）]）/[03-08 申万行业三级项目金额均值（上年）]

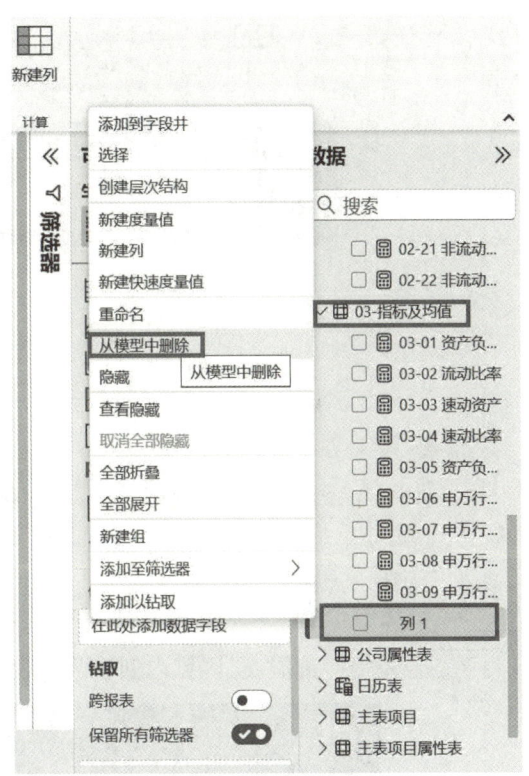

图4-36 "03-指标及均值"的度量值

4.6.1 创建视觉对象"表"（3个）

1. 圆角矩形

点击菜单栏中的"插入"，点击"形状"后插入"圆角矩形"，并选中"设置形状格式"，"形状"选择"圆角矩形"且"圆角（%）"为"5"，"样式"→"填充"→"颜色"中选择"白色"，如图4-37所示。

创建合并资产负债表

图4-37 圆角矩形设置

2. 文本框

插入"文本框",输入"合并资产负债表",设置字体大小为20磅、黑色加粗,如图4-38所示。

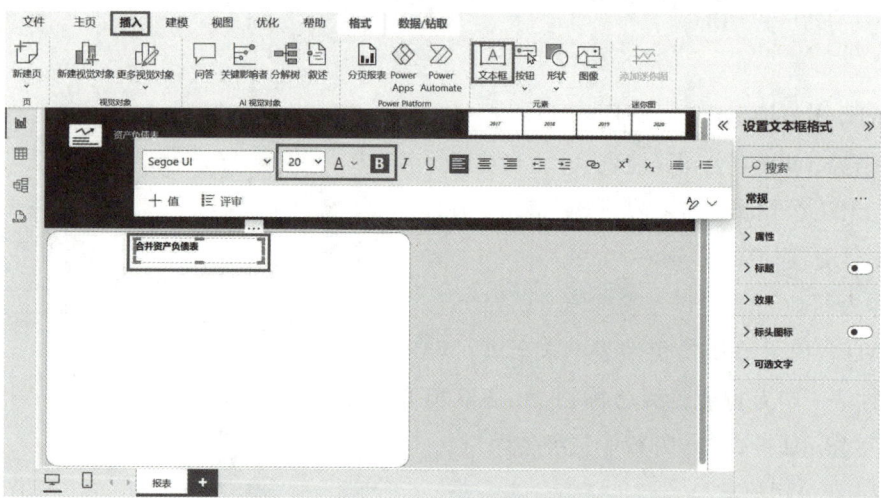

图4-38 "合并资产负债表"文本框

3. 创建两个表

在"合并资产负债表"区域内创建两个表,如图4-39所示。

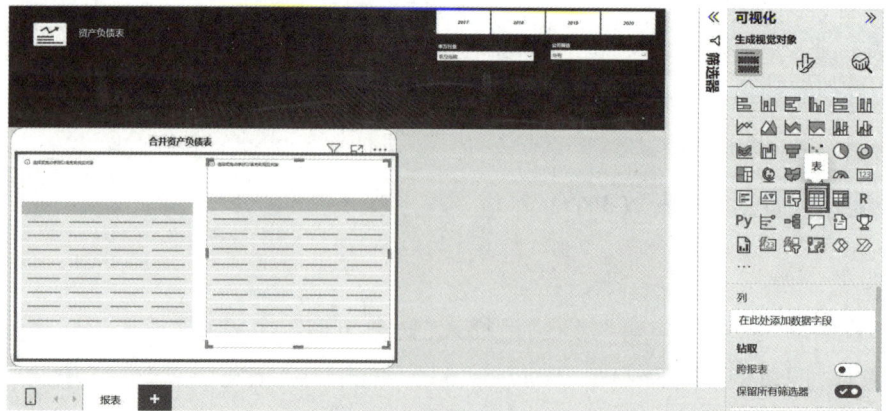

图4-39 创建两个表

4. 表格字段设置

将数据窗格中"资产负债表度量"中的"01-10 资产负债表期末余额"和"01-11 资产负债表期初余额"拖到"列",拖拽后双击对其进行重命名操作,分别命名为"资产""序号""期末余额""上年年末余额"。

将数据窗格中"资产负债表报表格式模板"中的"报表项目名称"和"索引"字段拖到"列",字段拖拽后双击对其进行重命名操作,分别命名为"负债和所有者权益(或股东权益)""序号""期末余额""上年年末余额"(见图4-40)。

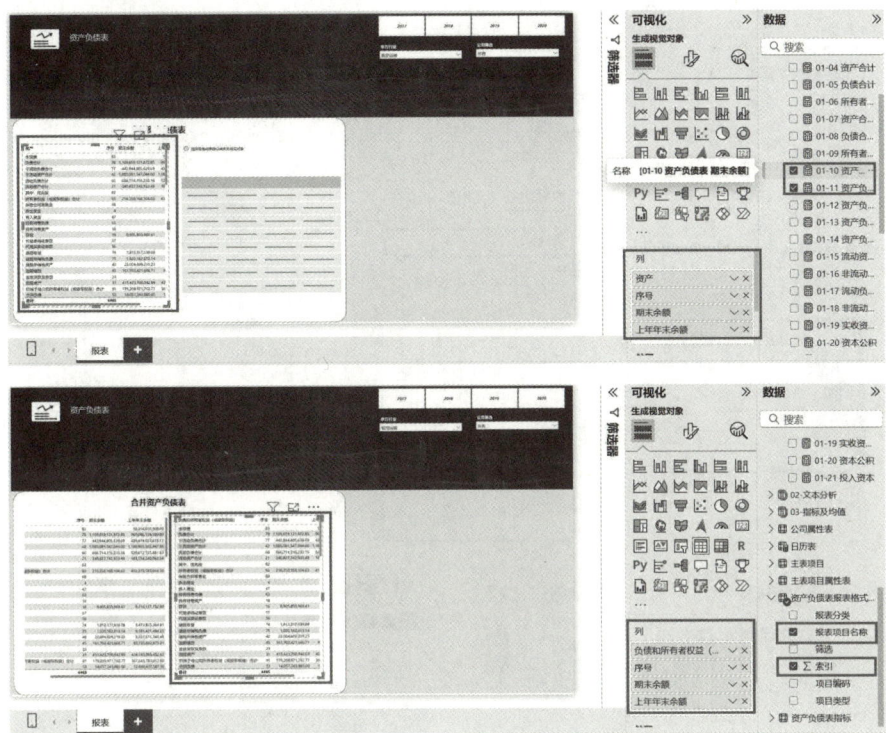

图4-40 表格字段设置

5. "筛选器"设置Ⅰ

分别对两个表进行"筛选器"设置,将"资产负债表报表格式模板"下的"项目类型"拖拽至"此视觉对象上的筛选器",并将"筛选类型"设置为"基本筛选",注意左侧表选择"资产";右侧表选择"负债和所有者权益",如图4-41所示。

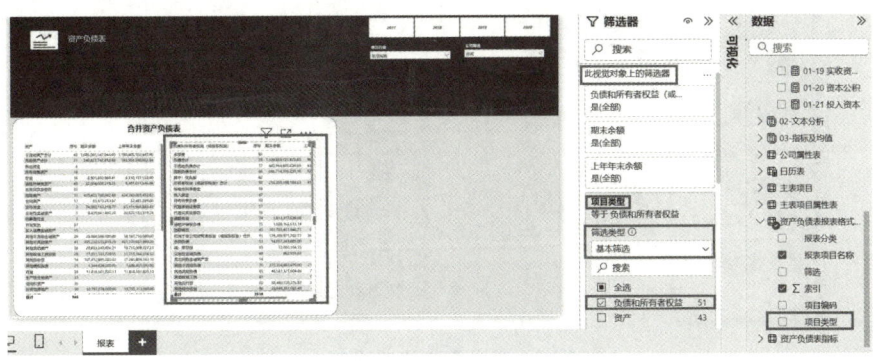

图4-41 "筛选器"设置

6. 表格格式设置 I

对两个表进一步进行格式设置,具体操作如下(见图 4-42):

在"可视化"窗格中,选中"视觉对象"→"网格"→"水平网格线",设置颜色为黑色、宽度为 1;"网格"→"边框"→颜色为白色、宽度为 1;"网格"→"选项",设置行填充为 6、全局字号为 10;"视觉对象"→"值",设置字体为 10 磅,文本颜色为黑色、背景色为白色、备用文本颜色为黑色、替代背景色为#EEEDED;"视觉对象"→"列标题",设置字体为 10、文本颜色为白色、背景色为黑色、标题对齐方式为居中、文本自动换行打开;"列标题"→"选项",设置 Auto - sizewidth 打开。

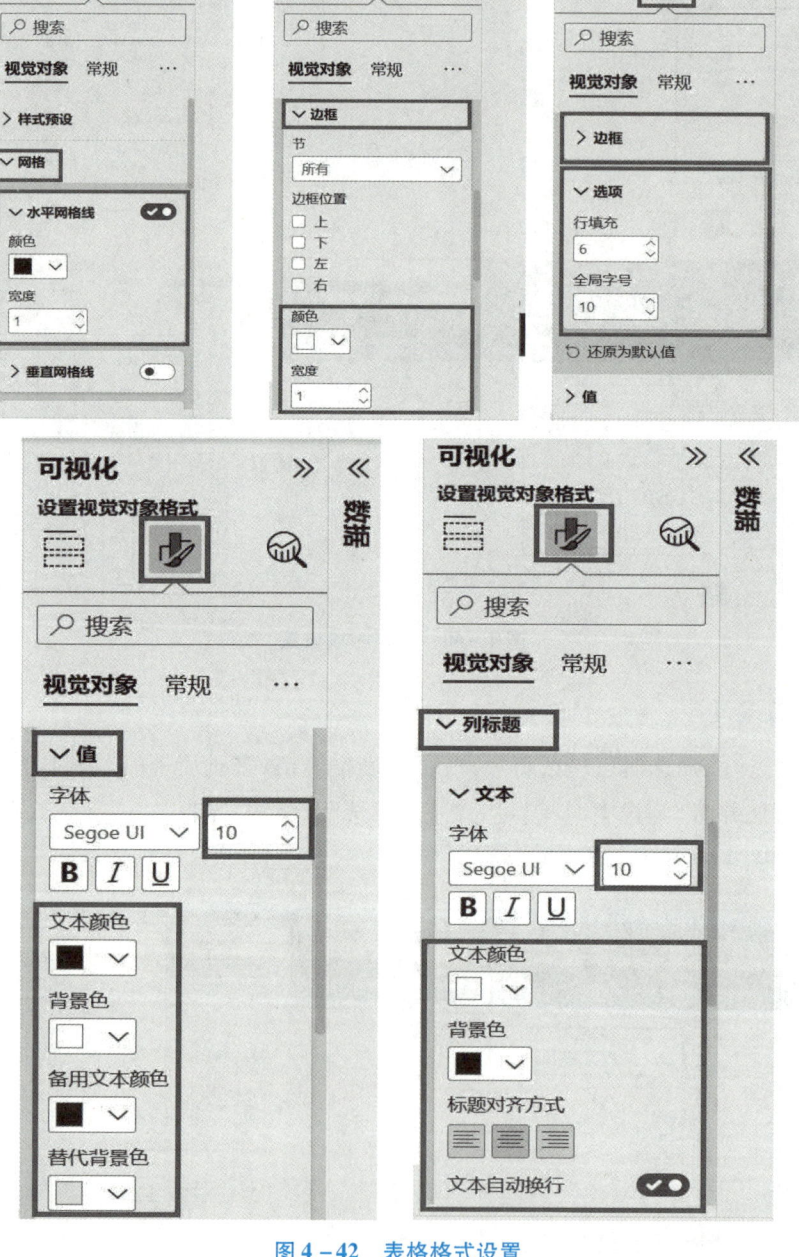

图 4-42 表格格式设置

表格格式设置效果如图4-43所示。

合并资产负债表

资产	序号	期末余额	上年年末余额	负债和所有者权益（或股东权益）	序号	期末余额	上年年末余额
非流动资产合计	42	1,085,081,547,044.00	1,188,995,502,447.96	永续债	83		10,354,610,000.
流动资产合计	21	240,827,742,933.48	183,554,240,062.34	负债合计	78	1,109,659,121,872.85	960,086,159,500.
拆出资金	4			非流动负债合计	77	442,944,805,639.69	439,474,023,618.
持有待售资产	18			流动负债合计	66	666,714,316,233.16	520,612,135,881.
存货	16	8,905,850,969.41	9,310,137,152.90	其中：优先股	82		
递延所得税资产	40	22,004,609,219.23	9,207,611,346.48	所有者权益（或股东权益）合计	93	216,250,168,104.63	412,373,583,010.
发放贷款及垫款	23			保险合同准备金	68		
固定资产	31	415,423,700,942.69	424,743,065,452.62	拆入资金	47		
合同资产	17	65,412,263.97	52,481,289.06	持有待售负债	63		
货币资金	2	74,982,163,218.77	65,111,969,843.47	代理承销证券款	57		
交易性金融资产	5	9,439,841,492.26	20,672,553,319.74	代理买卖证券款	56		
结算备付金	3			递延收益	74	1,813,317,639.08	3,473,935,364.
开发支出	37			递延所得税负债	75	1,020,162,613.14	9,181,421,494.
买入返售金融资产	15			短期借款	45	161,703,421,666.71	93,735,882,875.
其他非流动金融资产	29	23,804,586,000.00	38,167,710,000.00	归属于母公司所有者权益（或股东权益）合计	91	179,209,971,762.77	367,645,783,012.
其他非流动资产	41	395,232,515,819.29	421,770,661,999.20	合同负债	53	14,057,243,885.00	12,840,437,581.
其他流动资产	20	20,833,243,836.21	18,715,009,327.23	减：库存股	85	52,002,164.55	6,801,200.
其他权益工具投资	28	17,031,333,729.05	33,713,594,334.32	交易性金融负债	48	862,955.67	126,264.
其他应收款	14	107,412,891,025.03	37,295,804,343.16	卖出回购金融资产款	54		
其他债权投资	25	1,344,829,000.00	1,688,451,000.00	其他非流动负债	76	275,304,882,870.00	219,790,200,607.
商誉	38	11,818,601,020.13	11,818,601,020.13	其他流动负债	65	48,581,325,004.86	72,587,313,276.
总计	946			总计	3519		

图4-43　表格格式设置效果

排列方式按照"序号"升序排列（见图4-44）。点击右上角"…"符号，点击"排列方式"中的"序号"，再选择"以升序排序"，最终效果见图4-45。

合并资产负债表

资产	序号	期末余额	上年年末余额	负债和所有者权益（或股东权益）	序号	期末余额	上年年末余额
流动资产：	1			流动负债：	44		
货币资金	2	74,982,163,218.77	65,111,969,843.47	短期借款	45	161,703,421,666.71	93,735,882,875.31
结算备付金	3			向中央银行借款	46		
拆出资金	4			拆入资金	47		
交易性金融资产	5	9,439,841,492.26	20,672,553,319.74	交易性金融负债	48	862,955.67	126,264.75
衍生金融资产	6	367,696,133.00	261,338,732.00	衍生金融负债	49	3,201,770,702.00	56,367,309.00
应收票据	7	18,593,000.00	11,702,000.00	应付票据	50	2,874,079,145.68	4,019,076,258.04
应收账款	8	14,439,199,213.84	23,292,062,655.28	应付账款	51	83,108,001,527.58	71,030,175,434.14
应收款项融资	9			预收款项	52	20,000,000.00	15,289,038,351.65
预付款项	10	4,304,868,679.62	8,388,954,252.45	合同负债	53	14,057,243,885.00	12,840,437,581.16
应收保费	11			卖出回购金融资产款	54		
应收分保账款	12			吸收存款及同业存放	55		
应收分保合同准备金	13			代理买卖证券款	56		
其他应收款	14	107,412,891,025.03	37,295,804,343.16	代理承销证券款	57		
买入返售金融资产	15			应付职工薪酬	58	13,712,941,004.94	12,555,337,752.84
存货	16	8,905,850,969.41	9,310,137,152.90	应交税费	59	7,006,702,365.72	8,743,315,002.16
总计	946			其他应付款	60	50,480,120,376.87	31,988,956,922.20
				总计	3519		

图4-44　按"序号"升序排列

图4-45 "合并资产负债表"呈现效果

7. 插入圆角矩形和文本框

圆角矩形和文本框创建步骤和"1.""2."步骤相同,文本框输入"报表项目本期占比及变动情况",结果如图4-46所示。

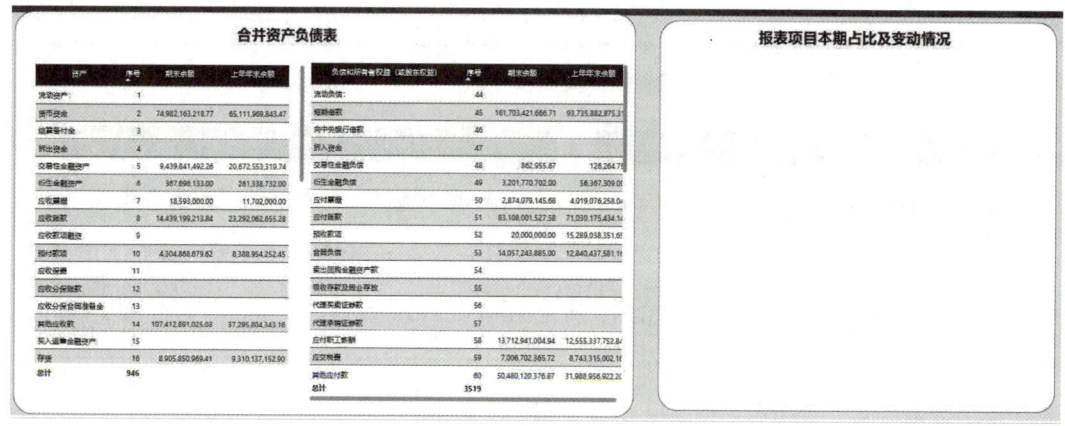

图4-46 创建圆角矩形和文本框

8. 创建表格

在"报表项目本期占比及变动情况"区域内创建一个表,将"资产负债表报表格式模板"下的"报表项目名称"和"索引"字段拖到"列",将"资产负债表度量"中的"01-12 资产负债表期末占比""01-13 资产负债表变动金额""01-14 资产负债表变动率"拖到"列",字段拖拽后双击对其进行重命名操作,分别命名为"报表项目""序号""本期金额占比""报表项目变动金额""报表项目变动率",如图4-47所示。

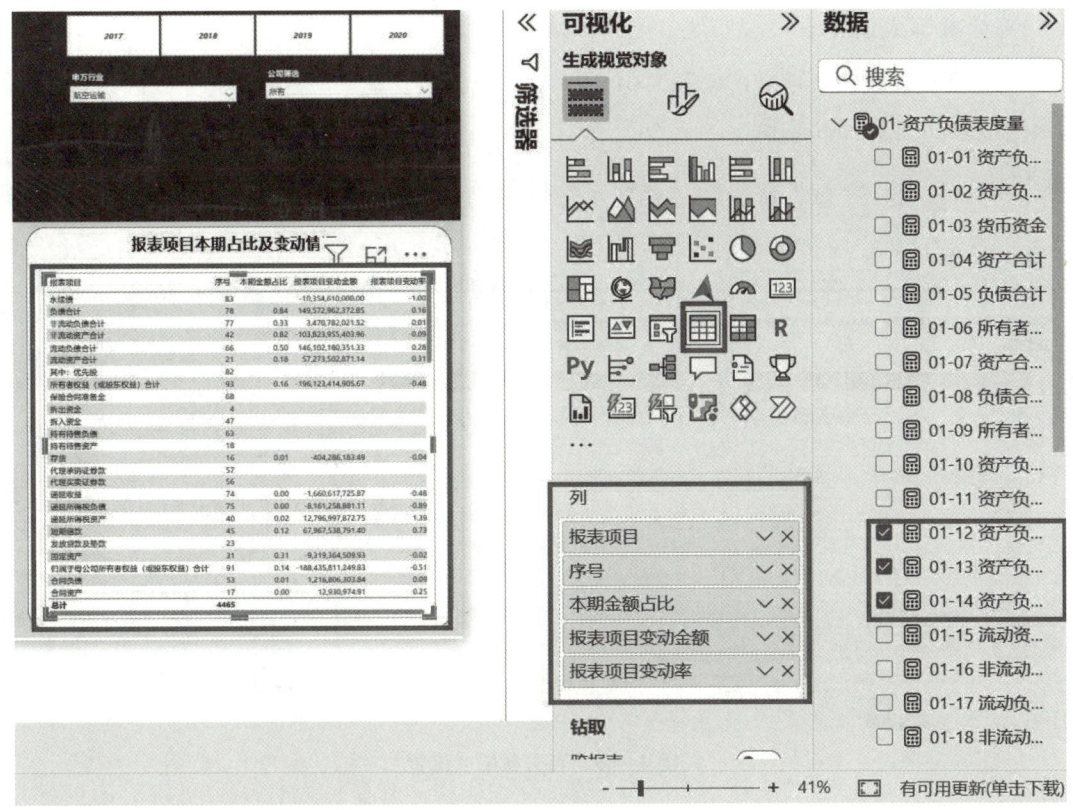

图 4-47　创建表格

9. 表格格式设置Ⅱ

按照"6."步骤对表进行格式设置,同时按照"本期金额占比"降序排列,如图4-48所示。需要注意的是,如果是复制"合并资产负债表"中表格进行调整得到,则报表项目会变少,这时只需通过筛选器设置将项目类型基本筛选中的"资产""负债和所有者权益"都选上即可。

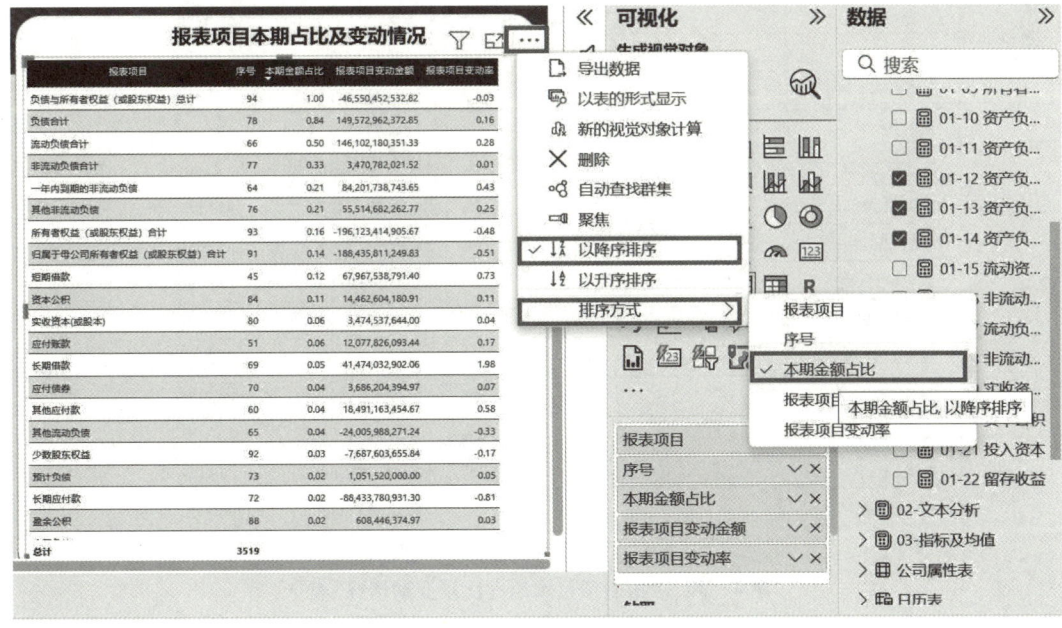

图 4-48　表格排序方式设置

10. 百分数形式设置

将"01－12 资产负债表期末占比"和"01－14 资产负债表变动率"设置成百分数形式,如图 4－49 所示,最终效果如图 4－50 所示。

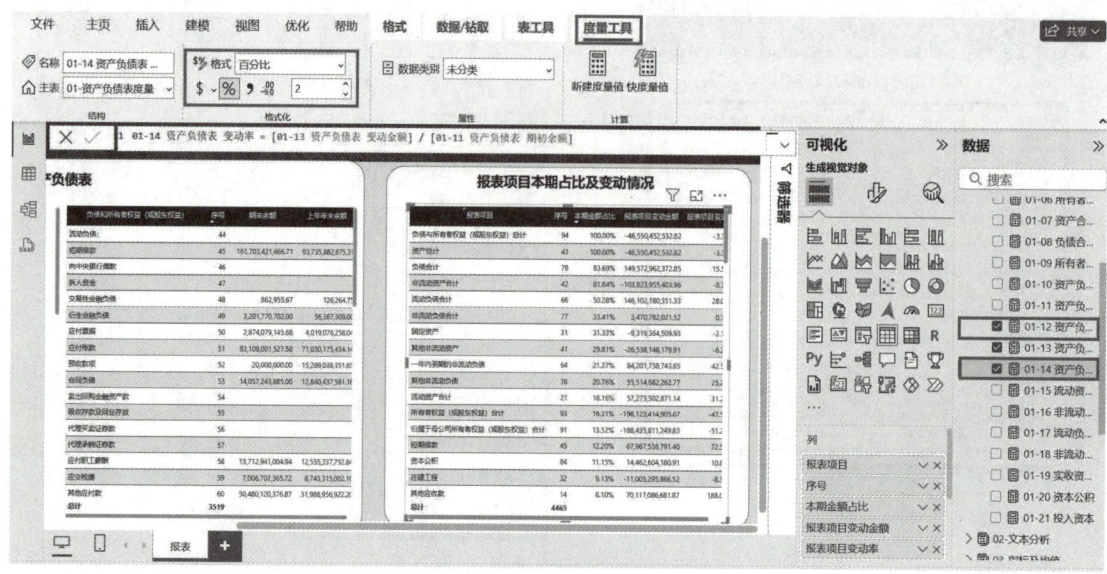

图 4－49　百分数形式设置

报表项目	序号	本期金额占比	报表项目变动金额	报表项目变动率
负债与所有者权益（或股东权益）总计	94	100.00%	-46,550,452,532.82	-3.39%
资产总计	43	100.00%	-46,550,452,532.82	-3.39%
负债合计	78	83.69%	149,572,962,372.85	15.58%
非流动资产合计	42	81.84%	-103,823,955,403.96	-8.73%
流动负债合计	66	50.28%	146,102,180,351.33	28.06%
非流动负债合计	77	33.41%	3,470,782,021.52	0.79%
固定资产	31	31.33%	-9,319,364,509.93	-2.19%
其他非流动资产	41	29.81%	-26,538,146,179.91	-6.29%
一年内到期的非流动负债	64	21.27%	84,201,738,743.65	42.58%
其他非流动负债	76	20.76%	55,514,682,262.77	25.26%
流动资产合计	21	18.16%	57,273,502,871.14	31.20%
所有者权益（或股东权益）合计	93	16.31%	-196,123,414,905.67	-47.56%
归属于母公司所有者权益（或股东权益）合计	91	13.52%	-188,435,811,249.83	-51.25%
短期借款	45	12.20%	67,967,538,791.40	72.51%
资本公积	84	11.15%	14,462,604,180.91	10.84%
在建工程	32	9.13%	-11,005,295,866.52	-8.33%
其他应收款	14	8.10%	70,117,086,681.87	188.00%
总计		4465		

图 4－50　"报表项目本期占比及变动情况"表

11. "报表分类"切片器

点击右侧"可视化"窗格中的"切片器"图标,调整位置,在"数据"窗格中展开"资产负债表报表格式模板",拖动"报表分类"到"字段"中,如图4-51所示。

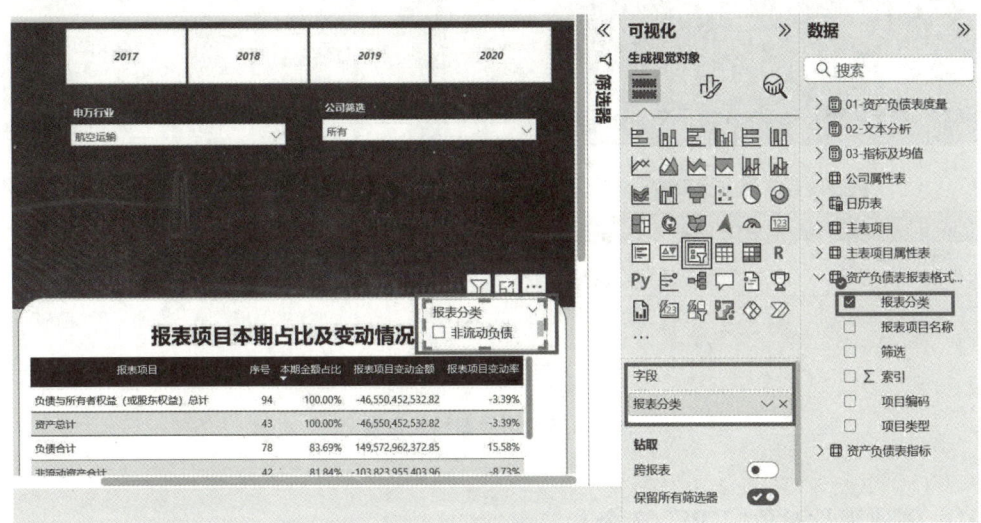

图 4-51 "报表分类"切片器

12. "筛选器"设置 Ⅱ

打开"筛选器",将"资产负债表报表格式模板"下的"报表分类"拖拽至筛选器"此视觉对象上的筛选器"位置,"筛选类型"为"基本筛选",选择"非流动负债""非流动资产""流动负债""流动资产",如图4-52所示。

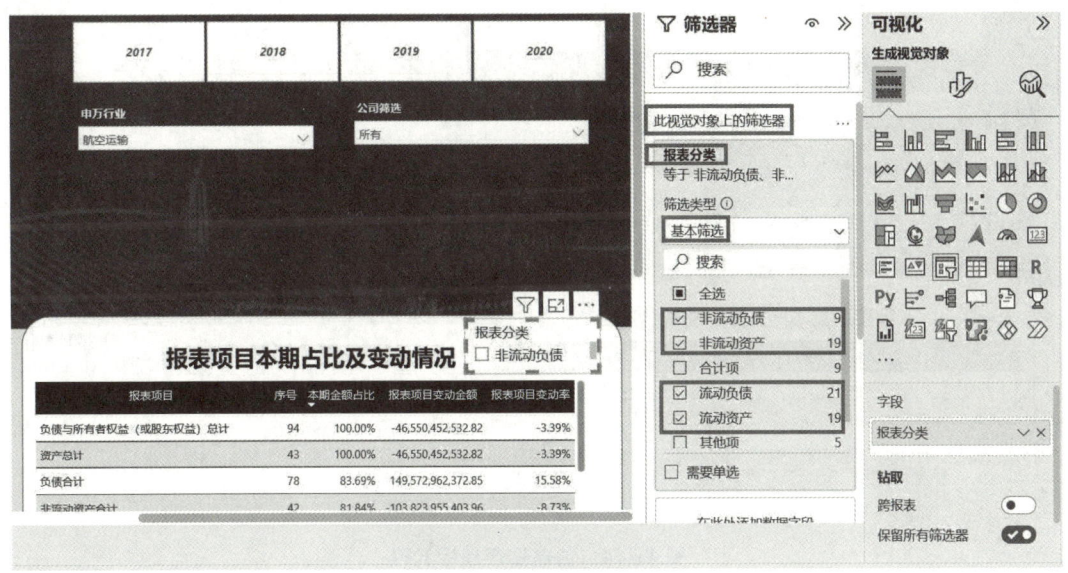

图 4-52 "筛选器"设置

在"可视化"窗格中,选中"视觉对象"→"切片器设置",设置"选项"样式为"下拉",同时关闭"切片器标头",如图4-53所示。

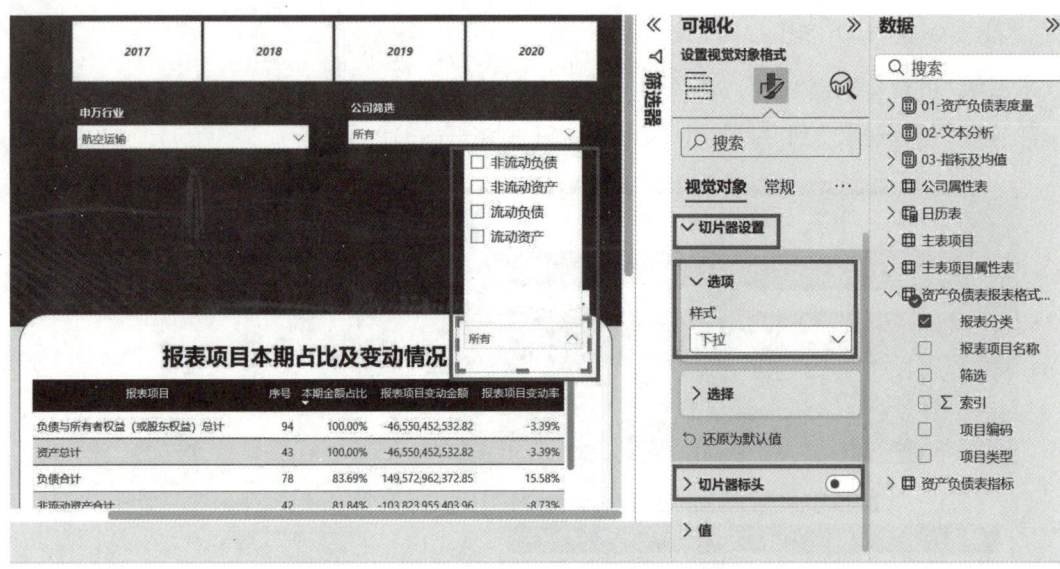

图 4-53 切片器格式设置

4.6.2 创建视觉对象"KPI"(3个)

1. 创建资产指标 KPI

如图 4-54 所示,点击右侧"可视化"窗口中的"KPI"图标,插入 KPI 视觉对象,将"数据"窗格中"资产负债表度量"中的"01-04 资产合计"设为值,"日历表"中的"年"设为走向轴,"01-07 资产合计(上年)"设为目标。

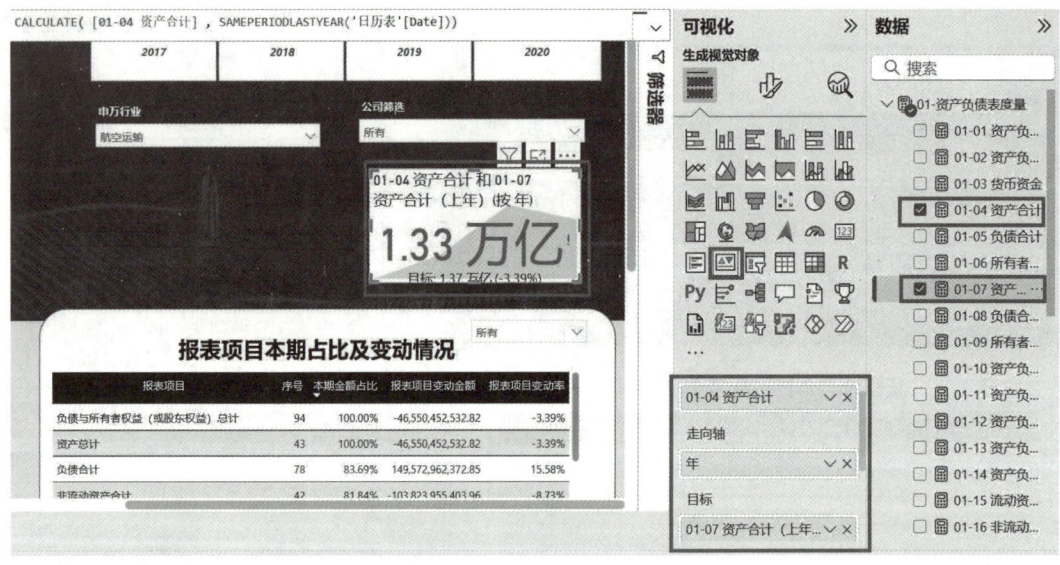

图 4-54 创建资产指标 KPI

2. KPI 格式设置

在"可视化"窗格中,选中"视觉对象"→"标注值"设置为字体 20 磅,显示单位无;"目标标签"→"标签"为"上年",设置字体为 8 磅、字体颜色为白色;"视觉对象"→"到目标的距离"打开,设置样式为百分比、字体为 8 磅、字体颜色为白色,距离方向为递增是正数;"常规"→"标题"中设置标题文本为资产,设置字体为 12 磅、文本颜色为白色,水平对齐、居中;"效果"中"背景"关闭。具体操作如图 4-55 所示。

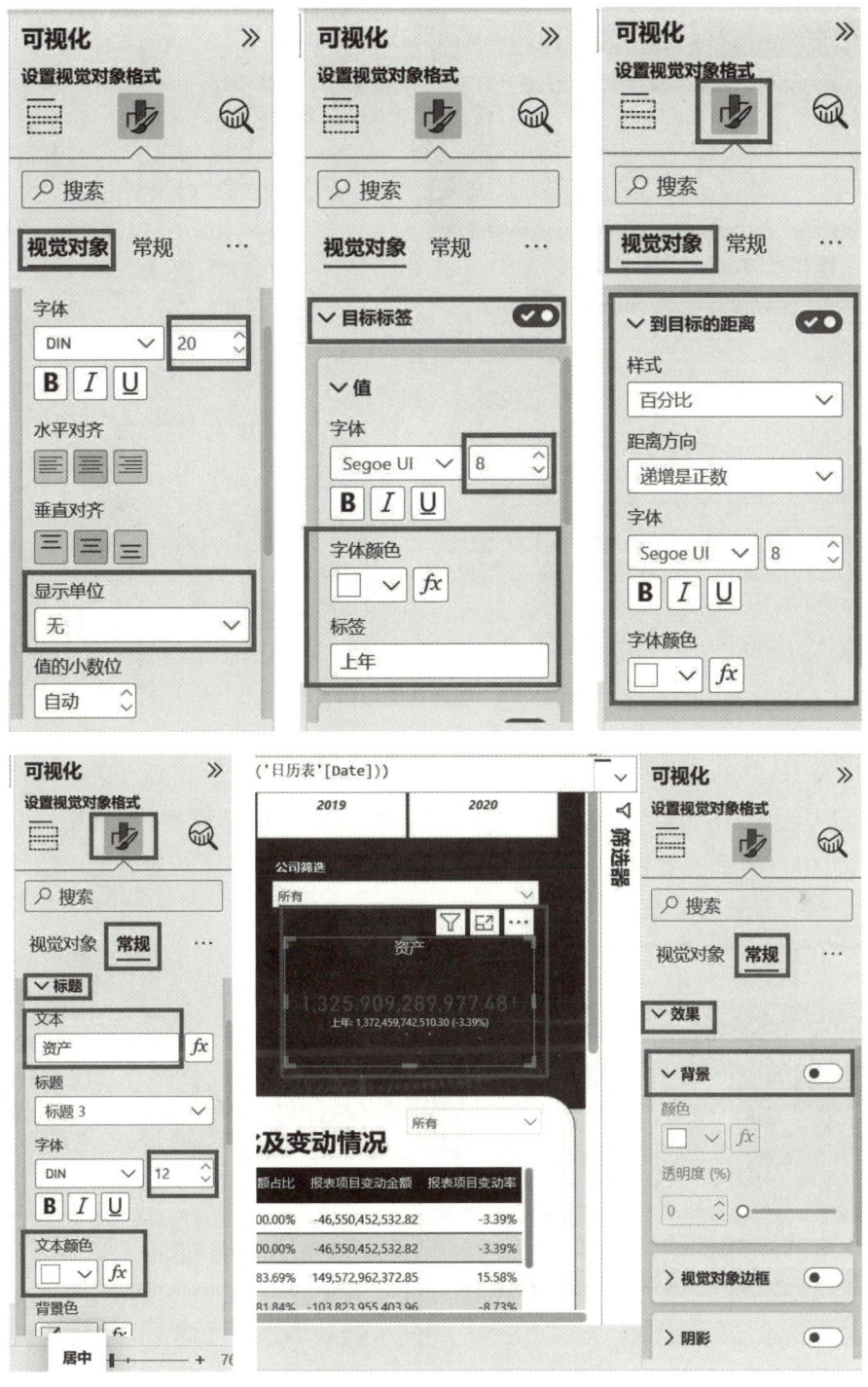

图 4-55　KPI 格式设置

3. 负债指标 KPI 设置

如图 4-56 所示,点击右侧"可视化"窗口中的"KPI"图标,插入 KPI 后将"数据"窗格中"资产负债表度量"中的"01-05 负债合计"设置为值,"日历表"中的"年"设置为走向轴,"01-08 负债合计

(上年)"设置为目标。

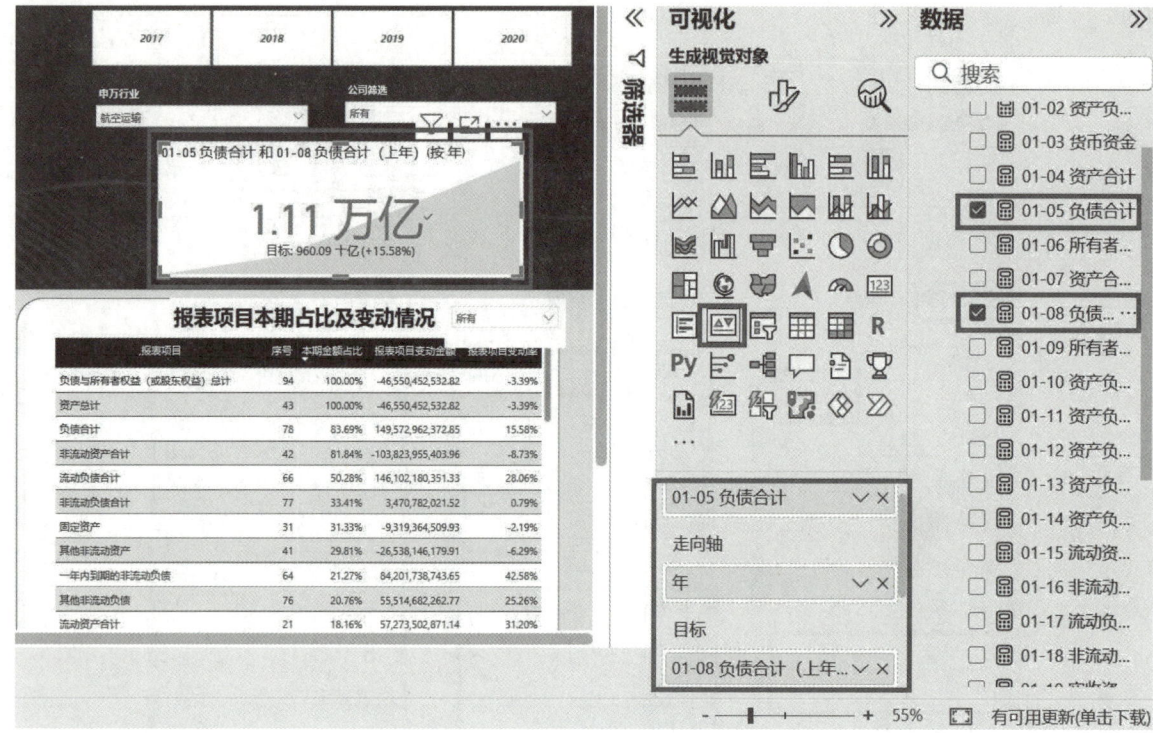

图 4-56　创建负债指标 KPI

4. 所有者权益(或股东权益)指标 KPI 设置

如图 4-57 所示,点击右侧"可视化"窗口中的"KPI"图标,插入 KPI 后将"数据"窗格中"资产负债表度量"中的"01-06 所有者权益合计"设置为值,"日历表"中的"年"设置为走向轴,"01-09 所有者权益合计(上年)"设置为目标。

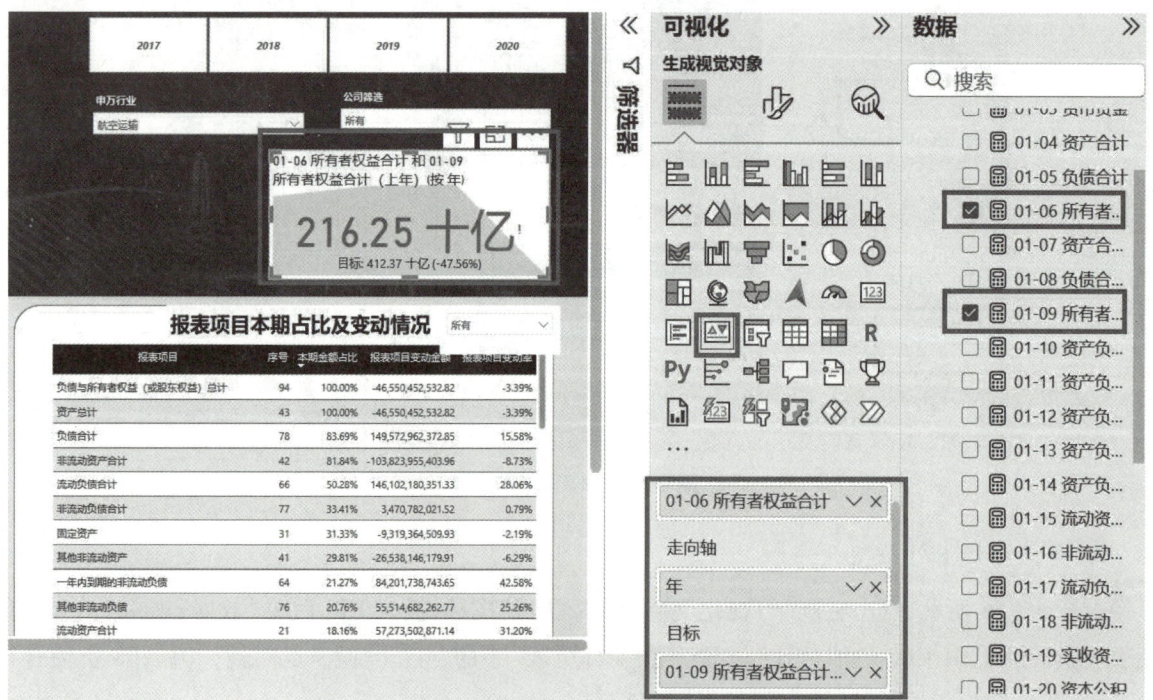

图 4-57　创建所有者权益(或股东权益)指标 KPI

5. 两个 KPI 格式设置

按照上述"2."步骤完成"3.""4."中两个 KPI 格式设置,标题文本分别输入"负债""所有者权益(或股东权益)",最终效果如图 4-58 所示。数字后面的红色和绿色背景,只需关闭"视觉对象"中的"走向轴"即可消失,此处可以自行选择。

图 4-58 三个 KPI 指标效果图

4.7 数据可视化——"分析"页面

4.7.1 "分析"页面设置

点击"报表"页面,再点击"复制页",修改第二页下方名称为"分析",复制页面后删除不需要的对象,包括删除表、文本等内容,并保留一个圆角矩形,整理后如图 4-59 所示。

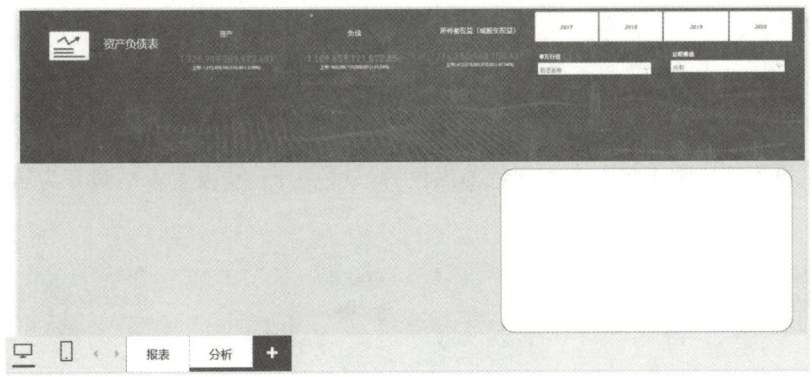

图 4-59 "分析"页面设置

复制圆角矩形,并按照图 4-60 所示排列。

图 4-60 复制圆角矩形

4.7.2 创建视觉对象"饼图"(4个)

1. 创建饼图

点击"可视化"窗口中的"饼图"图标,拖拽边缘调节大小。将"数据"窗格中"资产负债表度量"中的"01-05 负债合计"和"01-06 所有者权益合计"拖拽到"值",如图 4-61 所示。

饼图总体结构

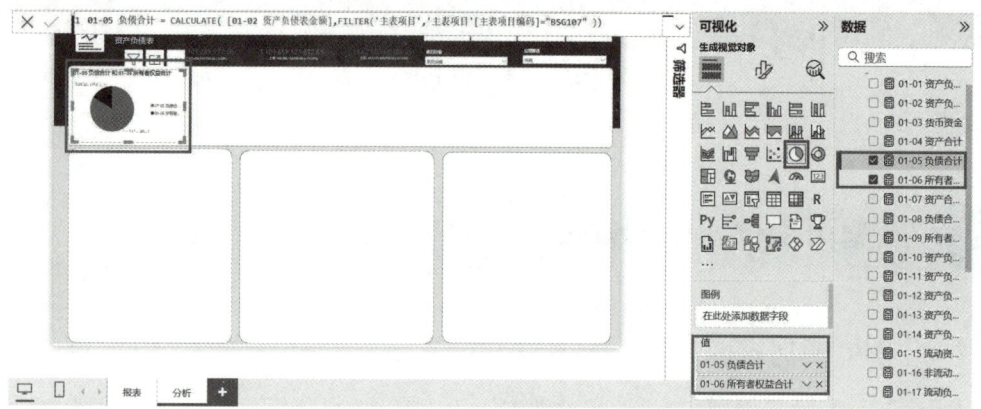

图 4-61 创建饼图

2. 设置饼图格式

在可视化窗格中,选中"视觉对象",打开"图例",选中"选项",设置位置为靠上居中;选中"扇区",设置颜色为淡蓝、深蓝(默认颜色);选中"选项",设置标签内容为所有详细信息标签;选中"常规",设置文本为总体结构,设置字体为 12 磅、文本颜色为黑色、背景色为白色,设置水平对齐为居中。具体操作如图 4-62 所示。

图 4-62 饼图格式设置

对视觉对象字段进行重命名操作,分别改为"负债合计"和"所有者权益合计",最终效果见

图4-63。

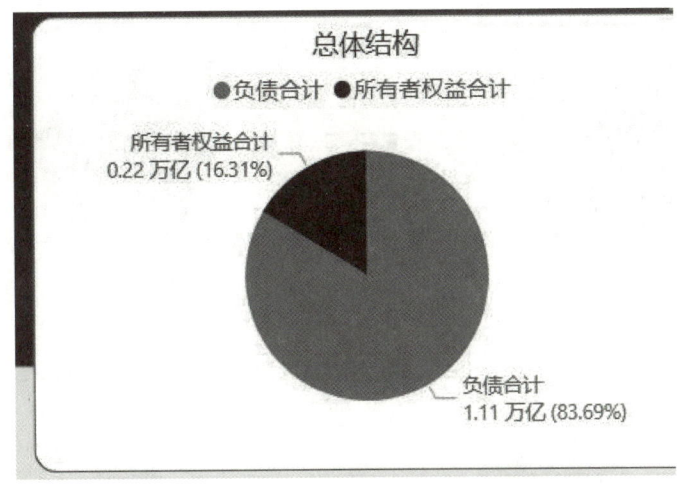

图4-63　总体结构饼图效果

3. 创建三个饼图

点击"可视化"窗口中的"饼图"图标,将"数据"窗格中"资产负债表度量"中的"01-15 流动资产合计"和"01-16 非流动资产合计"拖动到"值",将其分别重命名为"流动资产合计"和"非流动资产合计",创建第二个饼图;将"数据"窗格中"资产负债表度量"中的"01-17 流动负债合计"和"01-18 非流动负债合计"拖到"值",将其分别重命名为"流动负债合计"和"非流动负债合计",创建第三个饼图;将"数据"窗格中"资产负债表度量"中的"01-21 投入资本"和"01-22 留存收益"拖动到"值",将其分别重命名为"投入资本"和"留存收益",创建第四个饼图。

视觉效果如图4-64所示。

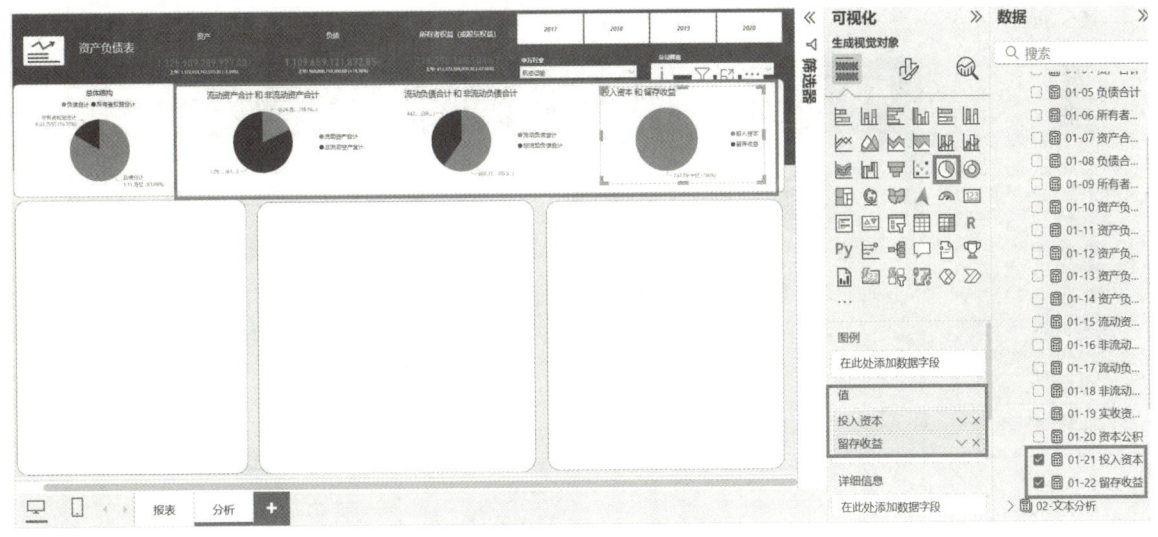

图4-64　创建三个饼图

4. 设置三个饼图的格式

格式要求和上述"2."步骤相同,标题文本分别输入"资产结构、负债结构、权益结构",最终效果如图4-65所示。

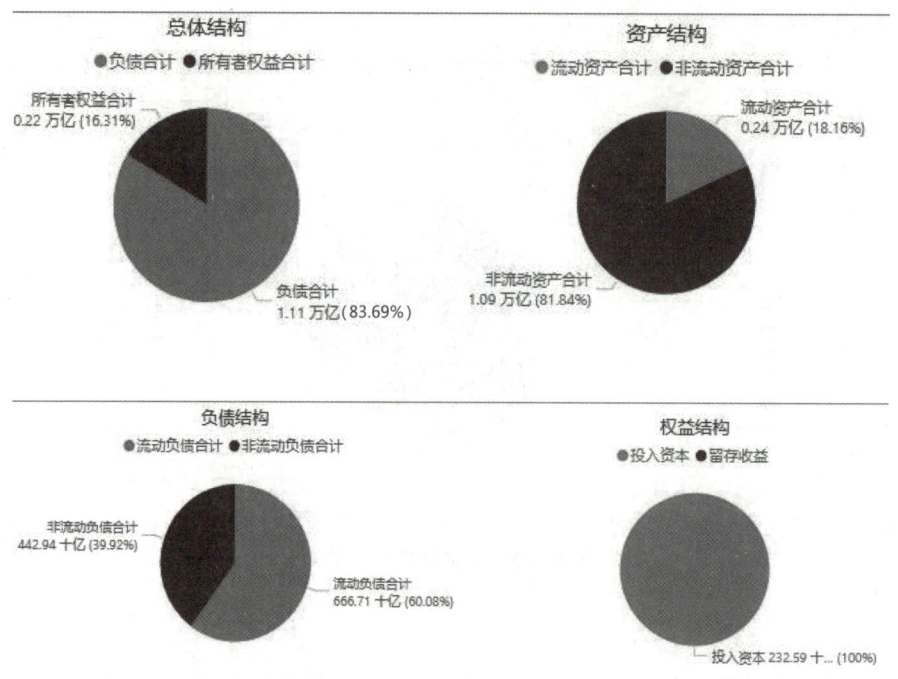

图 4-65 四个饼图的效果

4.7.3 创建视觉对象"DataStory"

1. 导入视觉对象

点击"可视化"中的"…",打开后选择"从文件导入视觉对象",点击"导入",如图 4-66 所示。

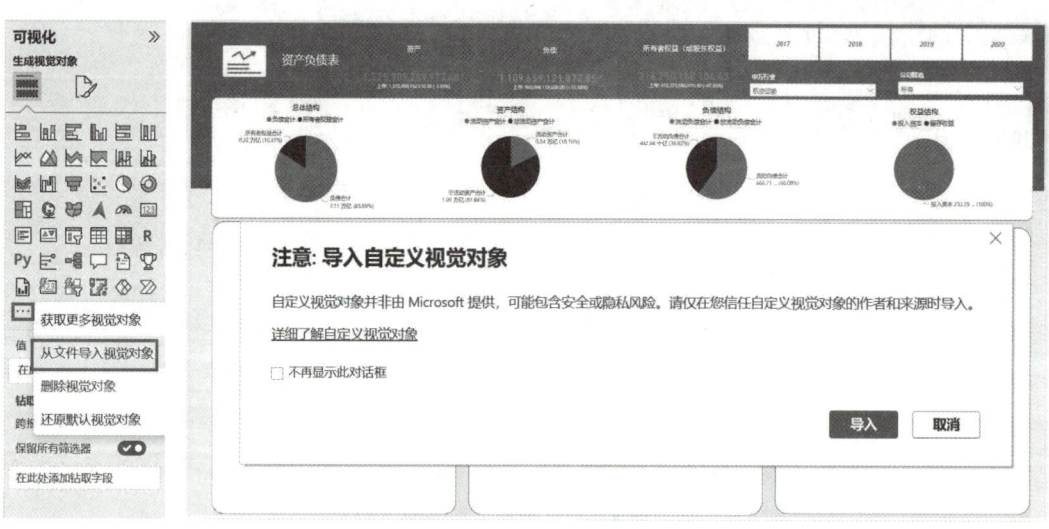

图 4-66 导入新的视觉对象

然后打开 DataStory 即可,导入成功后的视觉对象图标如图 4-67 所示。

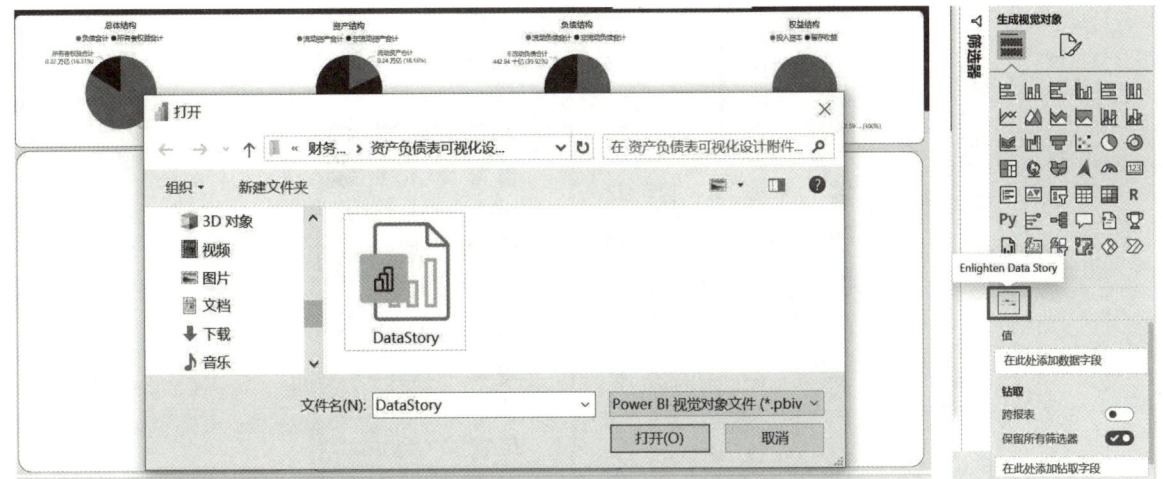

图 4-67 DataStory 视觉对象

2. "DataStory"视觉对象格式设置

第一步,插入新添加的"DataStory"视觉对象。

分别拖入"01-资产负债表度量""02-文本分析""公司属性表"中的对应字段至"DataValues"处,共计拖入 27 个字段:

[02-01 当前年度][申万行业三级名称][01-04 资产合计][01-07 资产合计(上年)][02-02 资产合计增长率][02-03 流动资产合计(上年)][02-19 流动资产增减判断][01-15 流动资产合计][02-05 流动资产占总资产比重(上年)][02-20 流动资产比重增减判断][02-04 流动资产占总资产比重][02-06 非流动资产合计(上年)][02-21 非流动资产增减判断][01-16 非流动资产合计][02-08 非流动资产占总资产比重(上年)][02-22 非流动资产比重增减判断][02-07 非流动资产占总资产比重][02-09 流动资产项目比重第一][02-10 流动资产项目比重第一占比][02-13 流动资产项目比重第二][02-14 流动资产项目比重第二占比][02-17 流动资产前两大项目占比合计][02-11 非流动资产项目比重第一][02-12 非流动资产项目比重第一占比][02-15 非流动资产项目比重第二][02-16 非流动资产项目比重第二占比][02-18 非流动资产前两大项目占比合计]。

操作过程如图 4-68 所示,注意拖拽后的顺序。

第二步,"Story"设置。

输入 Text 内容,设置字体大小为 15 磅、颜色为黑色,并居左对齐,如图 4-69 所示。

其中 Text 输入内容为:

#年#业总体资产总额#元,与上一年#元相比,增长率为#;其中流动资产从#元#到#元,流动资产占总资产比重从##到#;非流动资产从#元到#元,非流动资产占总资产比重从##到#。流动资产中占比最大的项目为#,占流动资产合计比重为#;占比第二大的项目为#,占流动资产合计比重为#;前两大项目共占流动资产合计的#。非流动资产中占比最大的项目为#,占非流动资产合计比重为#;占比第二大的项目为#,占非流动资产合计比重为#;前两大项目共占非流动资产合计的#。

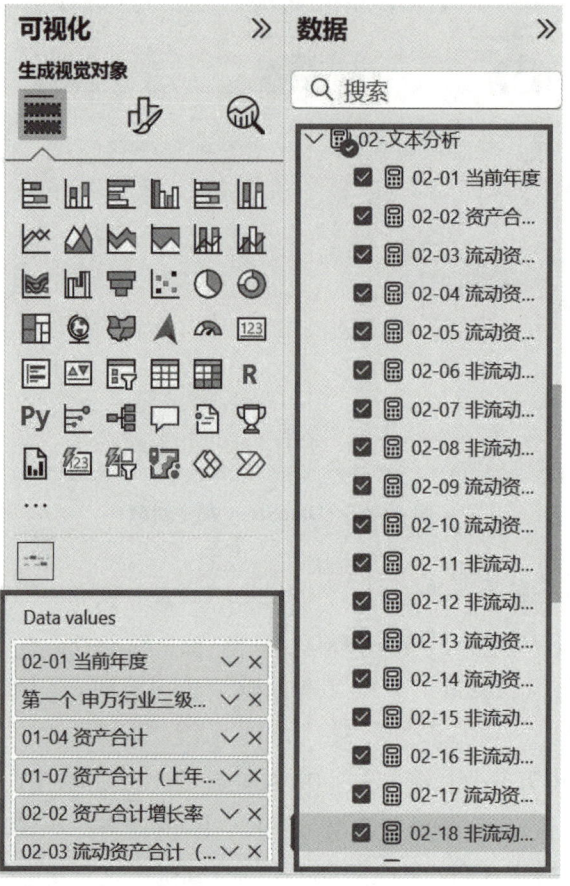

图 4-68 Data values 设置

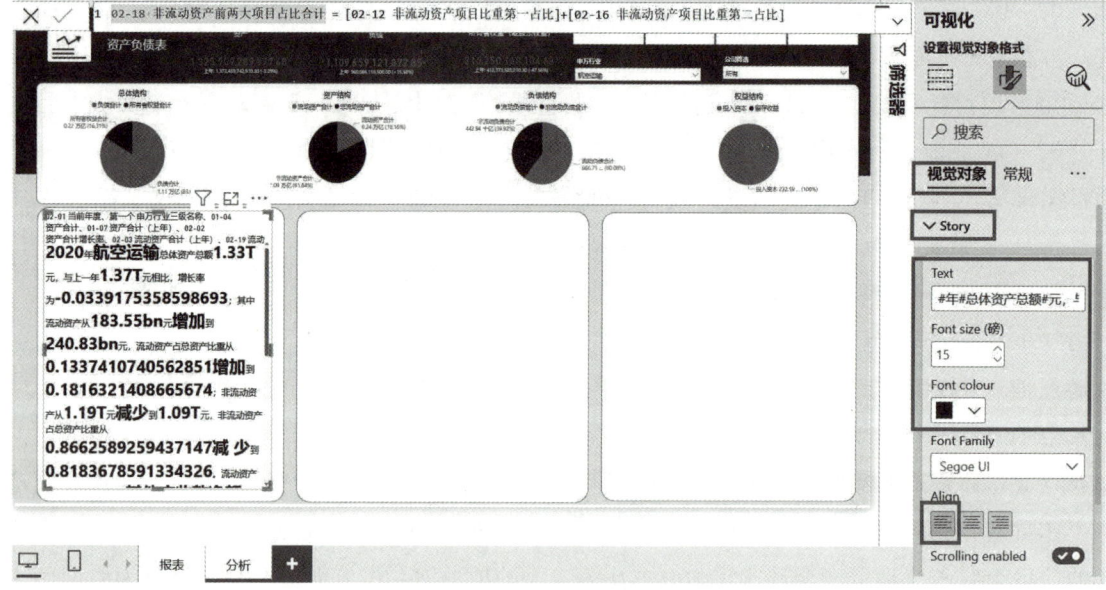

图 4-69 Story 设置

第三步,"Data"设置。

设置 Font size(磅)为"15",Display units 为"无","常规"→"标题"中设置文本为"资产结构特征分析",字体为 16 磅,文本颜色为白色,背景色为黑色,水平对齐为居中,如图 4-70 所示。

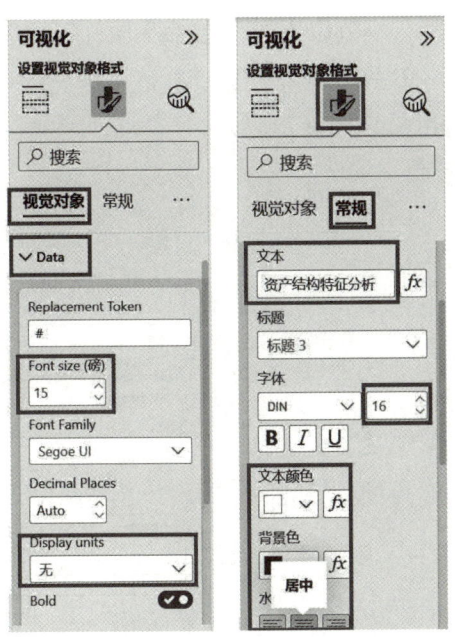

图 4-70 Data 设置

第四步,字段格式类型设置。

点击"模型视图",按住 Ctrl 键,对数据类型一致的字段进行多选,并在"属性"下的"格式化"中进行格式选择,并设置小数位数。

一种是设置为百分比格式的字段,格式为"百分比",小数位数为"2",包括字段:[02-02 资产合计增长率][02-04 流动资产占总资产比重][02-05 流动资产占总资产比重(上年)][02-07 非流动资产占总资产比重][02-08 非流动资产占总资产比重(上年)][02-10 流动资产项目比重第一占比][02-12 非流动资产项目比重第一占比][02-14 流动资产项目比重第二占比][02-16 非流动资产项目比重第二占比][02-17 流动资产前两大项目占比合计][02-18 非流动资产前两大项目占比合计],操作过程如图 4-71 所示。

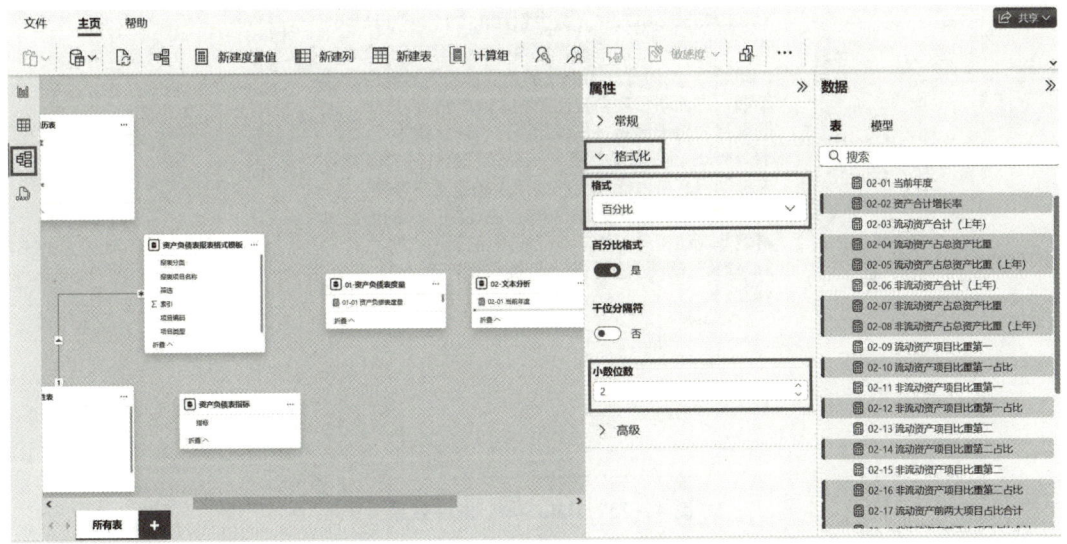

图 4-71 "百分比"格式设置

另一种是设置为"十进制数字",小数位为"2",包括字段:[01-04 资产合计][01-07 资产合计(上年)][01-15 流动资产合计][01-16 非流动资产合计][02-03 流动资产合计(上年)][02-06 非流动资产合计(上年)],操作过程如图4-72所示。

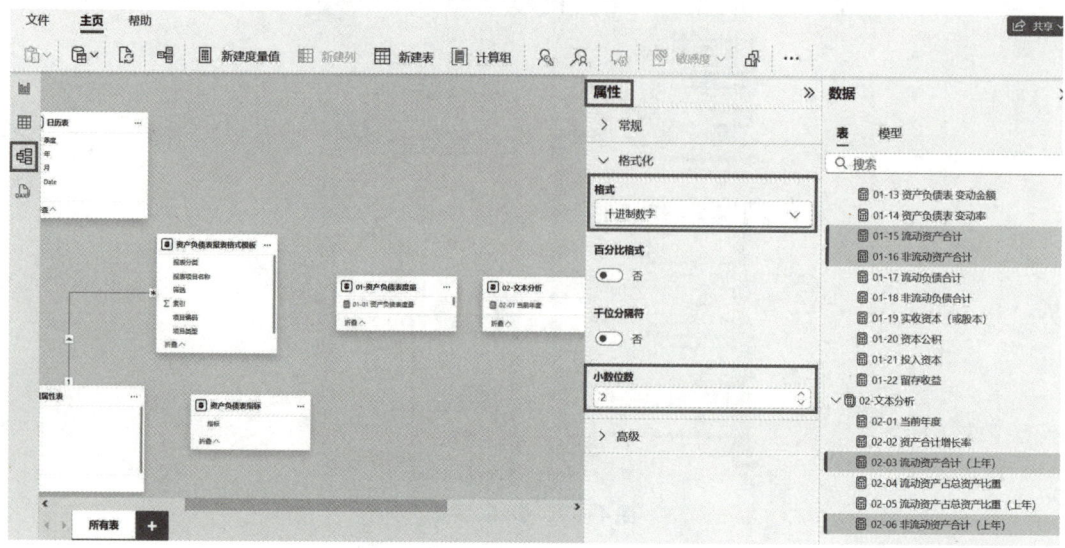

图4-72 "十进制数字"格式设置

当然,也可以每拖拽一个字段,就对其格式类型进行设置:选中右侧要设置的字段,在"度量工具"下的格式位置,选择"十进制数字"或者"百分比"等格式类型。格式下方可设置小数位数,具体可以参考图4-77和图4-86所示类似操作。

DataStory 最终呈现效果如图4-73所示。

图4-73 DataStory 呈现效果

4.7.4 创建视觉对象"折线图"

1. 创建"资产负债表指标"切片器

插入切片器,选择"数据"窗格中"资产负债表指标"下的"指标"拖入"字段",如图 4-74 所示。

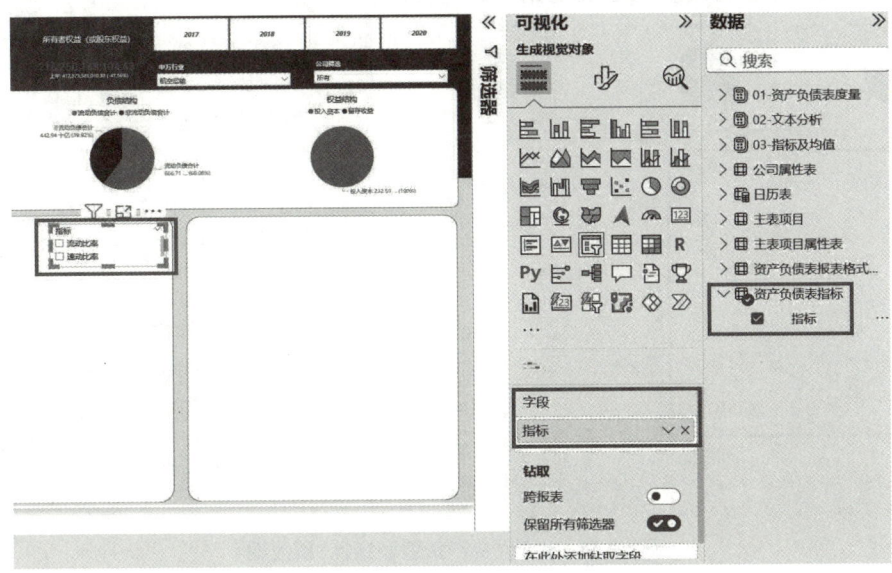

图 4-74 创建"资产负债表指标"切片器

2. 设置切片器格式

关闭"切片器标头","切片器设置"→"选项"→"样式"选择"下拉",并在切片器中选择"资产负债率",如图 4-75 所示。

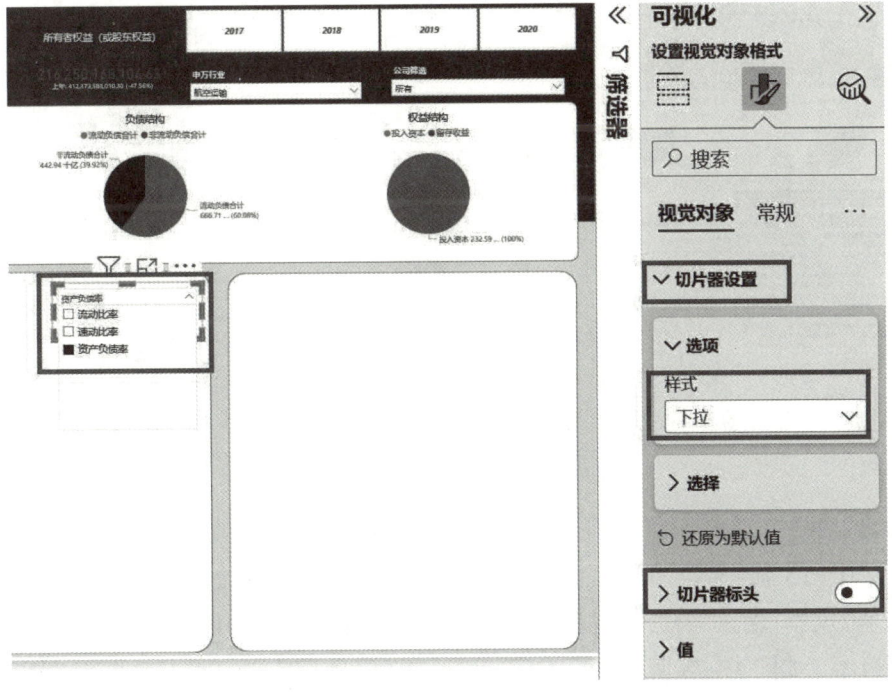

图 4-75 设置切片器格式

3. 创建"资产负债表指标"折线图

插入折线图,将"日历表"中的"年"拖到 X 轴;将"03 - 指标及均值"中的"03 - 05 资产负债表指标"拖到 Y 轴,并重命名为"资产负债表指标",如图 4 - 76 所示。

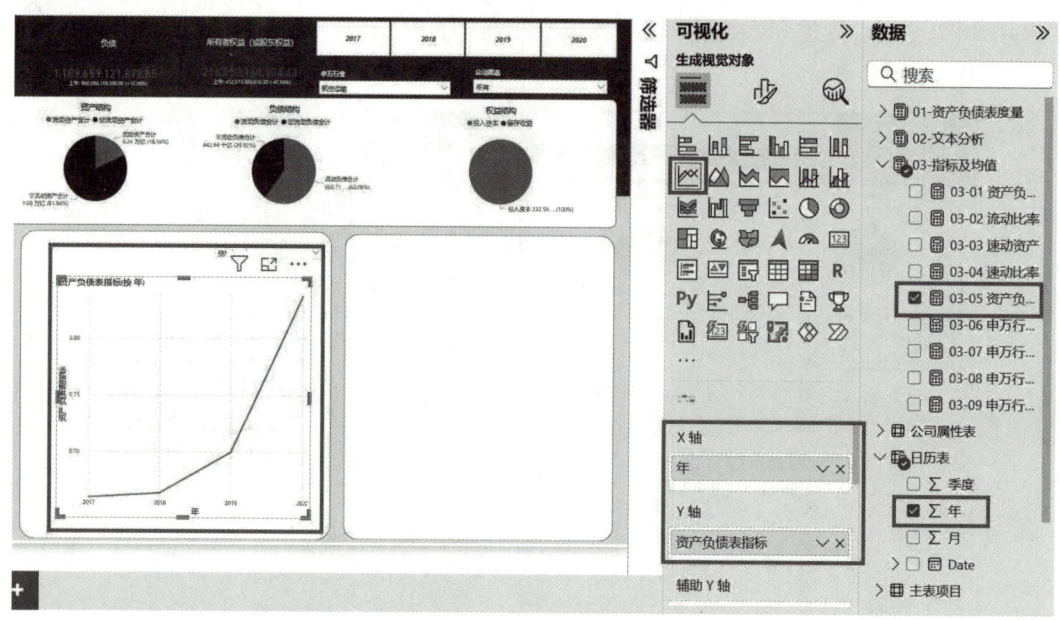

图 4 - 76　创建"资产负债表指标"折线图

4. "折线图"格式设置

通过"度量工具"将"03 - 05 资产负债表指标"格式设置成百分比,如图 4 - 77 所示。

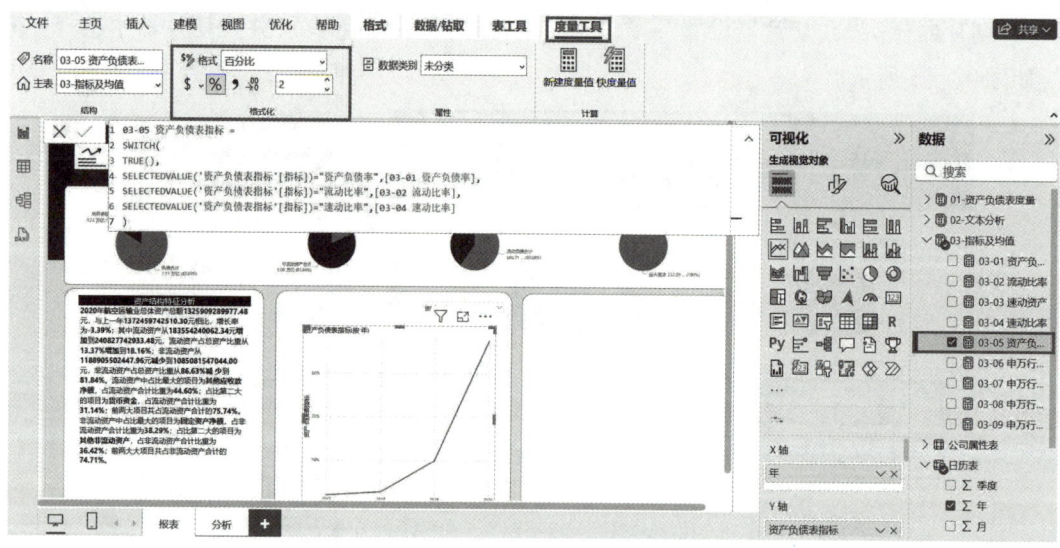

图 4 - 77　百分比格式设置

在"可视化"窗格中,"数据标签"打开,设置"值"中字体为 10 磅,值的小数位为 2;"背景"打开并设置透明度为 50%;X 轴"标题"关闭;"网格线"中"水平"和"垂直"都选择关闭;"常规"→"标题设置"中"标题"→"文本"输入"资产负债表指标",字体为 12 磅,文本颜色为黑色,背景色为白色,水平对齐为居中,粗体。如图 4 - 78 所示。

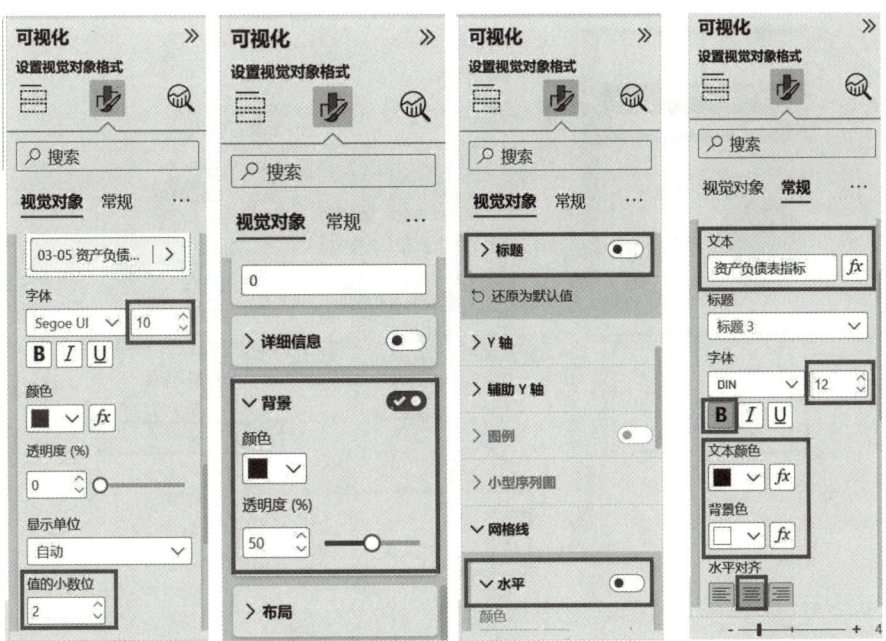

图 4-78 "折线图"格式设置

折线图最终呈现效果如图 4-79 所示。

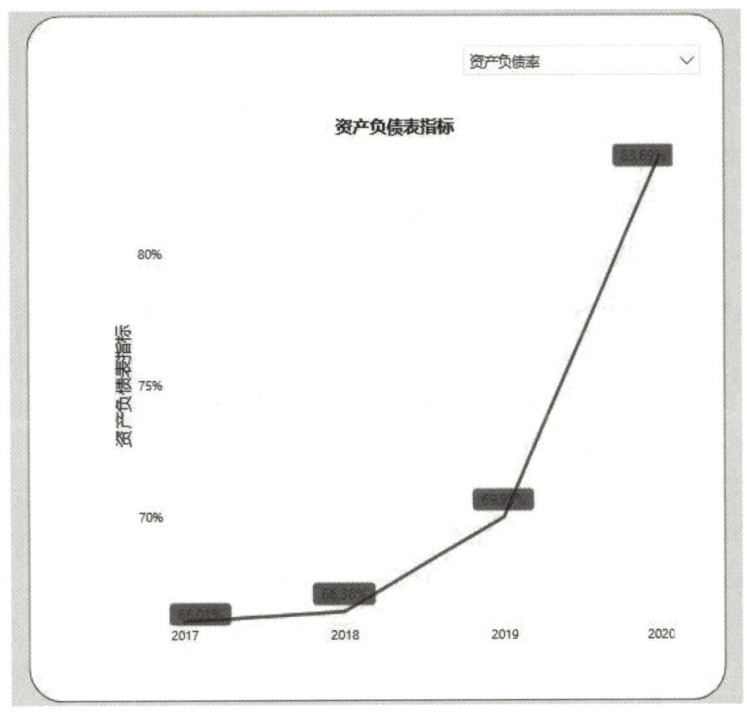

图 4-79 折线图呈现效果

4.7.5 创建视觉对象"折线和簇状柱形图"

1. 创建切片器

插入切片器,将"资产负债表报表格式模板"中的"筛选"字段拉到切片器字段,如图 4-80 所示。

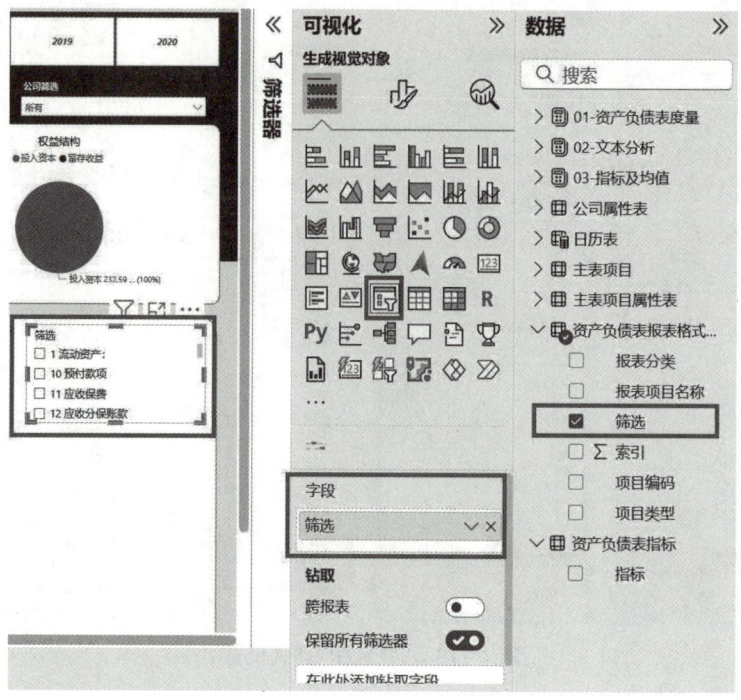

图 4-80 创建切片器

2. 设置切片器格式

"切片器标头"关闭,"切片器设置"→"选项"→"样式"为"下拉",点击切片器右上角的"…"图标,选择"搜索",通过搜索选择"存货",如图 4-81 所示。

图 4-81 设置切片器格式

3. 创建"折线和簇状柱形图"

将"日历表"中的"年"拖到 X 轴,将"03 - 指标及均值"中的"03 - 07 申万行业三级项目金额均值"拖到"列 y 轴",并重命名为"金额均值",将"03 - 指标及均值"中的"03 - 09 申万行业三级项目金额均值变化率"拖到"行 y 轴",并重命名为"变化率",如图 4 - 82 所示。

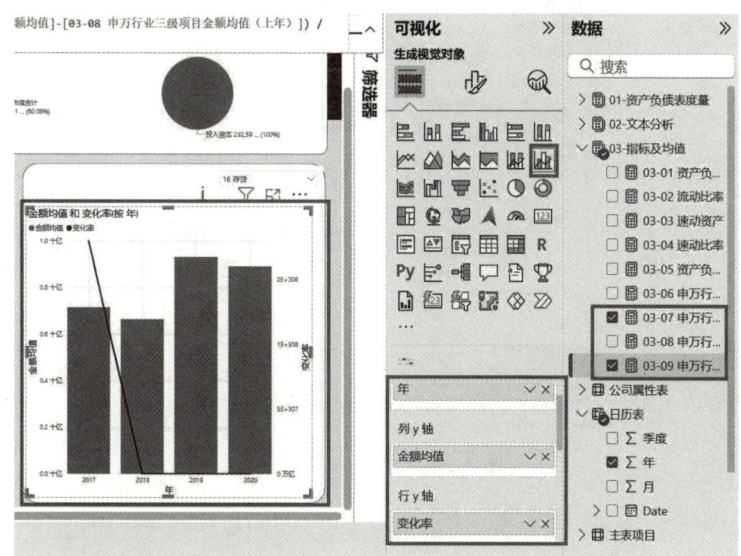

图 4 - 82　创建"折线和簇状柱形图"

4. 设置"折线和簇状柱形图"格式

第一步,筛选器设置。

将"日历表"中的"年"拖到"此页上的筛选器",通过"筛选类型"的"基本筛选"选择"2018、2019、2020"三个年份。

"视觉对象"→"X 轴"→"标题"关闭。

操作过程如图 4 - 83 所示。

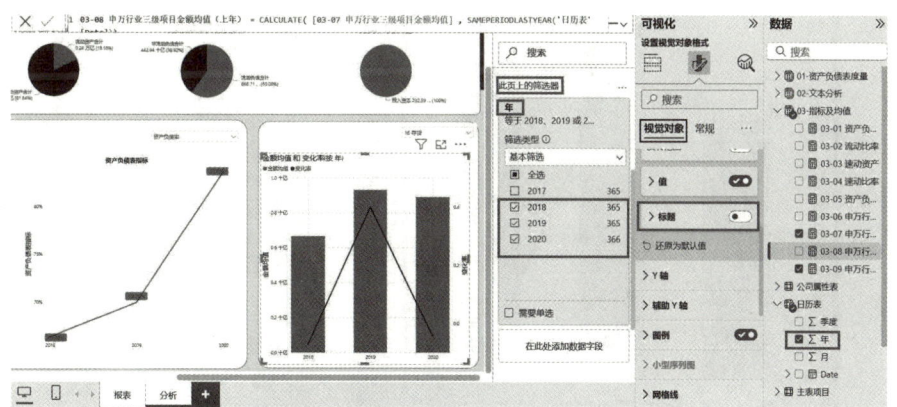

图 4 - 83　筛选器设置和关闭 X 轴标题

第二步,"折线和簇状柱形图"其他格式设置。

"视觉对象"→"数据标签"打开,设置字体为 10 磅,颜色为白色,值的小数位为 4,"背景"设置颜色为黑色,透明度为50%,"选项"设置标签密度为100%,如图4-84所示。

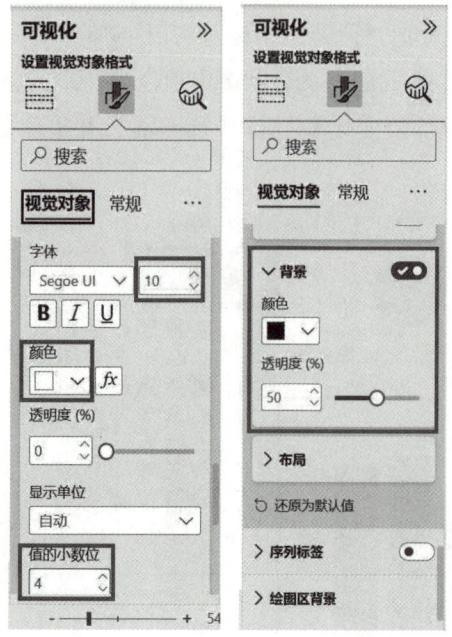

图4-84　数据标签设置

"常规"→"标题"中将"文本"设置为"均值情况变化",字体为12磅、加粗,文本颜色为白色,背景色为黑色,水平对齐为居中,如图4-85所示。

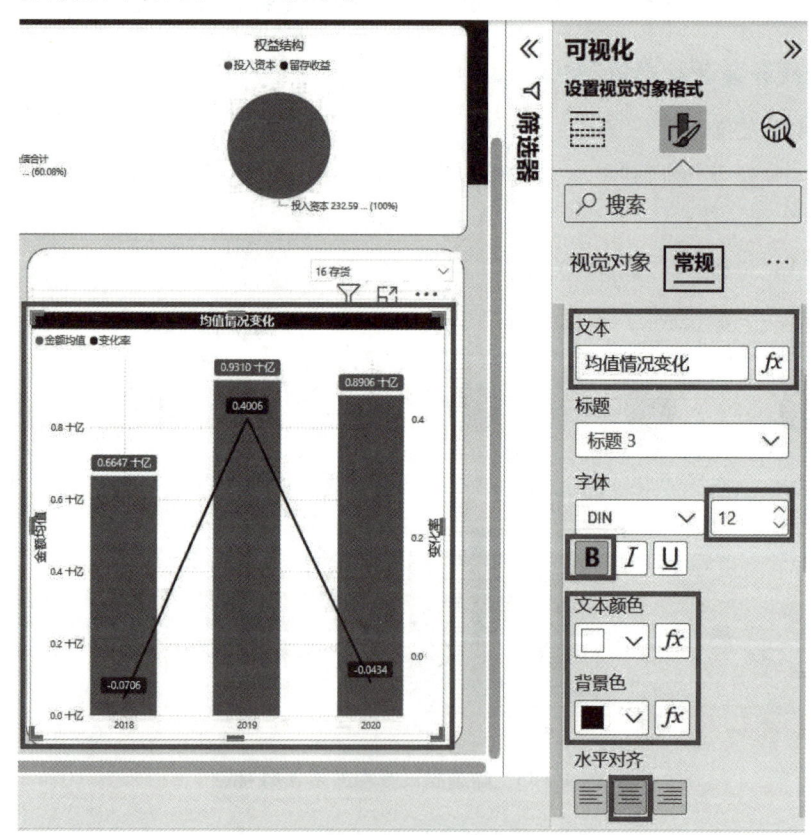

图4-85　标题设置

第三步,百分比格式设置。

选中"03-09 申万行业三级项目金额均值变化率"字段,将"度量工具"格式设置成百分比,最终效果如图 4-86 所示。

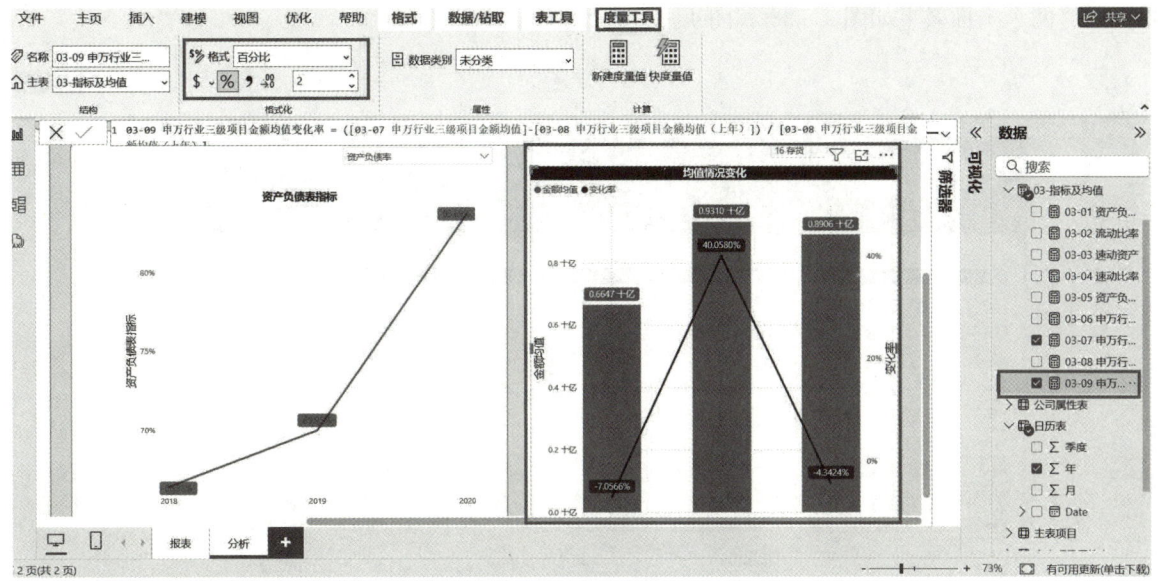

图 4-86　百分比格式设置

4.8　数据可视化——页面导航器

4.8.1　创建视觉对象"按钮"——页面导航器

点击"插入",展开"按钮"下拉框,点击"导航器",选择"页面导航器",如图 4-87 所示。

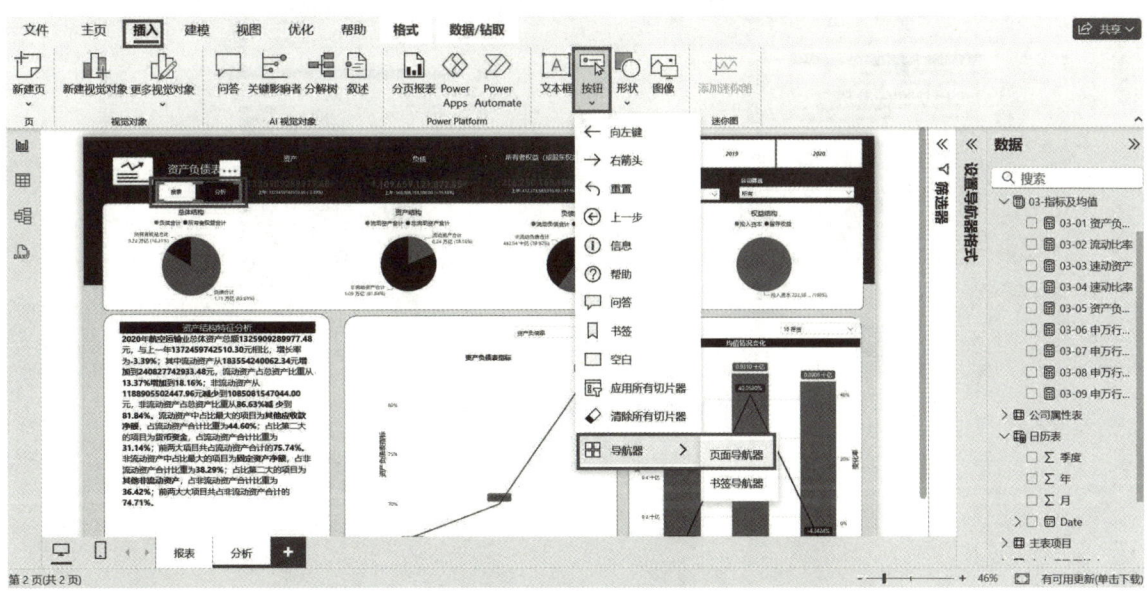

图 4-87　页面导航器

4.8.2 创建视觉对象"文本框"——单位

在两个页面分别插入"文本框",输入文本框内容为"单位:元",字体为白色,"效果"→"背景"关闭。最终两个页面效果如图 4-88 和图 4-89 所示。

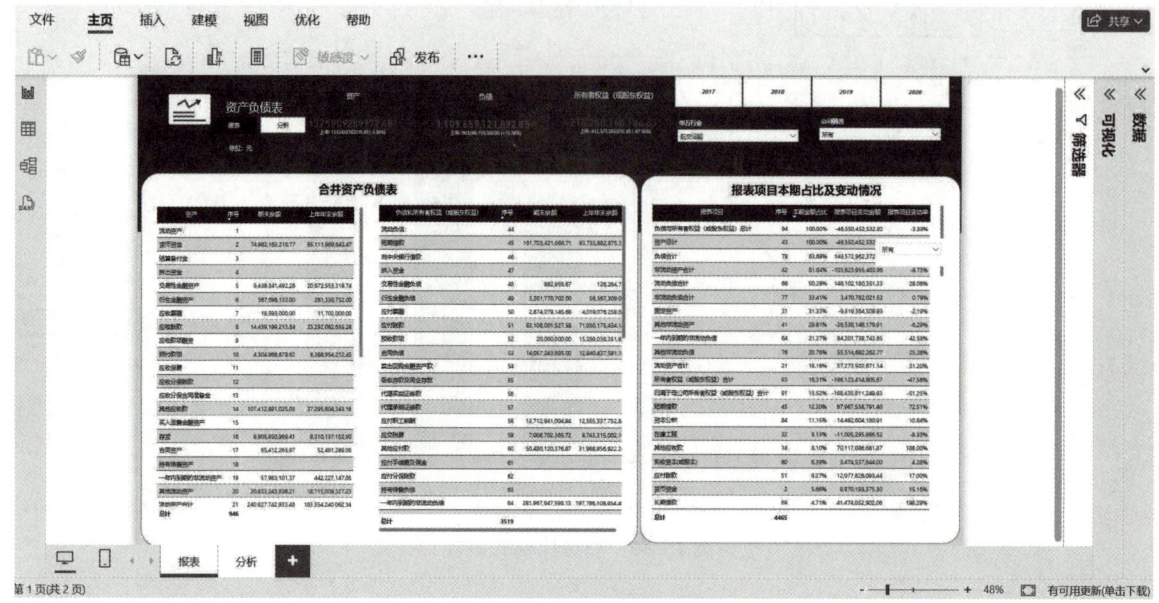

图 4-88　报表页呈现效果

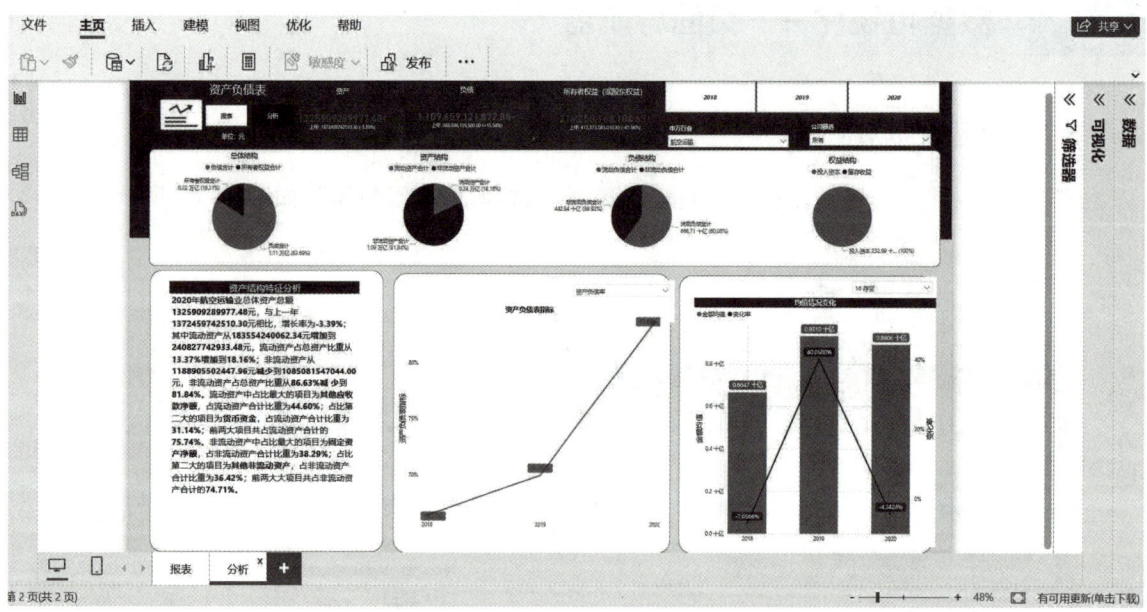

图 4-89　分析页呈现效果

本章小结

通过本章学习,学生借助 Power BI,对航空运输业历年资产负债表数据进行可视化呈现,学生通过创建报表页和分析页,在报表页中呈现"合并资产负债表"和"报表项目本期占比及变动情况"表,在分析页通过饼图反映总体结构、资产结构、负债结构、权益结构,形象化呈现资本结构情况,通过折线图展现重点指标"资产负债率"等的变化趋势,通过折线和簇状柱形图反映不同项目的均值和变动率,便于进行定量化分析。

课后拓展

图形化合并资产负债表

上市公司图形化合并资产负债表。

第5章 财务能力可视化分析

学习目标

要求运用 Power BI 将包括偿债能力、发展能力、盈利能力、营运能力的四大财务能力进行可视化展示,通过整合企业财务报表等数据来源,将大数据技术融入财务能力进行分析,进一步为企业的财务能力提升提出针对性建议。

内容概述

借助 Power BI,以全面深入的年报分析为基础,从偿债能力、发展能力、盈利能力、营运能力四大视角出发,采用趋势图解法观察不同时间段内行业指标的变动情况,顺藤摸瓜,由浅入深,层层递进分析问题的根源,探究企业未来战略导向以及行业的现实出路。

5.1 数据导入

5.1.1 获取数据

本实验的数据对应有色金属行业,数据期间是2017—2020年的公开财报数据整理,教材提供整理后的 Execl 表格数据,通过 Power BI 导入后可以直接进行数据清洗。

数据导入

5.1.2 导入数据

打开 Power BI,在"选择数据源或以空白报表开始"中,点击"Excel 工作簿",如图 5-1 所示。

第5章 财务能力可视化分析

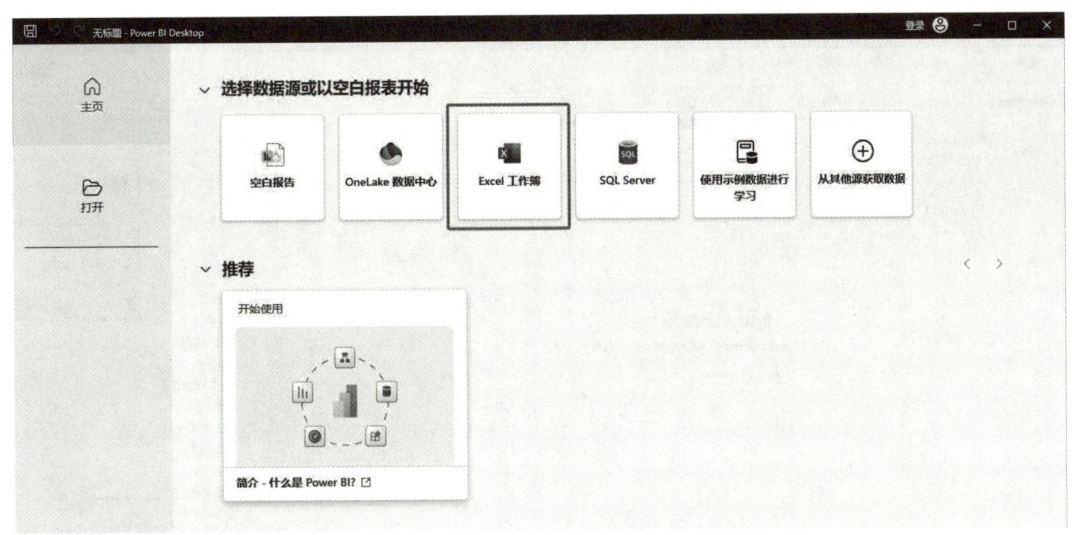

图 5–1　Power BI 数据导入界面

选择所需 Excel 表格并打开,打钩并点击绿色加载按钮,依次导入数据表"主表项目"(见图 5–2)、"公司属性表"、"主表项目属性表"以及"财务指标",在右侧数据栏单击鼠标右键可重命名表格,如图 5–3 所示。

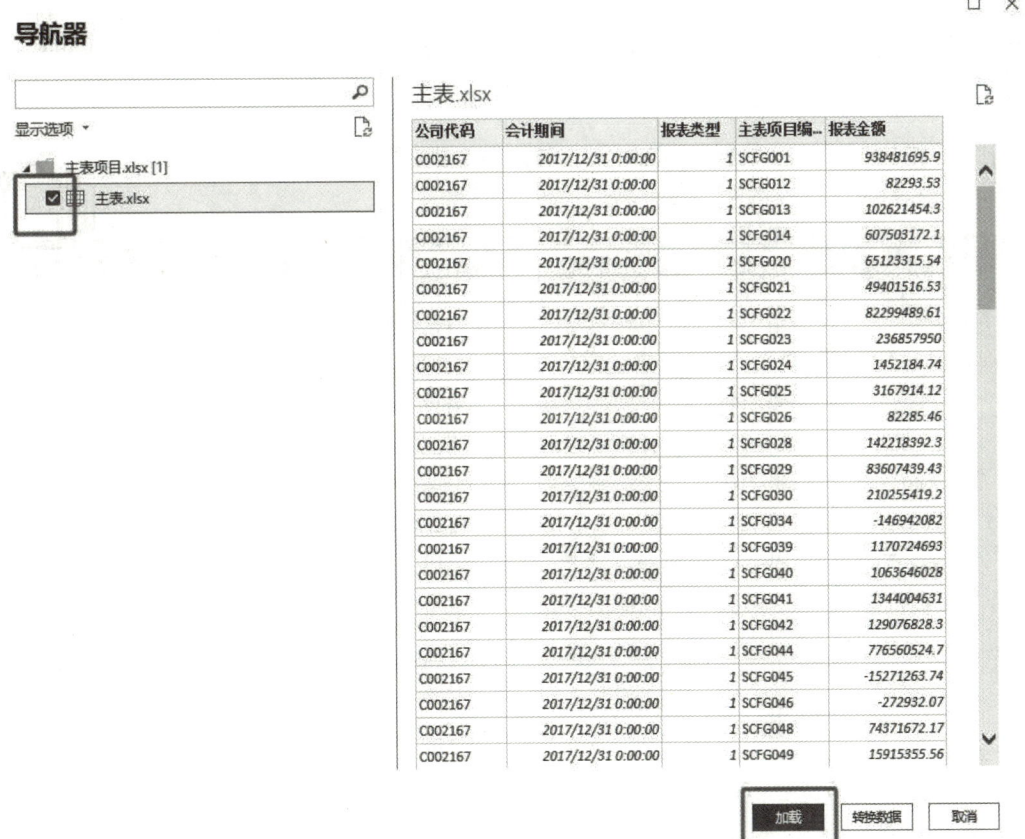

图 5–2　"主表项目"导入界面

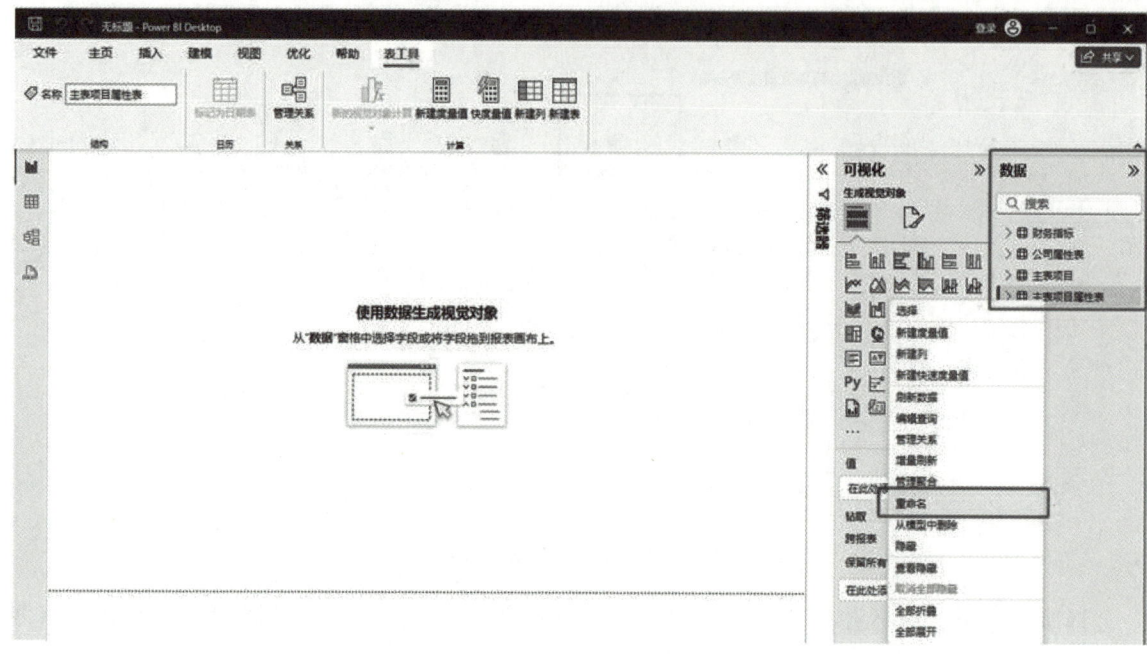

图 5-3　4 张表格导入完成后界面

5.2　数据清洗

点击"主页",点开"转换数据"下拉列表,选择"转换数据"进入 Power Query 编辑器(查询编辑器)界面,如图 5-4 所示。

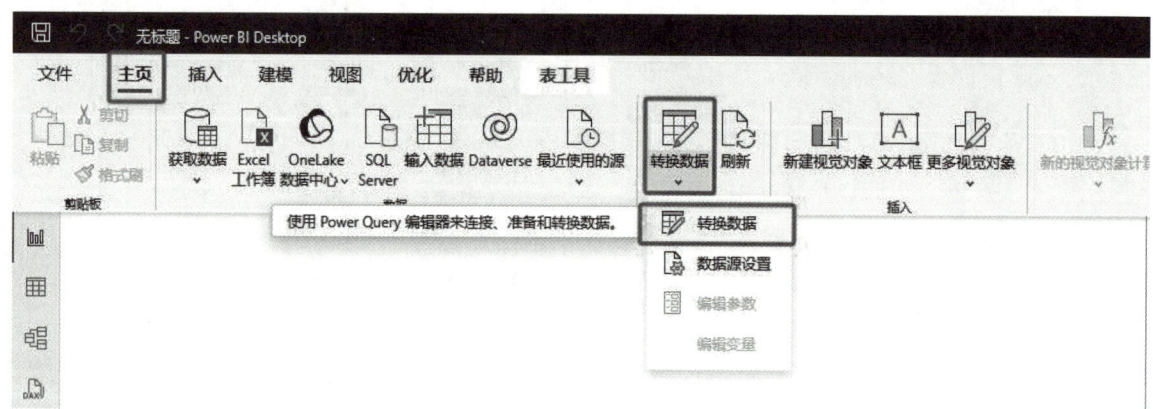

图 5-4　打开 Power Query 编辑器步骤

5.2.1　清洗"主表项目"表

1. 设置数据类型

点击"会计期间"前图标,选择"日期",在"更改列类型"弹窗中选择"添加新步骤",如图 5-5 所示。

数据清洗

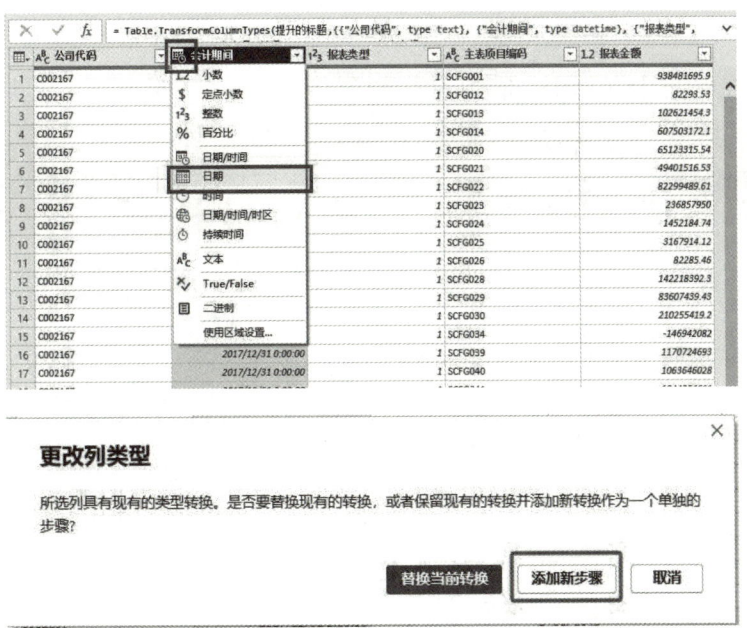

图 5-5　将"会计期间"数据类型设置为"日期"

2. 确认数据类型

确认各列数据类型是否正确:"公司代码"为"文本"类型,"会计期间"为"日期"类型,"报表类型"为"整数"类型,"主表项目编码"为"文本"类型,"报表金额"为"小数"类型,如图 5-6 所示。

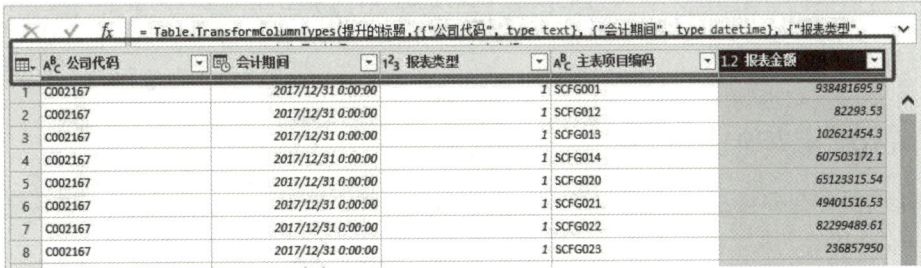

图 5-6　确认数据类型

5.2.2　清洗"公司属性表"

1. 切换至"公司属性表"

在"Power Query 编辑器"中,单击左侧"公司属性表",如图 5-7 所示。

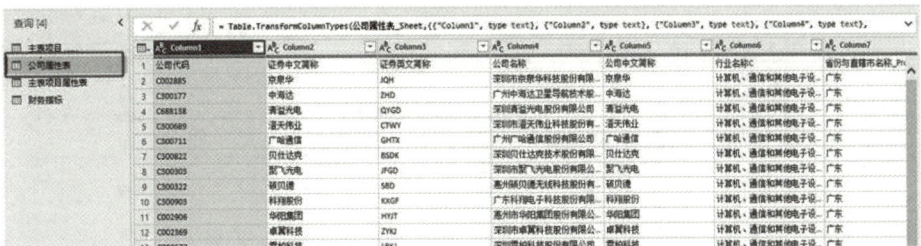

图 5-7　切换至"公司属性表"

2. 提升标题行

点击第一行最左侧"表格形"图标,在列表中选择"将第一行用作标题",如图 5-8 所示。

图 5-8 提升标题行

3. 确认各列数据类型是否正确

各列均应为"文本"类型,确认无误,"公司属性表"清洗完毕。

5.2.3 清洗"财务指标"表

确认各列数据类型是否正确。"序号"为"整数"类型,其余列均为"文本"类型,确认无误,"财务指标"表清洗完毕。

5.2.4 清洗"主表项目属性表"

确认各列数据类型是否正确。"索引"为"整数"类型,其余列均为"文本"类型,确认无误,"主表项目属性表"清洗完毕。

5.2.5 完成数据清洗

点击"主页"下方的"关闭并应用",等待加载完毕后自动进入 Power BI Desktop 界面,完成数据清洗,如图 5-9 所示。

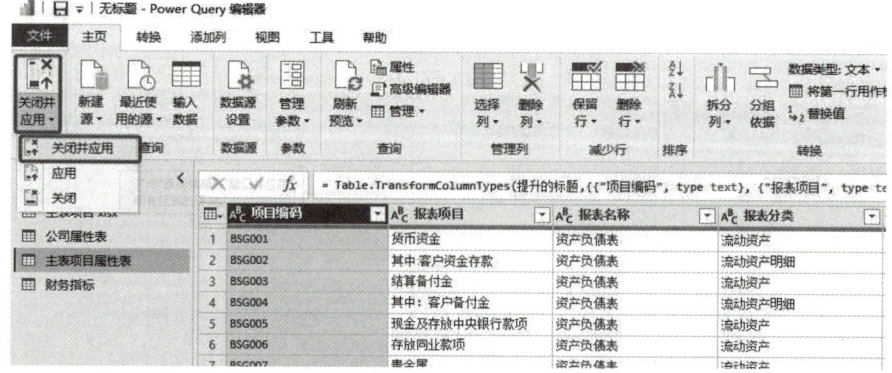

图 5-9 点击"关闭并应用",退出 Power Query 编辑器

5.3 数据建模

5.3.1 创建"日历表"

点击页面左侧列第一个图标,进入"报表视图",点击"建模"菜单栏中的"新建表",如图 5-10 所示。

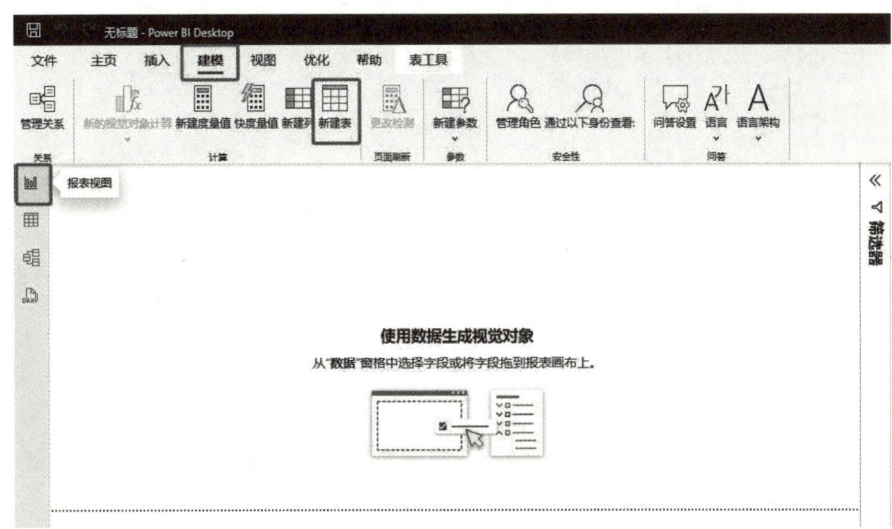

图 5-10 在报表视图下新建表

输入 DAX 语句:

日历表 = ADDCOLUMNS (CALENDAR (date (2015,1,1), date (2020,12,31)),"年", YEAR ([Date]))

输入完成后,按回车键确认,或点击左方"√",在右侧"数据"窗口可见"日历表",表示创建成功,如图 5-11 所示。

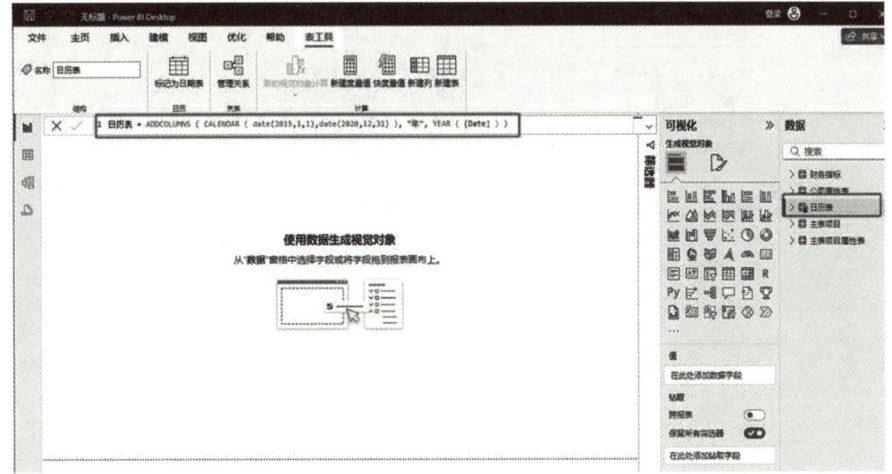

图 5-11 完成"日历表"创建

5.3.2 数据建模

点击左侧列"模型视图",建立数据表之间的关系(系统已自动建立部分数据表间的关系,点击连接线中间箭头图标可删除关系,如图 5-12 所示)。

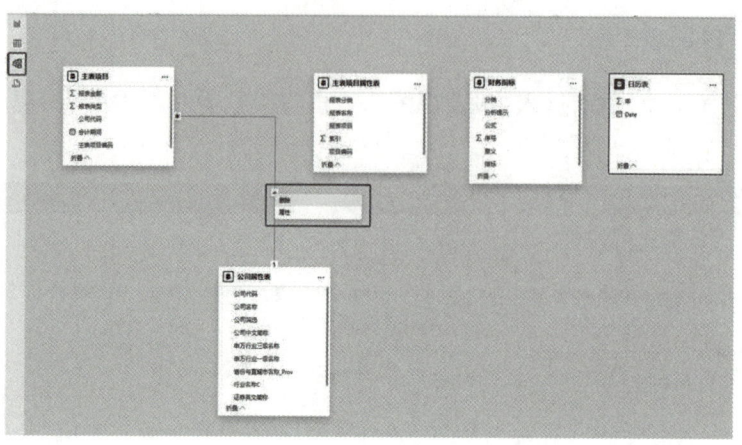

图 5-12　进入"模型视图",点击箭头图标可删除已有关系

建立"公司属性表"与"主表项目"的关系:拖拽"公司属性表"中的"公司代码"到"主表项目"中的"公司代码"(已存在,检查是否正确)。

建立"主表项目属性表"与"主表项目"的关系:拖拽"主表项目属性表"中的"项目编码"到"主表项目"中的"主表项目编码",在弹窗中点击"保存",如图 5-13 所示。

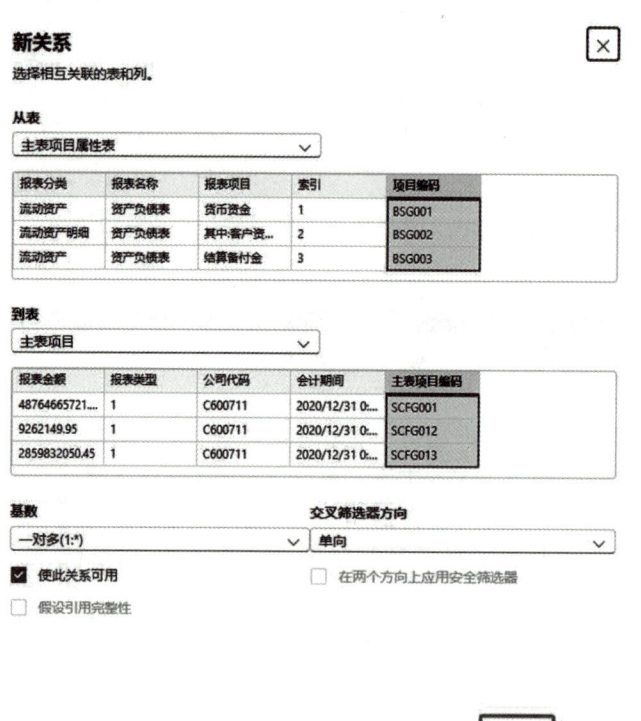

图 5-13　建立表格之间的关系弹窗

建立"日历表"与"主表项目"的关系：拖拽"日历表"中的"Date"到"主表项目"表中的"会计期间"，点击"保存"。

最终各表间关系如图5-14所示（表格位置可按住表头拖动）。

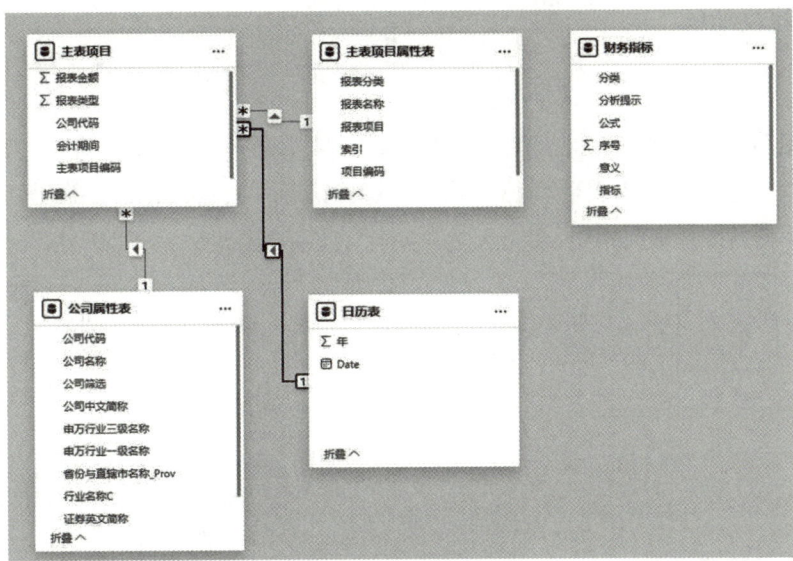

图5-14 各表间关系

5.4 数据度量

5.4.1 新建度量表

1. 新建"01-主表度量"表

在"报表视图"界面选择"主页"，点击"输入数据"。在"创建表"界面中，"名称"处输入"01-主表度量"，点击"加载"，如图5-15所示。

新建度量表和度量值

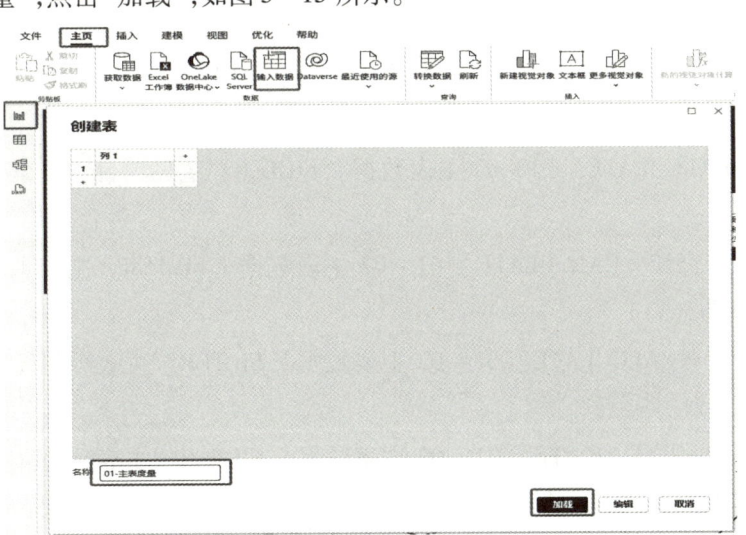

图5-15 新建"01-主表度量"表

2. 新建"02 – 指标度量"表

参照上述步骤,新建"02 – 指标度量"表。

5.4.2 新建度量值

1. 新建"01 – 主表度量"下度量值

在右侧"数据"窗口选中"01 – 主表度量",在"表工具"中选择"新建度量值",并输入公式"01 – 01 主表度量 = SUM('主表项目'[报表金额])",按回车键确认即可创建,如图 5 – 16 所示。

注意:如果在粘贴度量值时报错,多是因为"名词"存在空格或换行,删除空格与换行即可。

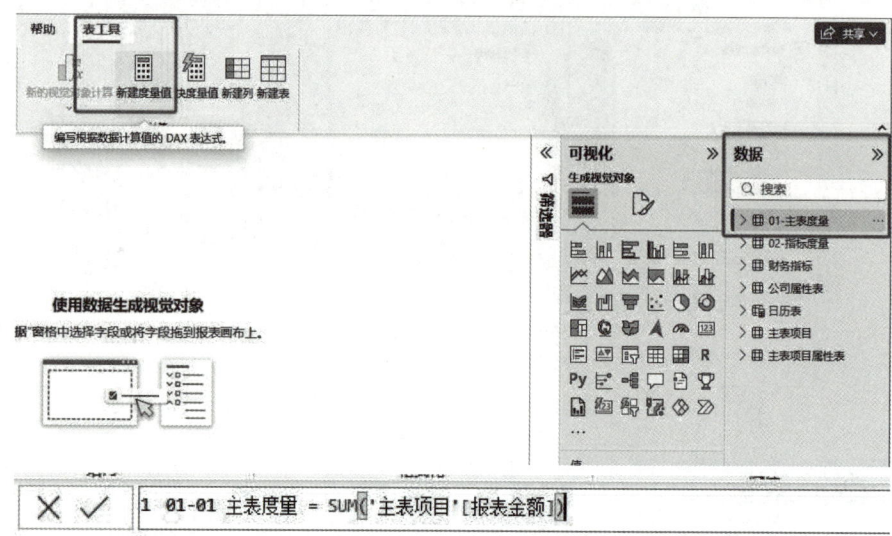

图 5 – 16　新建度量值

根据上述步骤,在"01 – 主表度量"下创建剩余 58 个度量值(共 59 个)。再选择"列 1"单击右键,选择"从模型中删除"即可,如图 5 – 17 所示。

01 – 02 主表数据 = CALCULATE(VARX = MAX('日历表'[Date]) RETURNCALCULATE([01 – 01 主表度量],'日历表'[Date] = X))

01 – 03 应收账款 = CALCULATE([01 – 02 主表数据],FILTER('主表项目','主表项目'[主表项目编码] = "BSG013"))

01 – 04 存货 = CALCULATE([01 – 02 主表数据],FILTER('主表项目','主表项目'[主表项目编码] = "BSG027"))

01 – 05 流动资产合计 = CALCULATE([01 – 02 主表数据],FILTER('主表项目','主表项目'[主表项目编码] = "BSG031"))

01 – 06 无形资产 = CALCULATE([01 – 02 主表数据],FILTER('主表项目','主表项目'[主表项目编码] = "BSG050"))

01 – 07 资产总计 = CALCULATE([01 – 02 主表数据],FILTER('主表项目','主表项目'[主表项目编码] = "BSG059"))

01 – 08 应付票据 = CALCULATE([01 – 02 主表数据],FILTER('主表项目','主表项目'[主表项

目编码] = "BSG069"))

01-09 一年内到期的非流动负债 = CALCULATE([01-02 主表数据],FILTER('主表项目','主表项目'[主表项目编码] = "BSG091"))

01-10 流动负债合计 = CALCULATE([01-02 主表数据],FILTER('主表项目','主表项目'[主表项目编码] = "BSG094"))

01-11 负债合计 = CALCULATE([01-02 主表数据],FILTER('主表项目','主表项目'[主表项目编码] = "BSG107"))

01-12 所有者权益合计 = CALCULATE([01-02 主表数据],FILTER('主表项目','主表项目'[主表项目编码] = "BSG125"))

01-13 营业收入 = CALCULATE([01-02 主表数据],FILTER('主表项目','主表项目'[主表项目编码] = "ISG002"))

01-14 营业成本 = CALCULATE([01-02 主表数据],FILTER('主表项目','主表项目'[主表项目编码] = "ISG019"))

01-15 所得税费用 = CALCULATE([01-02 主表数据],FILTER('主表项目','主表项目'[主表项目编码] = "ISG049"))

01-16 净利润 = CALCULATE([01-02 主表数据],FILTER('主表项目','主表项目'[主表项目编码] = "ISG052"))

01-17 其中:利息费用(财务费用) = CALCULATE([01-02 主表数据],FILTER('主表项目','主表项目'[主表项目编码] = "ISG062"))

01-18 销售商品、提供劳务收到的现金 = CALCULATE([01-02 主表数据],FILTER('主表项目','主表项目'[主表项目编码] = "SCFG001"))

01-19 客户存款和同业存放款项净增加额 = CALCULATE([01-02 主表数据],FILTER('主表项目','主表项目'[主表项目编码] = "SCFG002"))

01-20 向中央银行借款净增加额 = CALCULATE([01-02 主表数据],FILTER('主表项目','主表项目'[主表项目编码] = "SCFG003"))

01-21 向其他金融机构拆入资金净增加额 = CALCULATE([01-02 主表数据],FILTER('主表项目','主表项目'[主表项目编码] = "SCFG004"))

01-22 收到原保险合同保费取得的现金 = CALCULATE([01-02 主表数据],FILTER('主表项目','主表项目'[主表项目编码] = "SCFG005"))

01-23 收到再保险业务现金净额 = CALCULATE([01-02 主表数据],FILTER('主表项目','主表项目'[主表项目编码] = "SCFG006"))

01-24 保户储金及投资款净增加额 = CALCULATE([01-02 主表数据],FILTER('主表项目','主表项目'[主表项目编码] = "SCFG007"))

01-25 处置交易性金融资产净增加额 = CALCULATE([01-02 主表数据],FILTER('主表项目','主表项目'[主表项目编码] = "SCFG008"))

01-26 收取利息、手续费及佣金的现金 = CALCULATE([01-02 主表数据],FILTER('主表项目','主表项目'[主表项目编码] = "SCFG009"))

01-27 拆入资金净增加额 = CALCULATE([01-02 主表数据],FILTER('主表项目','主表项目'[主表项目编码]="SCFG010"))

01-28 回购业务资金净增加额 = CALCULATE([01-02 主表数据],FILTER('主表项目','主表项目'[主表项目编码]="SCFG011"))

01-29 收到的税费返还 = CALCULATE([01-02 主表数据],FILTER('主表项目','主表项目'[主表项目编码]="SCFG012"))

01-30 收到的其他与经营活动有关的现金 = CALCULATE([01-02 主表数据],FILTER('主表项目','主表项目'[主表项目编码]="SCFG013"))

01-31 购买商品、接受劳务支付的现金 = CALCULATE([01-02 主表数据],FILTER('主表项目','主表项目'[主表项目编码]="SCFG014"))

01-32 客户贷款及垫款净增加额 = CALCULATE([01-02 主表数据],FILTER('主表项目','主表项目'[主表项目编码]="SCFG015"))

01-33 存放中央银行和同业款项净增加额 = CALCULATE([01-02 主表数据],FILTER('主表项目','主表项目'[主表项目编码]="SCFG016"))

01-34 支付原保险合同赔付款项的现金 = CALCULATE([01-02 主表数据],FILTER('主表项目','主表项目'[主表项目编码]="SCFG017"))

01-35 支付利息、手续费及佣金的现金 = CALCULATE([01-02 主表数据],FILTER('主表项目','主表项目'[主表项目编码]="SCFG018"))

01-36 支付保单红利的现金 = CALCULATE([01-02 主表数据],FILTER('主表项目','主表项目'[主表项目编码]="SCFG019"))

01-37 支付给职工以及为职工支付的现金 = CALCULATE([01-02 主表数据],FILTER('主表项目','主表项目'[主表项目编码]="SCFG020"))

01-38 支付的各项税费 = CALCULATE([01-02 主表数据],FILTER('主表项目','主表项目'[主表项目编码]="SCFG021"))

01-39 支付其他与经营活动有关的现金 = CALCULATE([01-02 主表数据],FILTER('主表项目','主表项目'[主表项目编码]="SCFG022"))

01-40 经营活动产生的现金流量净额 = CALCULATE([01-02 主表数据],FILTER('主表项目','主表项目'[主表项目编码]="SCFG023"))

01-41 收回投资收到的现金 = CALCULATE([01-02 主表数据],FILTER('主表项目','主表项目'[主表项目编码]="SCFG024"))

01-42 取得投资收益收到的现金 = CALCULATE([01-02 主表数据],FILTER('主表项目','主表项目'[主表项目编码]="SCFG025"))

01-43 处置固定资产、无形资产和其他长期资产收回的现金净额 = CALCULATE([01-02 主表数据],FILTER('主表项目','主表项目'[主表项目编码]="SCFG026"))

01-44 处置子公司及其他营业单位收到的现金净额 = CALCULATE([01-02 主表数据],FILTER('主表项目','主表项目'[主表项目编码]="SCFG027"))

01-45 收到的其他与投资活动有关的现金 = CALCULATE([01-02 主表数据],FILTER('主表项目','主表项目'[主表项目编码] = "SCFG028"))

01-46 偿还债务支付的现金 = CALCULATE([01-02 主表数据],FILTER('主表项目','主表项目'[主表项目编码] = "SCFG041"))

01-47 分配股利、利润或偿付利息支付的现金 = CALCULATE([01-02 主表数据],FILTER('主表项目','主表项目'[主表项目编码] = "SCFG042"))

01-48 期末现金及现金等价物余额 = CALCULATE([01-02 主表数据],FILTER('主表项目','主表项目'[主表项目编码] = "SCFG050"))

01-49 存货(上年) = CALCULATE([01-04 存货],SAMEPERIODLASTYEAR('日历表'[Date]))

01-50 应收账款(上年) = CALCULATE([01-03 应收账款],SAMEPERIODLASTYEAR('日历表'[Date]))

01-51 流动资产(上年) = CALCULATE([01-05 流动资产合计],SAMEPERIODLASTYEAR('日历表'[Date]))

01-52 资产总计(上年) = CALCULATE([01-07 资产总计],SAMEPERIODLASTYEAR('日历表'[Date]))

01-53 所有者权益(上年) = CALCULATE([01-12 所有者权益合计],SAMEPERIODLASTYEAR('日历表'[Date]))

01-54 负债合计(上年) = CALCULATE([01-11 负债合计],SAMEPERIODLASTYEAR('日历表'[Date]))

01-55 营业收入(上年) = CALCULATE([01-13 营业收入],SAMEPERIODLASTYEAR('日历表'[Date]))

01-56 经营活动现金流入小计 = [01-18 销售商品、提供劳务收到的现金] + [01-19 客户存款和同业存放款项净增加额] + [01-20 向中央银行借款净增加额] + [01-21 向其他金融机构拆入资金净增加额] + [01-22 收到原保险合同保费取得的现金] + [01-23 收到再保险业务现金净额] + [01-24 保户储金及投资款净增加额] + [01-25 处置交易性金融资产净增加额] + [01-26 收取利息、手续费及佣金的现金] + [01-27 拆入资金净增加额] + [01-28 回购业务资金净增加额] + [01-29 收到的税费返还] + [01-30 收到的其他与经营活动有关的现金]

01-57 经营活动现金流出小计 = [01-31 购买商品、接受劳务支付的现金] + [01-32 客户贷款及垫款净增加额] + [01-33 存放中央银行和同业款项净增加额] + [01-34 支付原保险合同赔付款项的现金] + [01-35 支付利息、手续费及佣金的现金] + [01-36 支付保单红利的现金] + [01-37 支付给职工以及为职工支付的现金] + [01-38 支付的各项税费] + [01-39 支付其他与经营活动有关的现金]

01-58 投资活动现金流入小计 = [01-41 收回投资收到的现金] + [01-42 取得投资收益收到的现金] + [01-43 处置固定资产、无形资产和其他长期资产收回的现金净额] + [01-44 处置子公司及其他营业单位收到的现金净额] + [01-45 收到的其他与投资活动有关的现金]

01-59 财务费用 = CALCULATE([01-02 主表数据],FILTER('主表项目','主表项目'[主表项目编码] = "ISG034"))

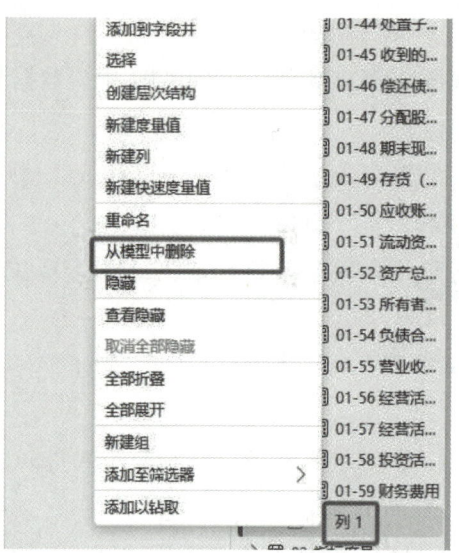

图 5-17 新建 59 个度量值并删除"列 1"

2. 新建"02-指标度量"下度量值

点击"数据"窗口,选中"02-指标度量",在"表工具"中选择"新建度量值"并输入公式,完成创建。按照相同方法,创建"02-指标度量"下共 33 个度量值,最后删除"列 1",如图 5-18 所示。

02-01 流动比率 = DIVIDE([01-05 流动资产合计],[01-10 流动负债合计])

02-02 速动比率 = DIVIDE([01-05 流动资产合计]-[01-04 存货],[01-10 流动负债合计])

02-03 现金比率 = DIVIDE([01-48 期末现金及现金等价物余额],[01-10 流动负债合计])

02-04 资产负债率 = ROUND(DIVIDE([01-11 负债合计],[01-07 资产总计])*100,2)

02-05 产权比率 = DIVIDE([01-11 负债合计],[01-12 所有者权益合计])

02-06 权益乘数 = DIVIDE([01-07 资产总计],[01-12 所有者权益合计])

02-07 有形净值债务率 = ROUND(DIVIDE([01-11 负债合计],[01-12 所有者权益合计]-[01-06 无形资产])*100,2)

02-08 已获利息倍数 = DIVIDE([01-16 净利润]+[01-17 其中:利息费用(财务费用)]+[01-15 所得税费用],[01-17 其中:利息费用(财务费用)])

02-09 销售净利润率 = ROUND(DIVIDE([01-16 净利润],[01-13 营业收入])*100,2)

02-10 销售毛利率 = ROUND(DIVIDE([01-13 营业收入]-[01-14 营业成本],[01-13 营业收入])*100,2)

02-11 资产净利率 = ROUND(DIVIDE([01-16 净利润],DIVIDE([01-52 资产总计(上年)]+[01-07 资产总计],2))*100,2)

02-12 净资产收益率 = ROUND(DIVIDE([01-16 净利润],DIVIDE([01-53 所有者权益(上年)]+[01-12 所有者权益合计],2))*100,2)

02-13 总资产报酬率 = ROUND(DIVIDE([01-16 净利润]+[01-15 所得税费用]+[01-59 财务费用],([01-07 资产总计]+[01-52 资产总计(上年)])/2)*100,2)

02-14 营业收入毛利率 = ROUND(DIVIDE([01-13 营业收入]-[01-14 营业成本],[01-13

营业收入])*100,2)

02-15 总资产周转率=DIVIDE([01-13 营业收入],DIVIDE([01-52 资产总计(上年)]+[01-07 资产总计],2))

02-16 存货周转率=DIVIDE([01-14 营业成本],DIVIDE([01-49 存货(上年)]+[01-04 存货],2))

02-17 存货周转天数=DIVIDE(360,[02-16 存货周转率])

02-18 应收账款周转率=DIVIDE([01-13 营业收入],DIVIDE([01-50 应收账款(上年)]+[01-03 应收账款],2))

02-19 应收账款周转天数=DIVIDE(360,[02-18 应收账款周转率])

02-20 营业周期=[02-17 存货周转天数]+[02-19 应收账款周转天数]

02-21 流动资产周转率=DIVIDE([01-13 营业收入],DIVIDE([01-51 流动资产(上年)]+[01-05 流动资产合计],2))

02-22 流动现金偿付债务能力率=DIVIDE([01-40 经营活动产生的现金流量净额],DIVIDE([01-54 负债合计(上年)]+[01-11 负债合计],2))

02-23 经营净现金与全部负债之比=DIVIDE([01-40 经营活动产生的现金流量净额],[01-11 负债合计])

02-24 现金支付股利能力比率=DIVIDE([01-40 经营活动产生的现金流量净额],[01-47 分配股利、利润或偿付利息支付的现金])

02-25 综合支付能力=[01-56 经营活动现金流入小计]+[01-58 投资活动现金流入小计]-[01-46 偿还债务支付的现金]-[01-57 经营活动现金流出小计]

02-26 现金到期债务比=DIVIDE([01-40 经营活动产生的现金流量净额],[01-09 一年内到期的非流动负债]+[01-08 应付票据])

02-27 现金流动负债比=DIVIDE([01-40 经营活动产生的现金流量净额],[01-10 流动负债合计])

02-28 现金债务总额比=DIVIDE([01-40 经营活动产生的现金流量净额],[01-11 负债合计])

02-29 股东权益增长率=ROUND(DIVIDE([01-12 所有者权益合计]-[01-53 所有者权益(上年)],[01-53 所有者权益(上年)])*100,2)

02-30 收入增长率=ROUND(DIVIDE([01-13 营业收入]-[01-55 营业收入(上年)],[01-55 营业收入(上年)])*100,2)

02-31 资产增长率=ROUND(DIVIDE([01-07 资产总计]-[01-52 资产总计(上年)],[01-52 资产总计(上年)])*100,2)

02-32 财务指标=SWITCH(TRUE(),SELECTEDVALUE('财务指标'[指标])="流动比率",[02-01 流动比率],SELECTEDVALUE('财务指标'[指标])="速动比率",[02-02 速动比率],SELECTEDVALUE('财务指标'[指标])="现金比率",[02-03 现金比率],SELECTEDVALUE('财务指标'[指标])="资产负债比率",[02-04 资产负债率],SELECTEDVALUE('财务指标'[指标])="产权比率",[02-05 产权比率],SELECTEDVALUE('财务指标'[指标])="权益乘数",[02-06 权益乘

数],SELECTEDVALUE('财务指标'[指标])="有形净值债务率",[02-07 有形净值债务率],SELECTEDVALUE('财务指标'[指标])="已获利息倍数",[02-08 已获利息倍数],SELECTEDVALUE('财务指标'[指标])="销售净利润率",[02-09 销售净利润率],SELECTEDVALUE('财务指标'[指标])="销售毛利率",[02-10 销售毛利率],SELECTEDVALUE('财务指标'[指标])="资产净利率",[02-11 资产净利率],SELECTEDVALUE('财务指标'[指标])="净资产收益率",[02-12 净资产收益率],SELECTEDVALUE('财务指标'[指标])="总资产报酬率",[02-13 总资产报酬率],SELECTEDVALUE('财务指标'[指标])="营业收入毛利率",[02-14 营业收入毛利率],SELECTEDVALUE('财务指标'[指标])="总资产周转率",[02-15 总资产周转率],SELECTEDVALUE('财务指标'[指标])="存货周转率",[02-16 存货周转率],SELECTEDVALUE('财务指标'[指标])="存货周转天数",[02-17 存货周转天数],SELECTEDVALUE('财务指标'[指标])="应收账款周转率",[02-18 应收账款周转率],SELECTEDVALUE('财务指标'[指标])="应收账款周转天数",[02-19 应收账款周转天数],SELECTEDVALUE('财务指标'[指标])="营业周期",[02-20 营业周期],SELECTEDVALUE('财务指标'[指标])="流动资产周转率",[02-21 流动资产周转率],SELECTEDVALUE('财务指标'[指标])="流动现金偿付债务能力率",[02-22 流动现金偿付债务能力率],SELECTEDVALUE('财务指标'[指标])="经营净现金与全部负债之比",[02-23 经营净现金与全部负债之比],SELECTEDVALUE('财务指标'[指标])="现金支付股利能力比率",[02-24 现金支付股利能力比率],SELECTEDVALUE('财务指标'[指标])="综合支付能力",[02-25 综合支付能力],SELECTEDVALUE('财务指标'[指标])="现金到期债务比",[02-26 现金到期债务比],SELECTEDVALUE('财务指标'[指标])="现金流动负债比",[02-27 现金流动负债比],SELECTEDVALUE('财务指标'[指标])="现金债务总额比",[02-28 现金债务总额比],SELECTEDVALUE('财务指标'[指标])="股东权益增长率",[02-29 股东权益增长率],SELECTEDVALUE('财务指标'[指标])="收入增长率",[02-30 收入增长率],SELECTEDVALUE('财务指标'[指标])="资产增长率",[02-31 资产增长率])

02-33 财务指标(上年)=CALCULATE([02-32 财务指标],SAMEPERIODLASTYEAR('日历表'[Date]))

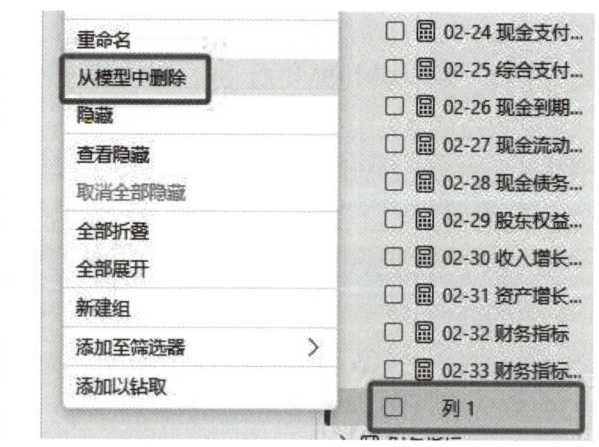

图 5-18　创建 33 个度量值并删除"列 1"

5.5 数据可视化

5.5.1 页面设置

1. 修改页面大小

在"报表视图"下,展开"可视化"窗口,选择"设置页面格式",点开"画布设置","类型"选择"自定义",将"高度(像素)"修改为"1080",将"宽度(像素)"修改为"1920",如图 5-19 所示。

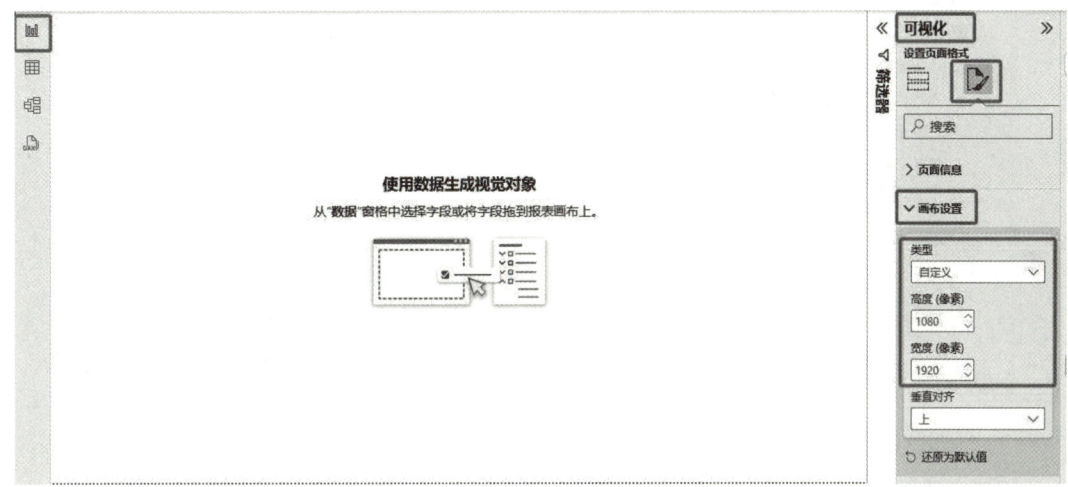

图 5-19 修改画布设置

2. 添加页面背景

点开"画布背景",将"透明度(%)"降至"0",点击"图像"框右边的"添加文件"按钮,找到已下载的"背景图(1)",单击"打开"添加页面背景,点击上方"视图",在"页面视图"下拉列表中选择"适应宽度",如图 5-20、图 5-21 和图 5-22 所示。

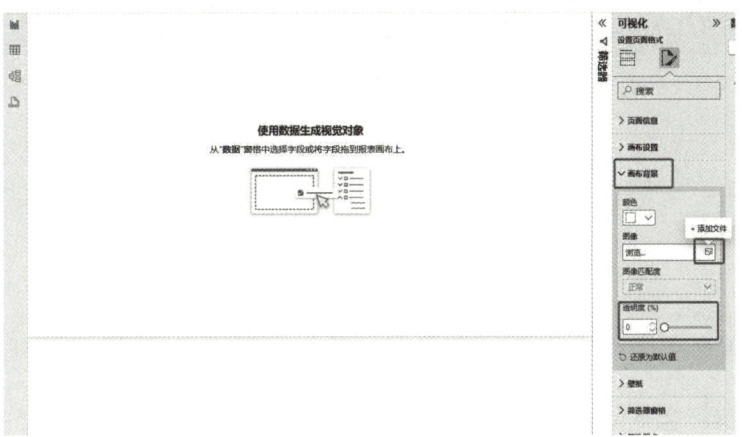

图 5-20 调整页面透明度并选择背景图

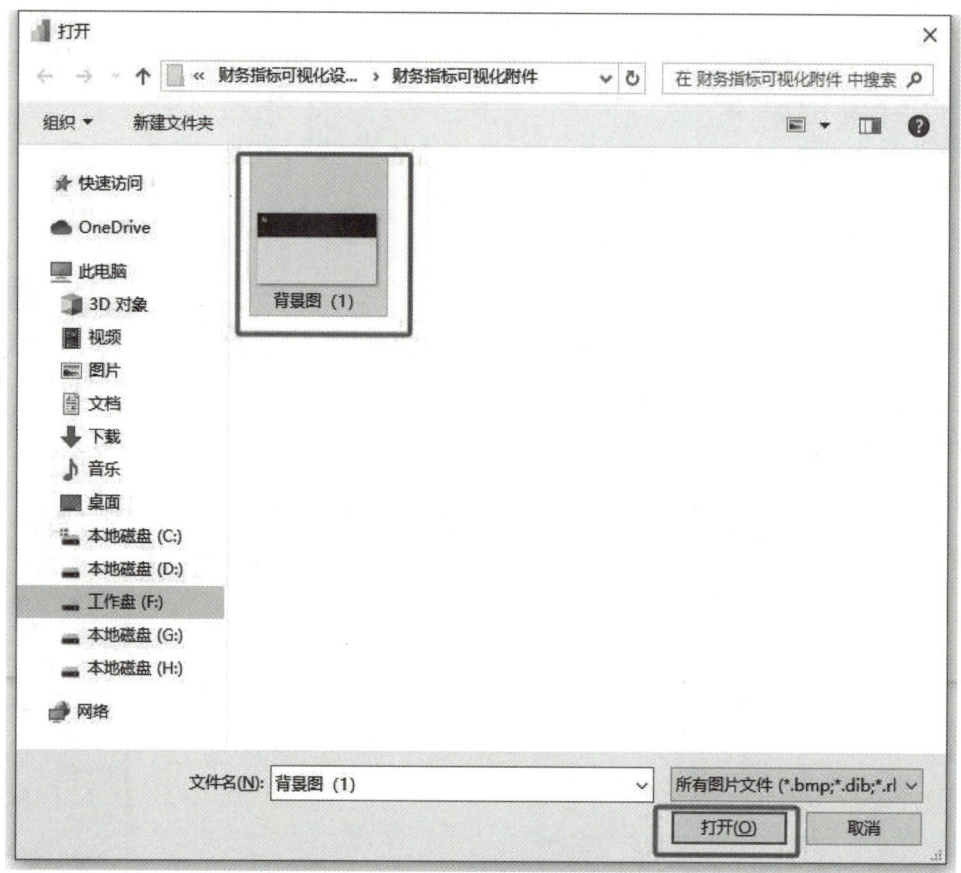

图 5-21　添加页面背景

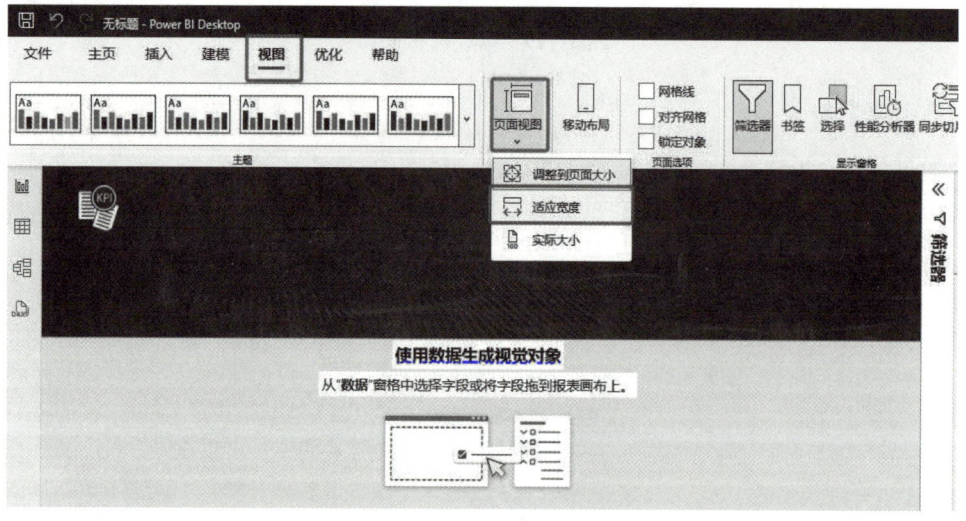

图 5-22　调整背景图大小

5.5.2　创建页面表头

点击"插入",选择"文本框",输入"财务指标",设置字号为"20",字体颜色为白色。在右侧"设置文本框格式"窗口,展开"效果",关闭"背景",并移动到合适位置,如图 5-23 所示。

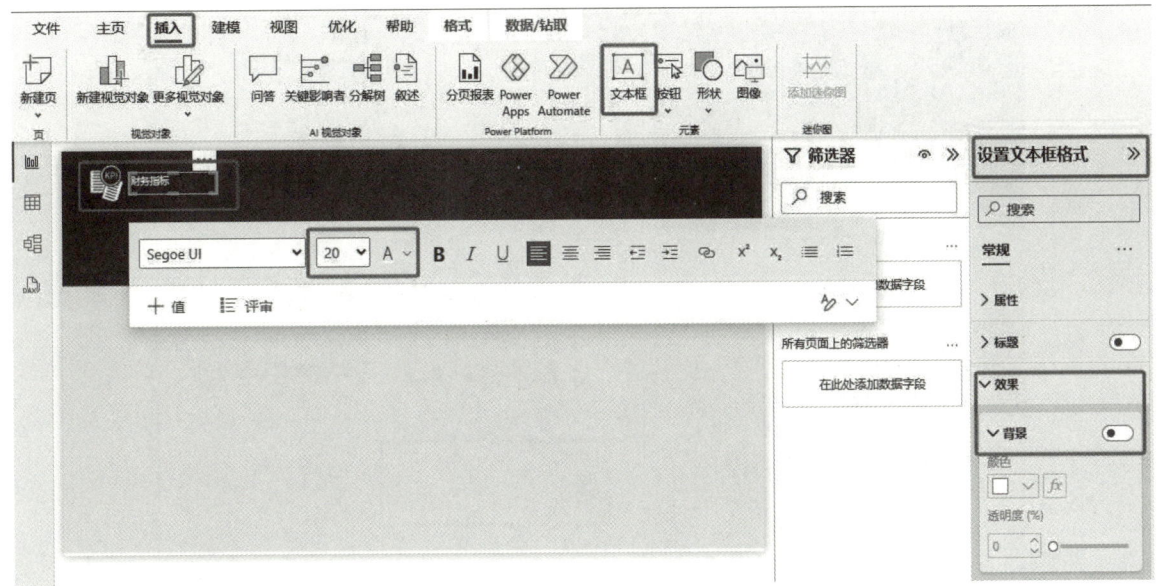

图 5-23 创建页面表头

5.5.3 创建视觉对象"切片器"——时间切片器

1. 创建切片器

点击"可视化"窗口中的"切片器"图标,创建切片器,如图 5-24 所示。

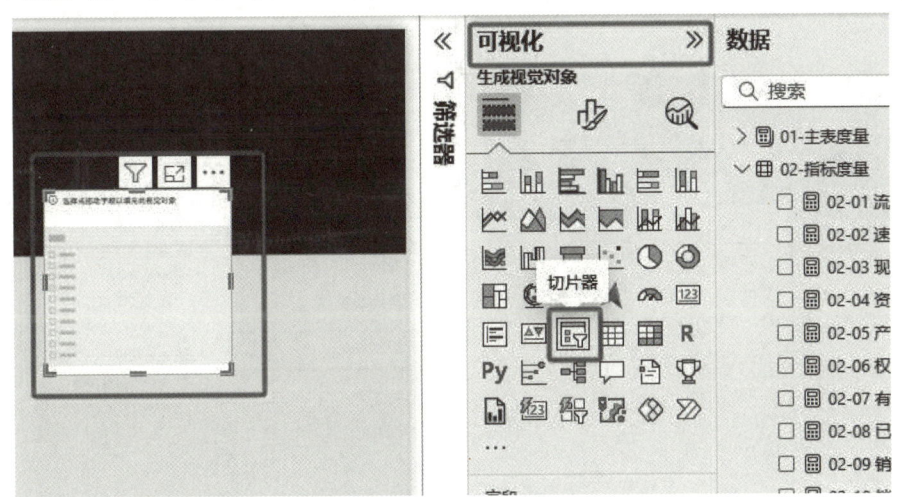

图 5-24 创建切片器

2. 设置切片器属性

选中创建的"切片器"对象,点击"数据"窗口下的"日历表",拖拽"年"到"可视化"窗口下"字段"属性,如图 5-25 所示。

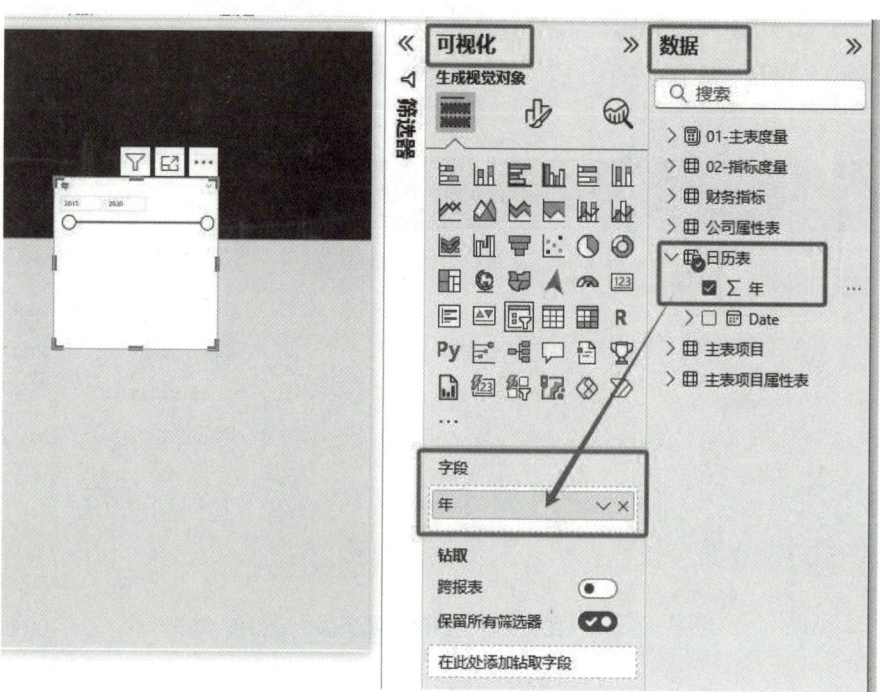

图 5-25　设置切片器字段

3. 调整切片器格式

在"可视化"窗口,选择"设置视觉对象格式",点开"切片器标头",字体颜色为白色,字体为粗体,如图 5-26 所示。

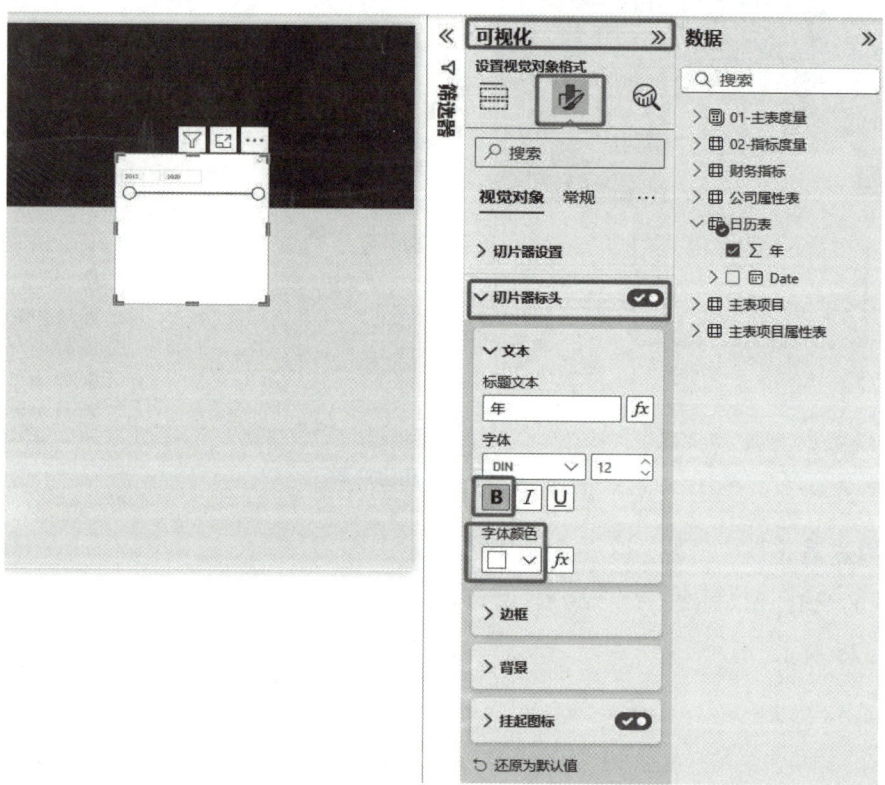

图 5-26　调整切片器格式

点开"值",调整字体大小为"12",字体为粗体,字体颜色为白色,背景色为黑色。点开"滑块",颜色为白色。如图5-27所示。

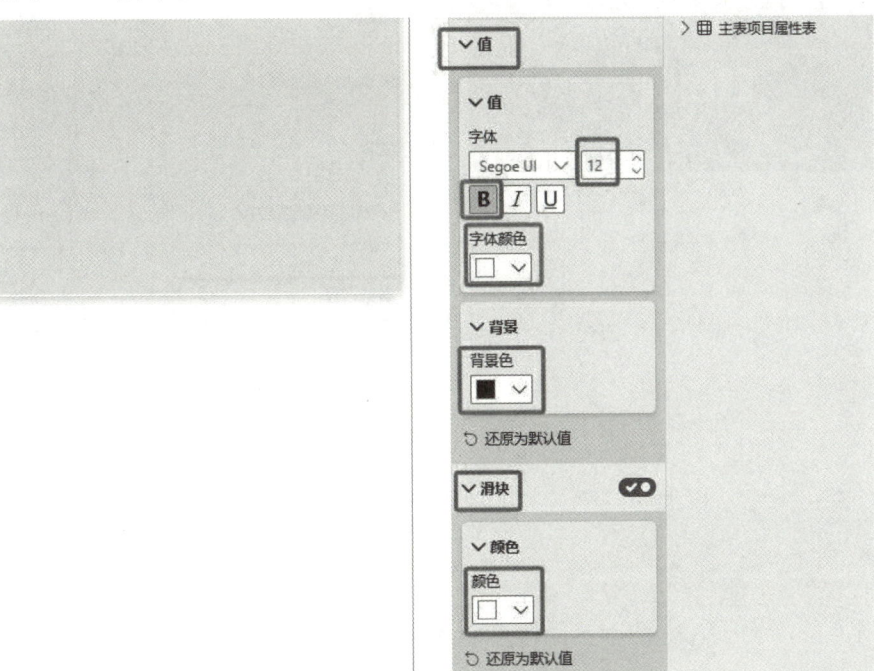

图5-27 调整值和滑块格式

选择"设置视觉对象格式"下的"常规",点击"效果",关闭"背景",如图5-28所示。

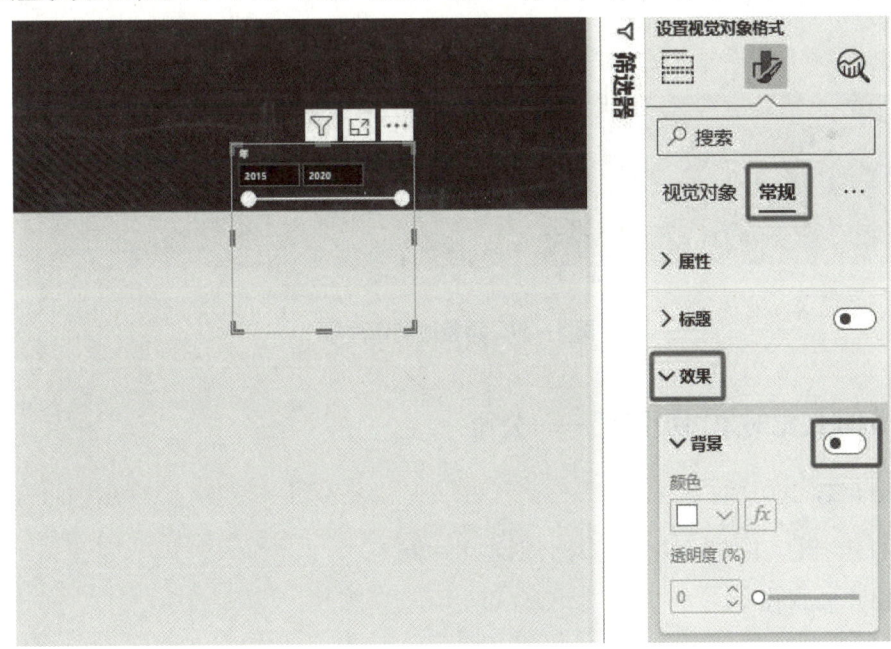

图5-28 关闭切片器背景

4. 设置筛选器

点击右侧"筛选器"窗口,拖拽"数据"窗口中"日历表"下的"年"到"筛选器"窗口下"此页上的筛选器"位置,筛选类型为"基本筛选",勾选"2016、2017、2018、2019、2020"五个年份,如图5-29所示。

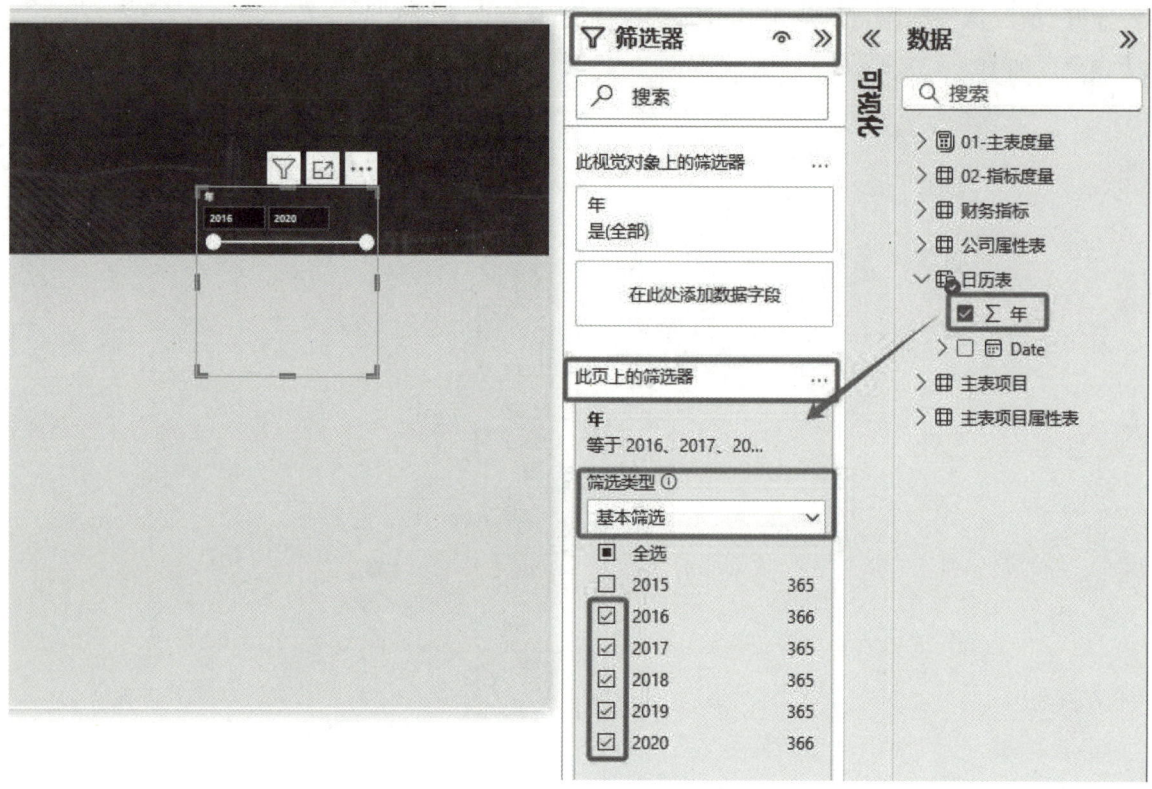

图 5-29　设置筛选器

5. 调整对象大小与位置

将时间切片器移动到合适位置,如图 5-30 所示。

图 5-30　调整时间切片器

5.5.4　创建视觉对象"切片器"——公司

创建公司切片器

1. 创建切片器

点击"可视化"窗口中的"切片器"图标,创建切片器。

2. 设置切片器属性

选中创建的"切片器"对象,点开"数据"窗口下的"公司属性表",拖拽"公司筛选"到"可视化"窗口下的"字段"属性,如图 5-31 所示。

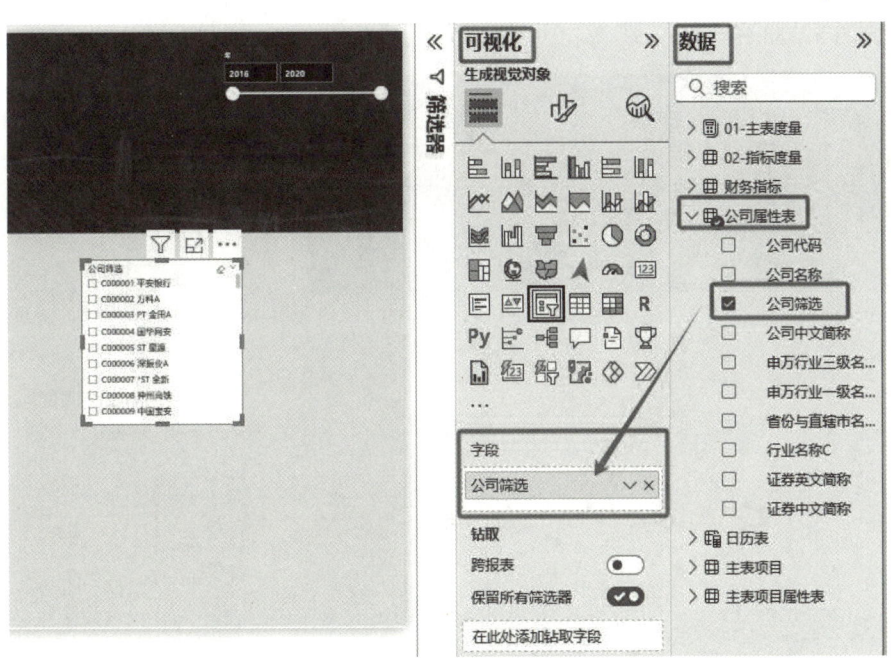

图 5-31 设置切片器属性

3. 调整切片器格式

点击"可视化"窗口下的"设置视觉对象格式",点开"切片器设置",在"选项"下的"样式"中选择"下拉",如图 5-32 所示。

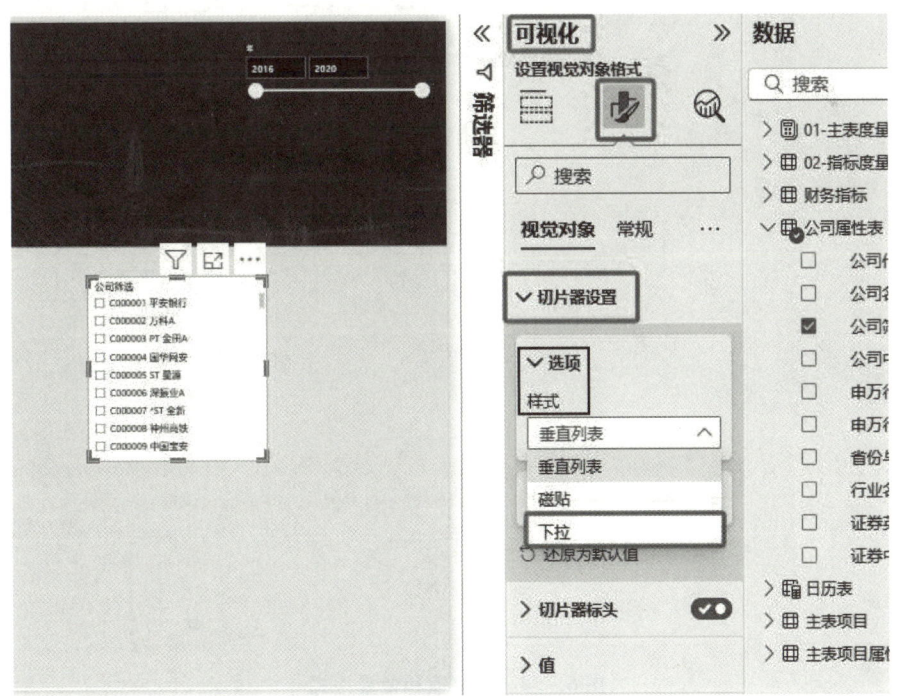

图 5-32 设置切片器下拉样式

点开"切片器标头",在"文本"下修改"标题文本"为"公司",设置字号为"12",字体为加粗,字体颜色为白色,如图 5-33 所示。

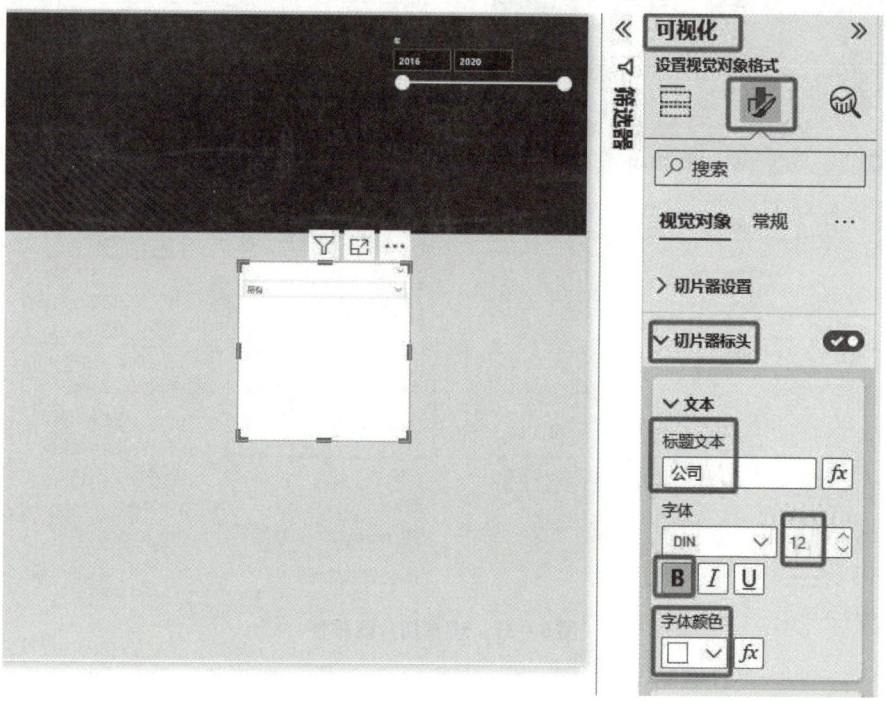

图 5-33 修改切片器标头格式

点开"值",在"值"下修改字号为"12",字体颜色为白色,在"背景"下修改颜色为黑色,如图 5-34 所示。

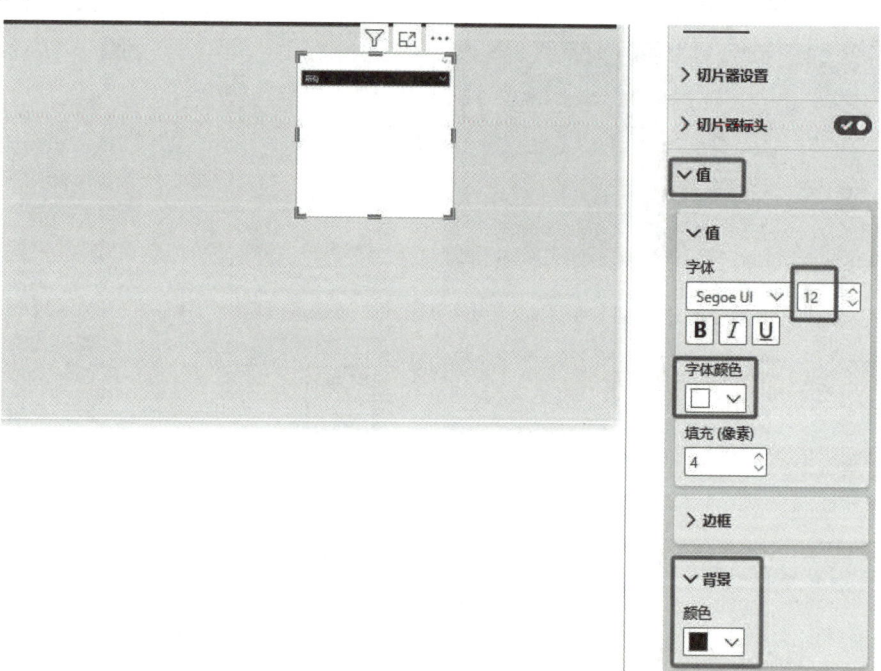

图 5-34 修改值和背景格式

点击"常规",在"效果"下关闭"背景",如图 5-35 所示。

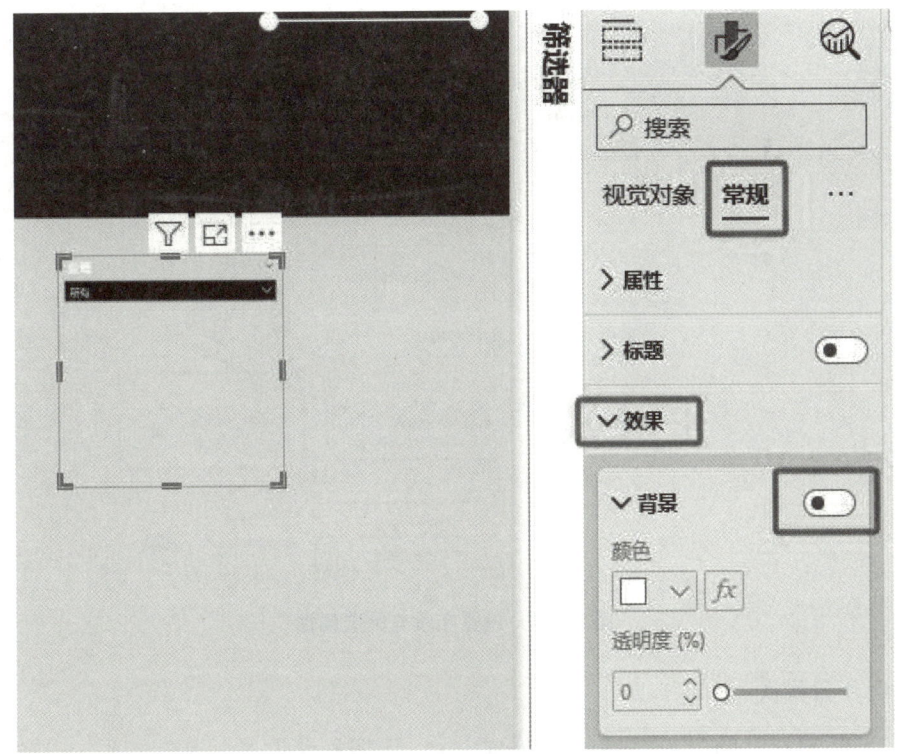

图 5-35 关闭切片器背景

4. 调整公司切片器大小与位置

将公司切片器移动到合适位置,如图 5-36 所示。

图 5-36 调整公司切片器大小与位置

5.5.5 创建视觉对象"切片器"——申万行业

创建申万行业切片器

1. 创建切片器

点击"可视化"窗口中的"切片器"图标,创建切片器。

2. 设置切片器属性

在"数据"窗口下展开"公司属性表",将"申万行业一级名称"和"申万行业三级名称"按顺序分别拖拽至"可视化"窗口下的"字段"属性。将"申万行业三级名称"拖拽到"筛选器"窗口下的"此页上的筛选器",筛选类型选择"基本筛选",搜索"其他稀有小金属"并勾选。如图 5-37 所示。

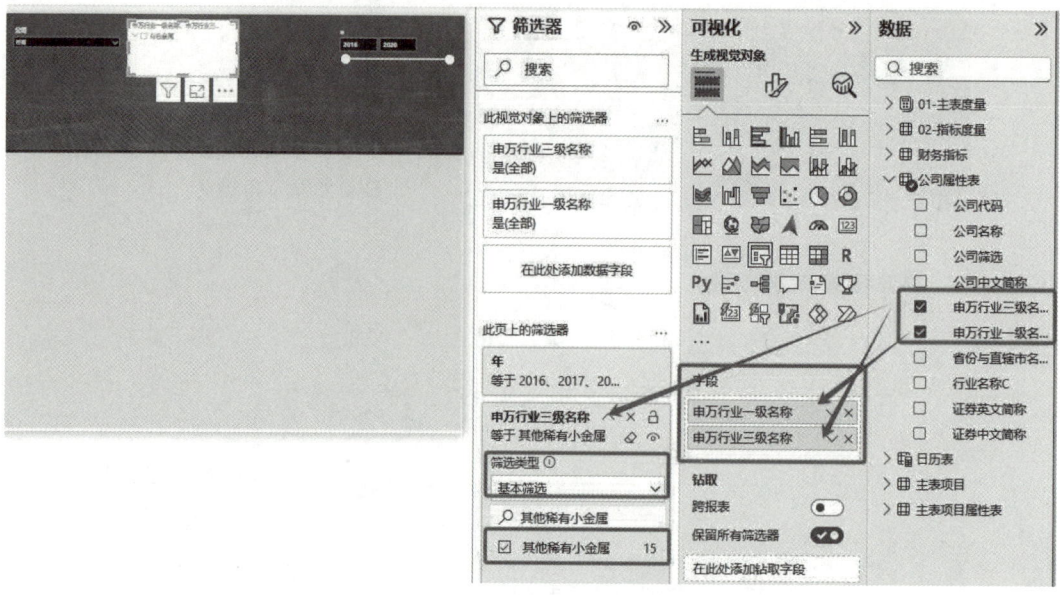

图 5-37 设置字段与筛选属性

3. 设置切片器格式

点击"可视化"窗口下的"设置视觉对象格式",点开"切片器设置",在"选项"→"样式"选择"下拉"。打开"切片器标头",修改标题文本为"申万行业",字号为"12",字体为加粗,字体颜色为白色。在"值"下设置值字号为"12",字体颜色为白色,"背景"颜色为"黑色"。如图 5-38 所示。

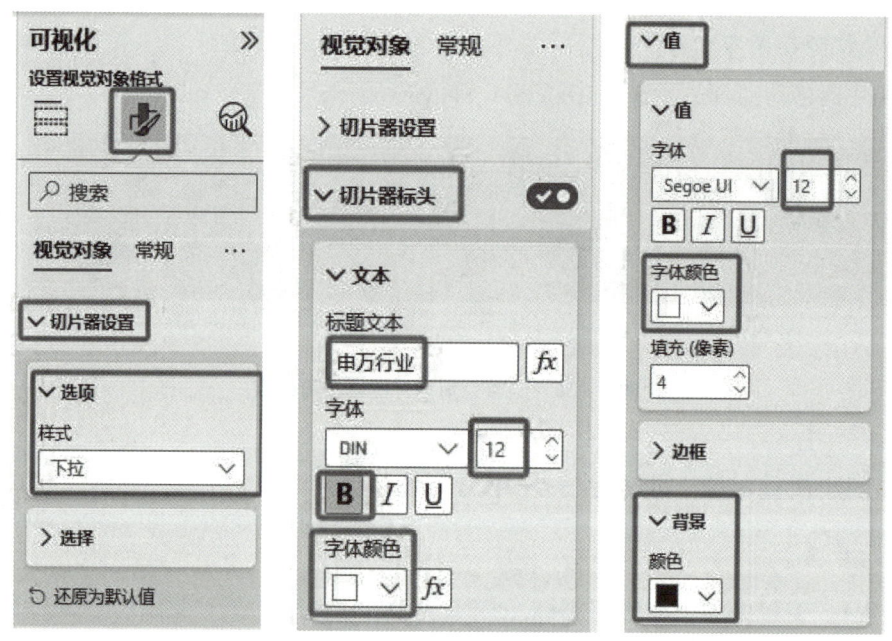

图 5-38 设置切片器格式

4. 调整切片器背景和位置

点击"常规",在"效果"下关闭"背景",并调整申万行业切片器大小,拖拽至合适位置,如图 5-39 所示。

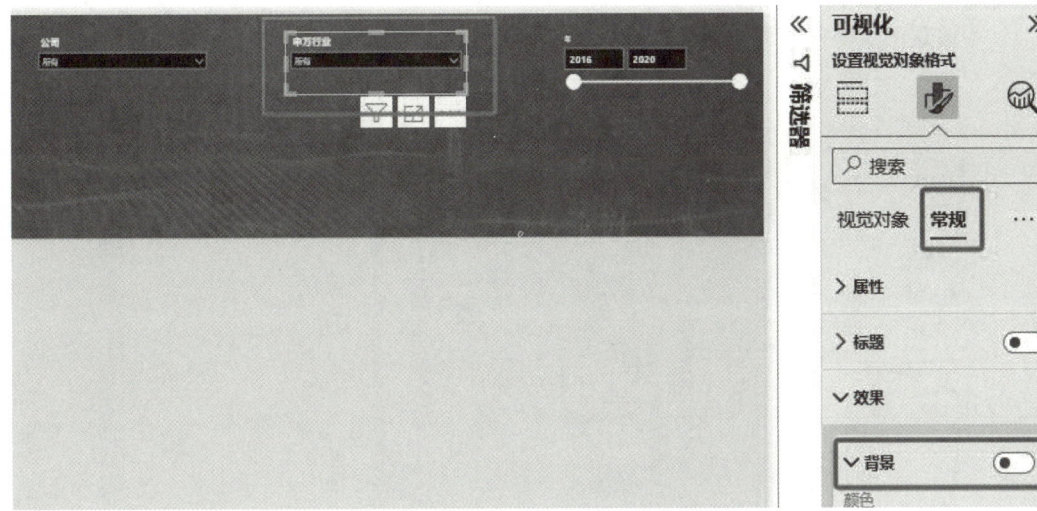

图 5-39　调整切片器背景和位置

5.5.6　创建视觉对象"圆角矩形"

1. 创建圆角矩形

点击"插入"菜单栏中的"形状",选择"圆角矩形",如图 5-40 所示。

创建圆角矩形

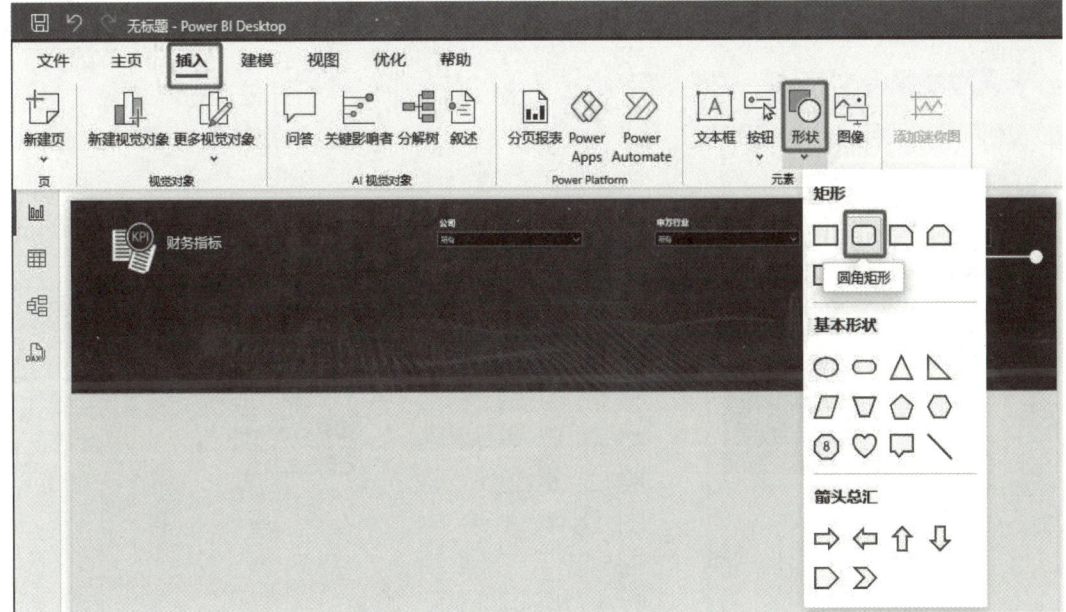

图 5-40　创建圆角矩形

2. 调整对象格式和位置

在"设置形状格式"窗口,"形状"下设置"圆角(%)"为"5"。点开"样式",设置"填充"颜色为白色,"边框"颜色为白色。最后调整圆角矩形的大小,并移动到合适位置。具体操作如图 5-41 所示。

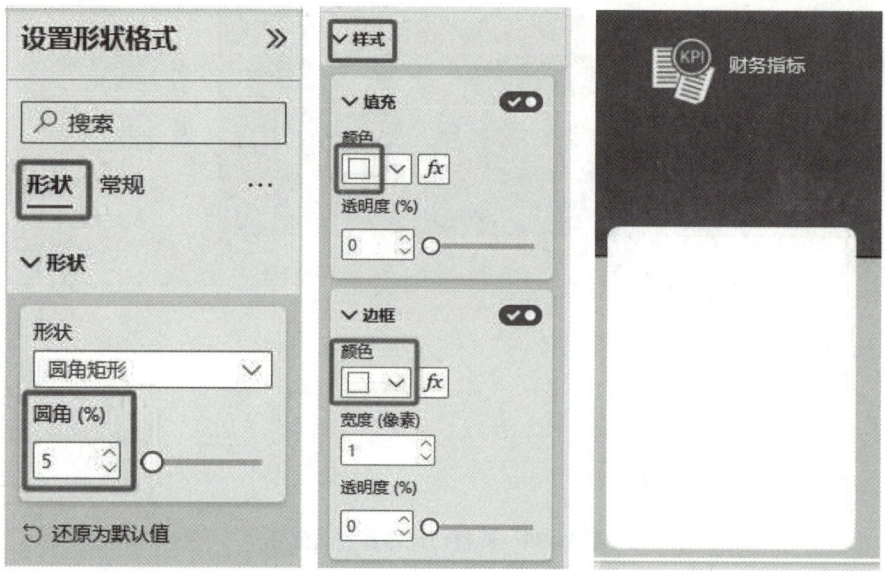

图 5-41 调整圆角矩形的格式和位置

5.5.7 创建视觉对象"切片器"——财务指标

创建财务指标切片器

1. 创建切片器

点击"可视化"窗口中的"切片器"图标,创建切片器。

2. 设置切片器属性

在"数据"窗口下点开"财务指标",将"分类"和"指标"按顺序分别拖拽到"可视化"窗口下"字段"属性,如图 5-42 所示。

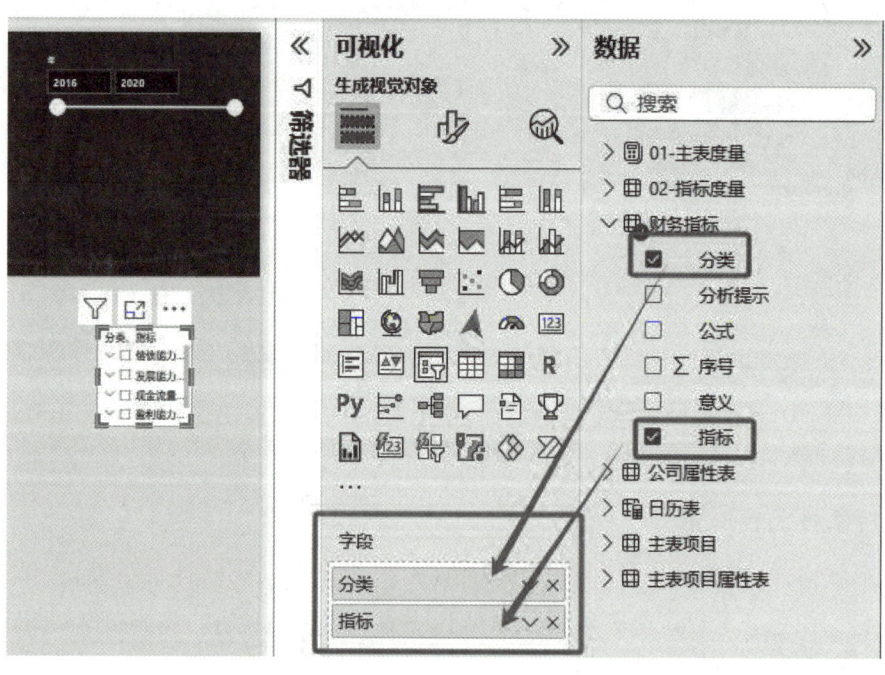

图 5-42 设置切片器属性

3. 调整切片器格式与位置

点击"可视化"窗口下的"设置视觉对象格式",点开"切片器设置",在"选择"中打开"单项选择"。点开"切片器标头",修改标题文本为"财务指标",字体为粗体。调整切片器大小略小于圆角矩形,并移动至相应位置。具体操作如图 5-43 所示。

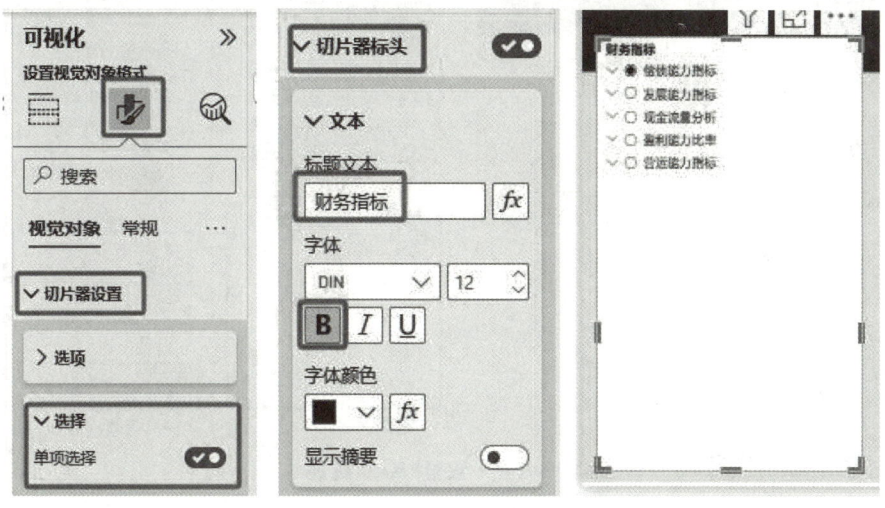

图 5-43　调整切片器格式与位置

5.5.8　创建视觉对象"KPI"

1. 创建"KPI"

点击"可视化"窗口下的"KPI"图标,创建视觉对象"KPI",如图 5-44 所示。

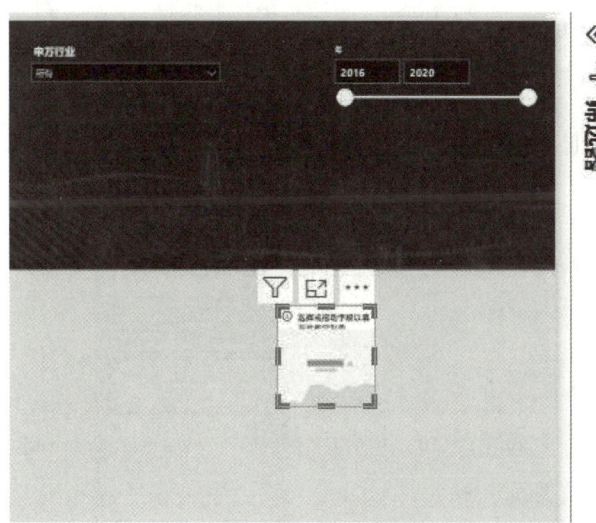 

图 5-44　创建"KPI"

2. 设置"KPI"属性

点开"数据"窗口下的"02-指标度量",拖拽"02-32 财务指标"到"可视化"窗口下的"值"属性,拖拽"02-33 财务指标(上年)"到"可视化"窗口下的"目标"属性;点开"日历表",拖拽"年"到"可视化"窗口下的"走向轴"属性。如图 5-45 所示。

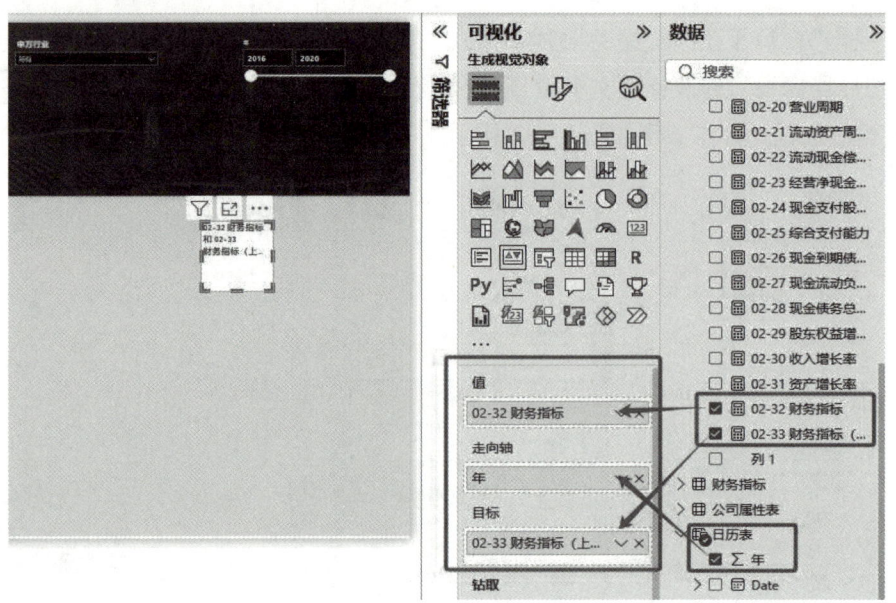

图 5-45 设置"KPI"属性

3. 调整"KPI"格式

点击"可视化"窗口下的"设置视觉对象格式",点开"标注值",调整字号为"30",设置粗体、斜体。点开"图标",调整图标大小为 10 磅,关闭"走向轴"。点开"目标标签",标签修改为"上年",字体为粗体,字体颜色为白色。点开"到目标的距离","样式"选择"双向",字体为粗体,字体颜色为白色。具体操作如图 5-46 所示。

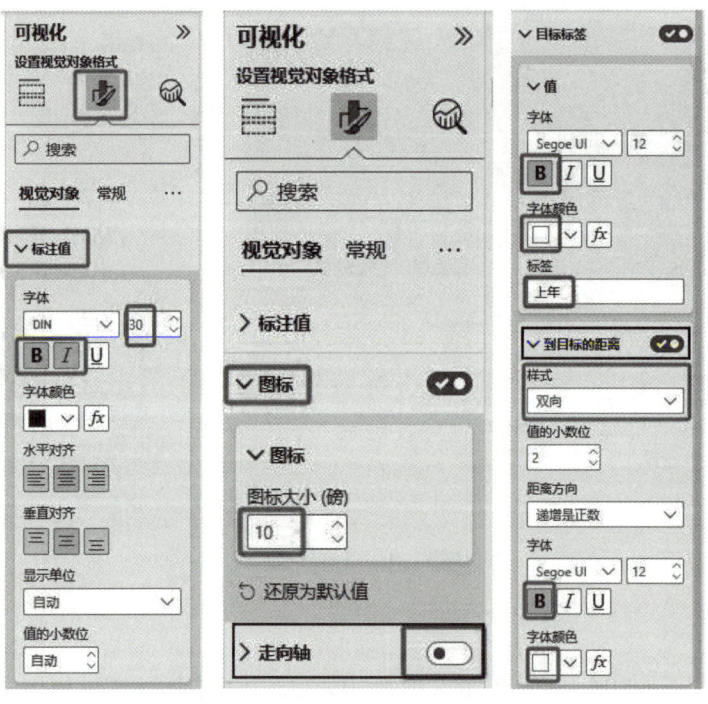

图 5-46 调整"KPI"格式

点开"常规"下的"标题",选择"文本"旁的"fx"图标,在弹窗中"应将此基于哪个字段?"的下拉列表中选择"第一个-指标",在"摘要"中选择"首先",点击"确定";字体为粗体,设置文本颜色为白色,水平对齐为居中,在"效果"中关闭"背景"。如图5-47所示。

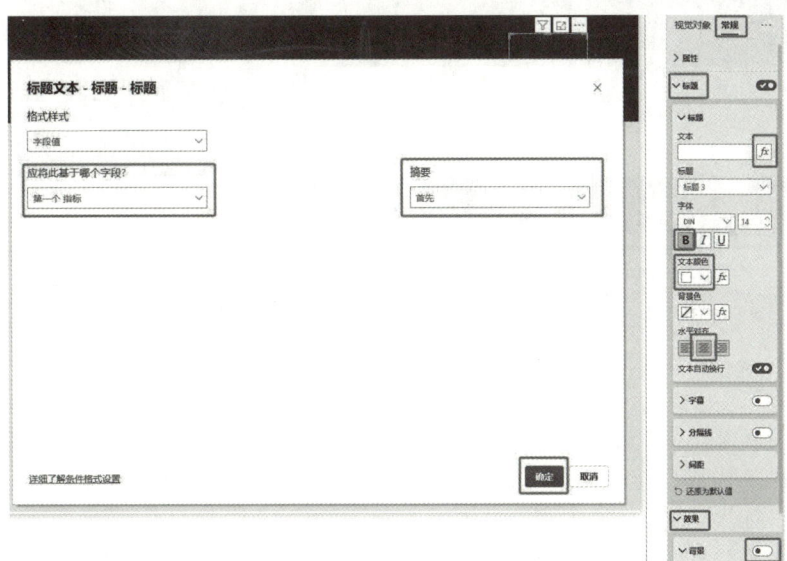

图 5-47 设置标题

4. 调整"KPI"大小和位置

调整"KPI"至合适的大小和位置,如图5-48所示。

图 5-48 调整"KPI"大小和位置

5.5.9 创建视觉对象"表"(3个)

创建"表"

1. 创建圆角矩形(3个)

利用已创建过的圆角矩形图案,复制粘贴3个圆角矩形,并调整其大小与位置,如图5-49所示。

图 5-49 创建圆角矩形(3个)

2. 创建"表"(3个)

点击"可视化"窗口下的"表"图标,创建三个"表"对象,如图5-50所示。

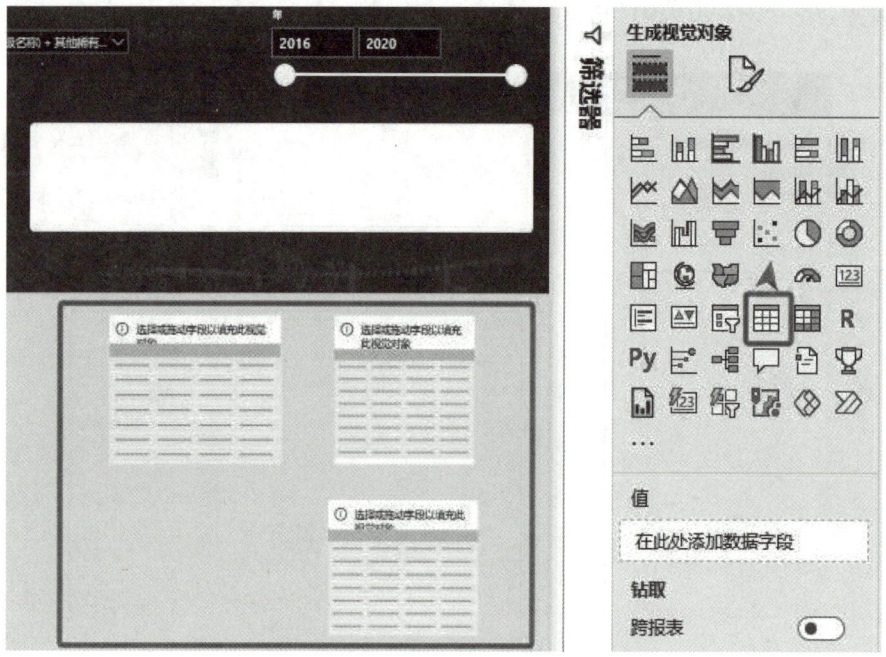

图5-50 创建3个"表"

3. 设置"表"属性

点开"数据"窗口下的"财务指标",分别对3个"表"进行设置:选中第1个表,拖拽"意义"到"可视化"窗口下的"列"属性(见图5-51);选中第2个表,拖拽"分析提示"到"可视化"窗口下的"列"属性(见表5-52);选中第3个表,拖拽"公式"到"可视化"窗口下的"列"属性(见图5-53)。

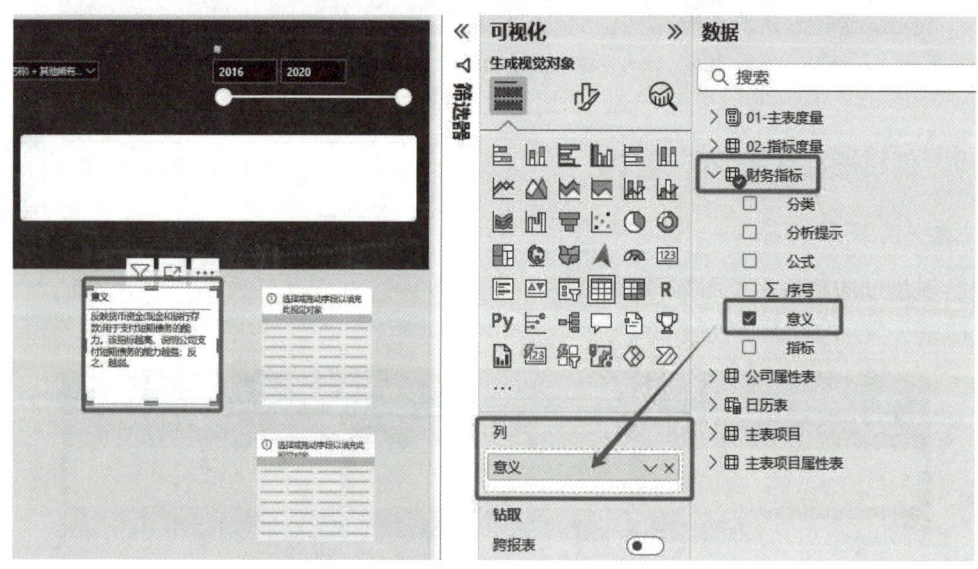

图5-51 设置第1张表字段为"意义"

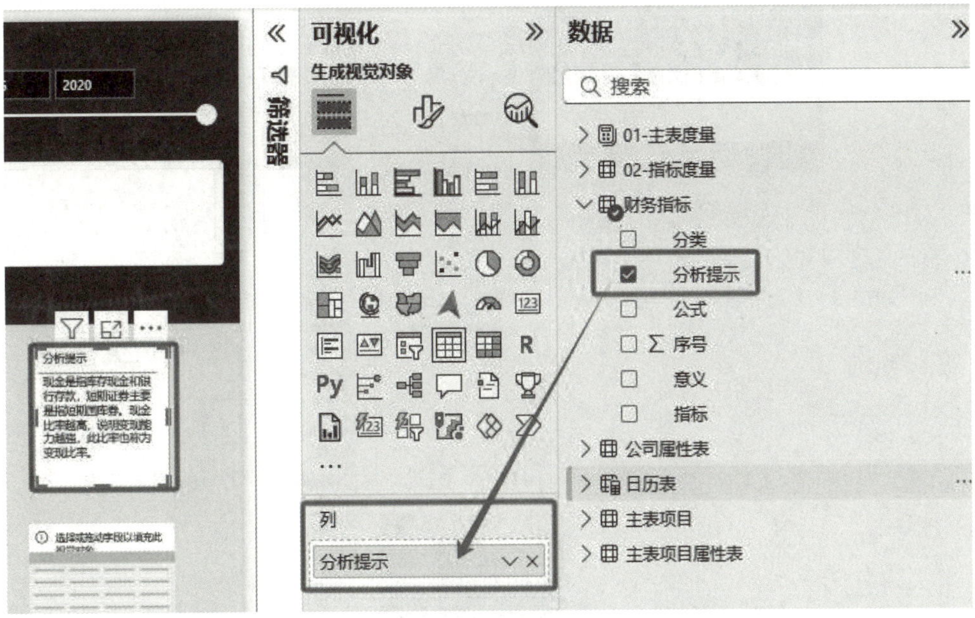

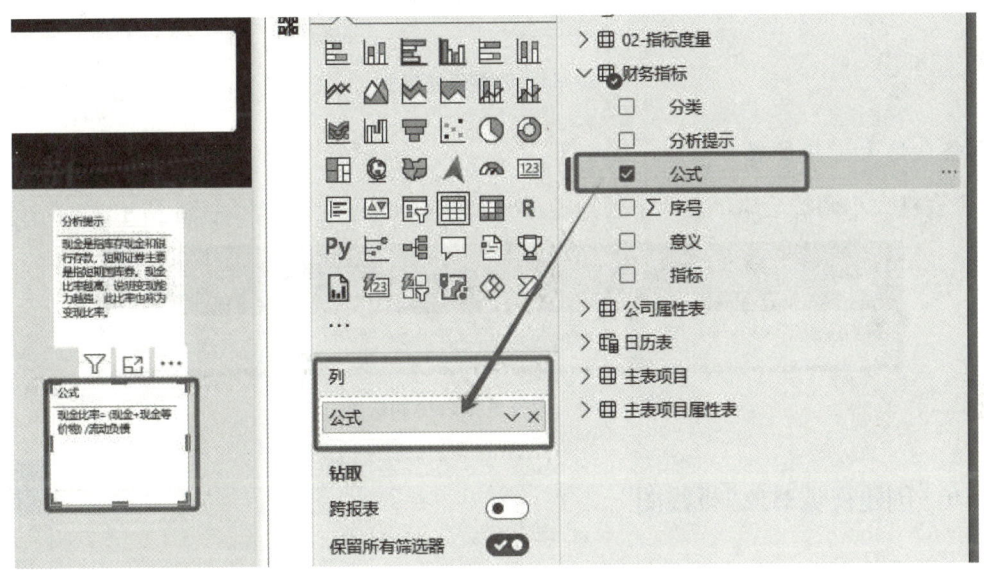

图 5-52 设置第 2 张表字段为"分析提示"

图 5-53 设置第 3 张表字段为"公式"

4. 调整表格格式

按住 Ctrl 键,同时选中 3 张表,在"可视化"窗口下对目标"设置视觉对象格式"进行统一调整。点开"网格"下的"边框",调整颜色为"其他:#C8C6C4"。点开"列标题",文本字号调整为"12"。如图 5-54 所示。

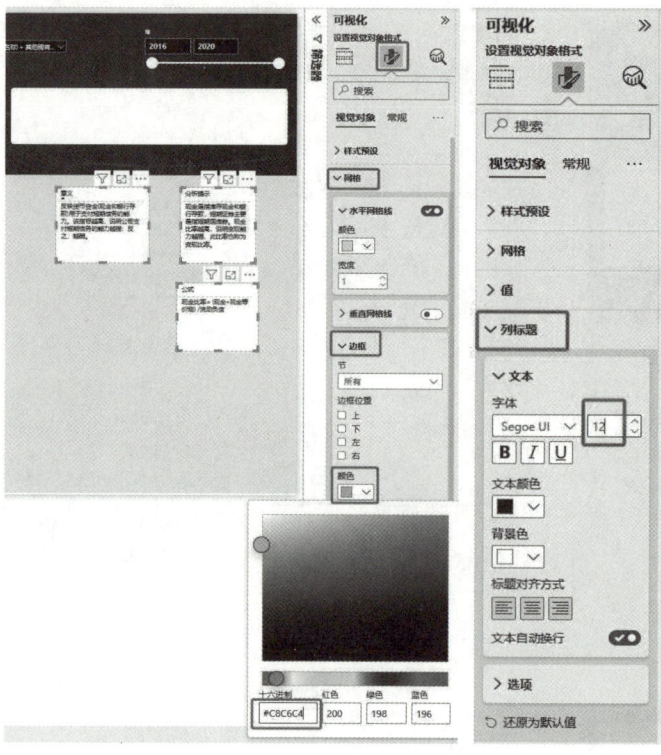

图 5-54 调整表格格式

5. 调整表格大小和位置

将 3 张表格大小调整至略小于 3 个圆角矩形,移动到合适位置,如图 5-55 所示。

图 5-55 调整表格大小和位置

5.5.10 创建视觉对象"折线图"

创建
折线图

1. 创建圆角矩形

利用已创建过的圆角矩形图案,复制粘贴一个圆角矩形,并调整大小与位置,如图 5-56 所示。

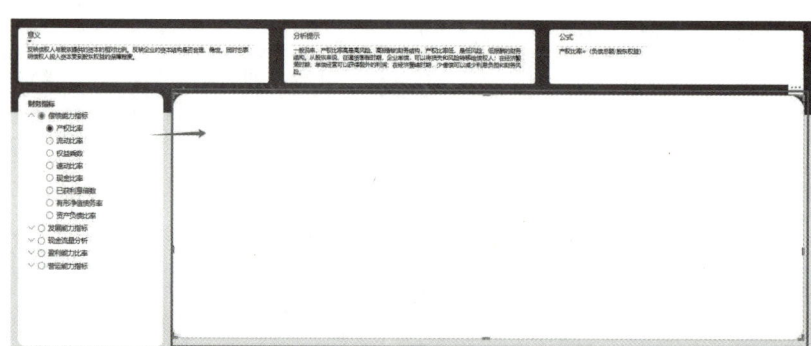

图 5-56 创建圆角矩形

2. 创建"折线图"并设置属性

点击空白区域,取消对象选中效果。点击"可视化"窗口下的"折线图"图标,创建折线图。选中创建的折线图对象,点开"数据"窗口下的"02-指标度量",将"02-32财务指标"拖拽至"可视化"窗口下的"Y轴"下,并双击重命名为"财务指标",点开"日历表",将"年"拖拽至"可视化"窗口下的"X轴"下。如图5-57所示。

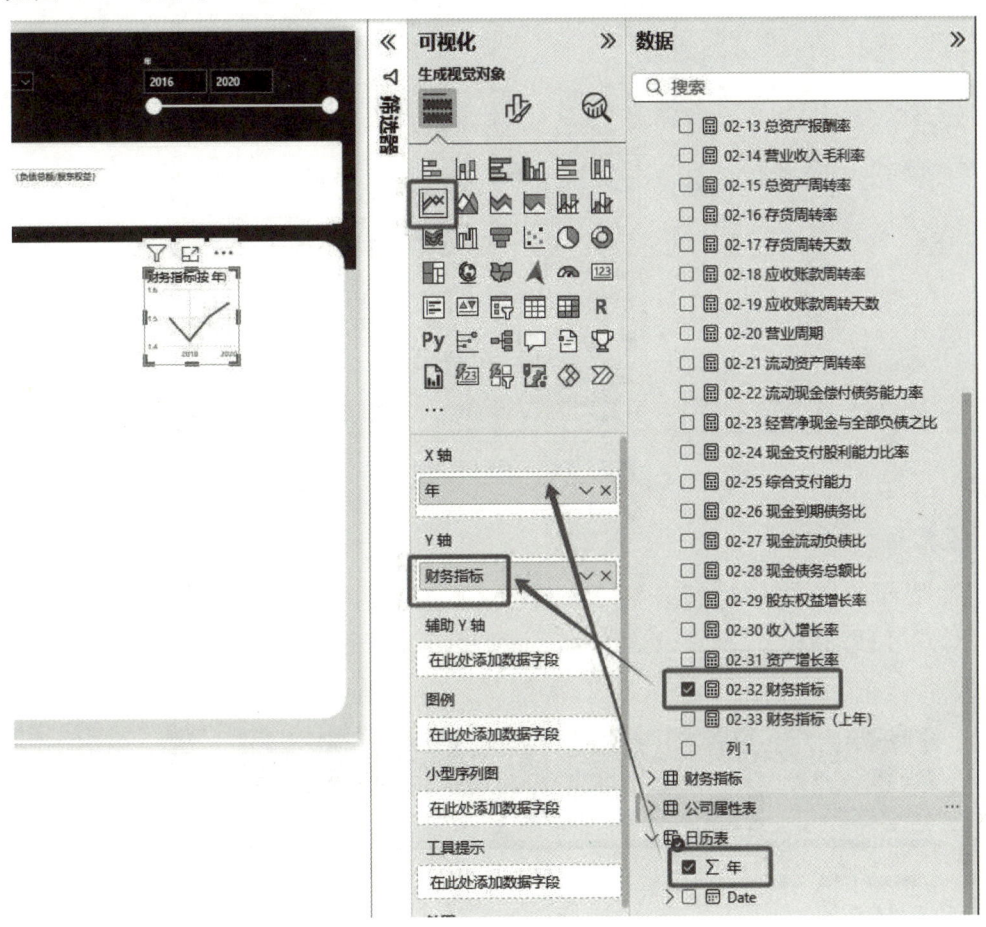

图 5-57 创建折线图并设置属性

3. 设置"折线图"格式

选择"可视化"窗口下的"设置视觉对象格式",对折线图格式进行调整,如图5-58所示。点开"X轴"下的"值",设置字号"12",关闭"标题";同样,点开"Y轴","值"设置字号"12",关闭"标题"。点开"行",颜色设置为红色。点开"标记",打开"显示所有类别"。点开"数据标签"中的"值",设置字号"12",字体调整为粗体、斜体,字体颜色为白色,值的小数位为"2"。点开"背景",设置背景颜色为黑色,透明度为"0"。

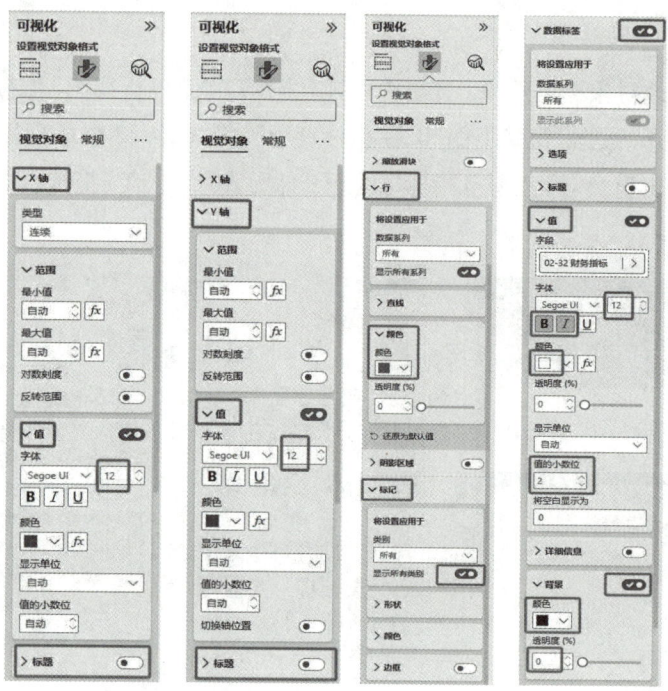

图 5-58 设置折线图格式

4. 设置标题

点开"常规"下的"标题",选择"文本"旁的"fx"图标,在"应将此基于哪个字段?"选择"财务指标-指标",显示为"第一个指标","摘要"选择"首先",点击"确定";设置字体为粗体,水平对齐为居中。如图 5-59 所示。

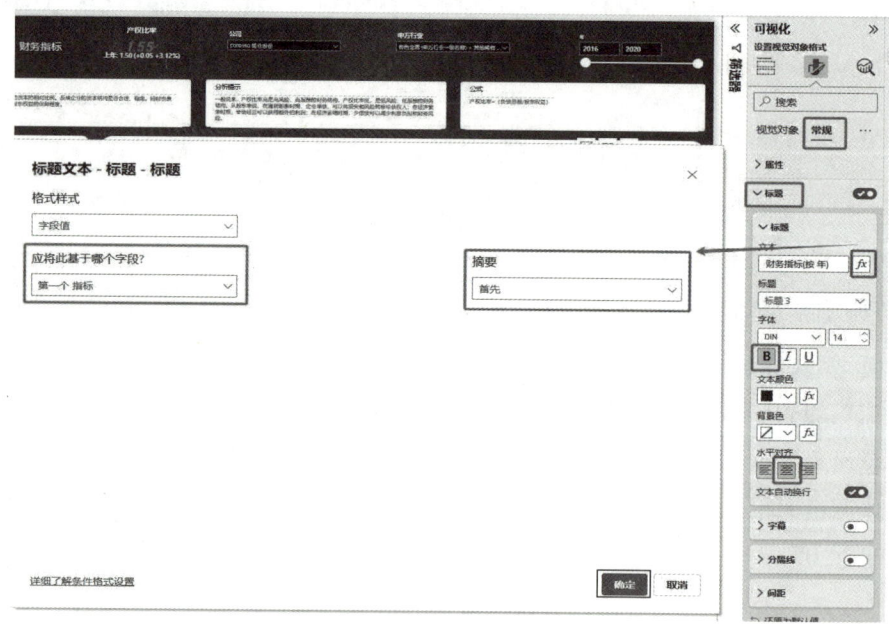

图 5-59 设置标题

5. 设置趋势线与平均值线

点击"可视化"窗口,向视觉对象添加进一步分析,点开"趋势线"。

点开"平均值线(1)",点击"添加行",将"平均值线(1)"重命名为"平均值",在"直线"下设置"颜色"为"其他:#D9B300","透明度(%)"为"0"。

点开"数据标签","样式"选择"双向","颜色"选择"其他:#D9B300"。具体操作如图 5-60 所示。

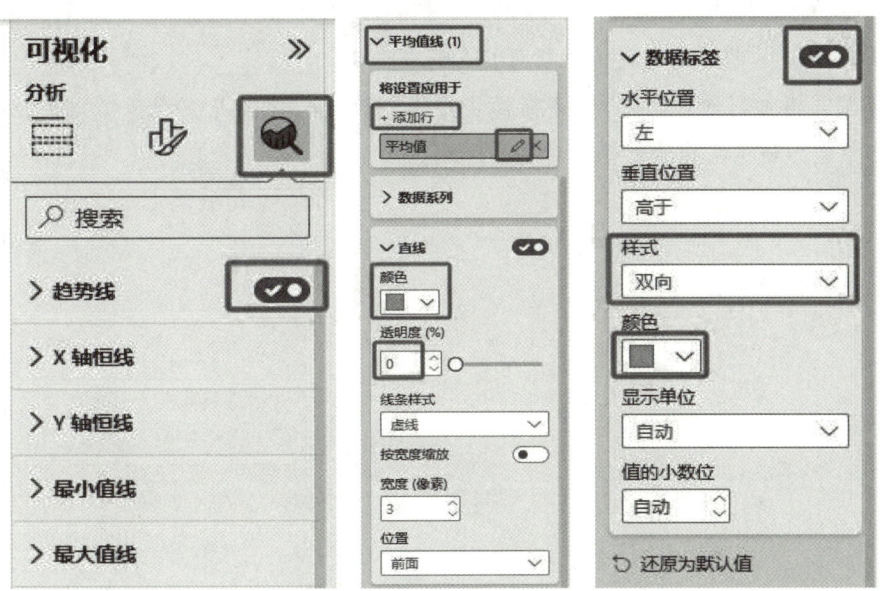

图 5-60　设置趋势线和平均值线

6. 调整折线图大小和位置

调整折线图至适当大小和位置,完成财务能力可视化设计图,如图 5-61 所示。

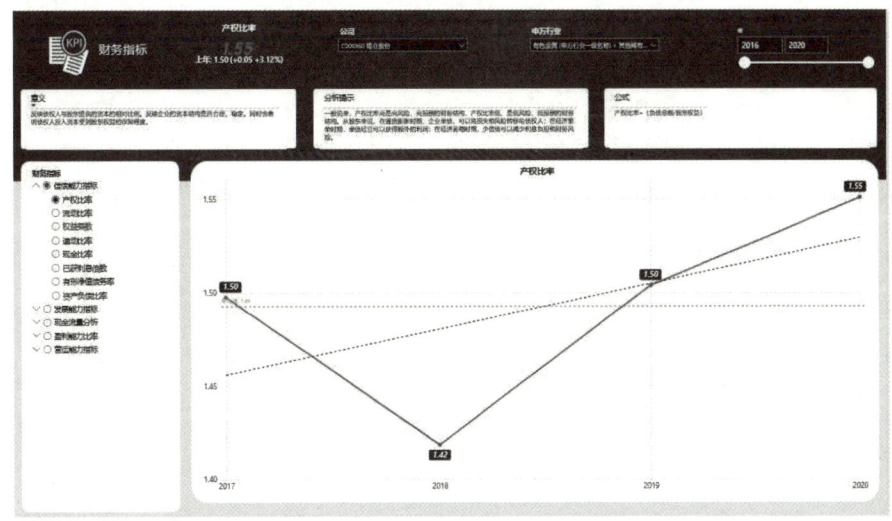

图 5-61　财务能力可视化设计图

本章小结

通过本章学习,学生借助 Power BI,以有色金属行业 2017—2020 年的公开财报数据分析为基础,以财务分析中的偿债能力、发展能力、盈利能力、营运能力这四大能力为出发点,采用趋势图解法观察不同时间段内行业指标的变动情况,由浅入深、层层递进地分析问题根源,将大数据技术融入财务能力进行分析,为提升财务能力、探究企业未来战略导向提供思路。

课后拓展

1. 基于 Power BI 的制造企业财务分析可视化问题研究。

2. 请同学们思考如何通过调整"财务指标切片器"的设置,使其能实现多个财务指标间的对比。试着对四大财务能力分模块构建可视化对比图。

第6章 存货分析可视化

学习目标

要求通过对存货相关会计科目等信息进行整合,掌握运用 Power BI 进行存货分析可视化展示的能力,理解存货分析可视化对存货分析准确性的提升,探究企业优化存货管理、提高企业运营效率的路径。

内容概述

借助 Power BI,针对存货准则进行会计信息汇总,对上市公司存货的种类、期初账面价值、期末账面价值、存货跌价准备的年初账面余额、存货可变现净值的确定依据、存货跌价准备计提方法、本期计提和减少额等会计信息进行整理和分析以及可视化展示。

6.1 数据导入

6.1.1 获取数据

本实验的数据对应有色金属行业,数据期间是2017—2020年的公开财报数据整理,教材提供整理后的 Execl 表格数据,通过 Power BI 导入后可以直接进行数据清洗。

数据导入

6.1.2 导入数据

1. 导入"主表数据"

打开 Power BI,在"选择数据源或以空白报表开始"中点击"Excel 工作簿",找到"主表项目"文件并打开。在"导航器"中选择"主表项目"项下表格,点击"加载",如图6-1所示。

图 6-1 导入"主表项目"表

2. 打开"Power Query 编辑器"

点击"主页",点开"转换数据"下的"转换数据",进入"Power Query 编辑器"界面,如图 6-2 所示。

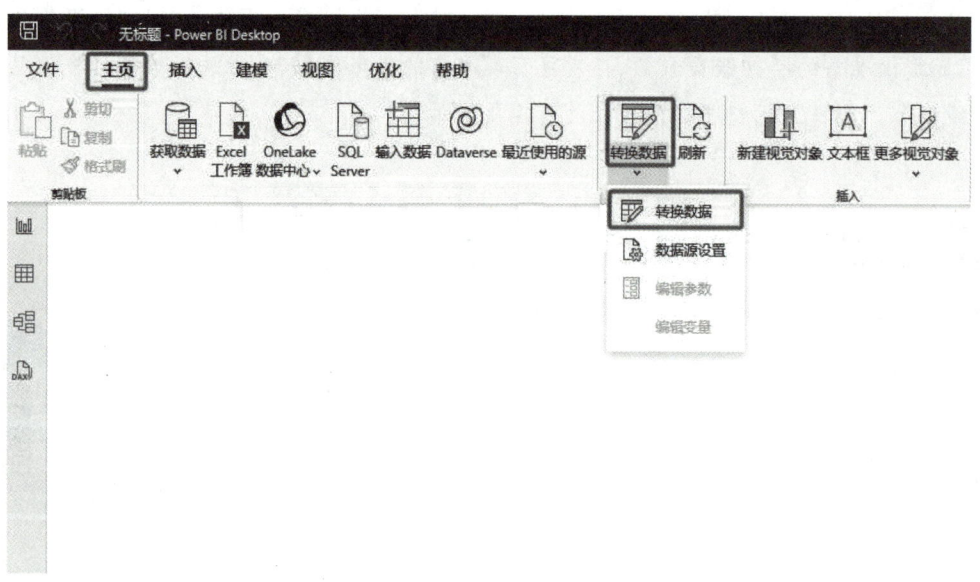

图 6-2 "Power Query 编辑器"界面

3. 继续导入数据

在"Power Query 编辑器"中,点击"主页"菜单栏的"新建源",选择"Excel 工作簿",找到数据所在位置,依次导入"存货""公司属性表""主表项目属性表"文件,如图 6-3 所示。

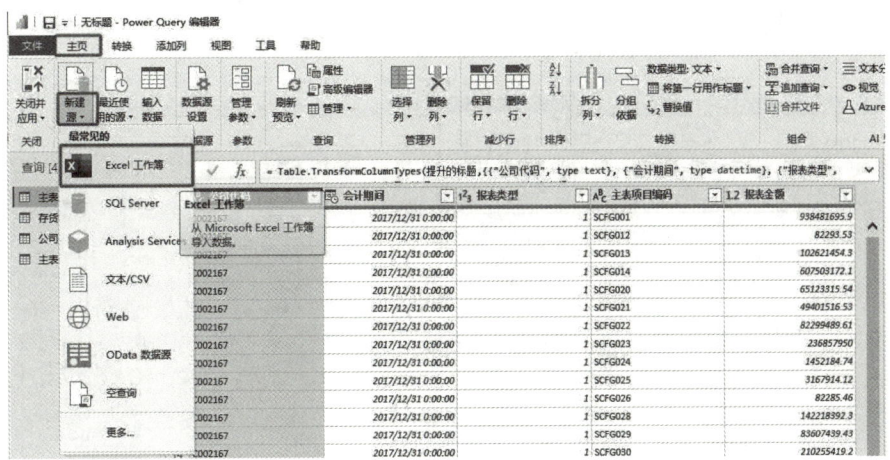

图 6-3 导入其余 3 张表格

4. 重命名表格

在左侧"查询"窗口,单击鼠标右键,选择"重命名",将已导入的 4 张表格依次重命名为"主表项目""存货""公司属性表"和"主表项目属性表",如图 6-4 所示。

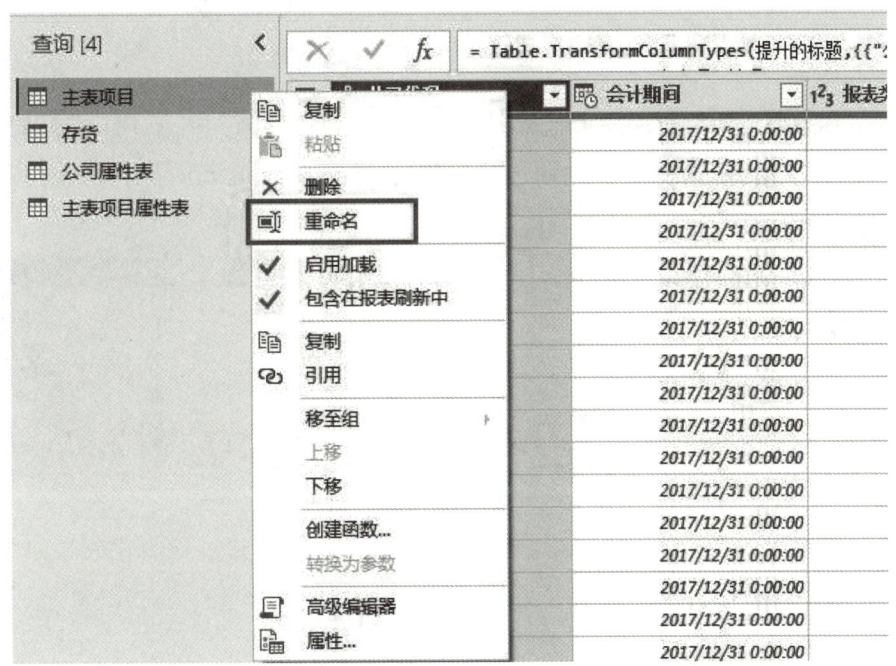

图 6-4 重命名表格

6.2 数据清洗

6.2.1 清洗"主表项目"表

在"Power Query 编辑器"中,单击左侧"主表项目"。点击"会计期间"前图标,选择

"日期",并在弹窗中选择"添加新步骤",如图6-5所示。

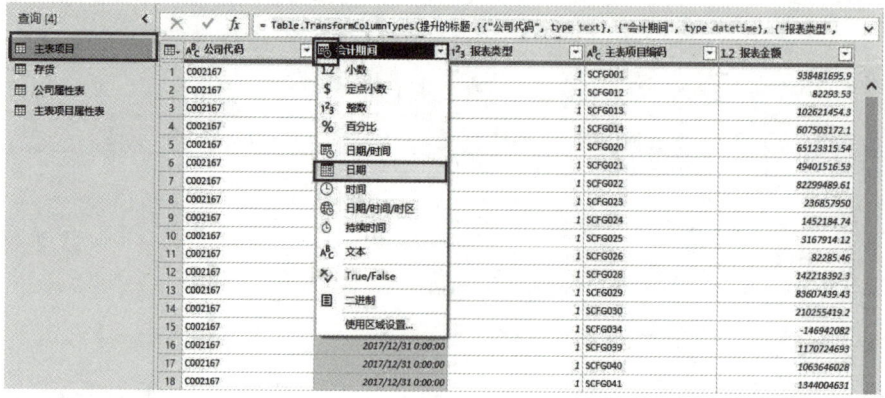

图6-5 更改"会计期间"数据类型

确认各列数据类型是否正确:"公司代码"为"文本","会计期间"为"日期","报表类型"为"整数","主表项目编码"为"文本","报表金额"为"小数"。确认无误,清洗完毕,如图6-6所示。

图6-6 确认各列数据类型(1)

6.2.2 清洗"存货"表

在"Power Query编辑器"中,点击左侧"存货"。点击"会计期间"前图标,选择"日期"类型,并在弹窗中选择"添加新步骤"。

确认各列数据类型是否正确:"会计期间"为"日期","值"为"小数",其余各列为"文本"类型。确认无误,清洗完毕,如图6-7所示。

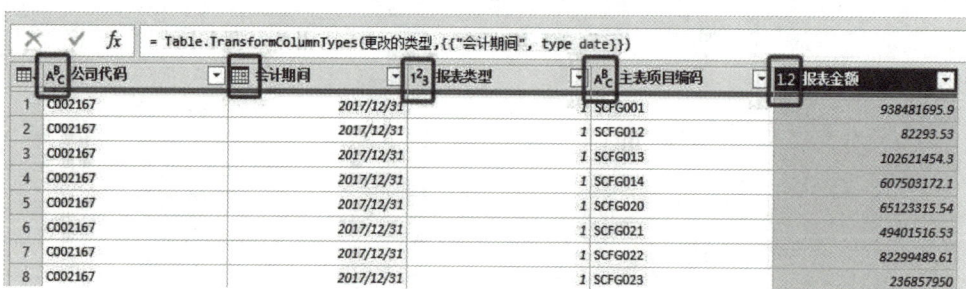

图6-7 确认各列数据类型(2)

6.2.3 清洗"公司属性表"

在"Power Query 编辑器"中,点击左侧"公司属性表"。确认各列数据类型是否正确。确认无误,清洗完毕。

6.2.4 清洗"主表项目属性表"

在"Power Query 编辑器"中,点击左侧"主表项目属性表"。按住"Ctrl"键同时选中"报表分类"和"索引"列,单击鼠标右键"删除列"。

确认剩余 3 列数据类型均为"文本",确认无误,清洗完毕,如图 6-8 所示。

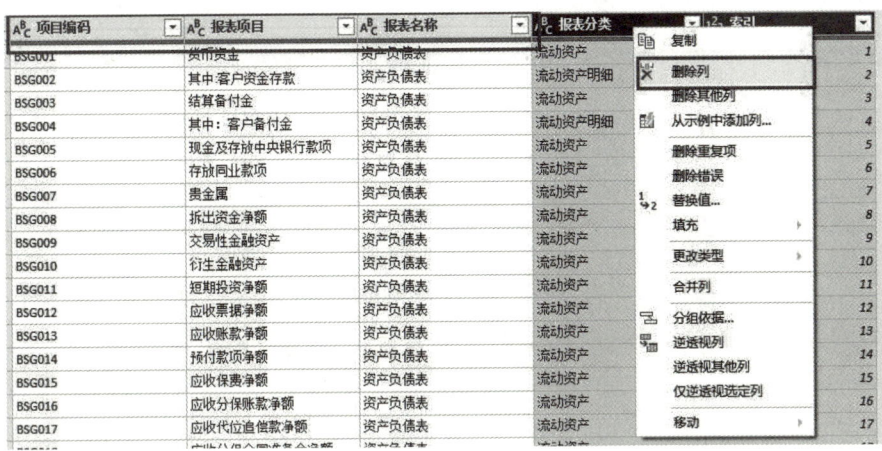

图 6-8 删除列及确认数据类型

6.2.5 关闭并应用

在"Power Query 编辑器"中,点击左上角"关闭并应用"下的"关闭并应用",退出 Power Query 编辑器,完成数据清洗,如图 6-9 所示。

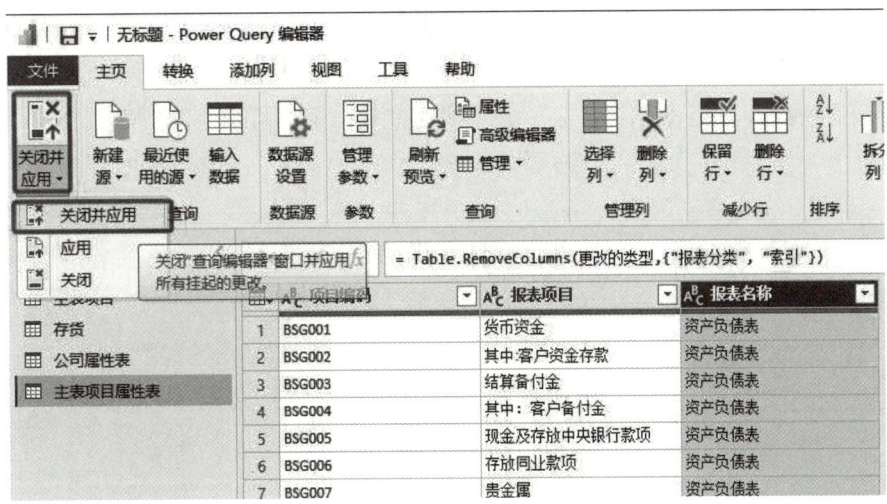

图 6-9 关闭并应用

6.3 数据建模

6.3.1 创建"日历表"

点击页面左侧列第一个图标,进入"报表视图",点击"建模"菜单栏中的"新建表",如图 6-10 所示。

数据建模

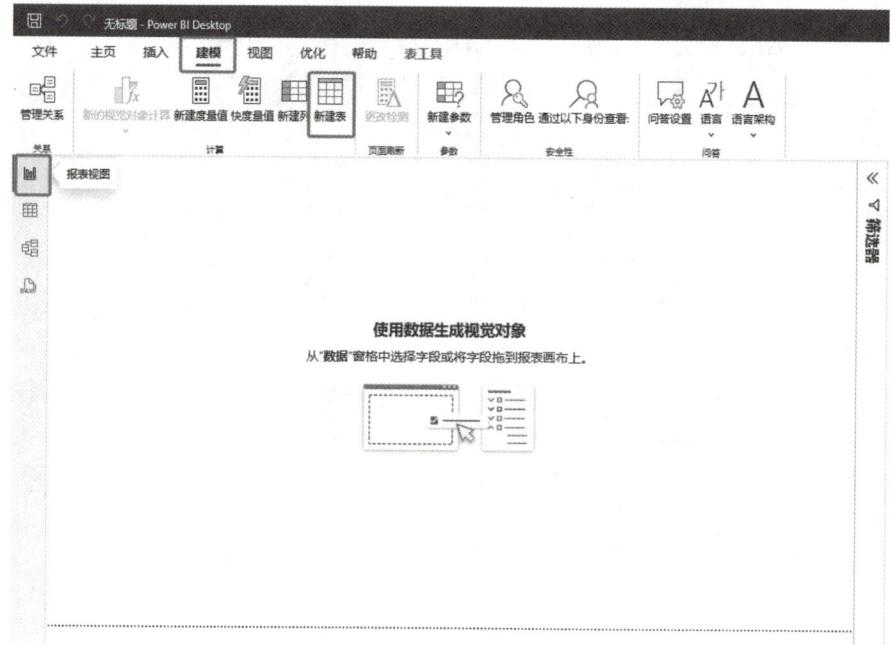

图 6-10 在"报表视图"下新建表

输入 DAX 语句:

日历表 = ADDCOLUMNS (CALENDAR (date (2017,1,1), date (2020,12,31)),"年", YEAR ([Date]),"季度", ROUNDUP(MONTH([Date])/3,0),"月", MONTH([Date]))

然后按回车键确认,或点击左方"√",在右侧"数据"窗口可见"日历表",表示创建成功,如图 6-11 所示。

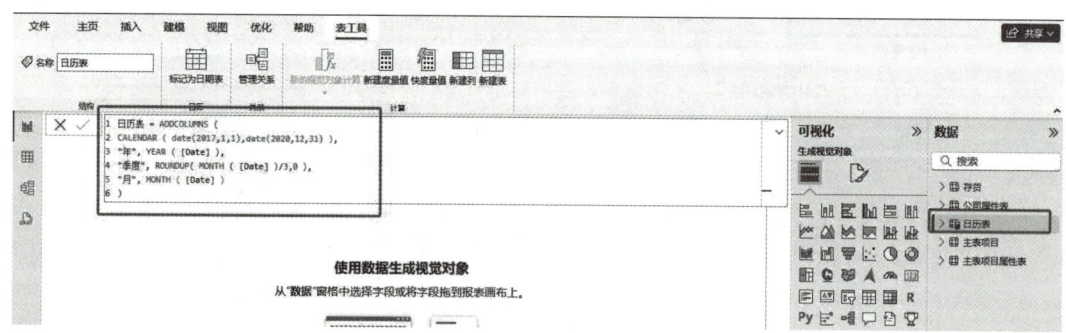

图 6-11 完成日历表创建

6.3.2 数据建模

点击左侧列"模型视图",建立数据表之间的关系(系统已自动建立部分数据表间的关系,在连接线中间箭头图标单击鼠标右键即可删除关系)。

建立"主表项目"与"公司属性表"的关系:拖拽"主表项目"表中的"公司代码"到"公司属性表"中的"公司代码"(已存在,检查是否正确)。

建立"主表项目"与"日历表"的关系:拖拽"主表项目"表中的"会计期间"到"日历表"中的"Date"。

建立"主表项目"与"主表项目属性表"的关系:拖拽"主表项目"表中的"主表项目编码"到"主表项目属性表"中的"项目编码"。

建立"存货"与"日历表"的关系:拖拽"存货"表中的"会计期间"到"日历表"中的"Date"。

建立"公司属性表"与"存货"的关系:拖拽"公司属性表"中的"公司代码"到"存货"表中的"公司代码"(已存在,检查是否正确)。

最终表间关系建立如图6–12所示。

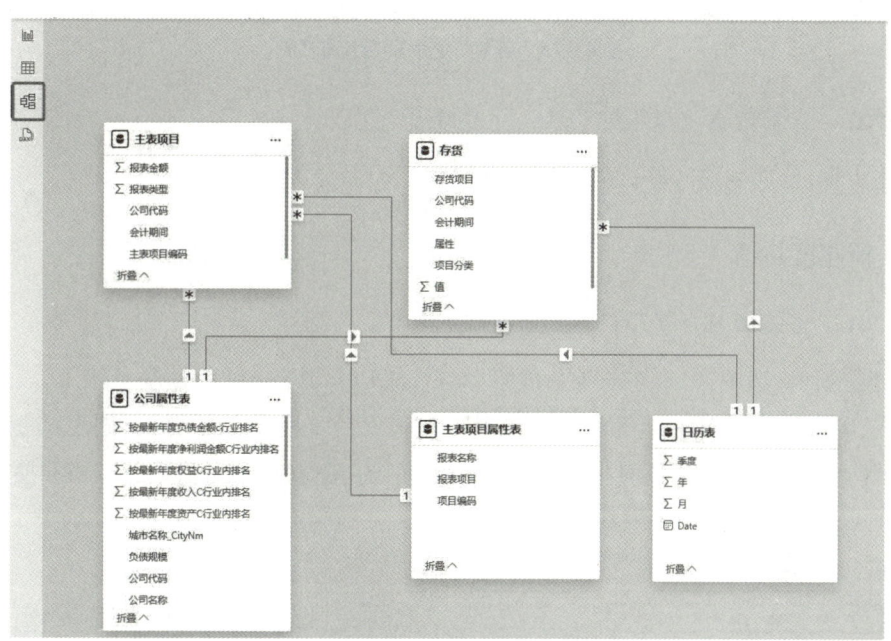

图6–12 建立表间关系

6.4 数据度量

6.4.1 新建度量表(3个)

1. 新建"01 – 主表项目度量"表

点击左侧列第一个图标"报表视图",选择"主页",点击"输入数据"。在"创建表"

新建度量表和度量值

界面中,"名称"处输入"01-主表项目度量",点击"加载",如图6-13所示。

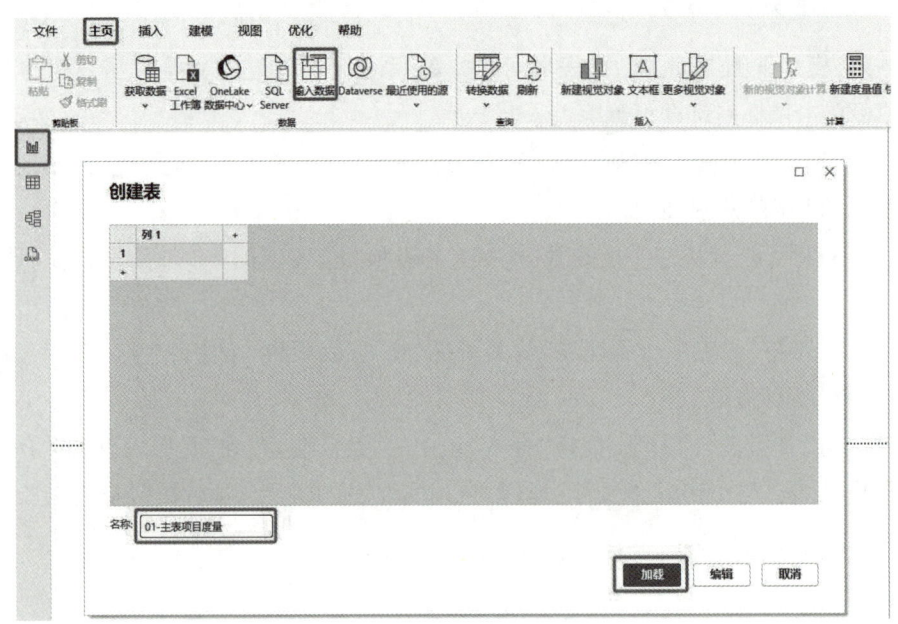

图6-13 新建"主表项目度量"表

2. 新建"02-存货附表度量"表、"03-分类度量"表

按照上述步骤,分别创建"02-存货附表度量"表、"03-分类度量"表。

6.4.2 新建度量值

1. 新建"01-主表项目度量"下的度量值(14个)

点击"数据"窗口,选中"01-主表项目度量",在"表工具"中选择"新建度量值"。

输入公式"01-01主表项目金额度量=SUM('主表项目'[报表金额])",按回车键确认创建,如图6-14所示(如果在粘贴度量值时报错,多是因"名词"存在空格或换行,删除空格和换行即可)。

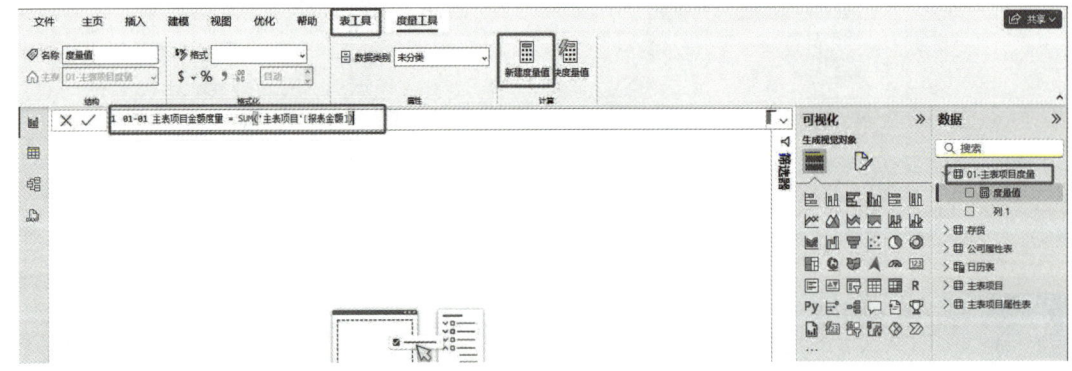

图6-14 新建度量值

按照相同方法,创建"01-主表项目度量"剩余13个度量值。完成后单击鼠标右键删除"列1",如图6-15所示。

01-02主表项目金额=CALCULATE(varx=MAX('日历表'[Date])RETURNCALCULATE([01-

01 主表项目金额度量],'日历表'[Date] = X))

01-03 存货 = CALCULATE([01-02 主表项目金额],FILTER('主表项目','主表项目'[主表项目编码] = "BSG027"))

01-04 资产合计 = CALCULATE([01-02 主表项目金额],FILTER('主表项目','主表项目'[主表项目编码] = "BSG059"))

01-05 营业收入 = CALCULATE([01-02 主表项目金额],FILTER('主表项目','主表项目'[主表项目编码] = "ISG002"))

01-06 营业成本 = CALCULATE([01-02 主表项目金额],FILTER('主表项目','主表项目'[主表项目编码] = "ISG019"))

01-07 存货(上年) = CALCULATE([01-03 存货],SAMEPERIODLASTYEAR('日历表'[Date]))

01-08 存货增长率 = DIVIDE([01-03 存货]-[01-07 存货(上年)],[01-07 存货(上年)])

01-09 存货周转率 = DIVIDE([01-06 营业成本],([01-03 存货]+[01-07 存货(上年)])/2)

01-10 存货占总资产比例 = DIVIDE([01-03 存货],[01-04 资产合计])

01-11 存货增长率(修改后) = IF([01-08 存货增长率] = 0,0,[01-08 存货增长率])

01-12 存货周转率(修改后) = IF([01-09 存货周转率] = 0,0,[01-09 存货周转率])

01-13 存货占总资产比例(修改后) = IF([01-10 存货占总资产比例] = 0,0,[01-10 存货占总资产比例])

01-14 净利润 = CALCULATE([01-02 主表项目金额],FILTER('主表项目','主表项目'[主表项目编码] = "ISG052"))

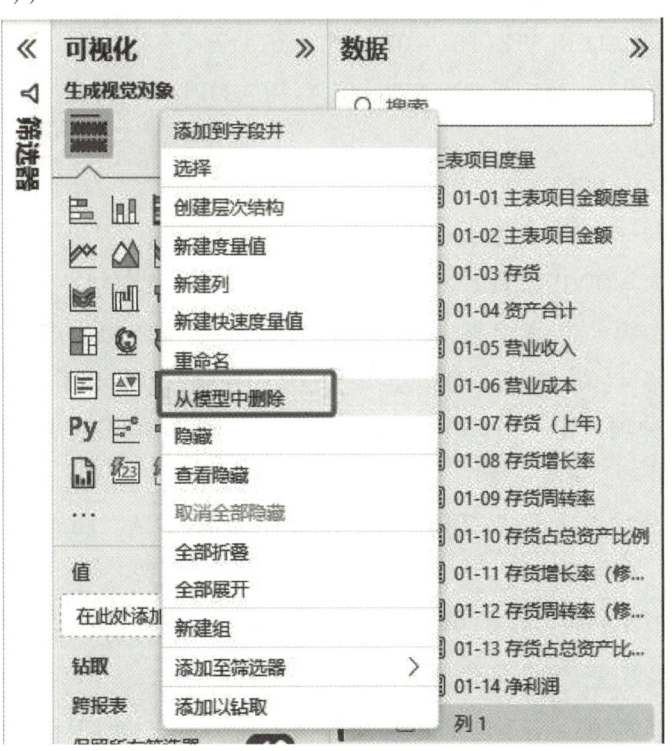

图 6-15　新建 14 个度量值并删除"列 1"

2. 新建"02-存货附表度量"下的度量值(20个)

点击"数据"窗口下的"02-存货附表度量",在"表工具"中选择"新建度量值",输入公式,创建20个度量值,完成后删除"列1"。

02-01 存货金额度量 = SUM('存货'[值])

02-02 存货 = CALCULATE(varx = MAX('日历表'[Date]) RETURNCALCULATE([02-01 存货金额度量],'日历表'[Date] = x))

02-03 期初金额 = CALCULATE([02-02 存货],FILTER('存货','存货'[属性] = "期初金额"))

02-04 期初跌价准备 = CALCULATE([02-02 存货],FILTER('存货','存货'[属性] = "期初跌价准备"))

02-05 期初净额 = CALCULATE([02-02 存货],FILTER('存货','存货'[属性] = "期初净额"))

02-06 跌价准备本期增加 = CALCULATE([02-02 存货],FILTER('存货','存货'[属性] = "跌价准备本期增加"))

02-07 跌价准备本期减少 = CALCULATE([02-02 存货],FILTER('存货','存货'[属性] = "跌价准备本期减少"))

02-08 其中:跌价准备本期转回 = CALCULATE([02-02 存货],FILTER('存货','存货'[属性] = "其中:跌价准备本期转回"))

02-09 其中:跌价准备本期冲销 = CALCULATE([02-02 存货],FILTER('存货','存货'[属性] = "其中:跌价准备本期冲销"))

02-10 其中:跌价准备本期其他减少 = CALCULATE([02-02 存货],FILTER('存货','存货'[属性] = "其中:跌价准备本期其他减少"))

02-11 期末金额 = CALCULATE([02-02 存货],FILTER('存货','存货'[属性] = "期末金额"))

02-12 期末跌价准备 = CALCULATE([02-02 存货],FILTER('存货','存货'[属性] = "期末跌价准备"))

02-13 期末净额 = CALCULATE([02-02 存货],FILTER('存货','存货'[属性] = "期末净额"))

02-14 本期变动额 = [02-13 期末净额] - [02-05 期初净额]

02-15 本期变动率 = DIVIDE([02-14 本期变动额],[02-05 期初净额])

02-16 跌价变动金额 = [02-12 期末跌价准备] - [02-04 期初跌价准备]

02-17 跌价变动率 = [02-16 跌价变动金额]/[02-04 期初跌价准备]

02-18 项目分类分项占比 = DIVIDE([02-13 期末净额],CALCULATE([02-13 期末净额],ALLSELECTED('存货'[项目分类])))

02-19 存货项目分项占比 = DIVIDE([02-13 期末净额],CALCULATE([02-13 期末净额],ALLSELECTED('存货'[存货项目])))

02-20 本期计提占净利润比重 = [02-06 跌价准备本期增加]/[01-14 净利润]

3. 新建"03-分类度量"下的度量值(4个)

点击"数据"窗口下的"03-分类度量",在"表工具"中选择"新建度量值",输入公式,创建4个度量值,完成后删除"列1"。

03-01 申万三类-存货增长率 = CALCULATE([01-11 存货增长率(修改后)],VALUES('公司属性表'[申万行业三级名称]),ALLEXCEPT('公司属性表','公司属性表'[申万行业三级名称]))

03-02 申万三类-存货周转率 = CALCULATE([01-12 存货周转率(修改后)],VALUES('公司属性表'[申万行业三级名称]),ALLEXCEPT('公司属性表','公司属性表'[申万行业三级名称]))

03-03 申万三类-存货占总资产比例 = CALCULATE([01-13 存货占总资产比例(修改后)],VALUES('公司属性表'[申万行业三级名称]),ALLEXCEPT('公司属性表','公司属性表'[申万行业三级名称]))

03-04 行业内公司数量 = CALCULATE(CALCULATE(DISTINCTCOUNT('主表项目'[公司代码]),VALUES('公司属性表'[申万行业三级名称]),ALLEXCEPT('公司属性表','公司属性表'[申万行业三级名称])))

6.5 数据可视化——"信息页"

6.5.1 页面设置——"信息页"

1. 设置页面尺寸

在"报表视图"中展开"可视化"窗口,选择"设置页面格式",展开"画布设置","类型"选择"自定义",设置"高度"为"1080""宽度"为"1920",如图6-16所示。

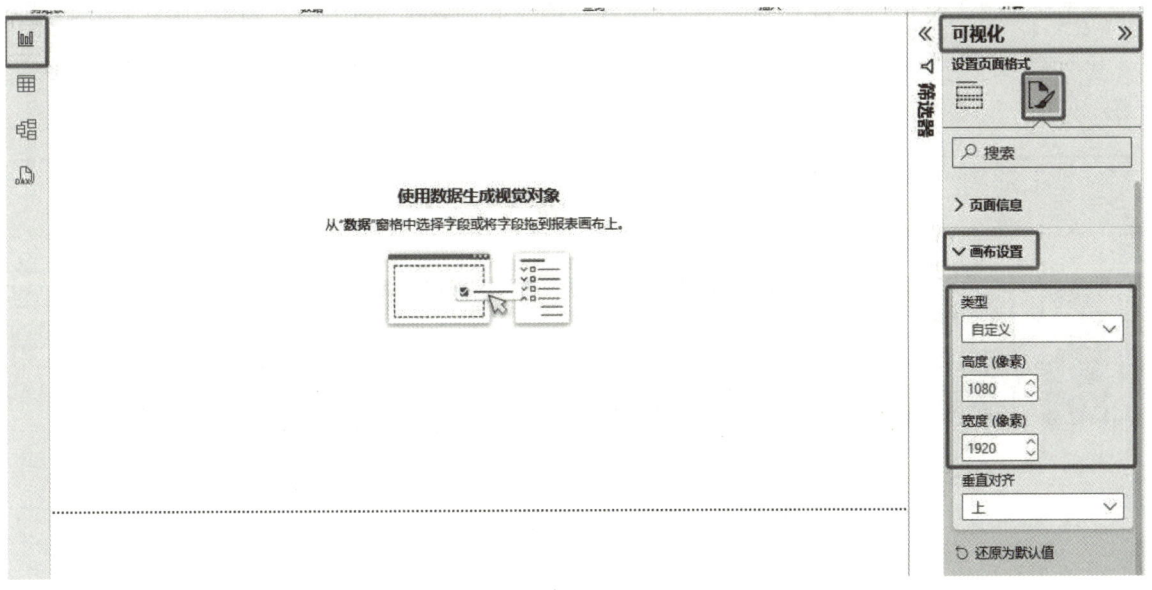

图6-16 设置页面尺寸

2. 设置页面背景

在"可视化"窗口下展开"画布背景",点击"图像"旁的图标"添加文件",找到已下载的背景图片打开,透明度调至"0"。点击"视图",在"页面视图"中选择"适应宽度"。如图6-17所示。

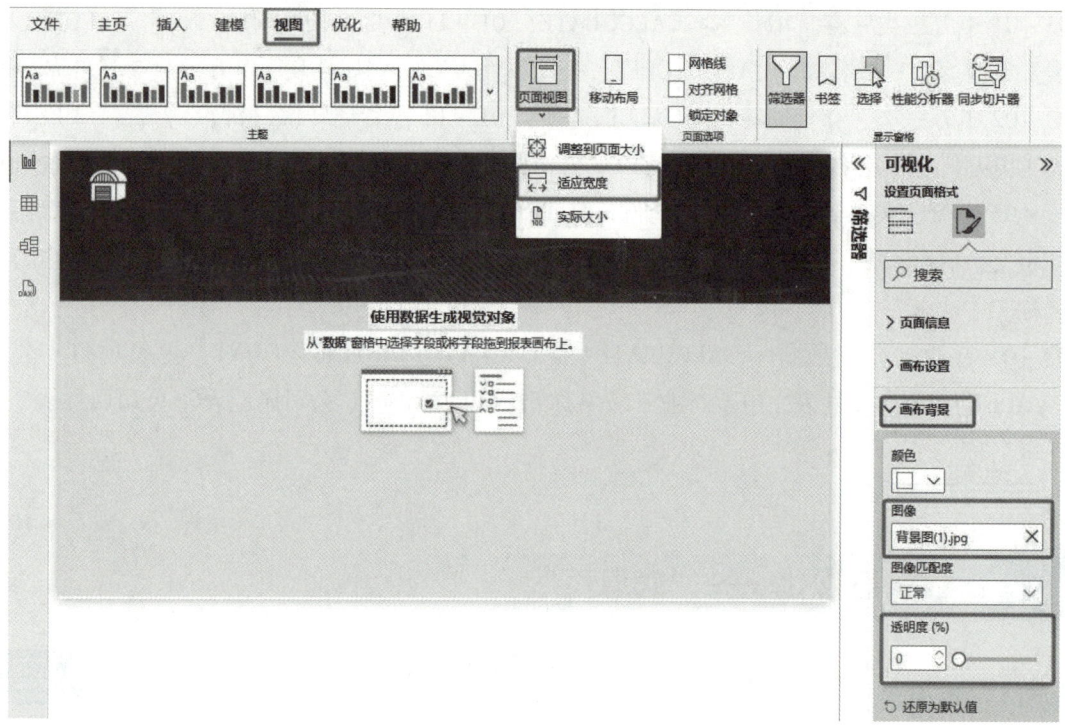

图 6-17 设置页面背景

6.5.2 创建视觉对象"文本框"——页面表头

点击"插入",选择"文本框",输入文本"存货分析",并调整字号为"20",颜色为白色。在右侧"设置文本框格式"窗口下的"效果"下关闭"背景"。将文本框移动到合适位置。如图 6-18 所示。

创建页面表头

图 6-18 创建页面表头

6.5.3 创建视觉对象"切片器"——时间切片器

1. 创建切片器

点击"可视化"窗口中的"切片器"图标,创建切片器,如图 6－19 所示。

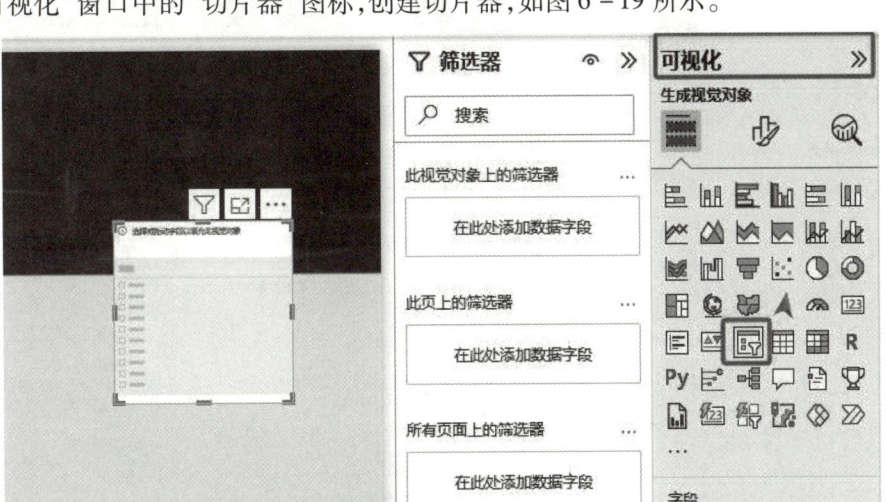

图 6－19　创建切片器

2. 设置切片器属性

选中创建的"切片器"对象,点开"数据"窗口下的"日历表",拖拽"年"到"可视化"窗口下的"字段"属性,如图 6－20 所示。

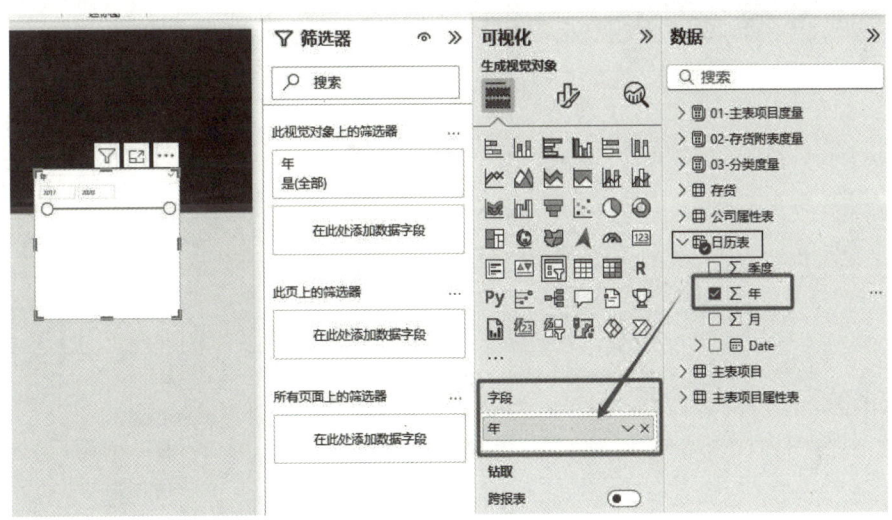

图 6－20　设置切片器字段

3. 调整切片器样式

点击"可视化"窗口,选择"设置视觉对象格式",在"切片器设置"中,在"选项"下选择"样式"为"磁贴",并调整切片器形状使其年份呈水平分布,同时关闭"切片器标头",如图 6－21 所示。

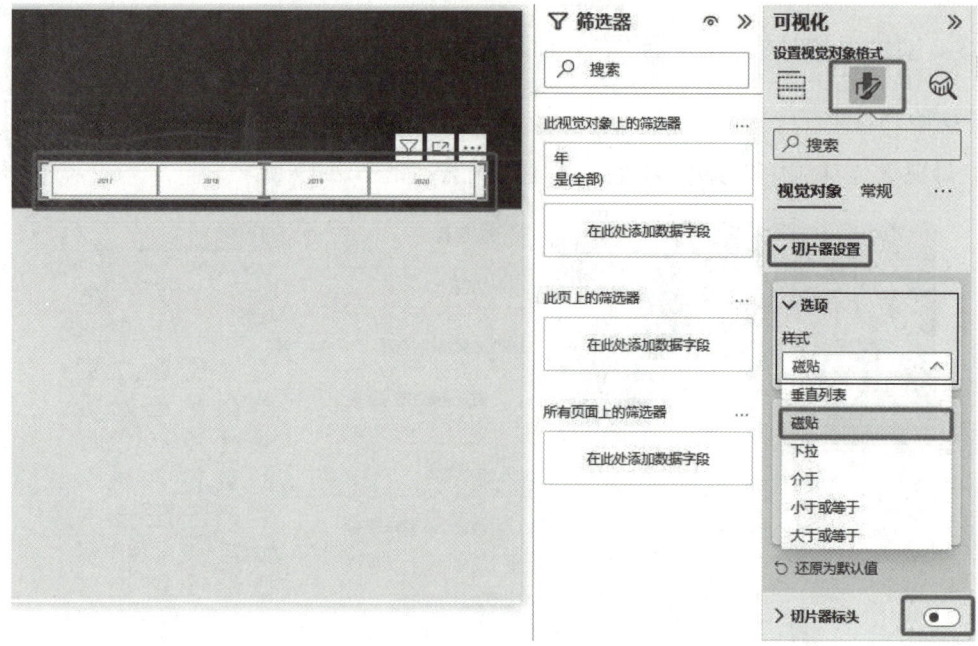

图 6-21　调整切片器样式

点开"值",调整字体大小为"12",如图 6-22 所示。

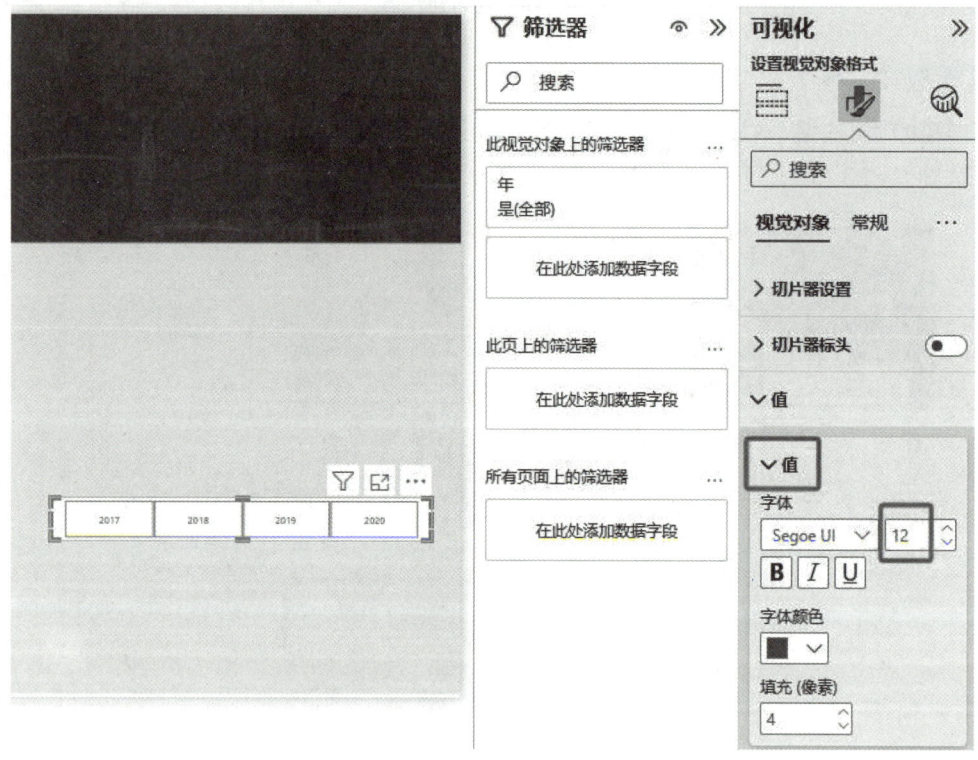

图 6-22　调整值字体

选择"设置视觉对象格式"下的"常规",点击"效果",关闭"背景",如图 6-23 所示。

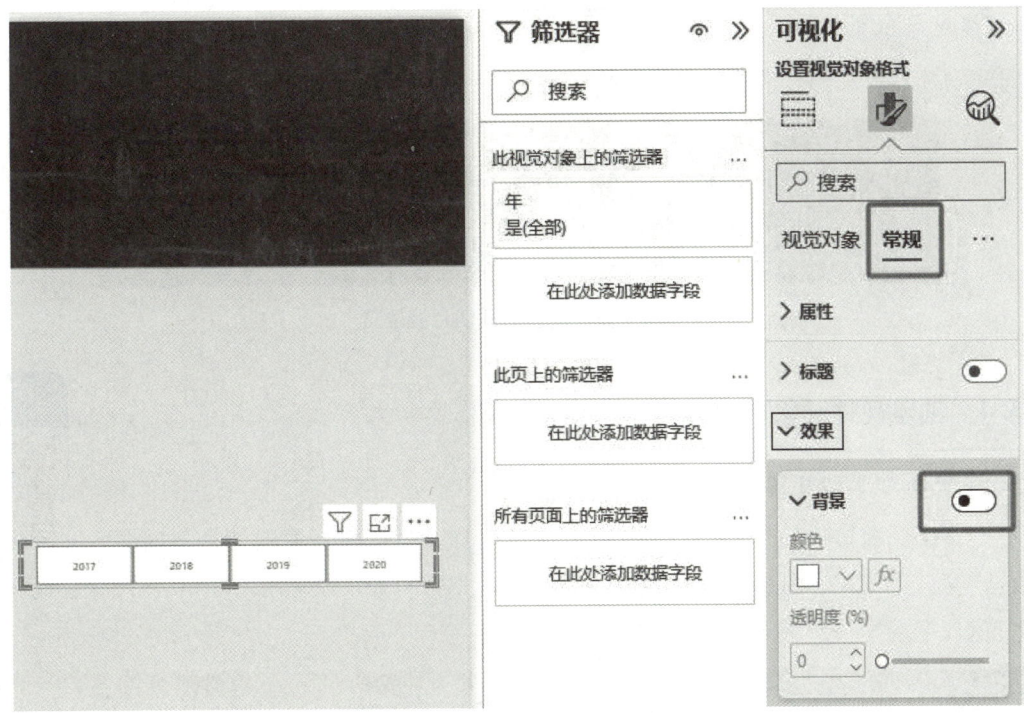

图 6-23 关闭切片器背景

4. 设置筛选器

点开右侧"筛选器"窗口,拖拽"数据"窗口中"日历表"下的"年"到"筛选器"窗口下"此页上的筛选器"位置,筛选类型为"基本筛选",勾选"2018、2019、2020"3个年份,如图 6-24 所示。

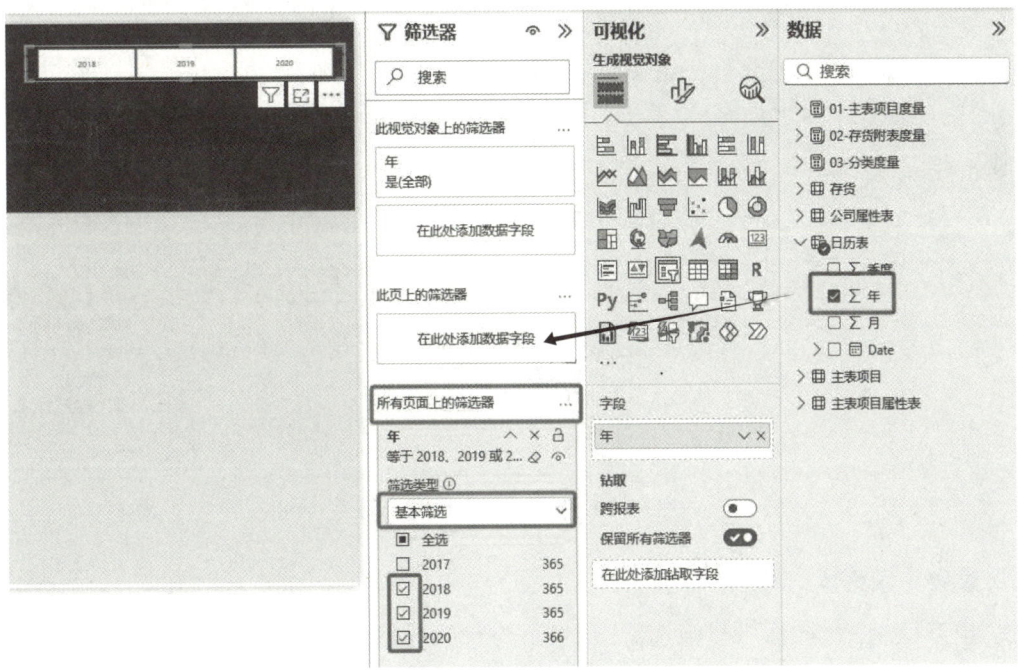

图 6-24 设置筛选器

5. 调整对象位置

将时间切片器移动到合适位置,如图6-25所示。

图6-25 调整时间切片器位置

6.5.4 创建视觉对象"切片器"——申万行业

1. 创建申万行业切片器

点击"可视化"窗口中的"切片器"图标,创建新切片器。选中新建的切片器对象,点开"数据"窗口下的"公司属性表",按顺序分别拖拽"申万行业一级名称"和"申万行业三级名称"到"可视化"窗口下的"字段"属性。如图6-26所示。

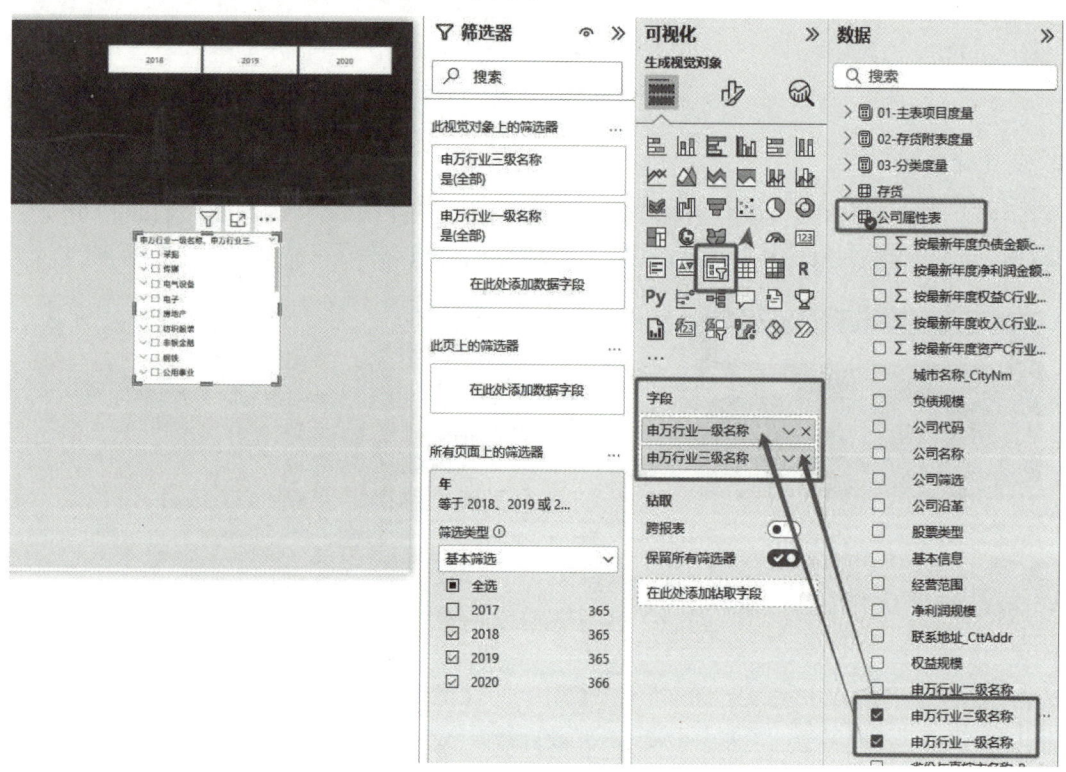

图6-26 创建申万行业切片器

2. 设置切片器属性

拖拽"申万行业三级名称"到"筛选器"窗口下"所有页面上的筛选器"中的"在此处添加数据字段"位置,设置"筛选类型"为"基本筛选",搜索并勾选三级行业,例如:"申万行业"→"有色金属"→"其他稀有小金属",如图6-27所示。

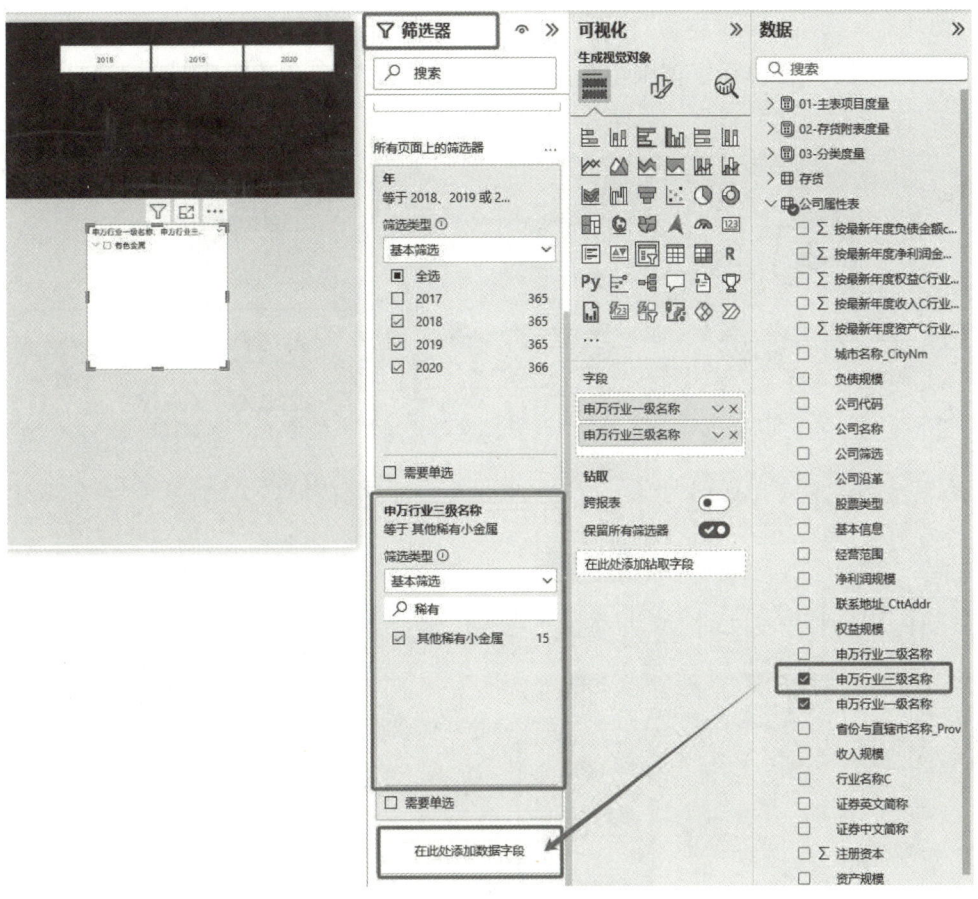

图 6-27　筛选申万三级行业

3. 调整切片器格式

在"可视化"窗口下选择"设置视觉对象格式"。点开"切片器设置",在"选项"中选择"样式"为"下拉"。如图 6-28 所示。

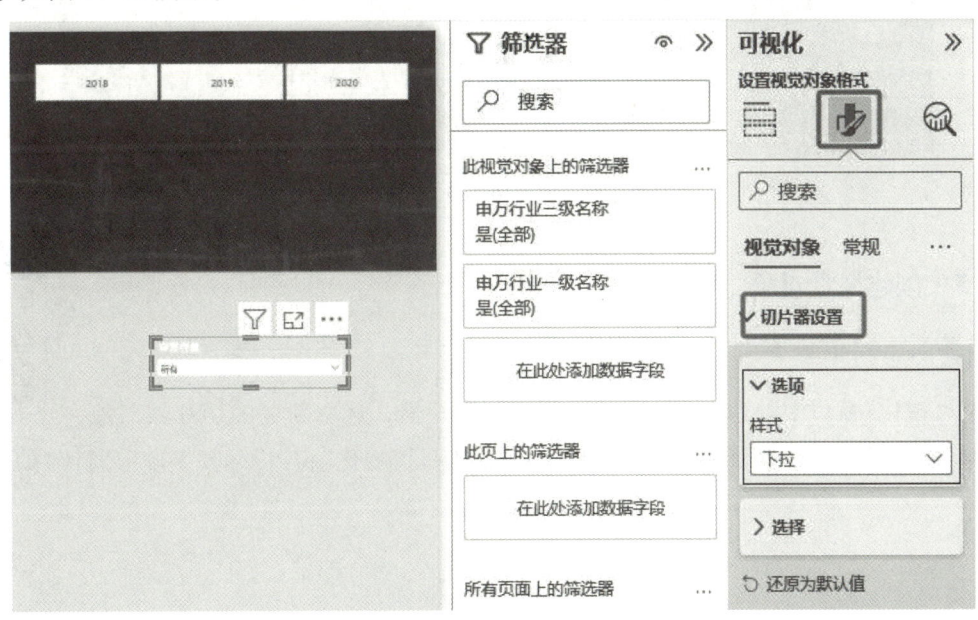

图 6-28　设置下拉格式

点开"切片器标头",标题文本为"申万行业",设置字体大小"12",字体为粗体,字体颜色为白色。点开"值",设置字体大小"12",字体颜色为黑色,背景颜色为白色。选择"设置视觉对象格式"下的"常规",点开"效果",关闭"背景"。如图6-29所示。

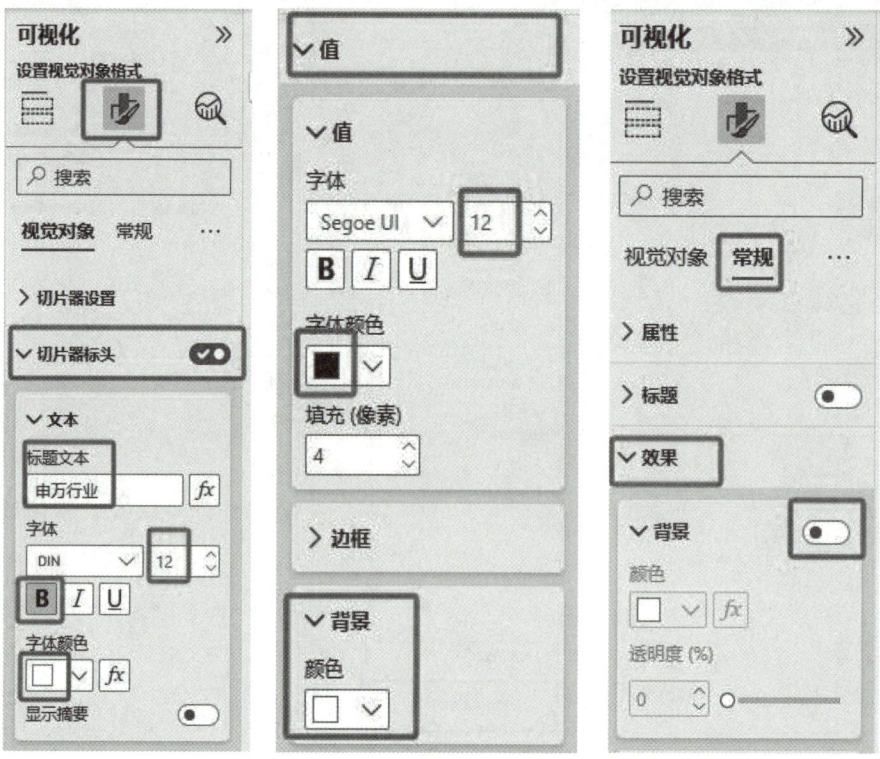

图6-29 调整切片器格式

4. 调整切片器大小和位置

调整切片器大小,并将切片器移动到合适位置,如图6-30所示。

图6-30 调整切片器大小和位置

6.5.5 创建视觉对象"切片器"——公司

创建公司切片器

1. 创建公司切片器

点击"可视化"窗口中的"切片器"图标,创建新切片器。选中新建的切片器对象,点开"数据"窗口下的"公司属性表",拖拽"公司筛选"到"可视化"窗口下的"字段"属性。如图6-31所示。

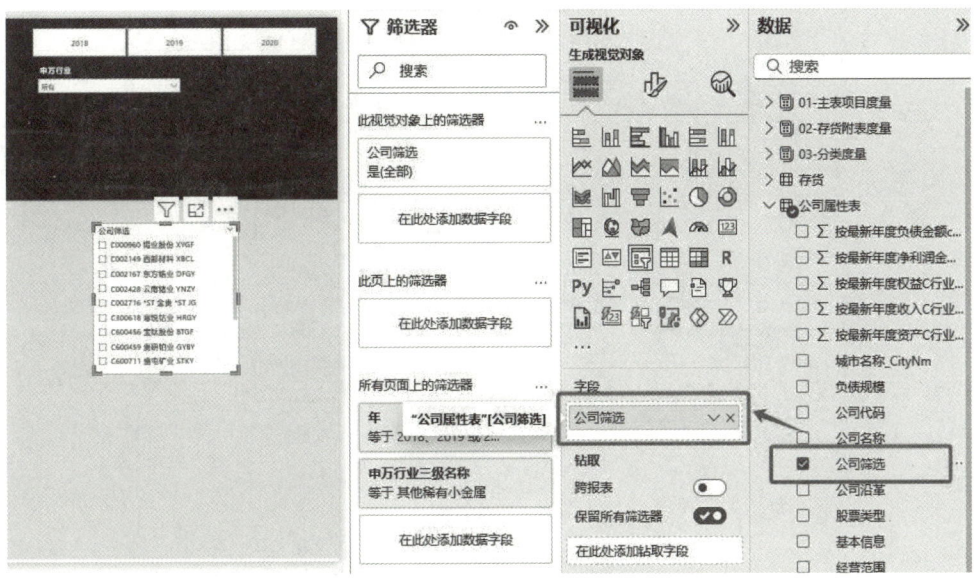

图6-31 创建公司切片器

2. 调整切片器格式

在"可视化"窗口下,选择"设置视觉对象格式"。点开"切片器设置",在"选项"中选择"样式"为"下拉"。如图6-32所示。

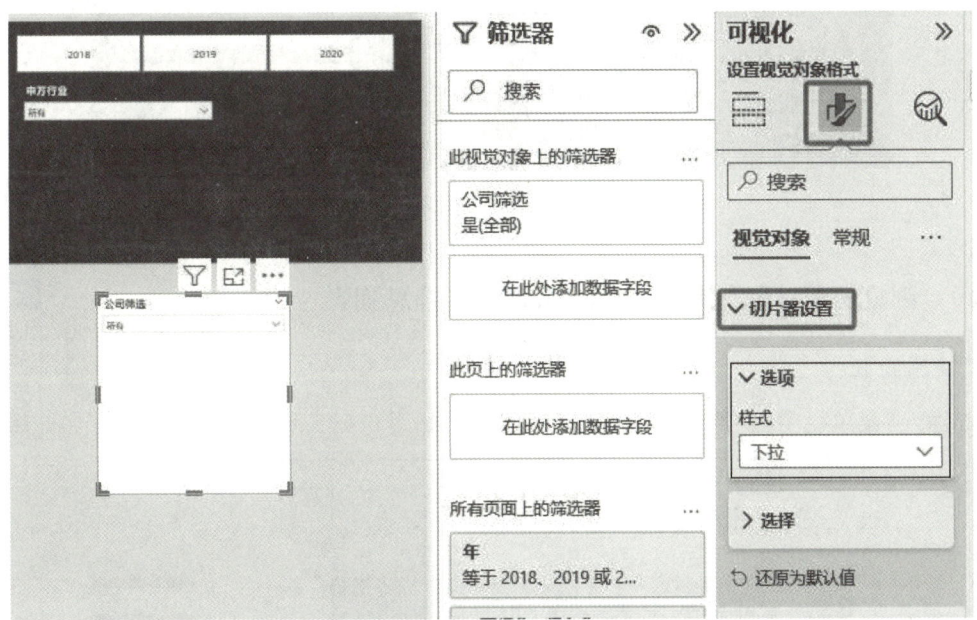

图6-32 设置下拉格式

点开"切片器标头",标题文本为"公司",设置字体大小"12",字体为粗体,字体颜色为白色。点开"值",设置字体大小"12",字体颜色为黑色,背景颜色为白色。选择"设置视觉对象格式"下的"常规",点开"效果",关闭"背景"。如图6-33所示。

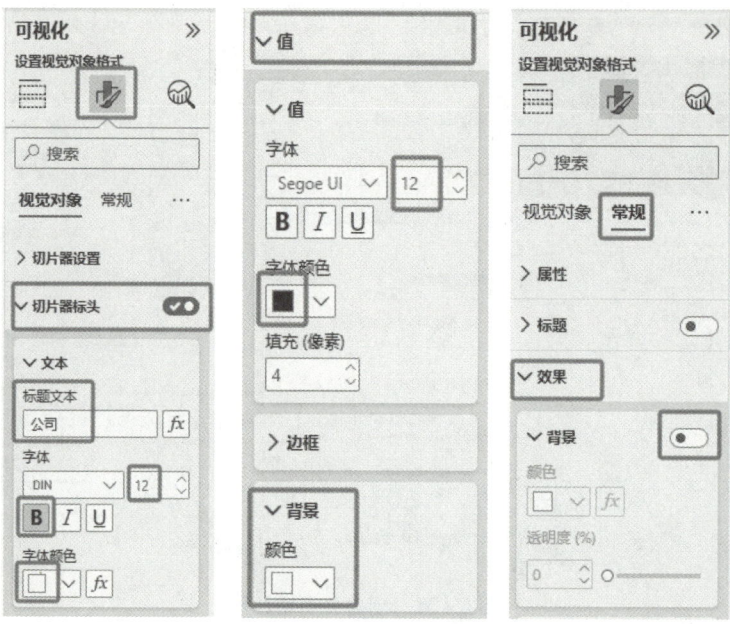

图 6-33　调整切片器格式

3. 调整切片器大小和位置

调整切片器大小,并将切片器移动到合适位置,如图 6-34 所示。

图 6-34　调整切片器大小和位置

6.5.6　创建视觉对象"卡片图"——公司基本信息列表

创建公司基本信息列表卡片图

1. 新建圆角矩形

点击"插入"菜单栏中的"形状",选择"圆角矩形",如图 6-35 所示。

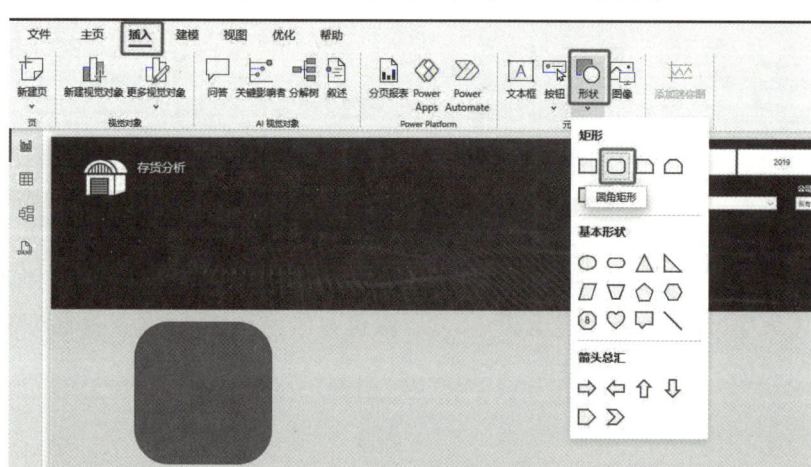

图 6-35　新建圆角矩形

2. 调整形状格式

选中新建的圆角矩形,在"设置形状格式"窗口中进行调整。点开"形状","圆角(%)"调至"5";点开"样式",在"填充"下颜色选择白色,在"边框"下颜色选择白色。如图6-36所示。

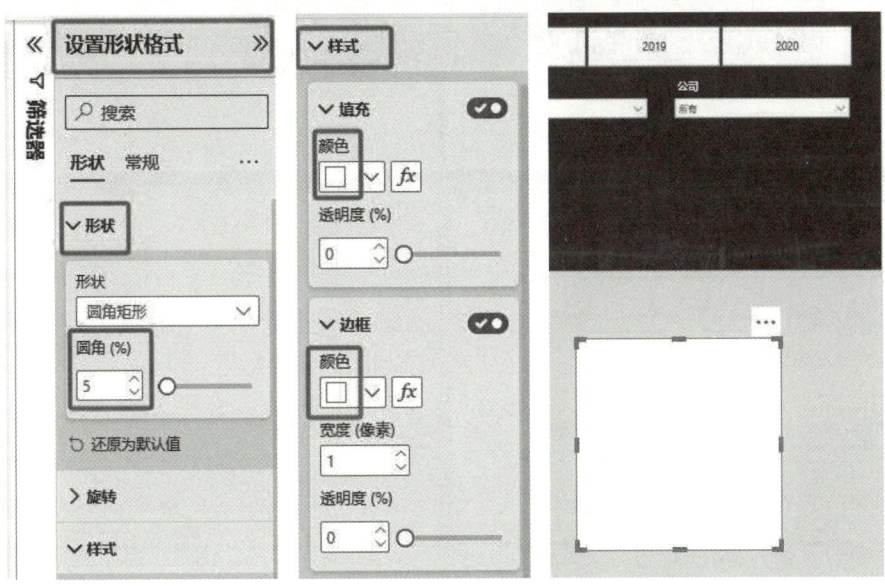

图6-36 调整形状格式

3. 调整圆角矩形大小和位置

调整圆角矩形至合适的大小和位置,如图6-37所示。

图6-37 调整圆角矩形大小和位置

4. 插入文本框(8个)

点击"插入",选择"文本框",点击8次"文本框"。在新建的8个文本框中,分别输入以下文本:"分析公司:""公司代码:""证监会行业内资产排名:""证监会行业内负债排名:""行业内公司数量:""申万行业三级:""证监会行业内收入排名:""证监会行业内净利润排名:"。如图6-38所示。

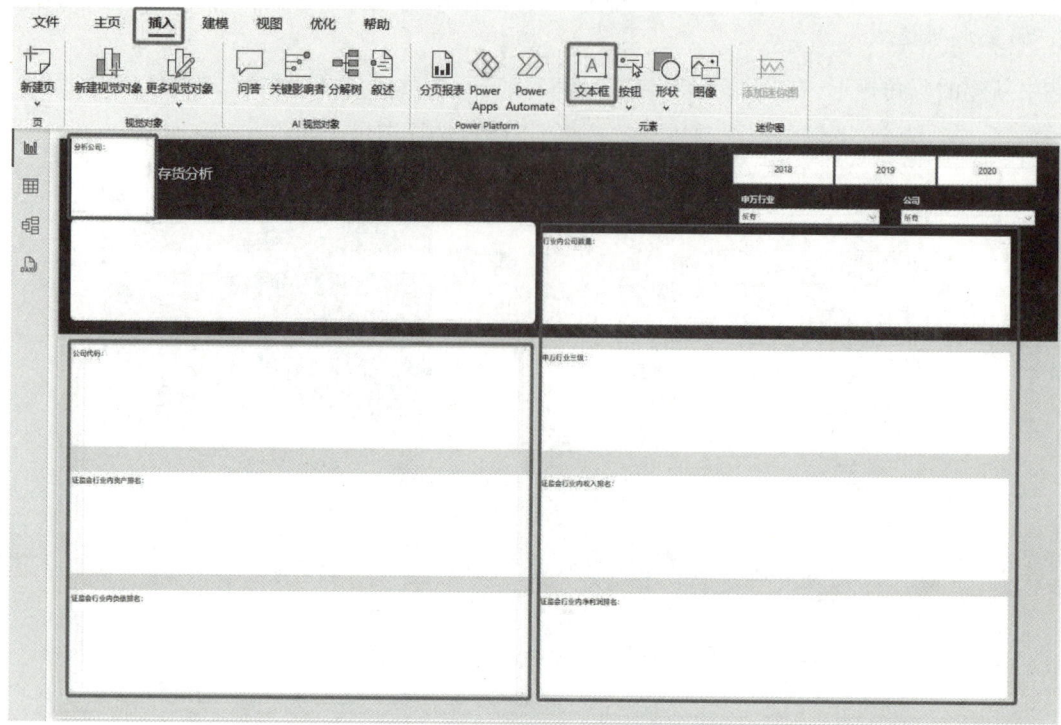

图 6-38 创建 8 个文本框并输入文本

5. 调整文本框格式

文本框内文本字体大小设置为"12",如图 6-39 所示。

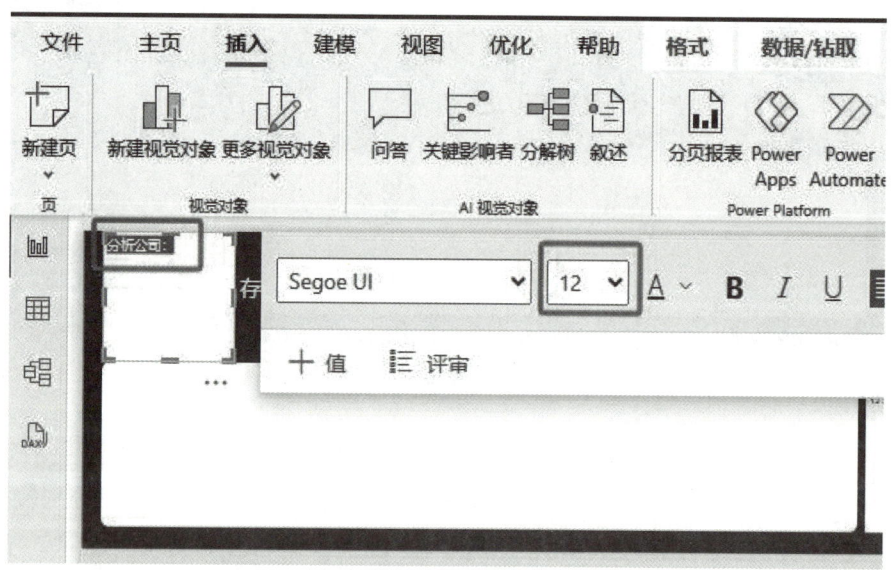

图 6-39 调整文本字号

按住"Ctrl"键同时选中 8 个文本框,在"设置文本框格式"窗口下打开"效果",关闭"背景",如图 6-40 所示。

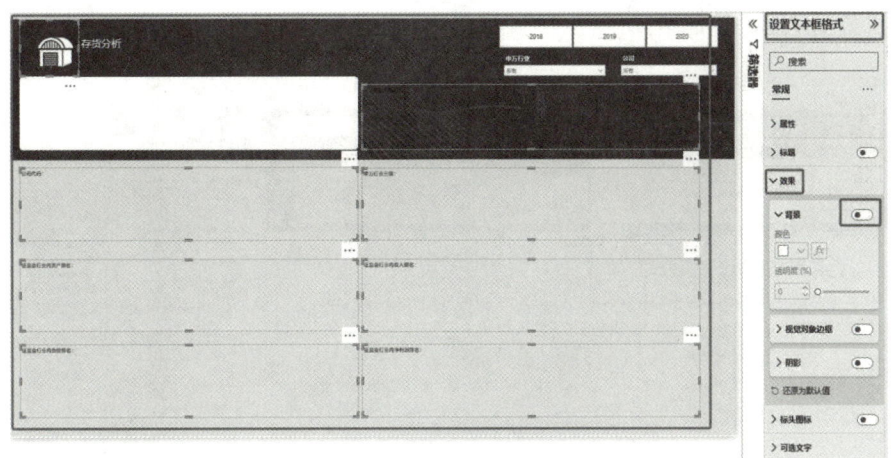

图 6-40　关闭文本框背景

6. 调整文本框大小和位置

将文本框调整至合适大小,并移动到创建的圆角矩形中,如图 6-41 所示。

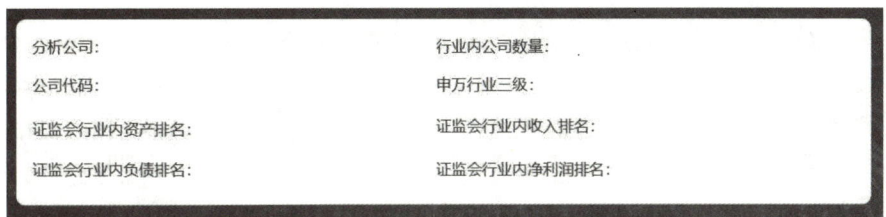

图 6-41　调整文本框大小和位置

7. 创建卡片图(8 个)

点击"可视化"窗口中的"卡片图"图标,创建 8 个"卡片图"对象,如图 6-42 所示。

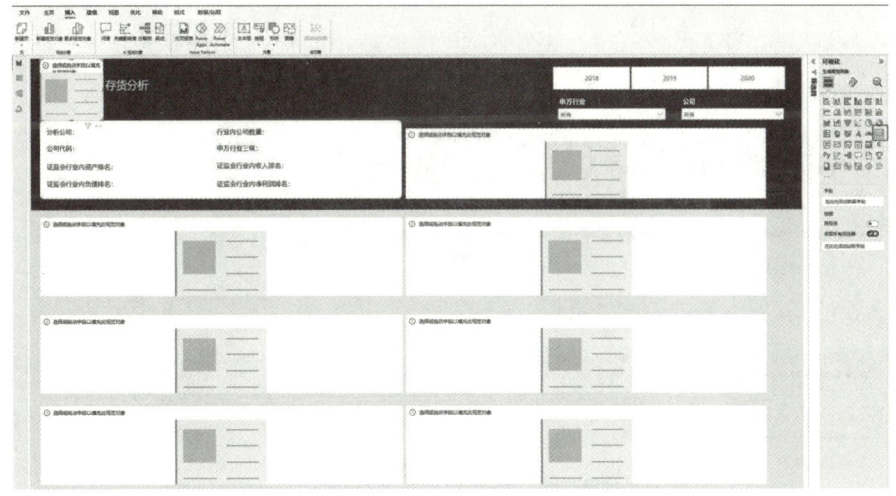

图 6-42　创建 8 个卡片图

8. 设置卡片图字段

逐个对 8 个"卡片图"进行字段设置。

(1)点开"数据"窗口中的"公司属性表",拖拽"公司名称"到"可视化"窗口下的"字段"属性,如图6-43所示。

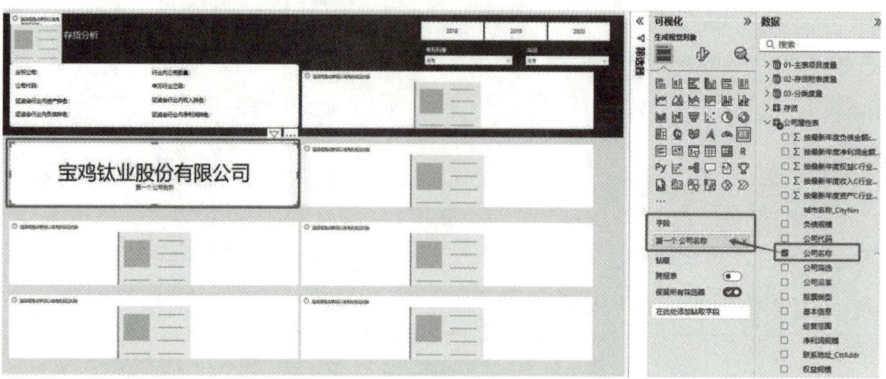

图6-43 设置第1个卡片图字段

(2)点开"数据"窗口中的"公司属性表",拖拽"公司代码"到"可视化"窗口下的"字段"属性,如图6-44所示。

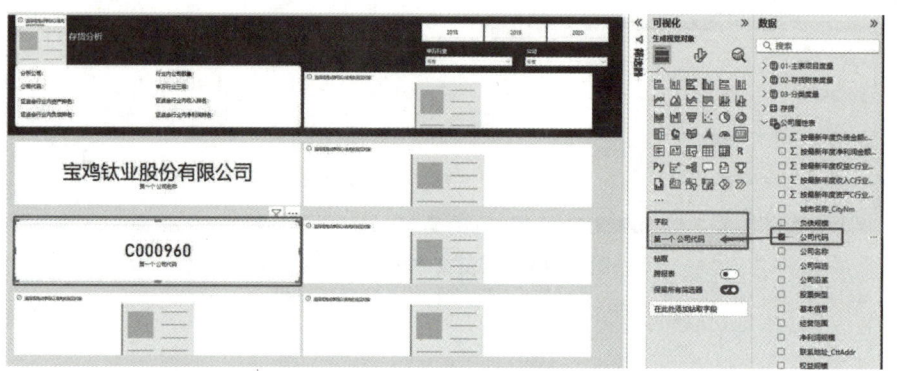

图6-44 设置第2个卡片图字段

(3)点开"数据"窗口中的"公司属性表",拖拽"按最新年度资产C行业内排名"到"可视化"窗口下的"字段"属性,如图6-45所示。

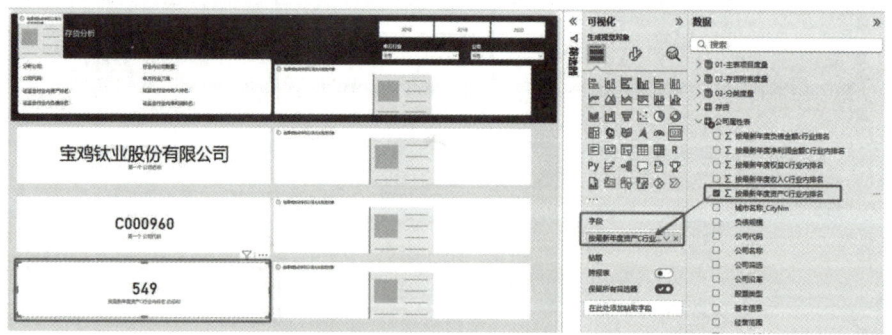

图6-45 设置第3个卡片图字段

(4)点开"数据"窗口中的"公司属性表",拖拽"按最新年度负债金额C行业排名"到"可视化"窗口下的"字段"属性,如图6-46所示。

图 6-46　设置第 4 个卡片图字段

（5）点开"数据"窗口中的"03-分类度量"，拖拽"03-04 行业内公司数量"到"可视化"窗口下的"字段"属性，如图 6-47 所示。

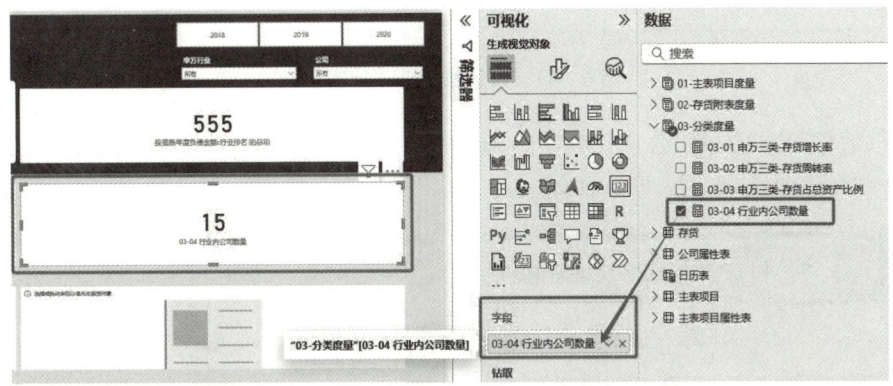

图 6-47　设置第 5 个卡片图字段

（6）点开"数据"窗口中的"公司属性表"，拖拽"申万行业三级名称"到"可视化"窗口下的"字段"属性，如图 6-48 所示。

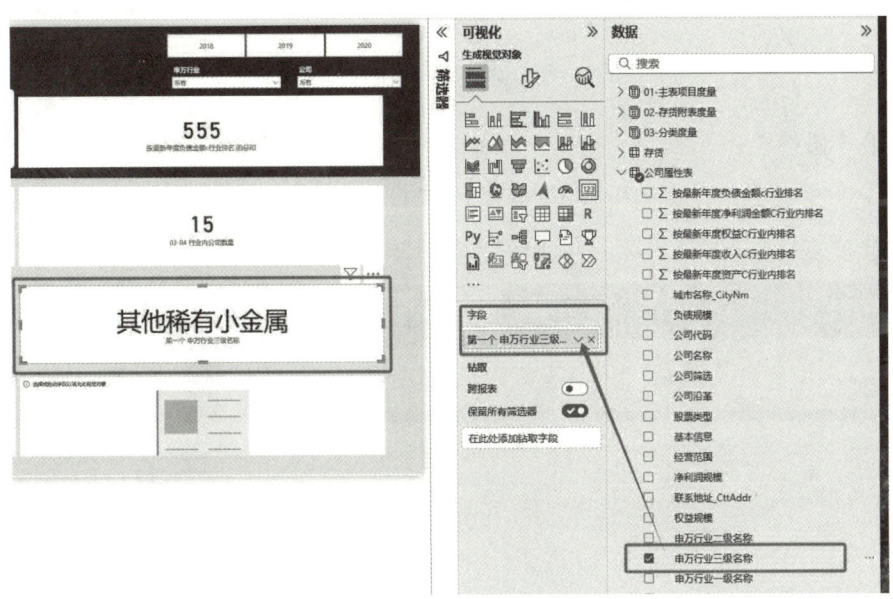

图 6-48　设置第 6 个卡片图字段

（7）点开"数据"窗口中的"公司属性表"，拖拽"按最新年度收入 C 行业内排名"到"可视化"窗口下的"字段"属性，如图 6-49 所示。

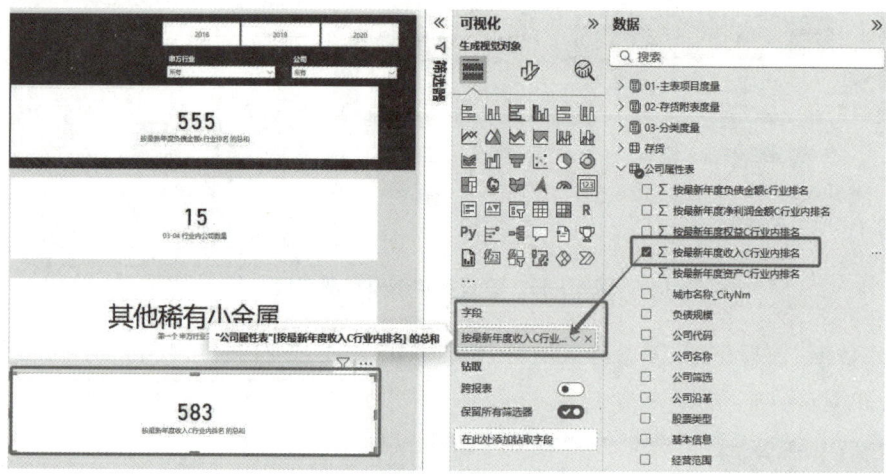

图 6-49 设置第 7 个卡片图字段

(8)点开"数据"窗口中的"公司属性表",拖拽"按最新年度净利润金额 C 行业内排名"到"可视化"窗口下的"字段"属性,如图 6-50 所示。

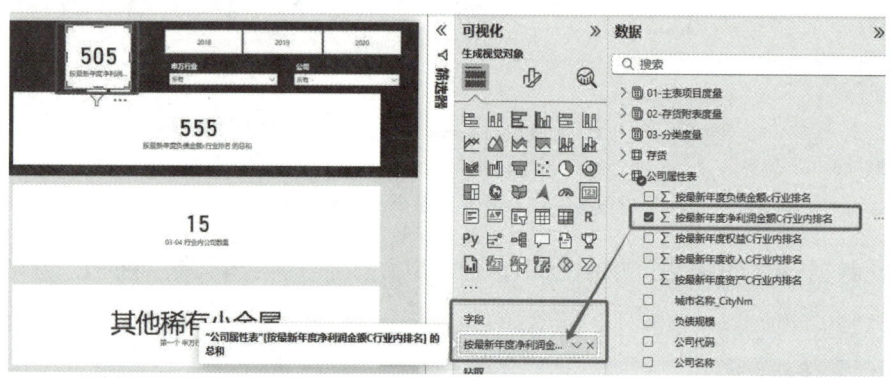

图 6-50 设置第 8 个卡片图字段

9. 调整卡片图格式

按住 Ctrl 键同时选中 8 个卡片图,点击"可视化"窗口下的"设置视觉对象格式"统一进行格式调整。点开"标注值",设置字体大小为"12",关闭"类别标签",如图 6-51 所示。

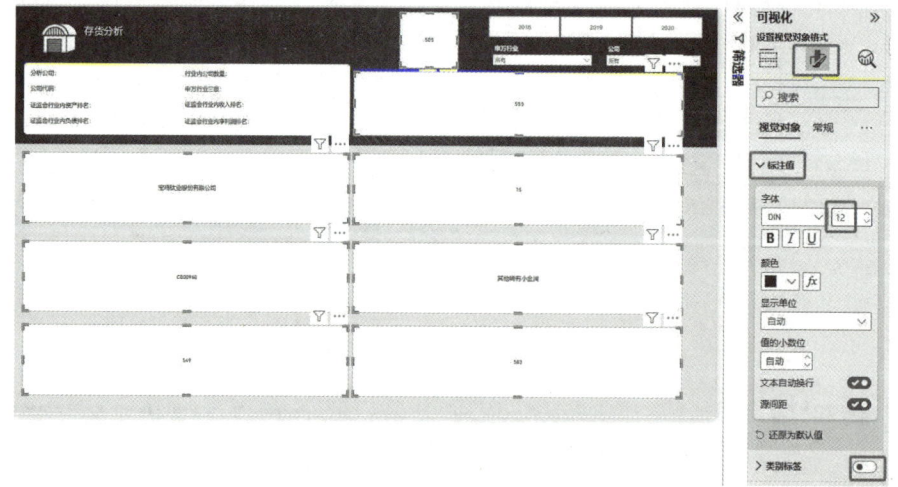

图 6-51 调整卡片图格式

点击"常规",打开"效果",关闭"背景",如图6-52所示。

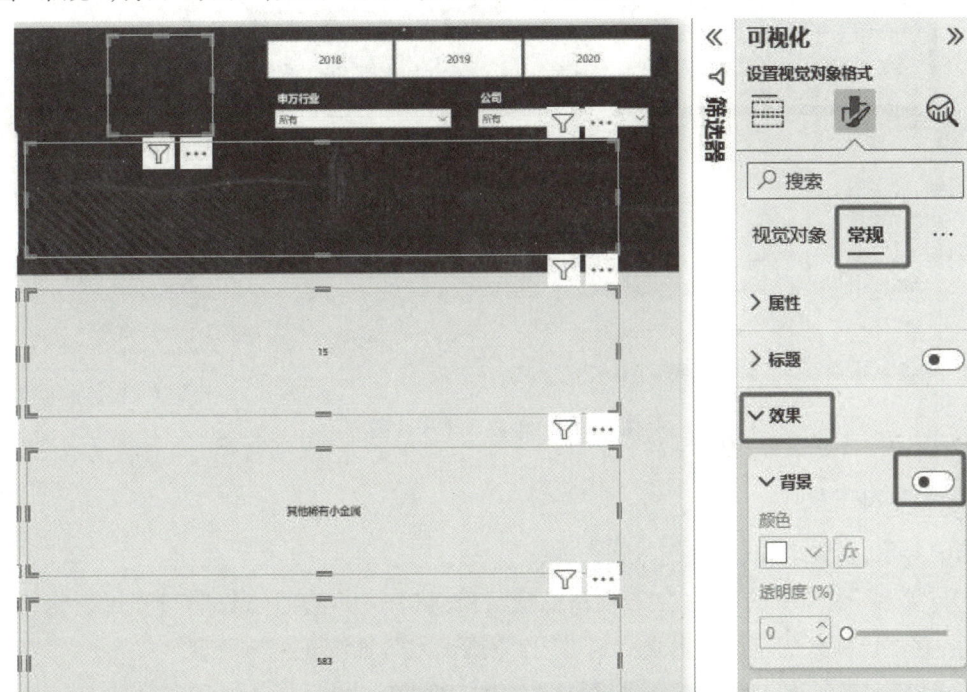

图6-52 关闭卡片图背景

10. 调整卡片图大小和位置

将卡片图调整至合适大小,并将相应文本框内容移动到合适位置,如图6-53所示。

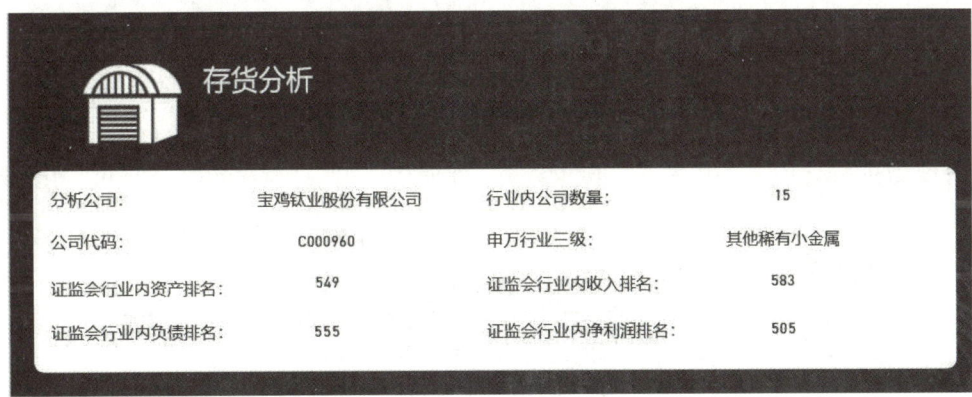

图6-53 调整卡片图大小和位置

6.5.7 创建视觉对象"卡片图"——存货指标(3个)

创建存货
指标卡片图

1. 创建卡片图

点击"可视化"窗口下的"卡片图"图标,创建3个卡片图对象,如图6-54所示。

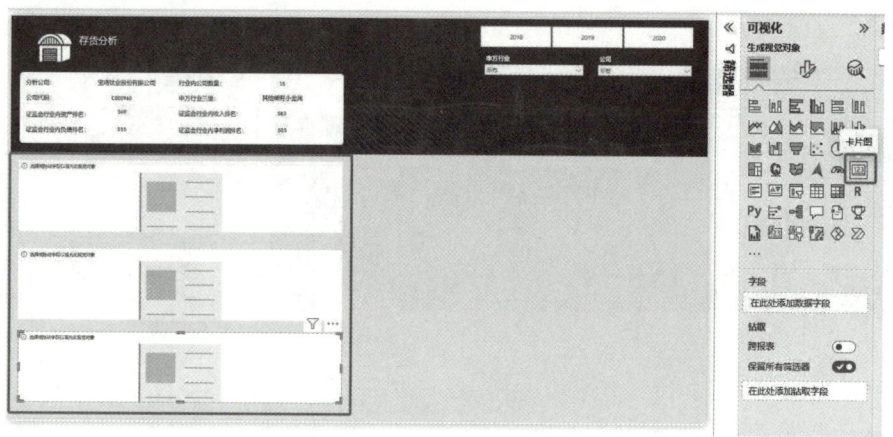

图 6-54 创建 3 个卡片图

2. 设置卡片图字段

逐个选中对象,设置卡片图字段。

(1)点开"数据"窗口下的"01-主表项目度量",拖拽"01-08 存货增长率"到"可视化"窗口下的"字段"属性,并将已拖入的字段双击重命名为"存货增长率",如图 6-55 所示。

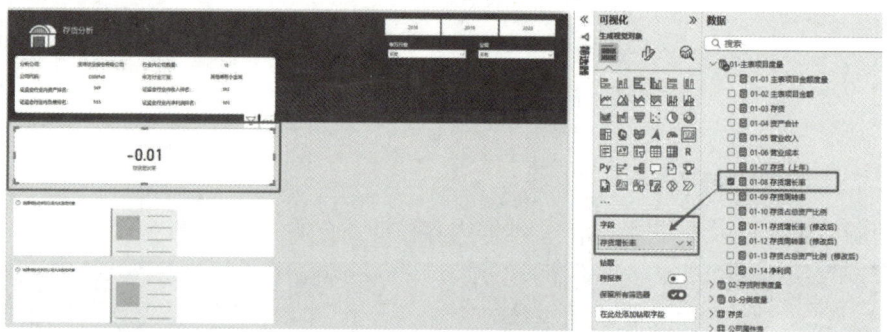

图 6-55 设置第 1 个卡片图字段

(2)点开"数据"窗口下的"01-主表项目度量",拖拽"01-09 存货周转率"到"可视化"窗口下的"字段"属性,并将已拖入的字段双击重命名为"存货周转率",如图 6-56 所示。

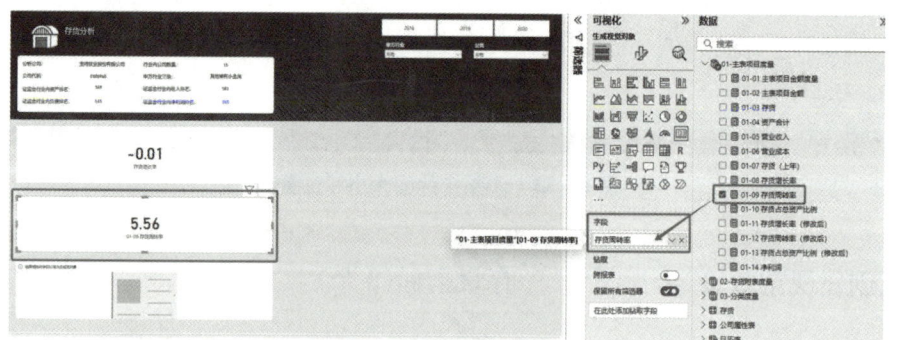

图 6-56 设置第 2 个卡片图字段

(3)点开"数据"窗口下的"01-主表项目度量",拖拽"01-10 存货占总资产比例"到"可视化"窗口下的"字段"属性,并将已拖入的字段双击重命名为"存货占总资产比例",如图 6-57 所示。

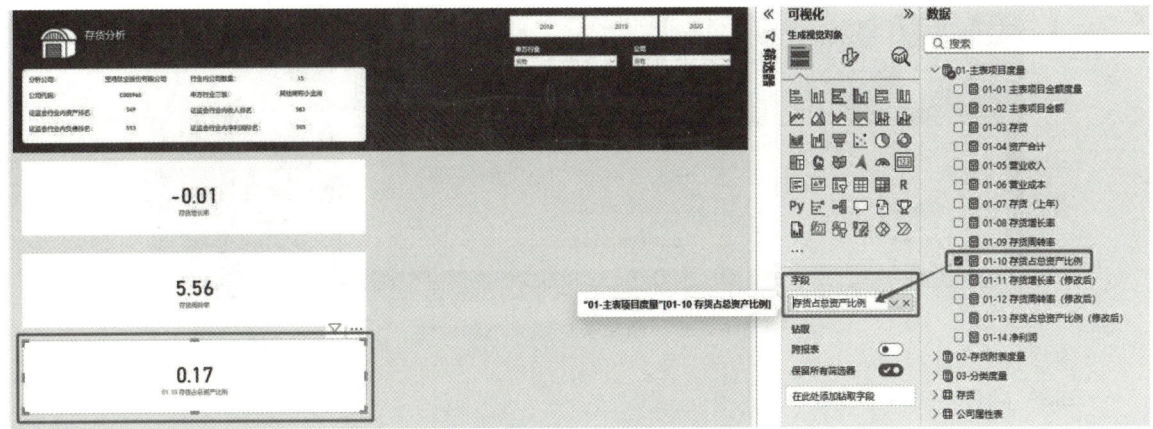

图 6-57　设置第 3 个卡片图字段

3. 调整卡片图格式

按住 Ctrl 键，同时选中 3 个卡片图，在"可视化"窗口下点击"设置视觉对象格式"，同时进行格式调整。

点开"标注值"，设置字号为"30"，字体为粗体，颜色为白色。点开"类别标签"，设置字号为"12"，字体为斜体，颜色为白色。点击"常规"，点开"效果"，关闭"背景"。如图 6-58 所示。

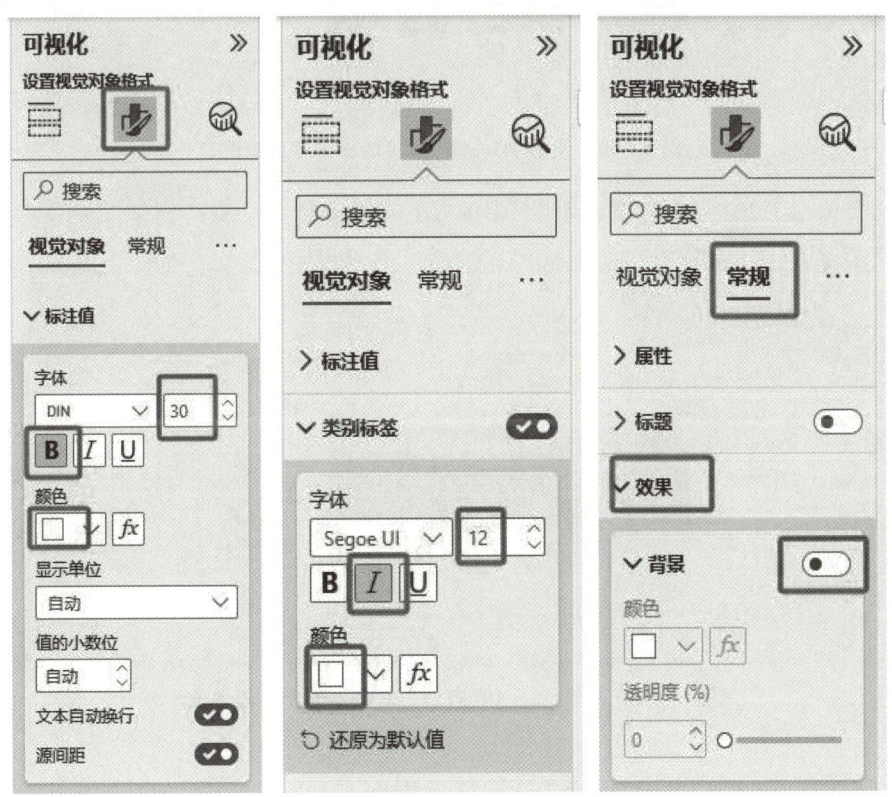

图 6-58　设置卡片图格式

4. 调整卡片图大小和位置

调整卡片图大小并移动至合适的位置，如图 6-59 所示。

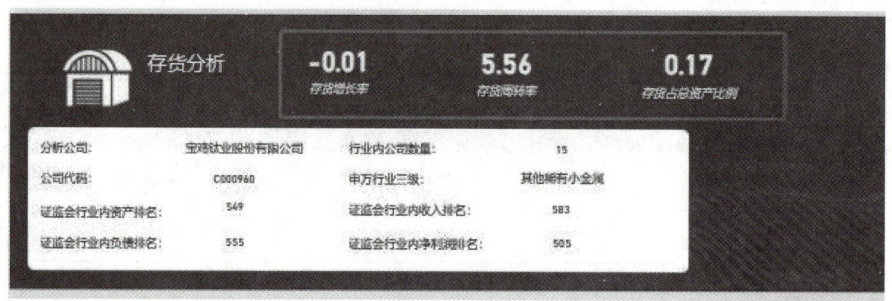

图6-59 调整卡片图大小和位置

5. 调整字段单位

选中"数据"窗口下"01-主表项目度量"中的"01-08存货增长率",点击"度量工具"下的"格式"下拉菜单,选择"百分比",如图6-60所示。

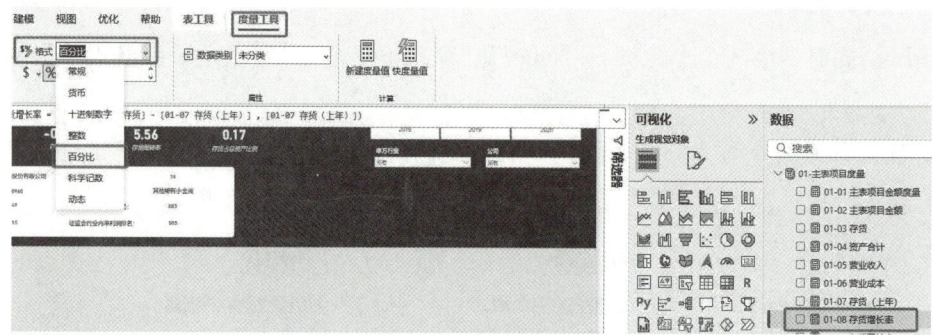

图6-60 调整"01-08"存货增长率字段单位

选中"数据"窗口下"01-主表项目度量"中的"01-10存货占总资产比例",点击"度量工具"下的"格式"下拉菜单,选择"百分比",如图6-61所示。

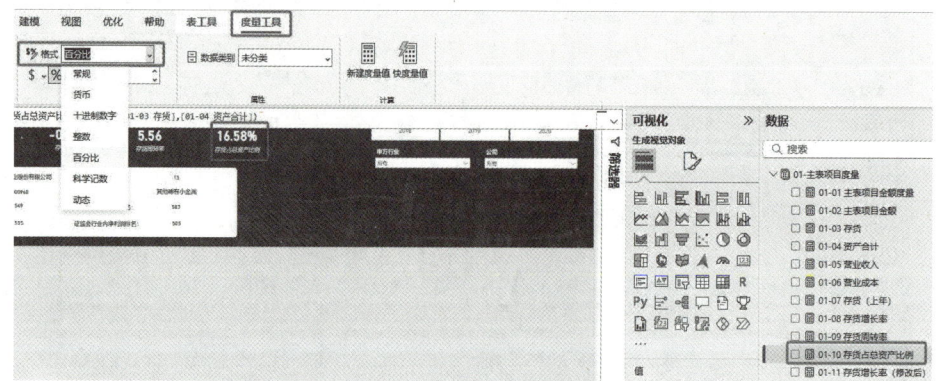

图6-61 调整"01-10"存货占总资产比例字段单位

6.5.8 创建视觉对象"TextWrap"——存货指标

1. 导入视觉对象

点击"可视化"窗口中的"…",在列表中选择"从文件导入视觉对象",在弹出的提示框中,选择"导入",如图6-62所示。

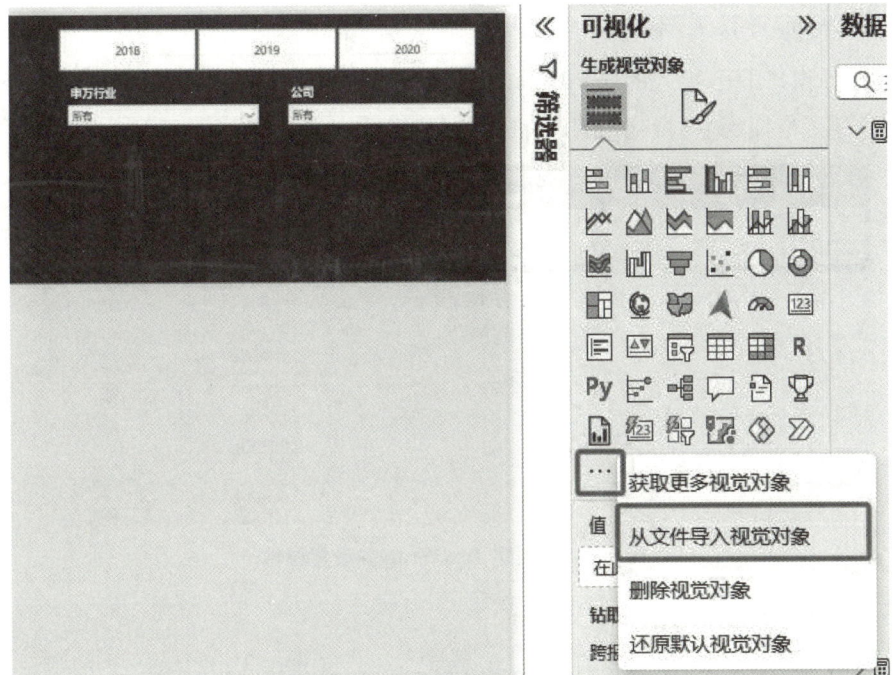

图 6-62 从文件导入视觉对象

找到本地路径,选择"TextWrapperByMAQSoftware"文件,点击"打开",跳出"已成功导入"弹窗即导入成功,点击"确定"完成,如图 6-63 所示。

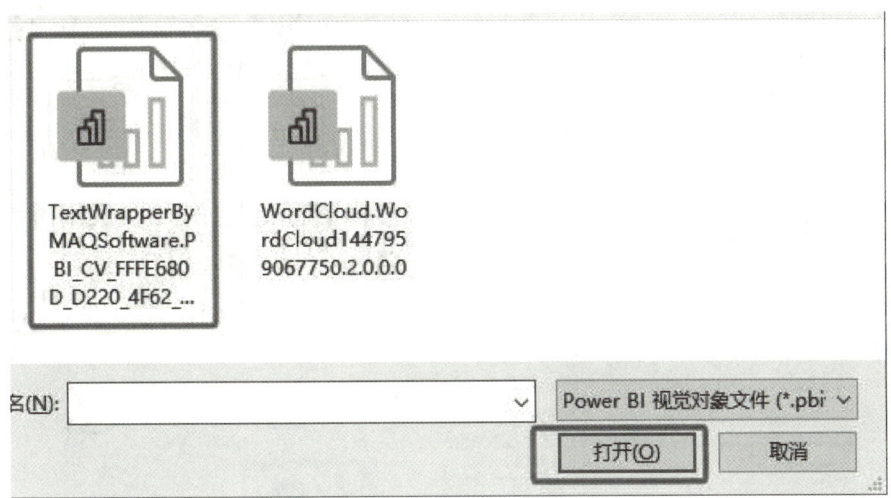

图 6-63 导入 TextWrap 文件并打开

2. 复制圆角矩形

复制粘贴已创建过的圆角矩形,并调整至合适大小和位置,如图 6-64 所示。

图 6-64 复制圆角矩形

3. 创建 TextWrap 并设置属性

点击"可视化"窗口下已导入的"TextWrap"图标，创建 TextWrap，并将"数据"窗口下"公司属性表"中的"基本信息"拖拽到"可视化"窗口下的"Field"字段属性，如图 6-65 所示。

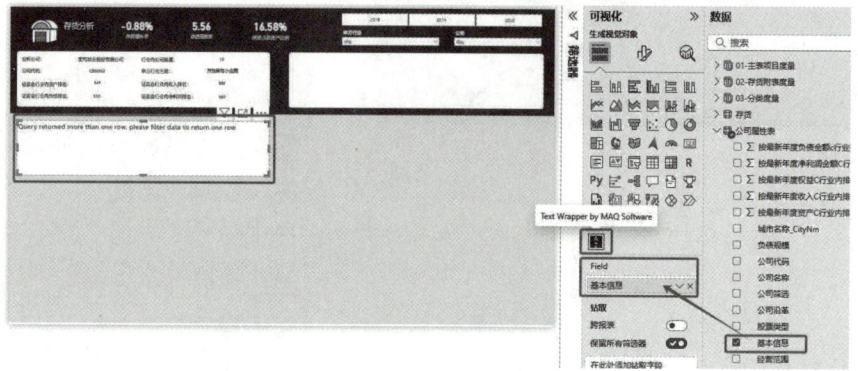

图 6-65　创建 TextWrap 并设置属性

4. 设置 TextWrap 格式

选中 TextWrap 对象，点击"可视化"窗口下的"设置视觉对象格式"，点开"Dynamic text settings"，设置"Color"为黑色，"Text size"为"12"。点击"常规"，点开"标题"，文本处输入"公司基本信息"，水平对齐为居中。点击"效果"，关闭"背景"。具体操作如图 6-66 所示。

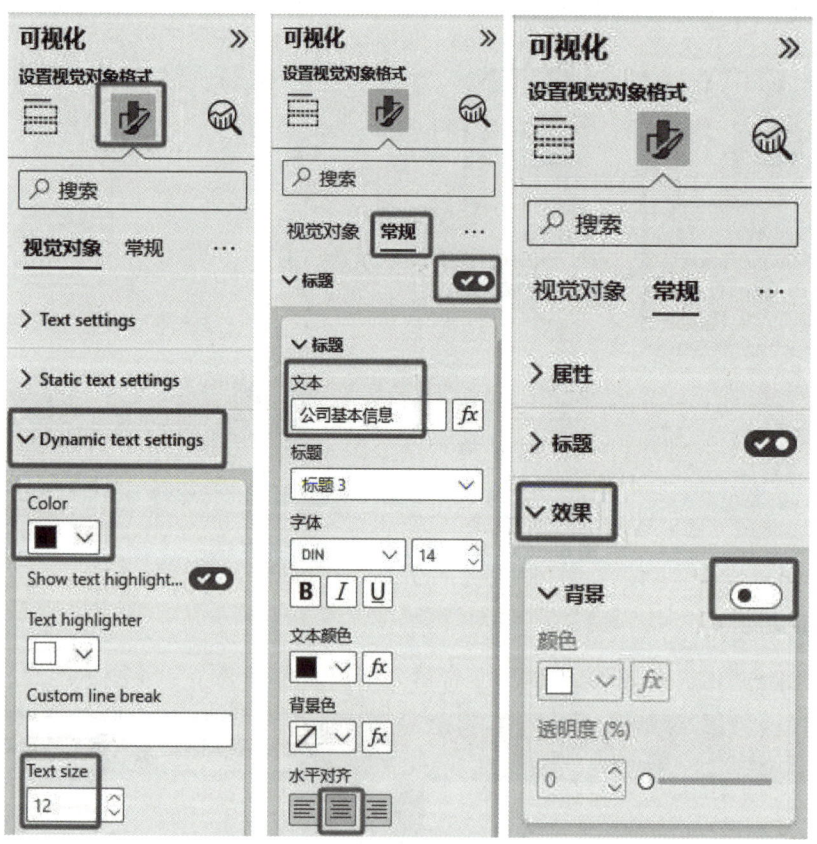

图 6-66　设置 TextWrap 格式

5. 调整 TextWrap 大小和位置

调整 TextWrap 至合适的大小和位置,如图 6-67 所示。

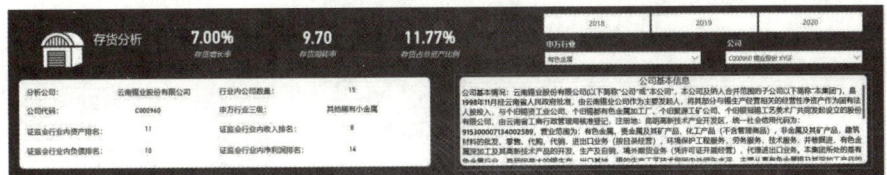

图 6-67　调整 TextWrap 大小和位置

6.5.9　创建视觉对象"折线和簇状柱形图"——存货变动情况

1. 创建圆角矩形

复制粘贴已创建过的圆角矩形,并调整大小,移动到合适位置,如图 6-68 所示。

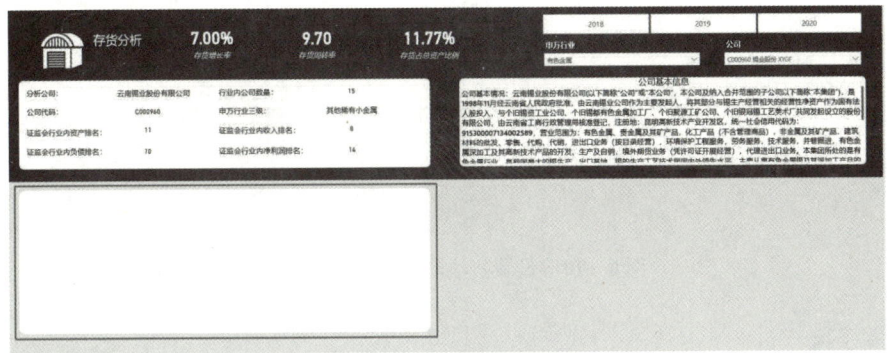

图 6-68　创建圆角矩形

2. 创建"折线和簇状柱形图"

点击"可视化"窗口中的"折线和簇状柱形图"图标,进行创建,如图 6-69 所示。

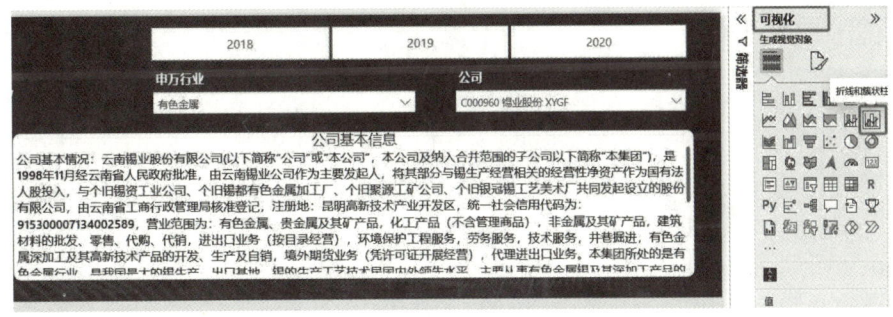

图 6-69　创建"折线和簇状柱形图"

3. 设置"折线和簇状柱形图"属性

选中创建的折线和簇状柱形图对象,点击"数据"窗口下的"日历表",拖拽"年"到"可视化"窗口下"X 轴"。拖拽"02-存货附表度量"下的"02-05 期初净额""02-13 期末净额"以及"02-14 本期变动额"到"可视化"窗口下"列 y 轴"。拖拽"02-15 本期变动率"到"可视化"窗口下"行 y 轴"。点开"数据"窗口下的"存货",拖拽"项目分类"到"可视化"窗口下"小型序列图"。具体操作如

图 6-70 所示。

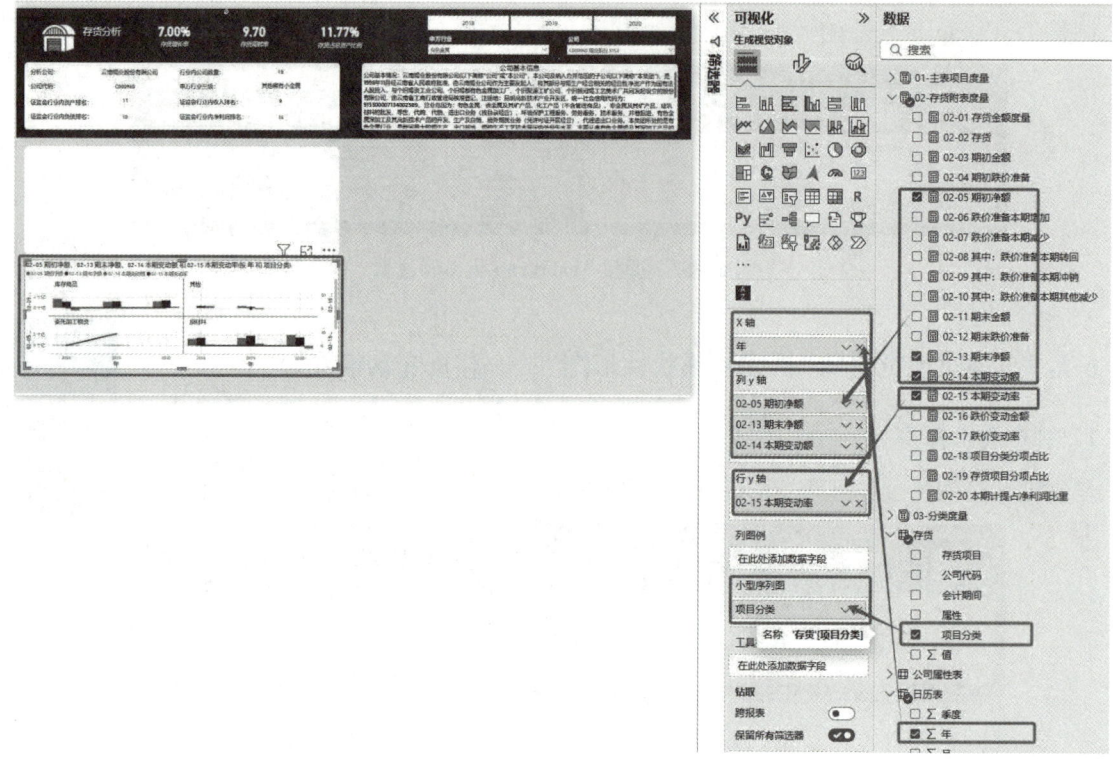

图 6-70　设置折线和簇状柱形图属性

4. 重命名字段

通过双击或点击鼠标右键将"列 y 轴"下已拖拽的字段分别重命名为"期初净额""期末净额"和"本期变动额",将"行 y 轴"下已拖拽的字段重命名为"本期变动率",如图 6-71 所示。

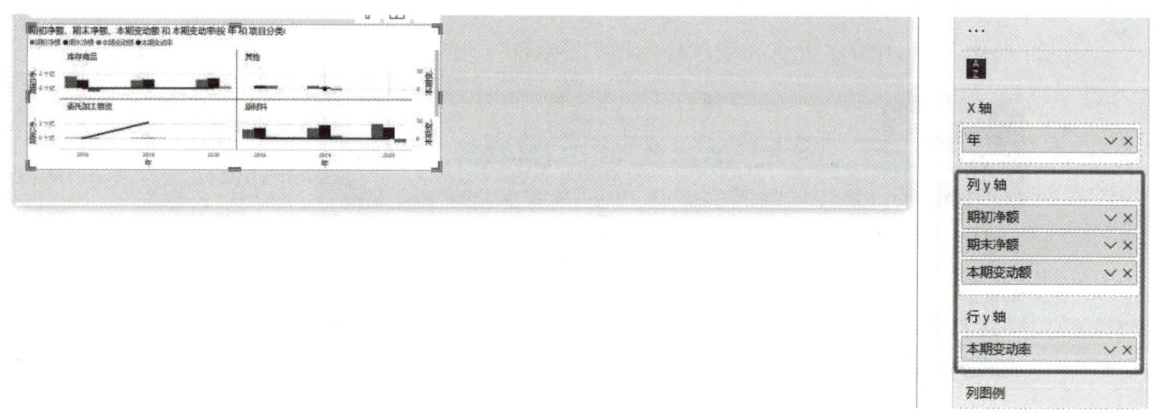

图 6-71　重命名字段

5. 调整折线和簇状柱形图格式

点击"可视化"窗口下"设置视觉对象格式",对折线和簇状柱形图进行格式调整。点开"图例",设置文本字号"12"。点开"小型序列图",在"布局"中调整行和列均为"1",边框宽度为"3"。点开"X 轴",在"值"中调整字号"12",字体为粗体、斜体,关闭"标题"。点开"Y 轴",在"值"中调整字号为"12",字体为粗体,点开"标题",标题文本输入"项目金额"。具体操作如图 6-72 所示。

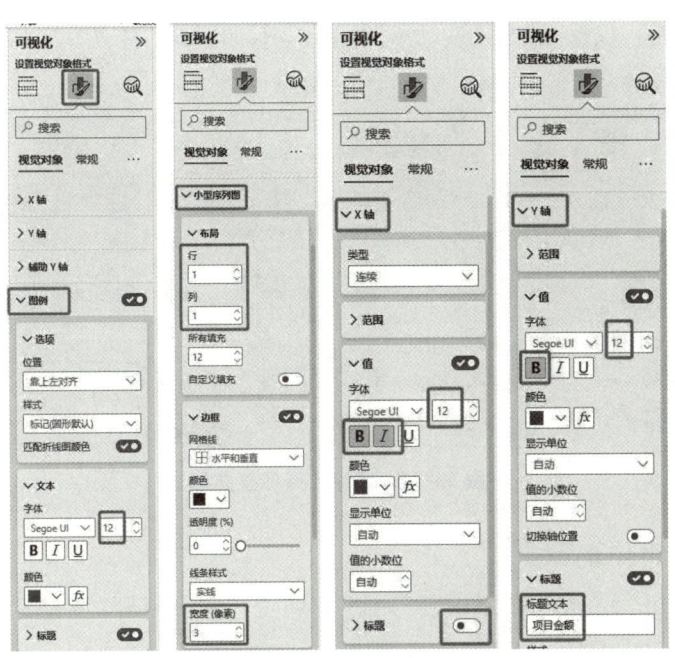

图 6-72　调整格式(1)

点开"数据标签",在"值"下调整字号"12",字体为粗体,颜色为白色,显示单位"无";"背景"选择颜色为黑色,"透明度(%)"为"15"。点击"设置视觉对象格式"下的"常规",点开"标题","文本"处输入"存货变动情况",字体为粗体,水平对齐为居中。如图 6-73 所示。

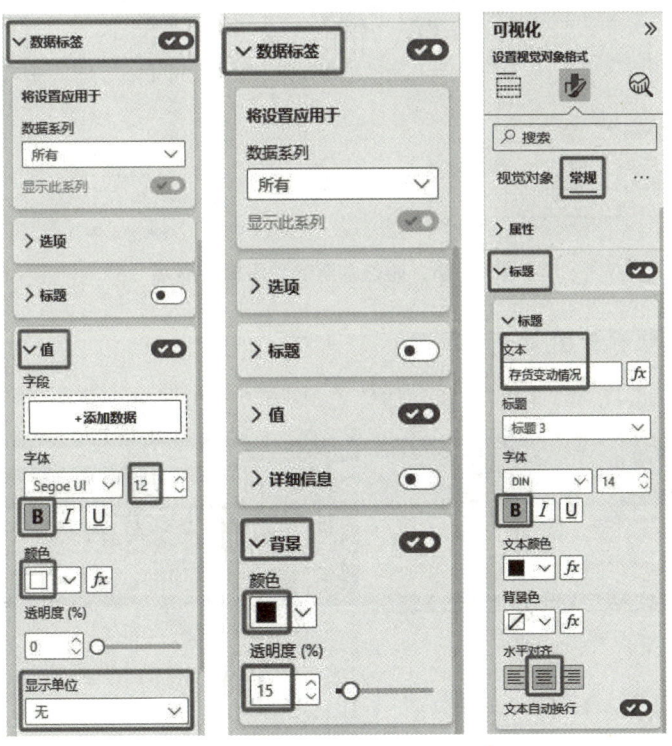

图 6-73　调整格式(2)

6. 调整数据标签显示

在"视觉对象"下点开"数据标签",依次选择"期初净额""期末净额"和"本期变动额"三个数据系列,关闭"显示此系列",仅保留"本期变动率"标签显示,如图6-74所示。

图6-74 调整数据标签显示

7. 调整本期变动率标签显示

取消对象选中,点击"数据"窗口下的"02-15本期变动率",点开"度量工具"下的"格式",在下拉菜单中选择"百分比",如图6-75所示。

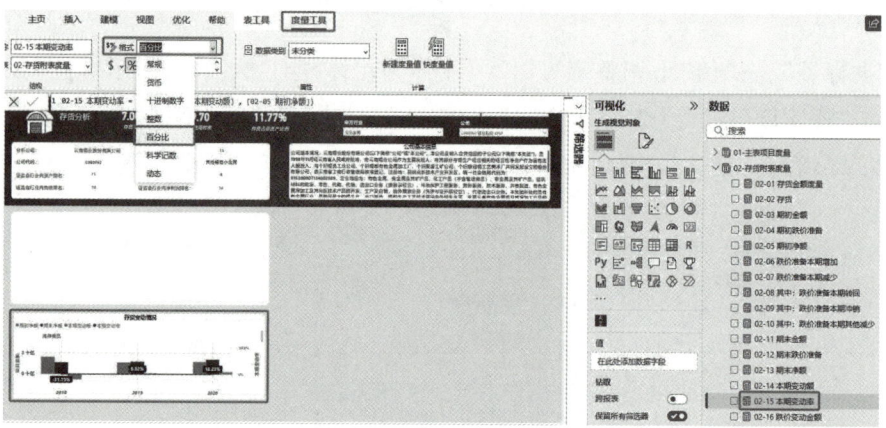

图6-75 调整本期变动率标签显示

8. 调整折线和簇状柱形图大小和位置

调整折线和簇状柱形图大小并移动到合适位置,如图6-76所示。

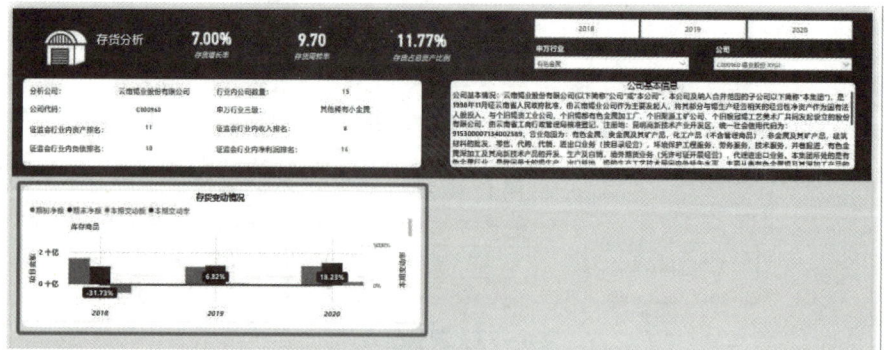

图6-76 调整折线和簇状柱形图大小和位置

6.5.10 创建视觉对象"折线和簇状柱形图"——存货跌价准备变动情况

1. 复制圆角矩形

复制粘贴已创建过的圆角矩形,并调整大小,移动到合适位置,如图6-77所示。

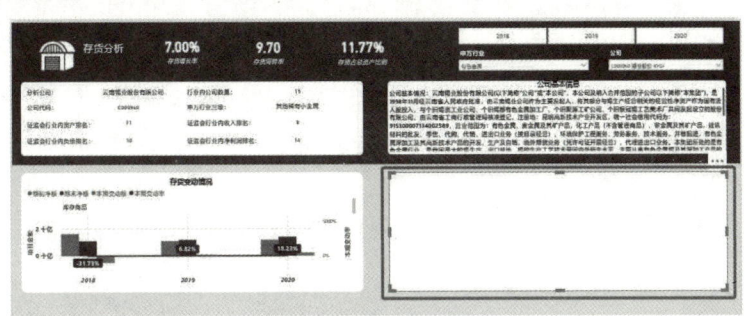

图6-77 复制圆角矩形

2. 创建"折线和簇状柱形图"

点击"可视化"窗口下的"折线和簇状柱形图"图标,完成创建。

3. 设置"折线和簇状柱形图"属性

点开"数据"窗口下的"日历表",拖拽"年"到"可视化"窗口下"X轴"。点开"数据"窗口下的"02-存货附表度量",拖拽"02-04期初跌价准备""02-12期末跌价准备""02-16跌价变动金额"到"可视化"窗口下"列y轴";拖拽"02-17跌价变动率"到"可视化"窗口下"行y轴"。点开"数据"窗口下的"存货",拖拽"项目分类"到"可视化"窗口下的"小型序列图"。如图6-78所示。

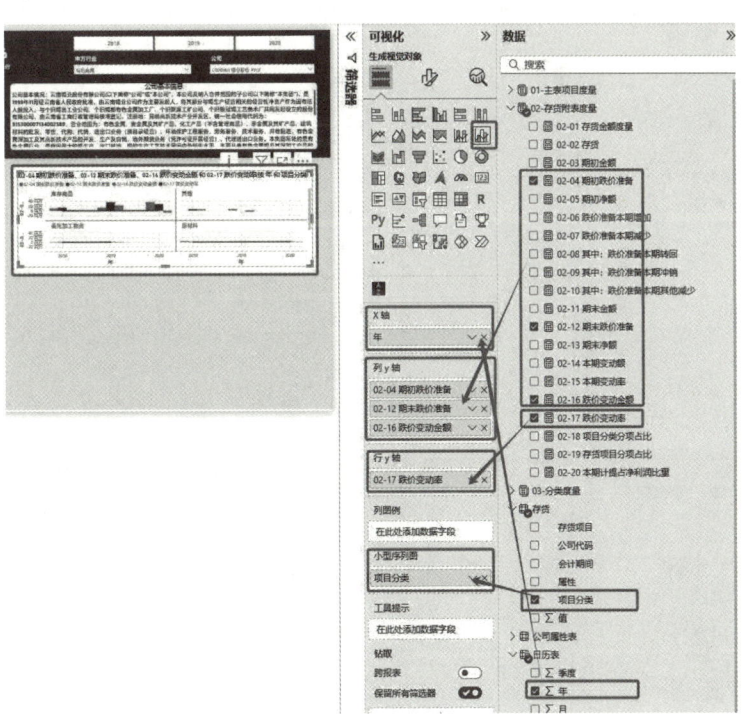

图6-78 设置"折线和簇状柱形图"属性

4. 重命名字段

通过双击或单击鼠标右键将"列 y 轴"下已拖拽的字段分别重命名为"期初跌价准备""期末跌价准备""跌价变动金额",将"行 y 轴"下已拖拽的字段重命名为"跌价变动率",如图 6 – 79 所示。

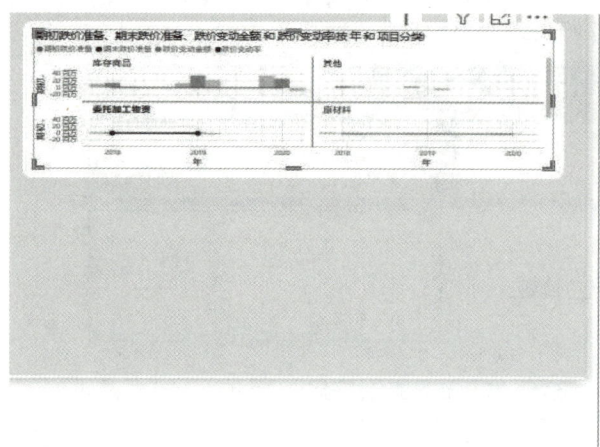
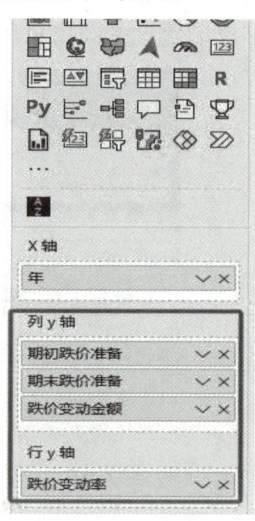

图 6 – 79　重命名字段

5. 调整对象格式

点击"可视化"窗口下的"设置视觉对象格式",对折线和簇状柱形图进行格式调整。点开"图例",设置文本字号"12"。点开"小型序列图",在"布局"中调整行和列均为"1",边框宽度为"3"。点开"X 轴",在"值"中调整字号"12",设置字体为粗体、斜体,关闭"标题"。点开"Y 轴",在"值"中调整字号"12",设置字体为粗体,点开"标题",标题文本输入"项目金额"。如图 6 – 80 所示。

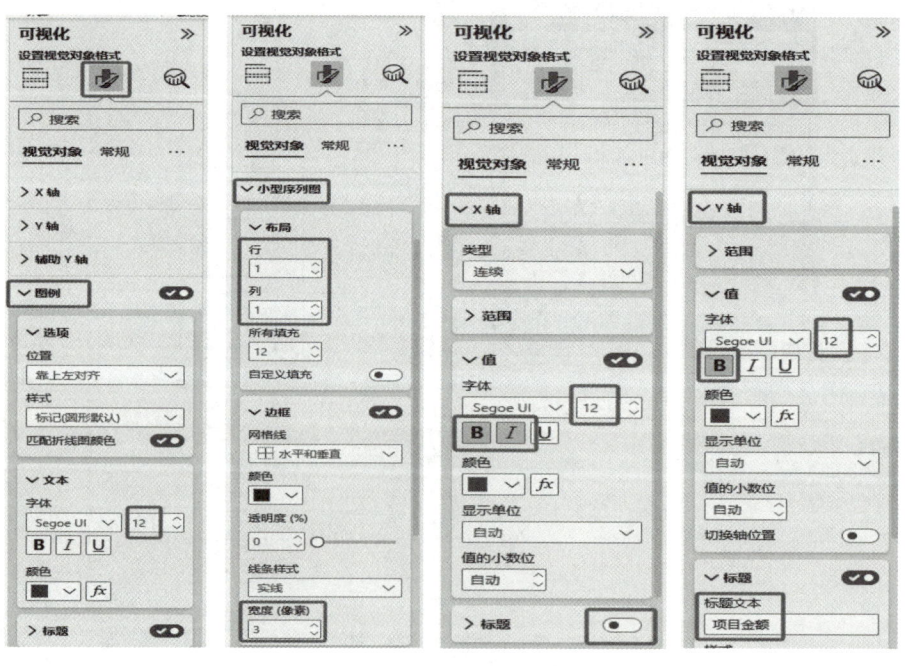

图 6 – 80　调整格式(1)

点开"数据标签",在"值"下调整字号"12",字体为粗体,颜色为白色,显示单位"无";"背景"下选择颜色为黑色,"透明度(%)"为"15"。点击"设置视觉对象格式"下的"常规",点开"标题",文本处输入"存货跌价准备变动情况",字体为粗体,水平对齐为居中。如图 6-81 所示。

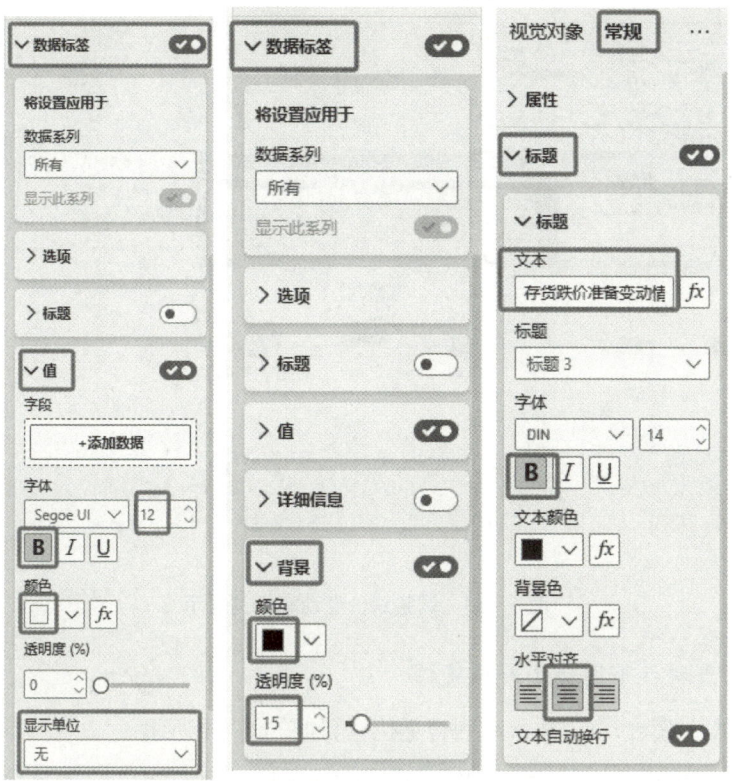

图 6-81　调整格式(2)

6. 调整数据标签显示

在"视觉对象"下点开"数据标签",依次选择"期初跌价准备""期末跌价准备""跌价变动金额"三个数据系列,关闭"显示此系列",仅保留"跌价变动率"标签显示,如图 6-82 所示。

图 6-82　调整数据标签显示

7. 调整本期变动率标签显示

取消对象选中,点击"数据"窗口下的"02-17 跌价变动率",点开"度量工具"下的"格式",在下拉菜单中选择"百分比",如图 6-83 所示。

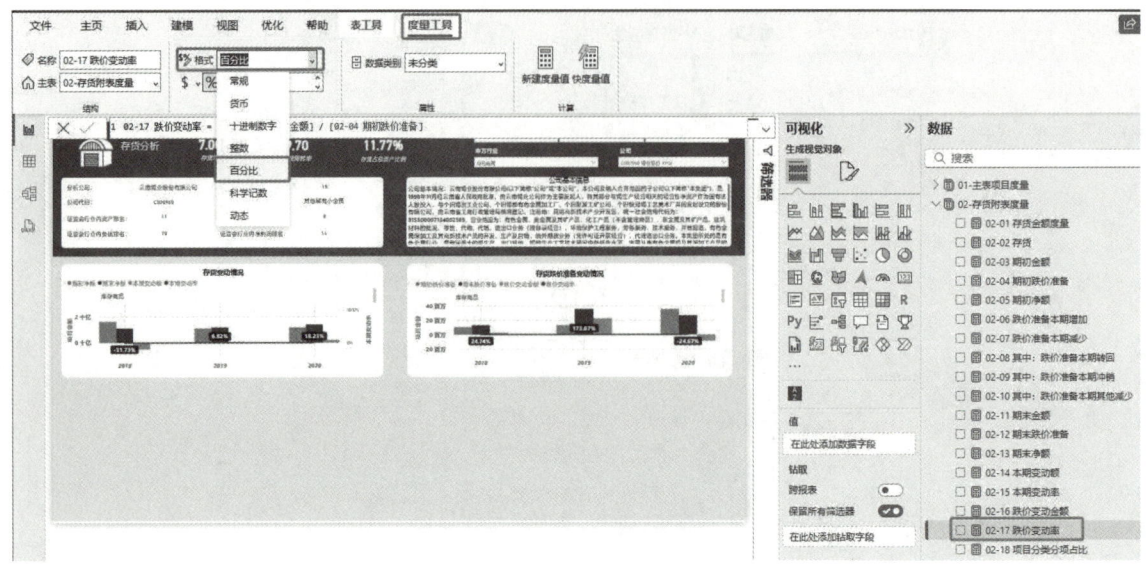

图 6-83 调整跌价变动率标签显示

8. 调整折线和簇状柱形图大小和位置

调整折线和簇状柱形图大小,并移动到合适位置,如图 6-84 所示。

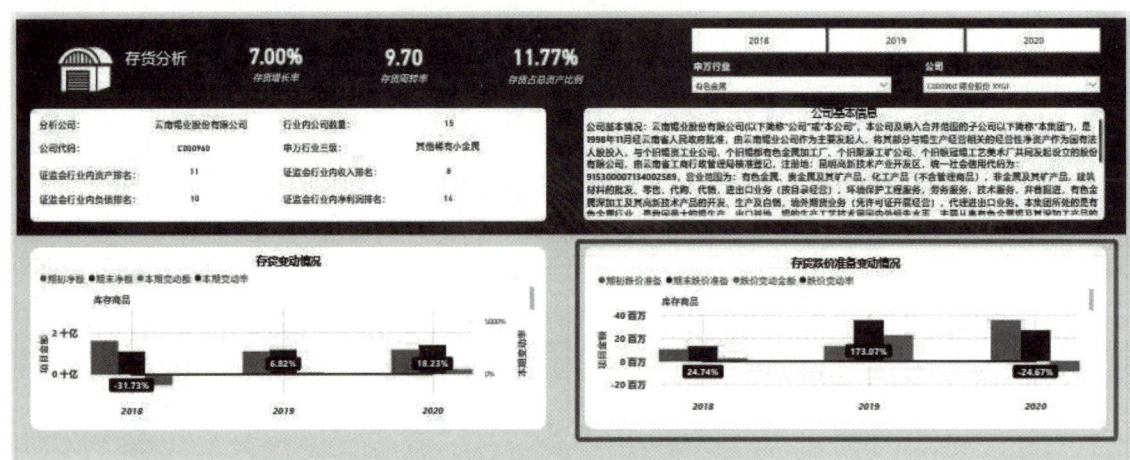

图 6-84 调整折线和簇状柱形图大小和位置

6.5.11 创建视觉对象"折线图"——增长率变动情况

1. 创建圆角矩形

通过复制粘贴创建圆角矩形,并调整大小,移动到合适位置,如图 6-85 所示。

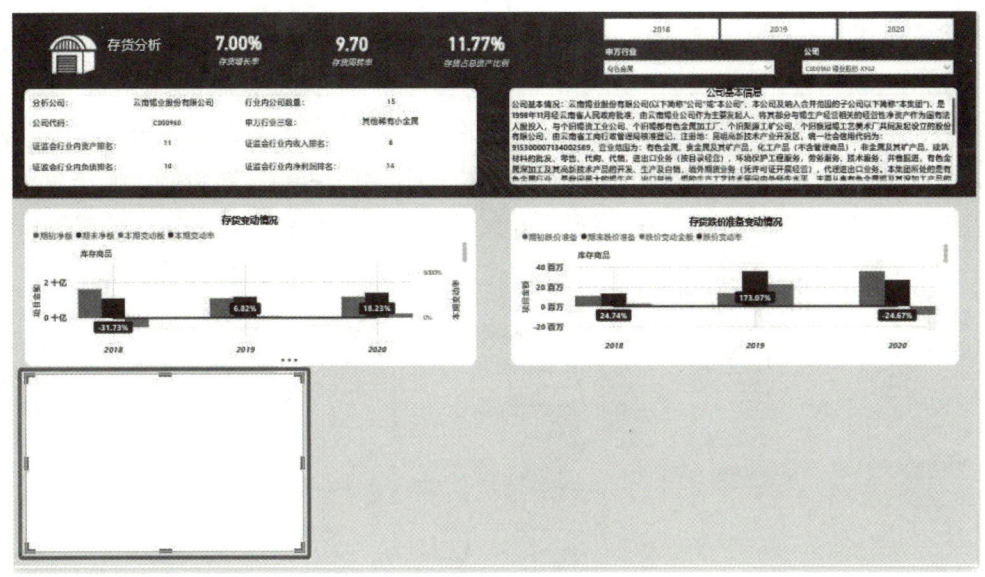

图 6-85　创建圆角矩形

2. 创建折线图并设置属性

点击"可视化"窗口下的"折线图"图标,创建折线图。点开"数据"窗口下的"日历表",拖拽"年"到"可视化"窗口下"X 轴"。点开"数据"窗口下的"01 - 主表项目度量",拖拽"01 - 11 存货增长率(修改后)"到"可视化"窗口下的"Y 轴",并将其重命名为"公司存货增长率"。点开"数据"窗口下的"03 - 分类度量",拖拽"03 - 01 申万三类 - 存货增长率"到"可视化"窗口下的"Y 轴",并将其重命名为"申万行业总体存货增长率"。如图 6-86 所示。

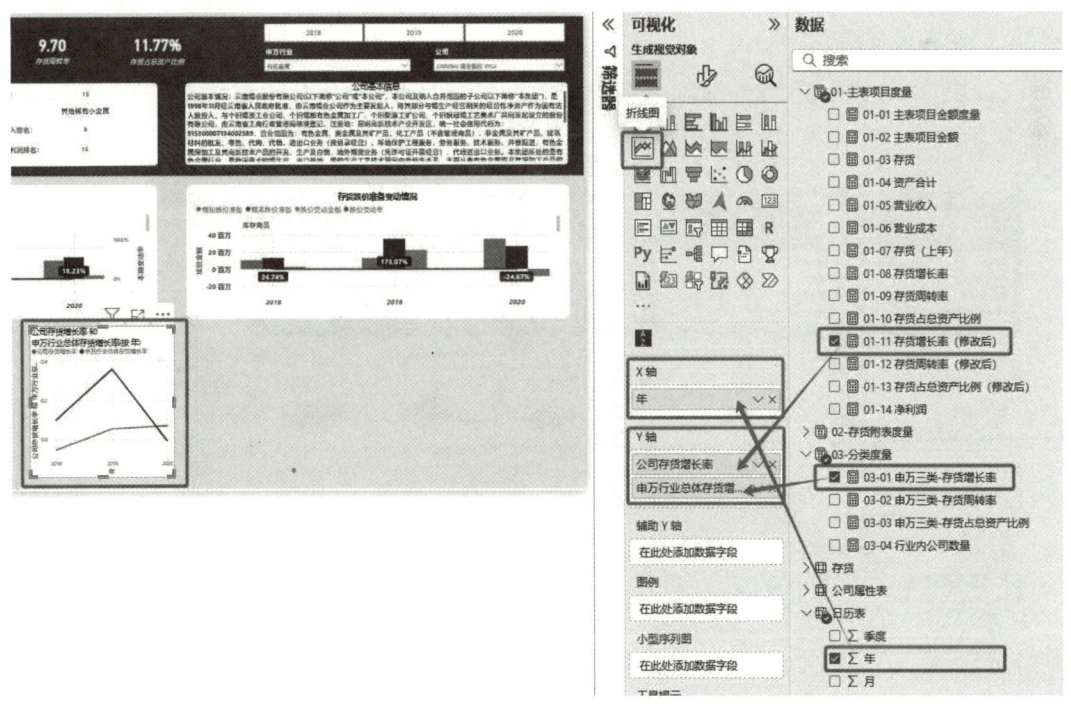

图 6-86　创建折线图并设置属性

3. 调整折线图格式

在"可视化"窗口下点击"设置视觉对象格式",调整折线图格式。点开"视觉对象"下的"图例",设置文本字号"12"。点开"X 轴",设置"值"下字号"12",字体为粗体、斜体。点开"Y 轴",设置"值"下字号"12",字体为粗体,标题文本输入"存货增长率"。点开"数据标签",设置"值"下字号"12",字体为粗体,颜色为白色,显示单位"无";"背景"打开,颜色为黑色,"透明度(%)"为"15"。如图 6-87 所示。

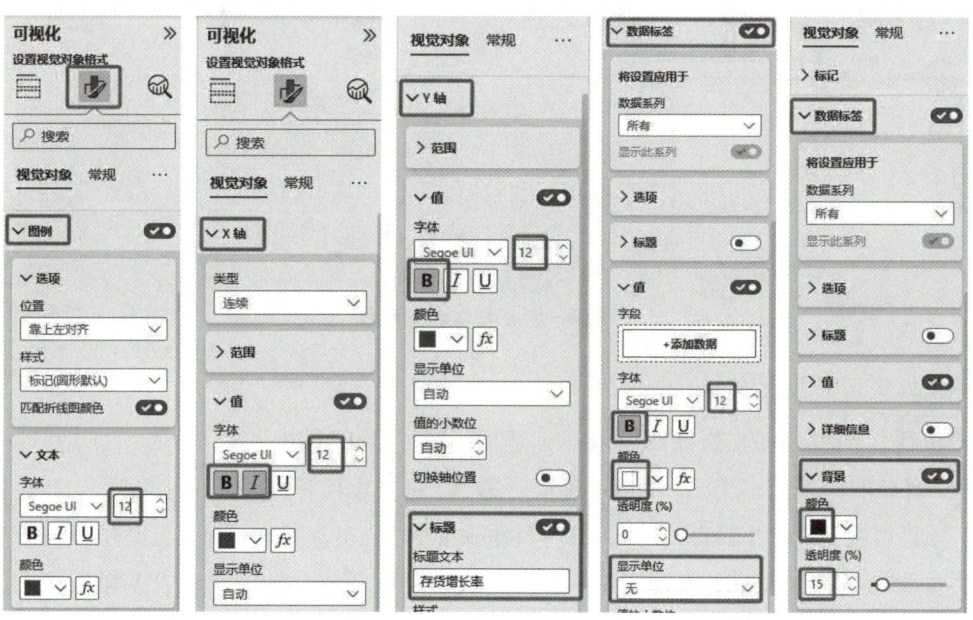

图 6-87　调整折线图格式

4. 设置折线图标题

点开"常规"下的"标题",文本处输入"增长率变动情况",设置字体为粗体,水平对齐为居中,如图 6-88 所示。

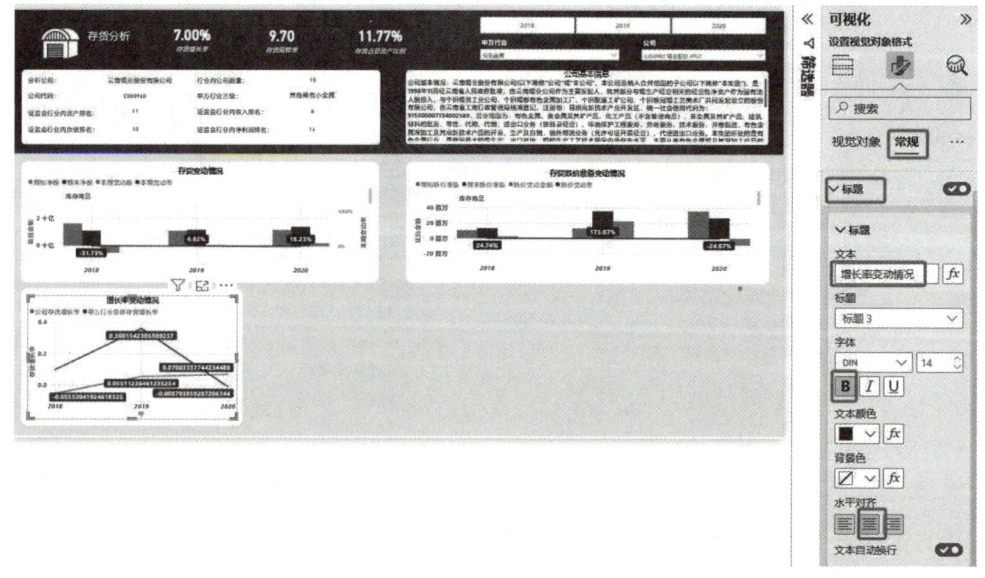

图 6-88　设置折线图标题

5. 调整度量单位

取消选中折线图对象,点击"数据"窗口下的"01-11 存货增长率(修改后)",点开"度量工具"下的"格式",在下拉菜单中选择"百分比";按同样方式将"03-01 申万三类-存货增长率"度量单位调整为"百分比"。如图6-89所示。

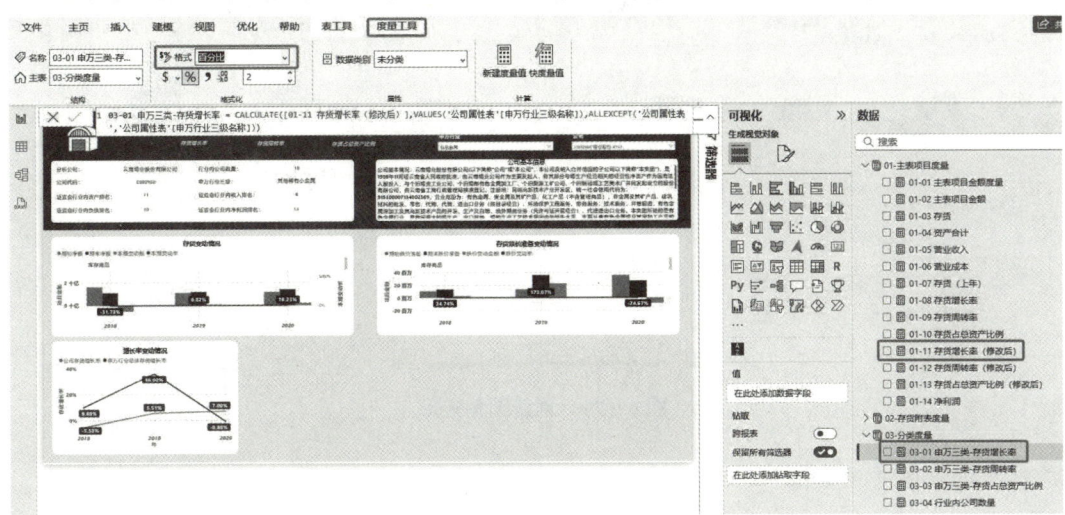

图6-89 调整度量单位

6. 调整折线图大小和位置

调整折线图大小,并移动到合适位置,如图6-90所示。

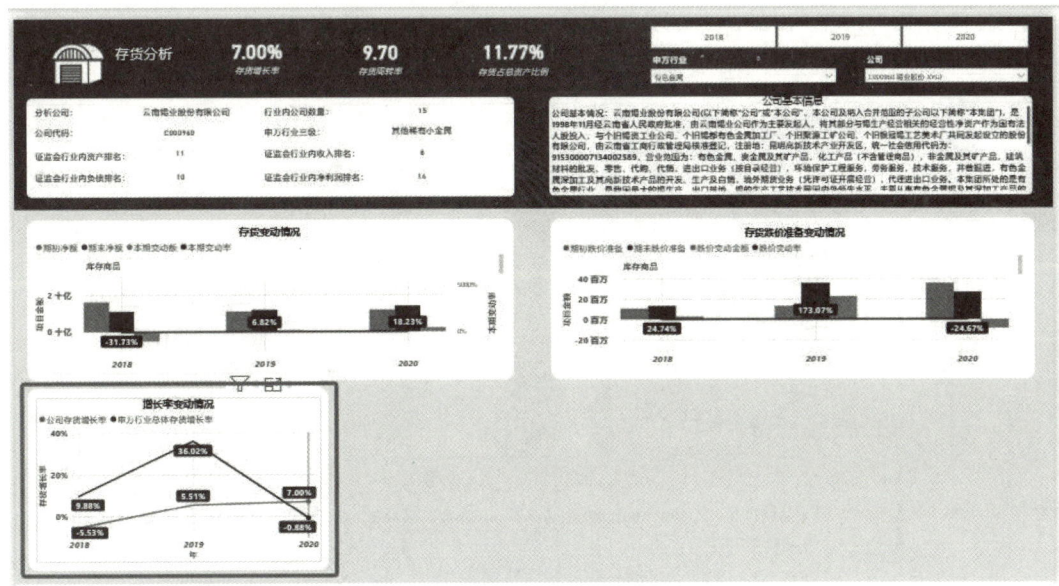

图6-90 调整折线图大小和位置

6.5.12 创建视觉对象"折线图"——周转率变动情况

1. 创建圆角矩形

通过复制粘贴创建圆角矩形,并调整大小,移动到合适位置,如图6-91所示。

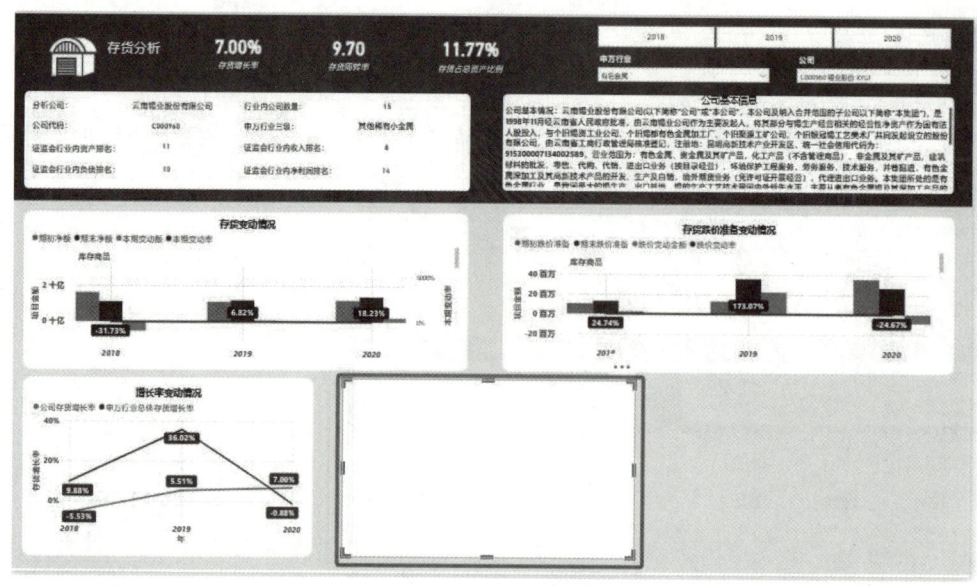

图 6-91　创建圆角矩形

2. 创建折线图并设置属性

点击"可视化"窗口下的"折线图"图标,创建折线图。点开"数据"窗口下的"日历表",拖拽"年"到"可视化"窗口下"X 轴"。点开"数据"窗口下的"01-主表项目度量",拖拽"01-12 存货周转率(修改后)"到"可视化"窗口下"Y 轴",并将其重命名为"公司存货周转率"。点开"数据"窗口下的"03-分类度量",拖拽"03-02 申万三类-存货周转率"到"可视化"窗口下"Y 轴",并将其重命名为"申万行业总体存货周转率"。如图 6-92 所示。

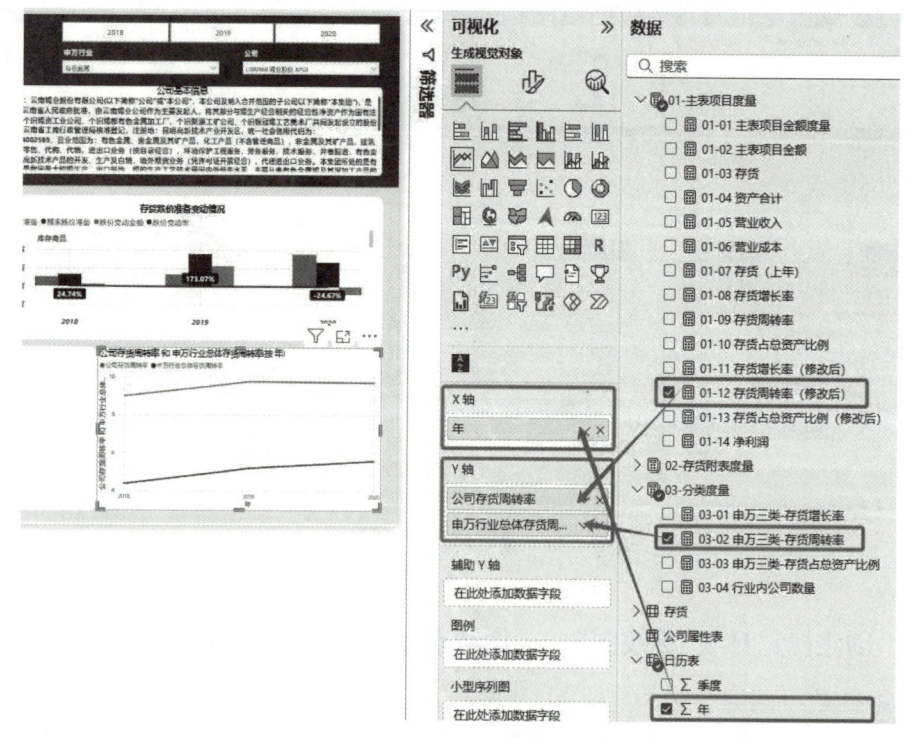

图 6-92　创建折线图并设置属性

3. 调整折线图格式

在"可视化"窗口下点击"设置视觉对象格式",调整折线图格式。点开"视觉对象"的"图例",设置文本字号"12"。点开"X 轴",设置"值"下字号"12",字体为粗体、斜体。点开"Y 轴",设置"值"下字号"12",字体为粗体,标题文本输入"存货周转率"。点开"数据标签",设置"值"下字号"12",字体为粗体,颜色为白色,显示单位"无";"背景"打开,颜色为黑色,"透明度(%)"为"15"。如图 6-93 所示。

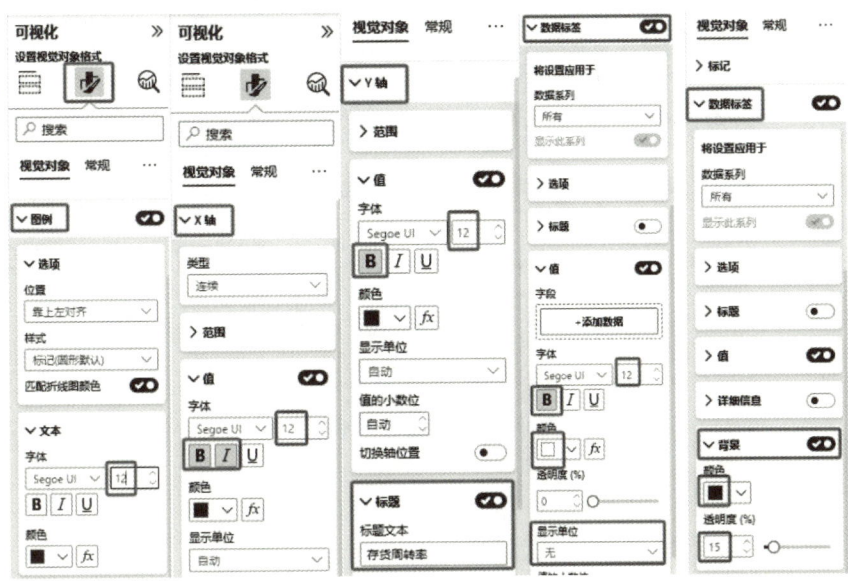

图 6-93 调整折线图格式

4. 设置折线图标题

点开"常规"下的"标题",文本处输入"周转率变动情况",字体为粗体,水平对齐为居中,如图 6-94 所示。

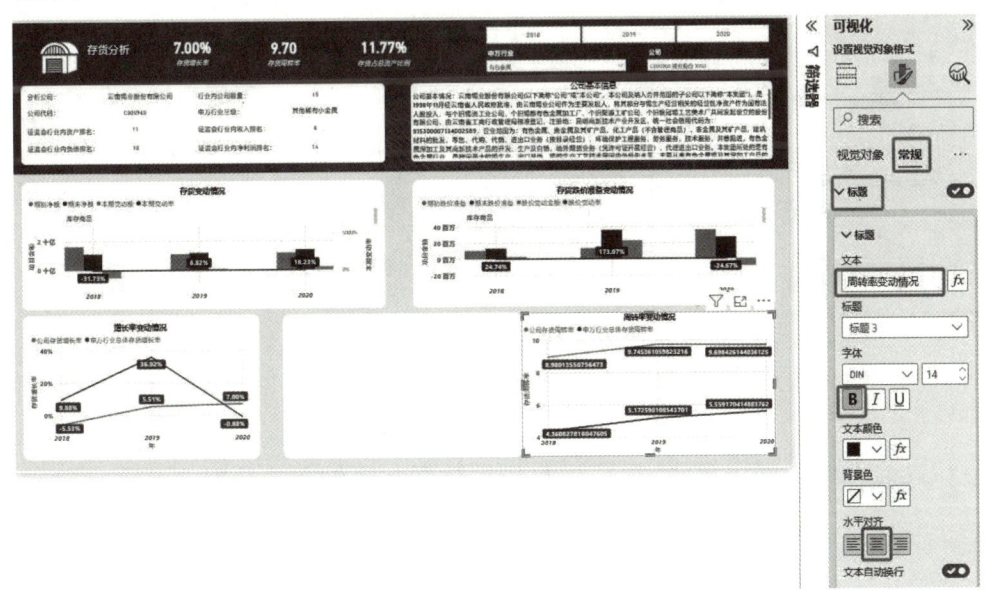

图 6-94 设置折线图标题

5. 调整度量单位

取消选中折线图对象,点击"数据"窗口下的"01-12 存货周转率(修改后)",点开"度量工具"下"格式",选择"十进制数字",小数位数为"4";按同样方式将"03-02 申万三类-存货周转率"度量单位调整为"十进制数字",小数位数为"4"。如图 6-95 所示。

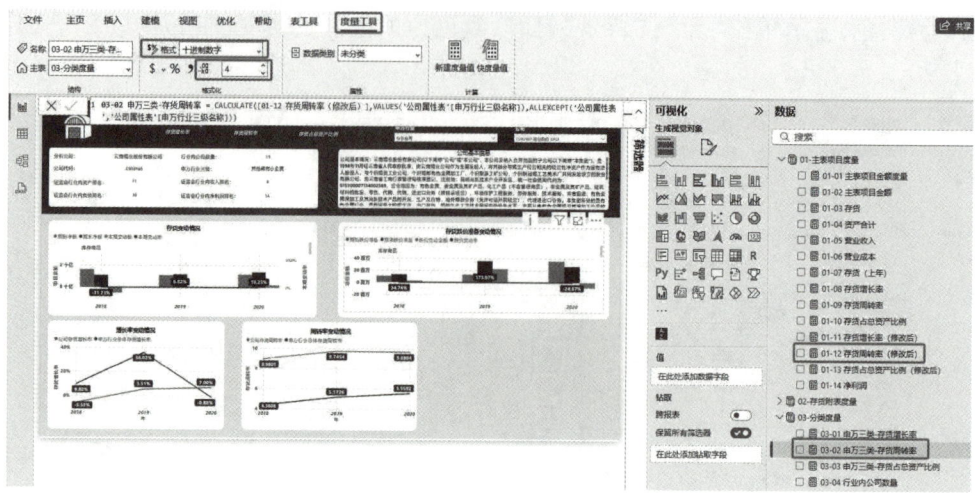

图 6-95　调整度量单位

6. 调整折线图大小和位置

调整折线图大小,并移动到合适位置,如图 6-96 所示。

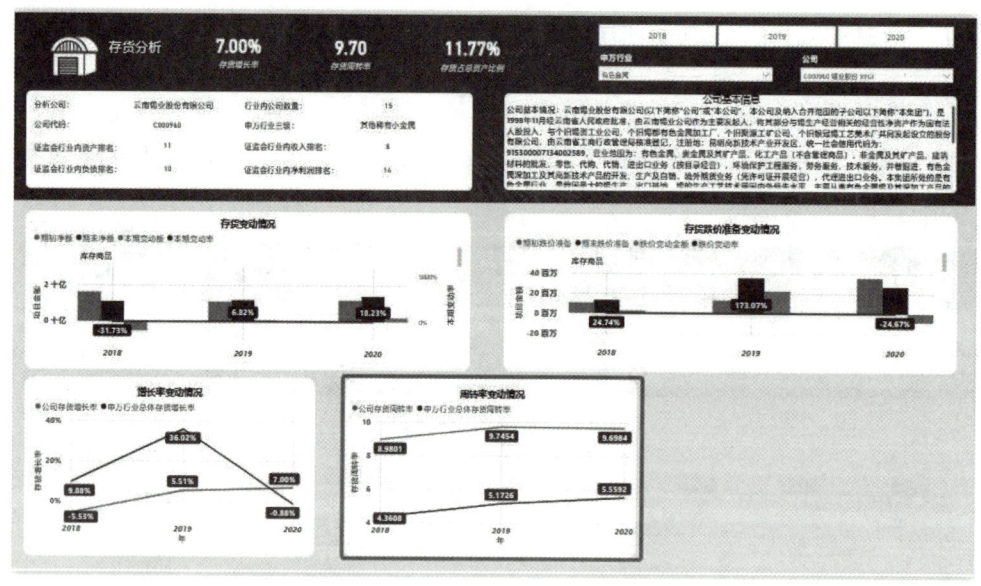

图 6-96　调整折线图大小和位置

6.5.13　创建视觉对象"折线图"——存货占总资产比例变动情况

1. 创建圆角矩形

通过复制粘贴创建圆角矩形,并调整大小,移动到合适位置,如图 6-97 所示。

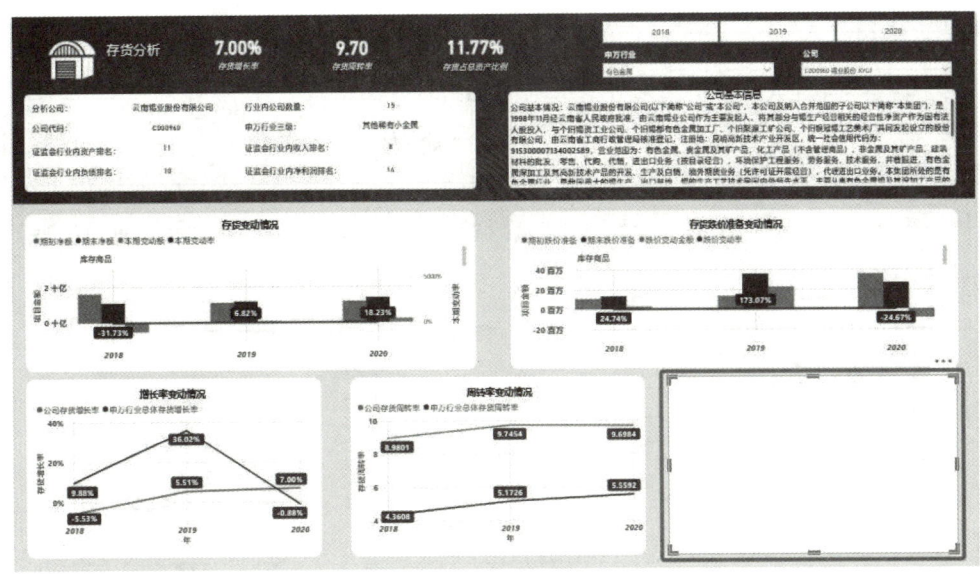

图 6-97 创建圆角矩形

2. 创建折线图并设置属性

点击"可视化"下的"折线图"图标,创建折线图。点开"数据"窗口下的"日历表",拖拽"年"到"可视化"窗口下"X 轴"。点开"数据"窗口下的"01-主表项目度量",拖拽"01-13 存货占总资产比例(修改后)"到"可视化"窗口下"Y 轴",并将其重命名为"公司存货占总资产比例"。点开"数据"窗口下的"03-分类度量",拖拽"03-03 申万三类-存货占总资产比例"到"可视化"窗口下"Y 轴",并将其重命名为"申万行业总体存货占总资产比例"。如图 6-98 所示。

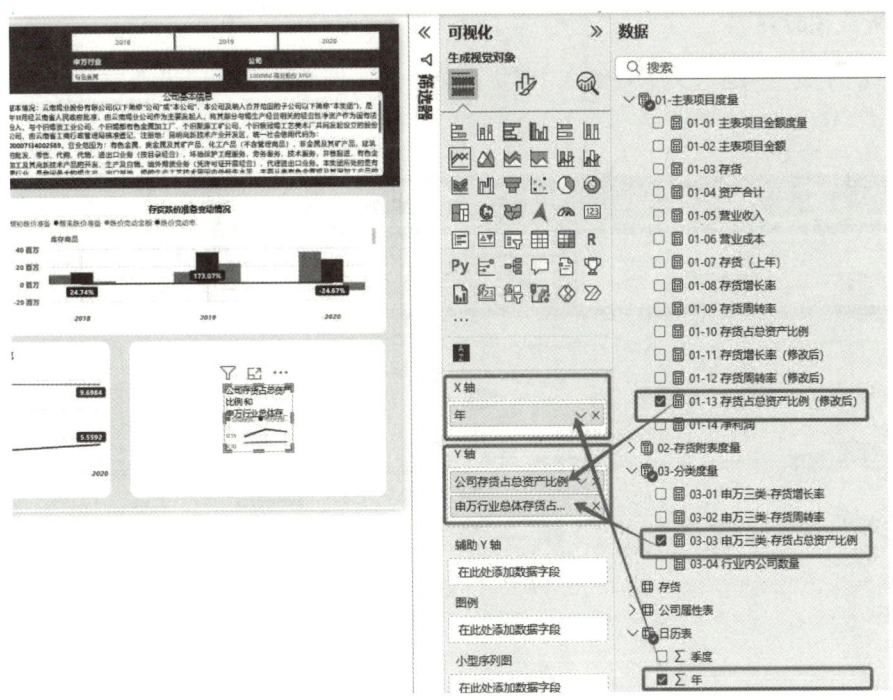

图 6-98 创建折线图并设置属性

3. 调整折线图格式

点击"可视化"窗口下的"设置视觉对象格式",调整折线图格式。在"视觉对象"下,点开"图例",文本字号"12"。点开"X 轴",设置"值"下字号"12",字体为粗体、斜体。点开"Y 轴",设置"值"下字号"12",字体为粗体,标题文本输入"存货占总资产比例"。点开"数据标签",设置"值"下字号"12",字体为粗体,颜色为白色,显示单位"无";"背景"打开,颜色为黑色,"透明度(%)"为"15"。如图 6-99 所示。

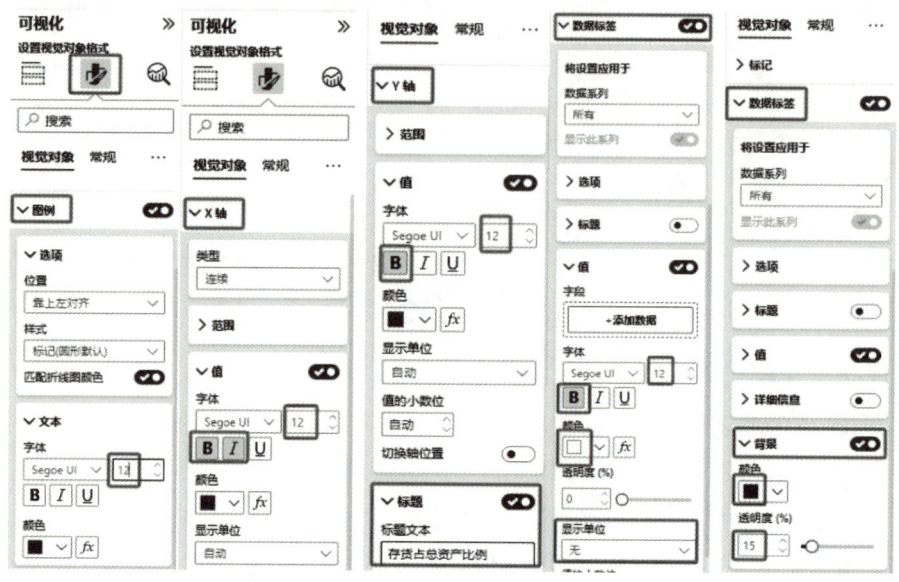

图 6-99　调整折线图格式

4. 设置折线图标题

点开"常规"下的"标题",文本处输入"存货占总资产比例变动情况",设置字体为粗体,水平对齐为居中,如图 6-100 所示。

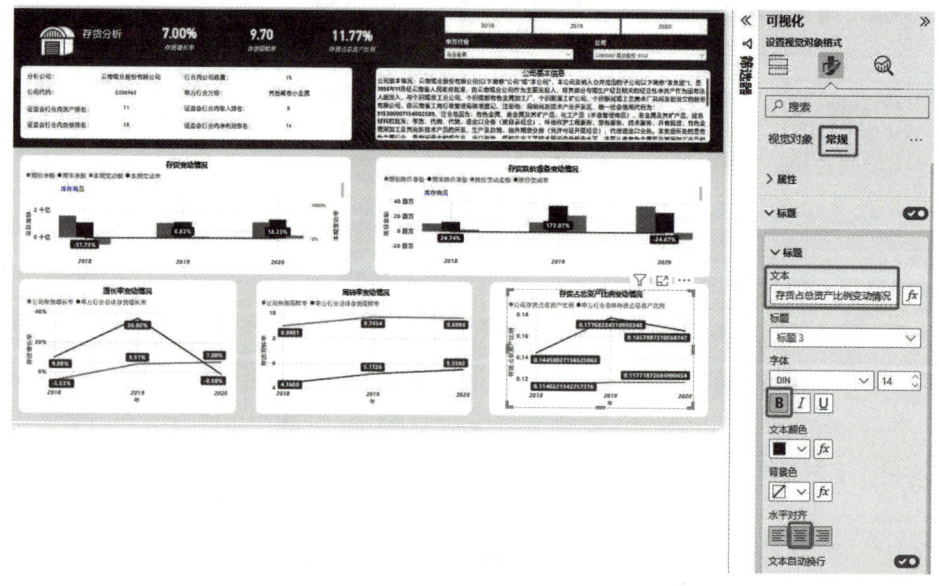

图 6-100　设置折线图标题

5. 调整度量单位

取消选中折线图对象,点击"数据"窗口下的"01－13 存货占总资产比例(修改后)",点开"度量工具"下的"格式",选择"百分比";按同样方式将"03－03 申万三类－存货占总资产比例"度量单位调整为"百分比"。如图 6－101 所示。

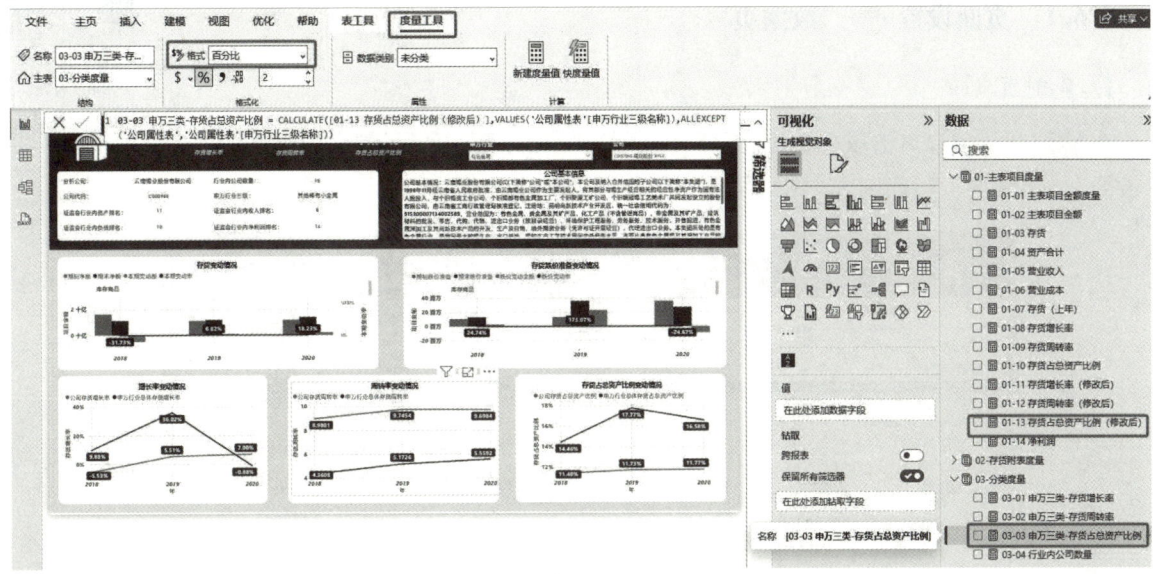

图 6－101　调整度量单位

6. 调整折线图大小和位置

调整折线图大小,并移动到合适位置,如图 6－102 所示。

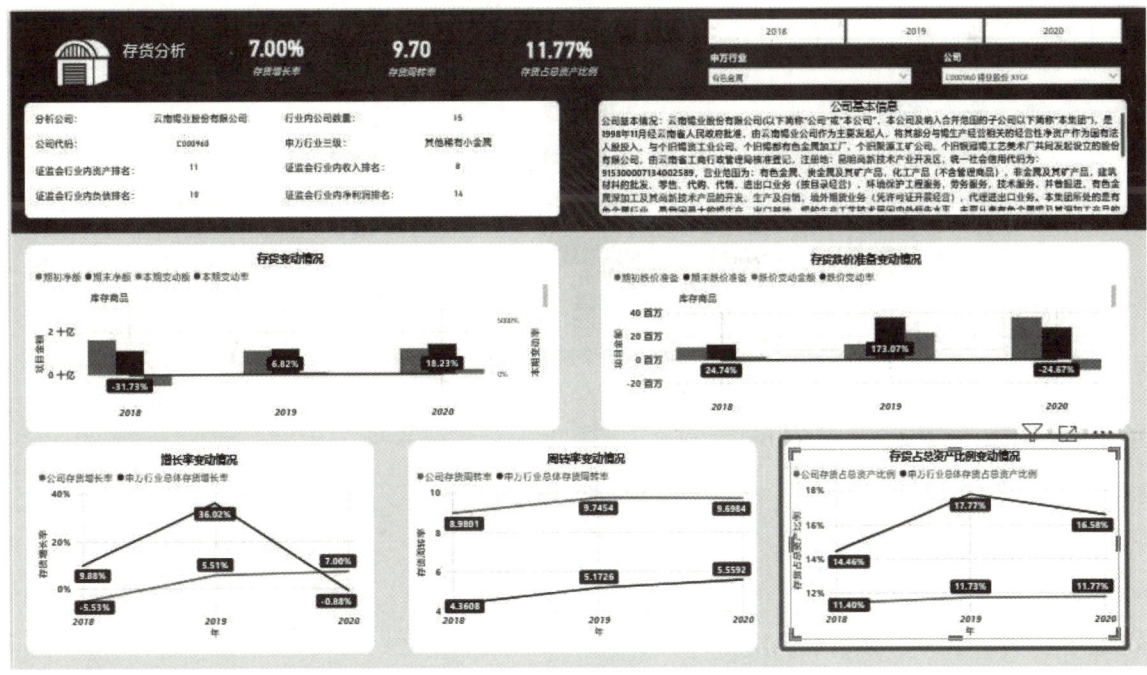

图 6－102　调整折线图大小和位置

6.6 数据可视化——"数据页"

6.6.1 页面设置——"数据页"

1. 复制页

在"第一页"位置单击鼠标右键,选择"复制",将"第一页"重命名为"信息页",复制页重命名为"数据页",如图 6-103 所示。

创建数据页

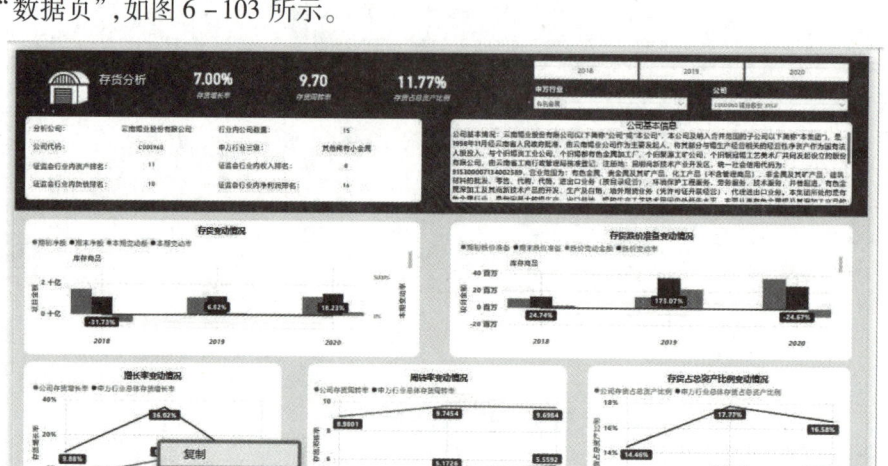

图 6-103 复制页

2. 删除数据页内容

对数据页选中不需要的内容进行删除,如图 6-104 所示。

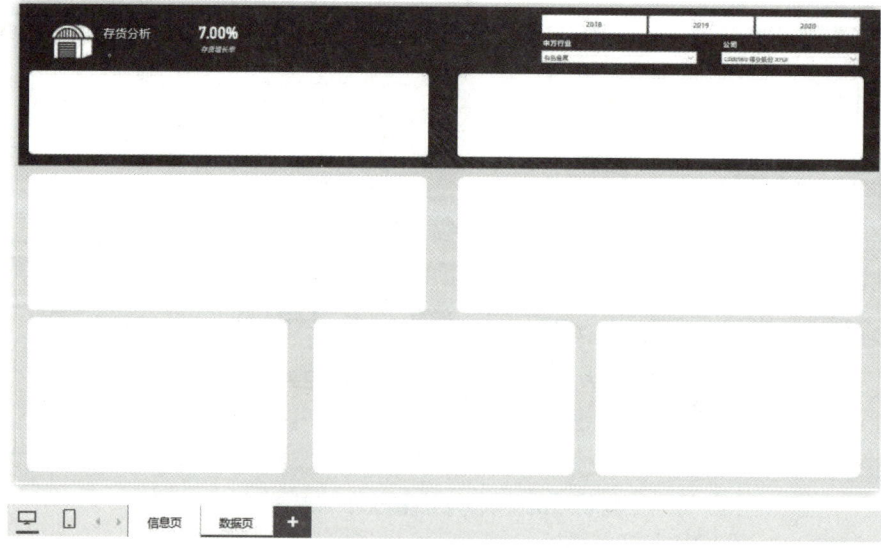

图 6-104 删除数据页内容

6.6.2 创建视觉对象"卡片图"——存货指标

1. 创建卡片图(2个)

点击"可视化"窗口下的"卡片图"图标,创建2个卡片图对象,如图6-105所示。

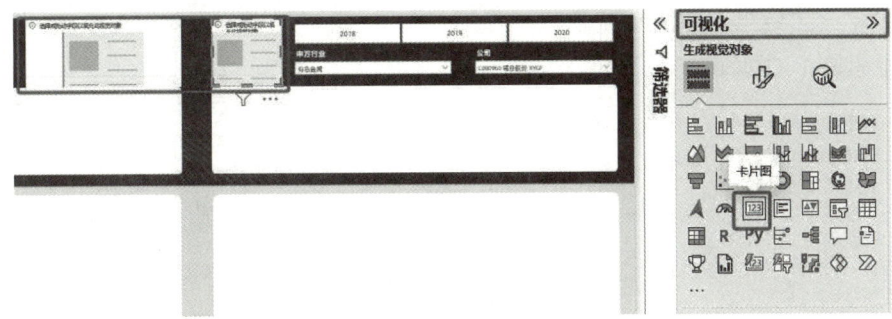

图 6-105 创建 2 个卡片图

2. 设置卡片图属性

选中第1个卡片图对象,点开"数据"窗口下的"01-主表项目度量",拖拽"01-03 存货"到"可视化"窗口下的"字段",并重命名为"存货金额",如图6-106所示。

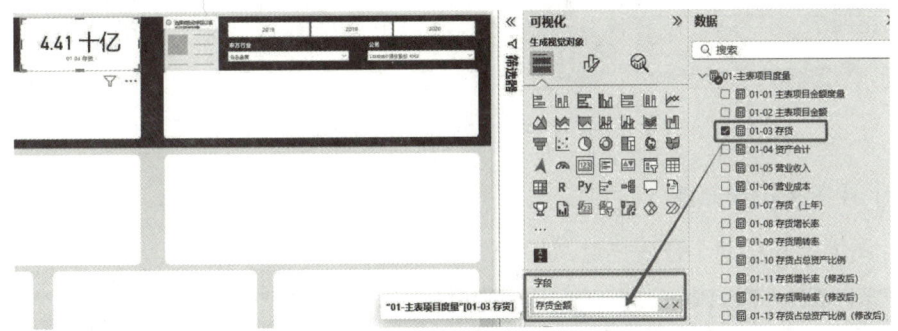

图 6-106 设置第 1 个卡片图属性

选中第2个卡片图对象,点开"数据"窗口下的"02-存货附表度量",拖拽"02-06 跌价准备本期增加"到"可视化"窗口下的"字段",并重命名为"跌价准备本期增加",如图6-107所示。

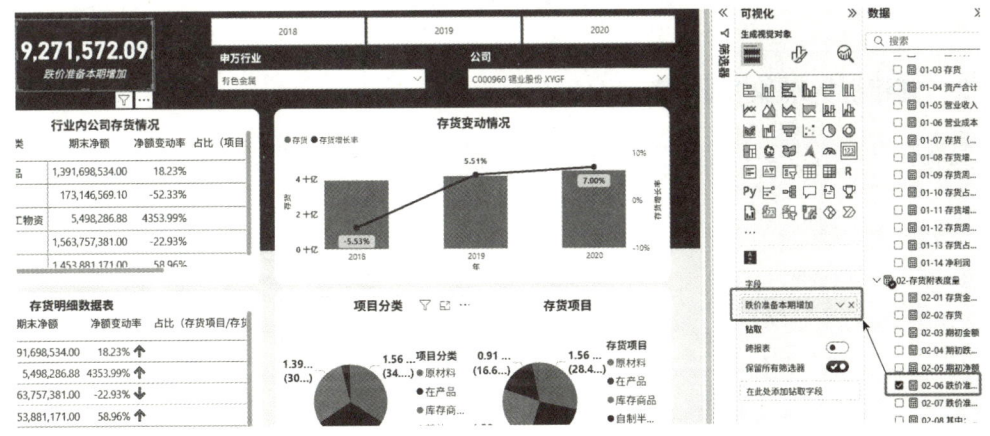

图 6-107 设置第 2 个卡片图属性

3. 调整卡片图格式

按住 Ctrl 键,点击"可视化"窗口下的"设置视觉对象格式",同时对 2 个卡片图进行格式调整。

点开"视觉对象"下的"标注值",字号"30",字体为粗体,颜色为白色,显示单位"无";点开"类别标签",字号"12",字体为斜体,颜色为白色。

点开"常规",在"效果"下关闭"背景"。

具体操作如图 6-108 所示。

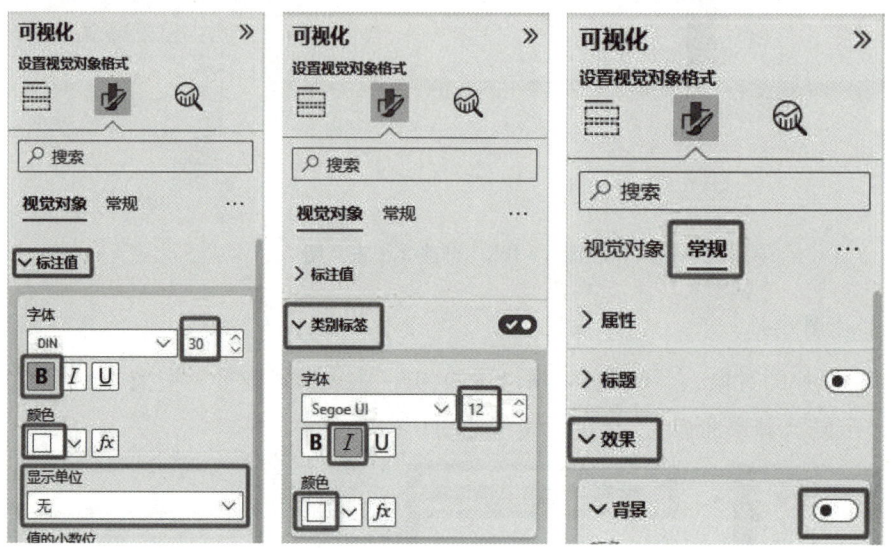

图 6-108　调整卡片图格式

4. 调整卡片图大小和位置

调整卡片图大小并移动至合适位置,如图 6-109 所示。

图 6-109　调整卡片图大小和位置

6.6.3　创建视觉对象"圆角矩形"(2 个)

通过复制粘贴再创建 2 个圆角矩形(共 9 个),并调整大小和位置,如图 6-110 所示。

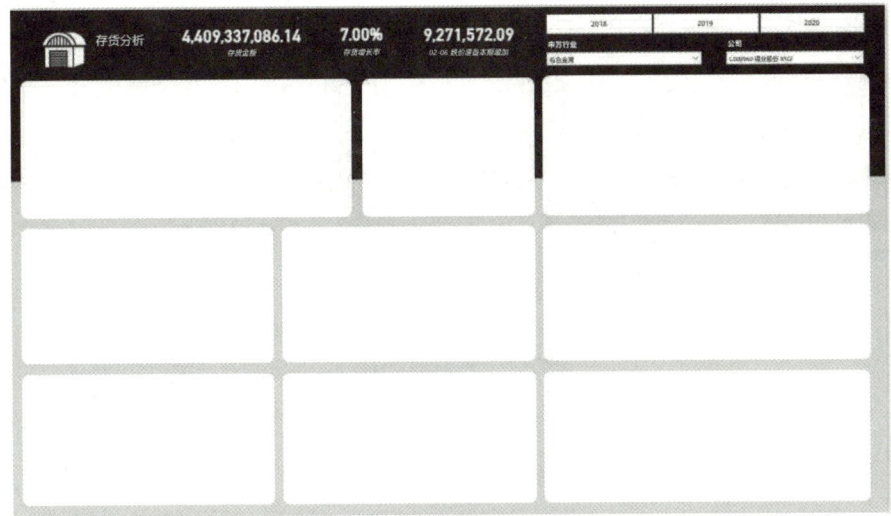

图 6-110 创建圆角矩形

6.6.4 创建视觉对象"矩阵"——存货历史情况表

1. 创建矩阵

点击"可视化"窗口中的"矩阵"图标,完成创建。选中创建对象,点开"数据"窗口下的"日历表",拖拽"年"到"可视化"窗口下的"行"。点开"01－主表项目度量",依次将"01－03 存货""01－04 资产合计""01－10 存货占总资产比例""01－06 营业成本"和"01－09 存货周转率"拖拽到"可视化"窗口下的"值",并依次重命名为"存货金额""总资产金额""存货占总资产的比重""营业成本""存货周转率"。如图 6-111 所示。

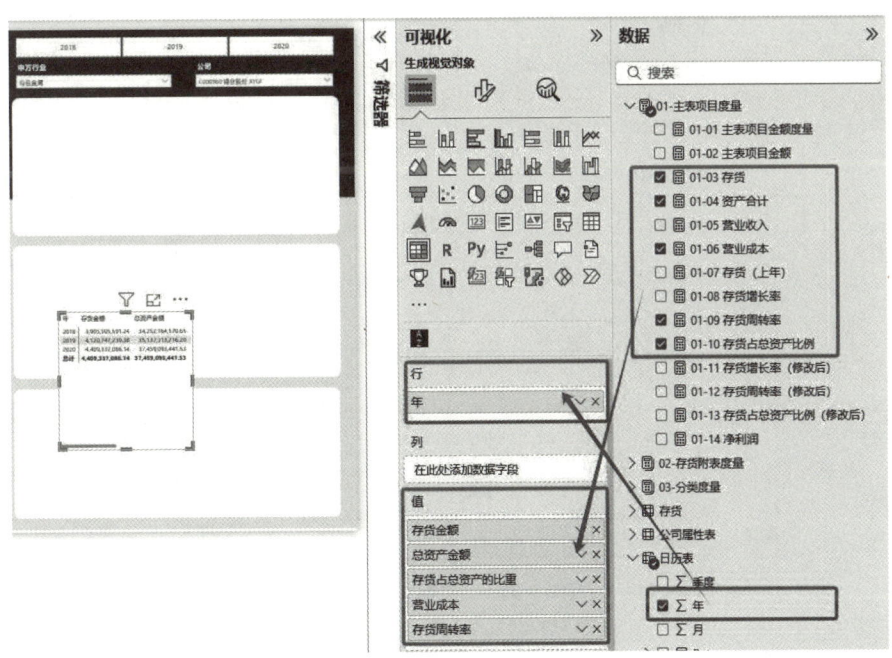

图 6-111 创建矩阵

2. 调整矩阵格式

点击"可视化"窗口下的"设置视觉对象格式"。点开"网格",打开"水平网格线",颜色为深灰色;点开"边框",颜色为深灰色,在"选项"中行填充"5",全局字号"12"。如图6-112所示。

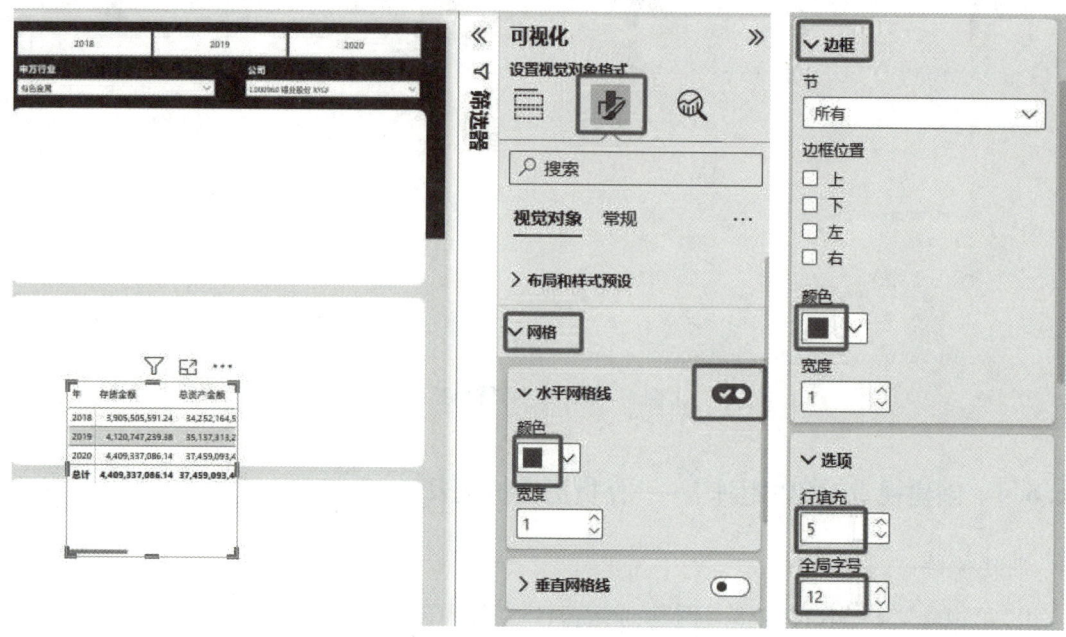

图6-112　设置水平网格线和边框

点开"列标题",设置字号"12",标题对齐方式为居中。关闭"行小计"。点开"值",设置替代背景色为白色。点开"常规"下的"标题",文本处输入"存货历史情况表",字体为粗体,水平对齐为居中。如图6-113所示。

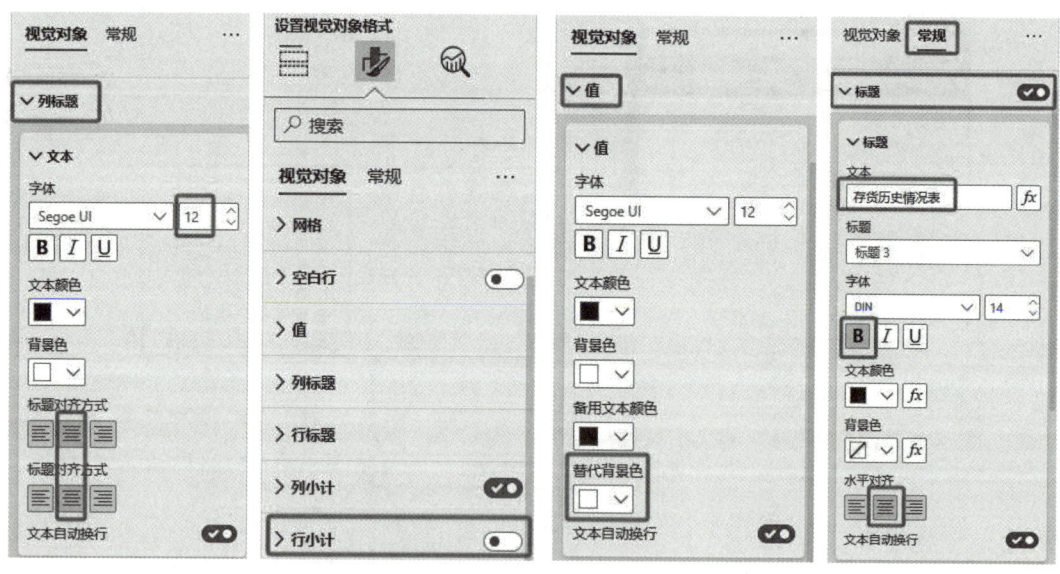

图6-113　调整矩阵格式

3. 调整矩阵大小和位置

调整矩阵大小并移动到合适位置,如图6-114所示。

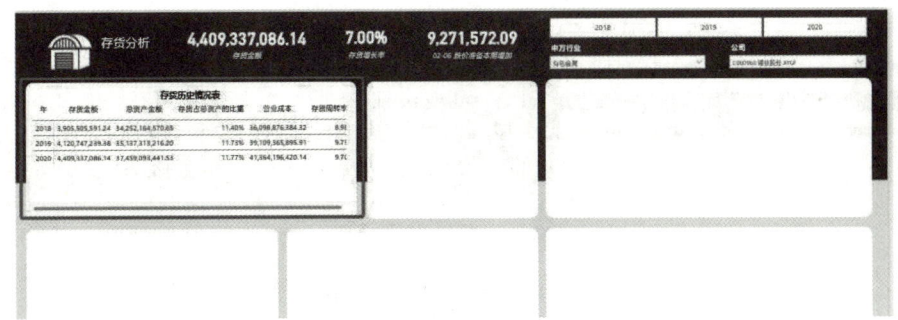

图 6-114　调整矩阵大小和位置

6.6.5　创建视觉对象"矩阵"——行业内公司存货情况

1. 创建矩阵

点击"可视化"窗口中的"矩阵"图标,完成创建。选中创建对象,点开"数据"窗口下的"存货",依次拖拽"项目分类""存货项目"到"可视化"窗口下的"行"。点开"02-存货附表度量",依次将"02-13 期末净额""02-15 本期变动率""02-18 项目分类分项占比"拖拽到"可视化"窗口下的"值",并依次重命名为"期末净额""净额变动率""占比(项目分类/存货总额)"。如图6-115所示。

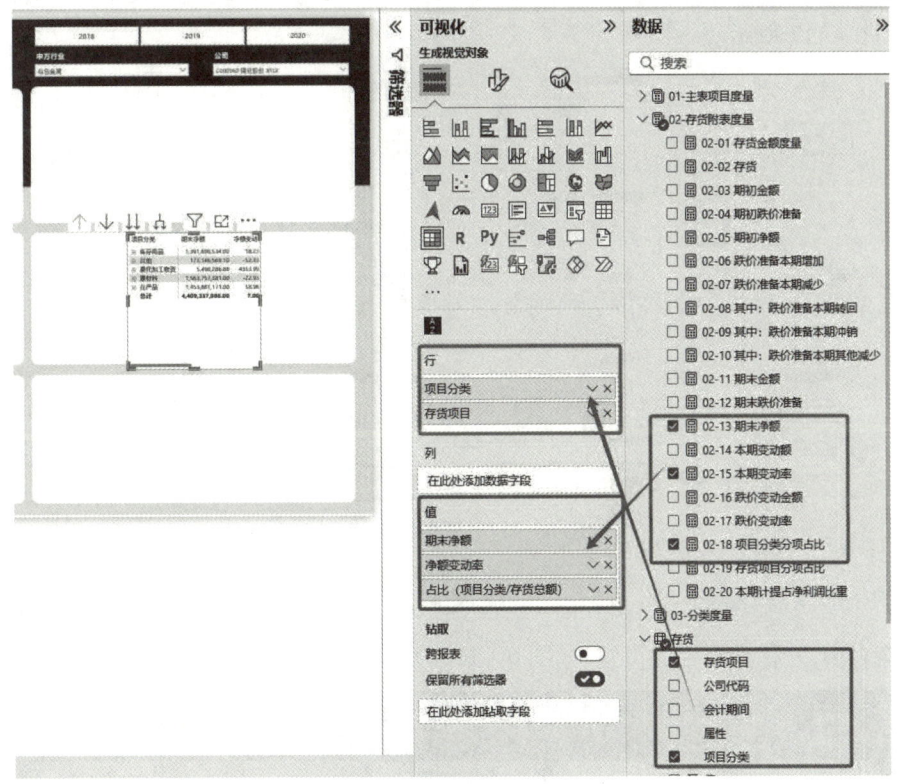

图 6-115　创建矩阵

2. 调整矩阵格式

点击"可视化"窗口下的"设置视觉对象格式"。点开"网格",打开"水平网格线",设置颜色为深灰色;点开"边框",设置颜色为深灰色,在"选项"中设置行填充"5",设置全局字号"12"。如

图6-116所示。

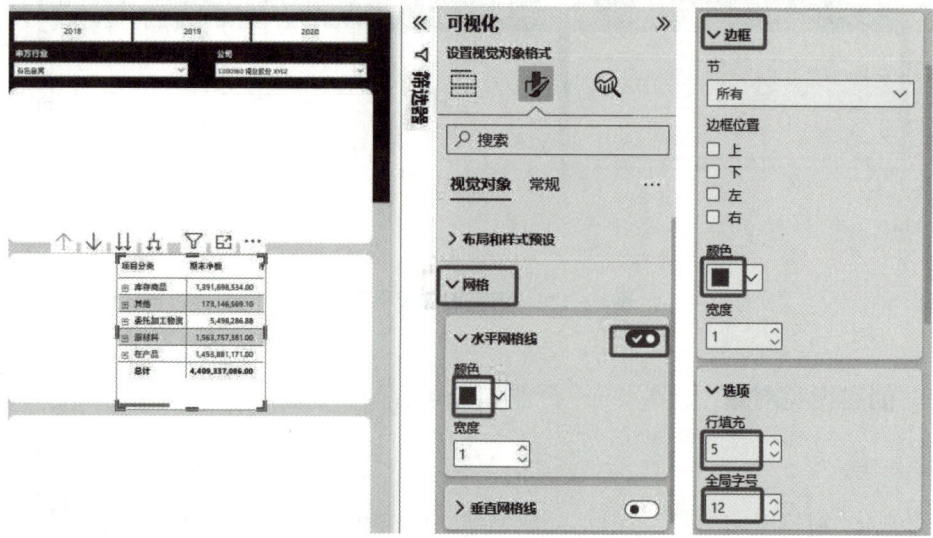

图6-116 设置水平网格线

点开"列标题",设置字号"12",标题对齐方式为居中。关闭"行小计"。点开"值",设置替代背景色为白色。点开"常规"下的"标题",文本处输入"行业内公司存货情况",设置字体为粗体,水平对齐为居中。如图6-117所示。

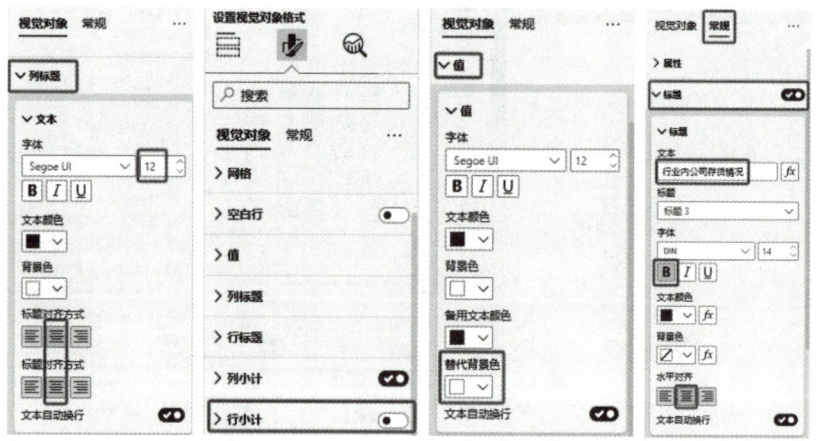

图6-117 调整矩阵格式

3. 调整矩阵大小和位置

调整矩阵大小,并移动到合适位置,如图6-118所示。

图6-118 调整矩阵大小和位置

6.6.6 创建视觉对象"矩阵"——存货数据表

1. 创建矩阵

创建存货数据表

点击"可视化"窗口中的"矩阵"图标,完成创建。选中创建对象,点开"数据"窗口下的"存货",依次拖拽"项目分类""存货项目"到"可视化"窗口下的"行"。点开"02 - 存货附表度量",依次将"02 - 13 期末净额""02 - 15 本期变动率""02 - 18 项目分类分项占比"拖拽到"可视化"窗口下的"值",并依次重命名为"期末净额""净额变动率""占比(项目分类/存货总额)"。如图 6 - 119 所示。

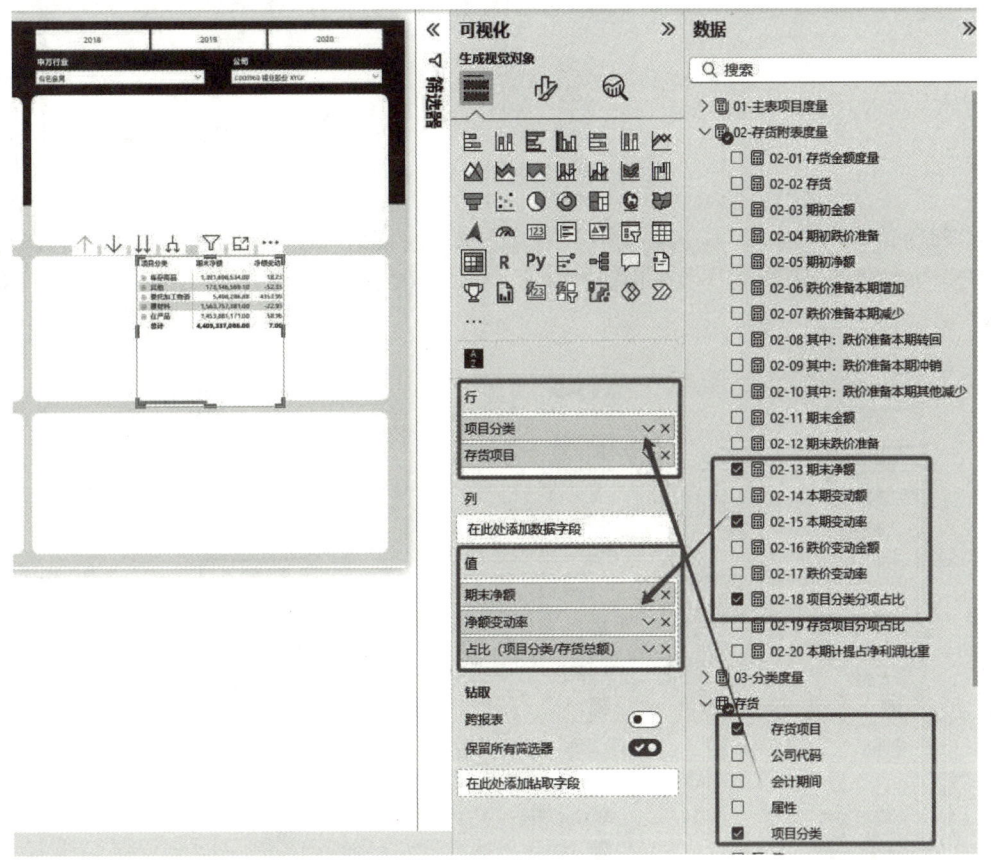

图 6 - 119　创建矩阵

2. 调整矩阵格式

点击"可视化"窗口下的"设置视觉对象格式"。点开"网格",打开"水平网格线",设置颜色为深灰色;点开"边框",设置颜色为深灰色,在"选项"中设置行填充"5",设置全局字号"12"。如图 6 - 120 所示。

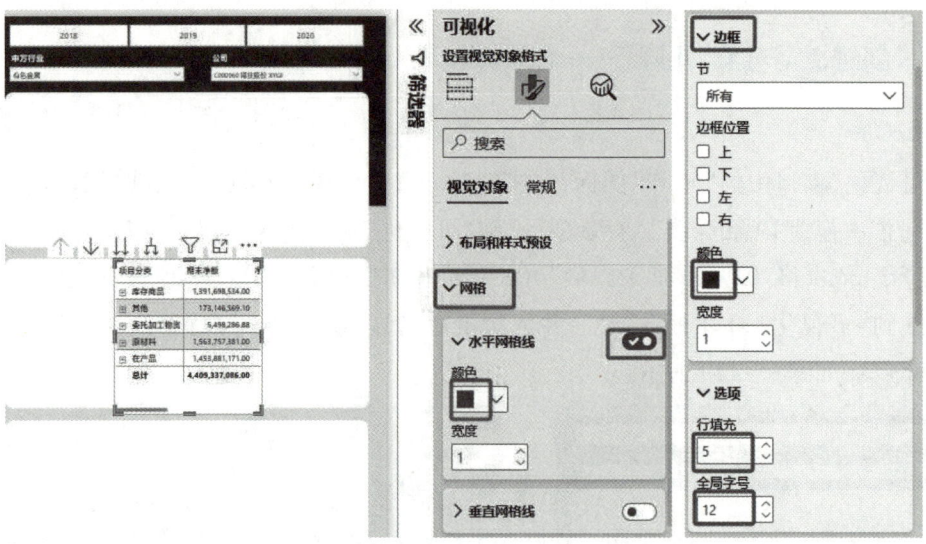

图 6 – 120　设置水平网格线和边框

点开"列标题",设置字号"12",标题对齐方式为居中。点开"值",设置替代背景色为白色。点开"常规"下的"标题",文本处输入"存货数据表",设置字体为粗体,水平对齐为居中。如图 6 – 121 所示。

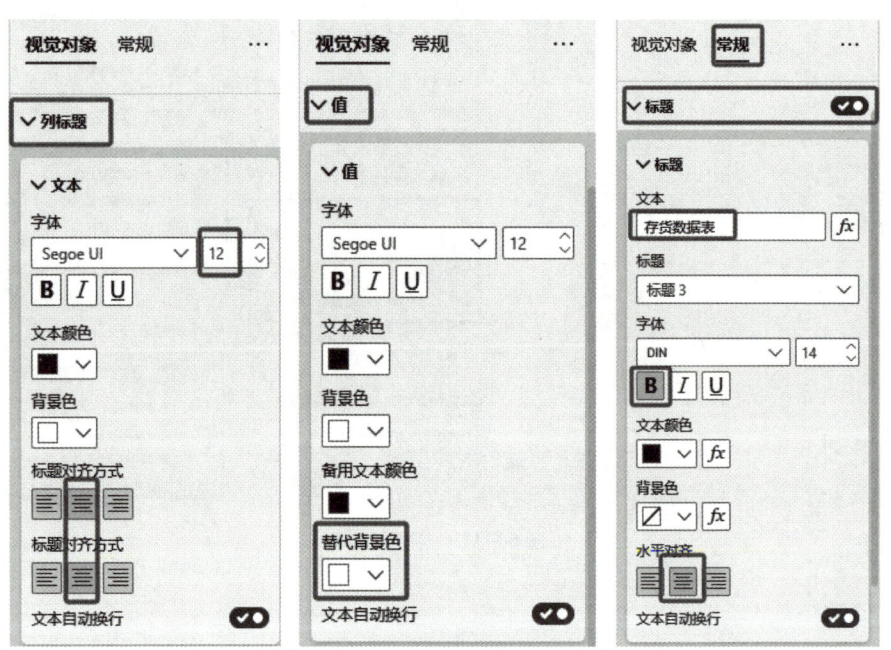

图 6 – 121　调整矩阵格式

3. 设置单元格元素

点开"视觉对象"下的"单元格元素","将设置应用于"选择"净额变动率",打开"图标",点击"fx"图标,在弹窗中进行设置:

"图标布局"下拉框中选择"数据右侧","图标对齐方式"下拉框中选择"中","样式"选择下拉框中第二个选项"箭头标志"。

规则:如果值≥0 百分比和 <0 数字,则为"红色向下箭头";如果值 >0 数字和≤100 数字,则为

"绿色向上箭头";如果值＝0 数字,则为"黄色横杠";删除多余的规则。设置完成,点击"确定"。如图6－122 所示。

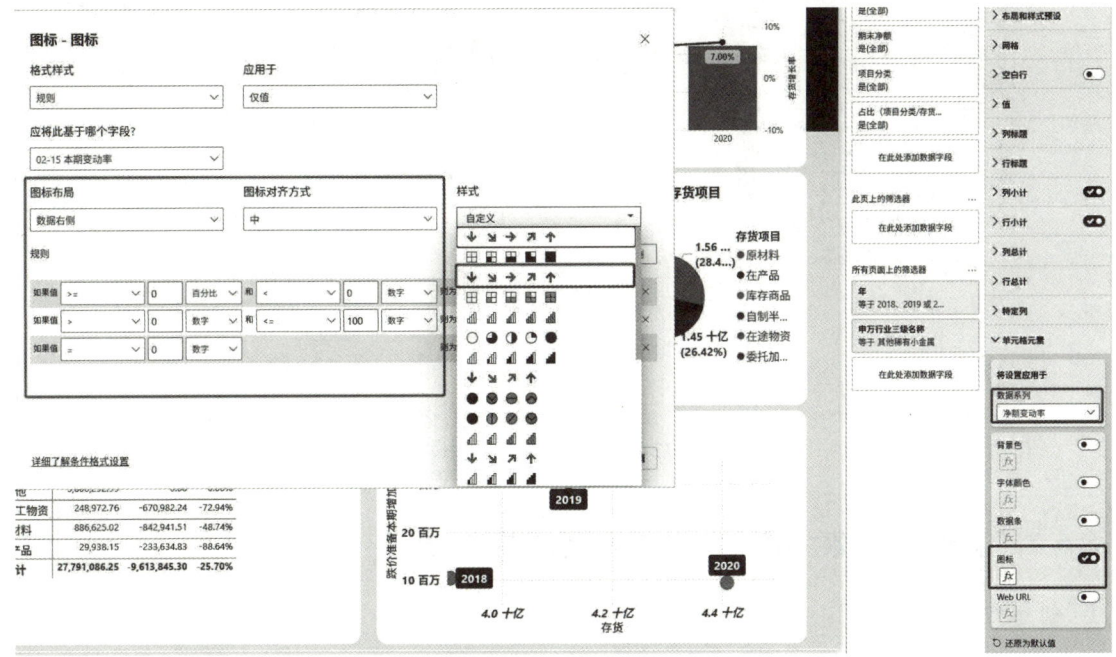

图 6－122　设置单元格元素

4. 调整度量格式

选中"数据"窗口中的"02－18 项目分类分项占比",点开"度量工具"下的"格式",选择"百分比"(小数位数"2"),如图 6－123 所示。

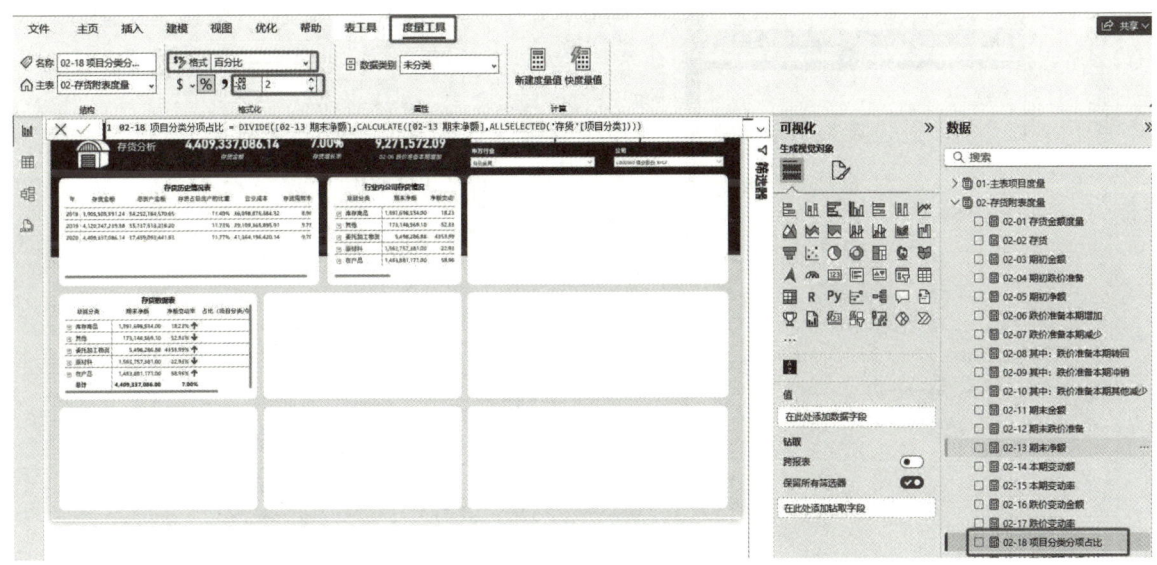

图 6－123　调整度量格式

5. 调整矩阵大小和位置

调整矩阵大小,并移动到合适位置,如图 6－124 所示。

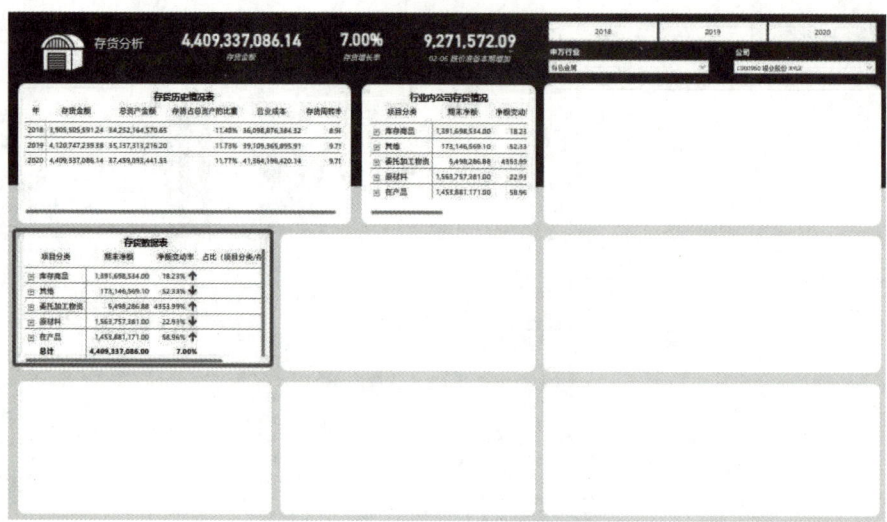

图 6－124　调整矩阵大小和位置

6.6.7　创建视觉对象"矩阵"——存货明细数据表

1. 创建矩阵

点击"可视化"窗口中的"矩阵"图标,完成创建。选中创建对象,点开"数据"窗口下的"存货",拖拽"存货项目"到"可视化"窗口下的"行"。点开"02－存货附表度量",依次将"02－13 期末净额""02－15 本期变动率""02－19 存货项目分项占比"拖拽到"可视化"窗口下的"值",并依次重命名为"期末净额""净额变动率""占比(存货项目/存货总额)"。如图 6－125 所示。

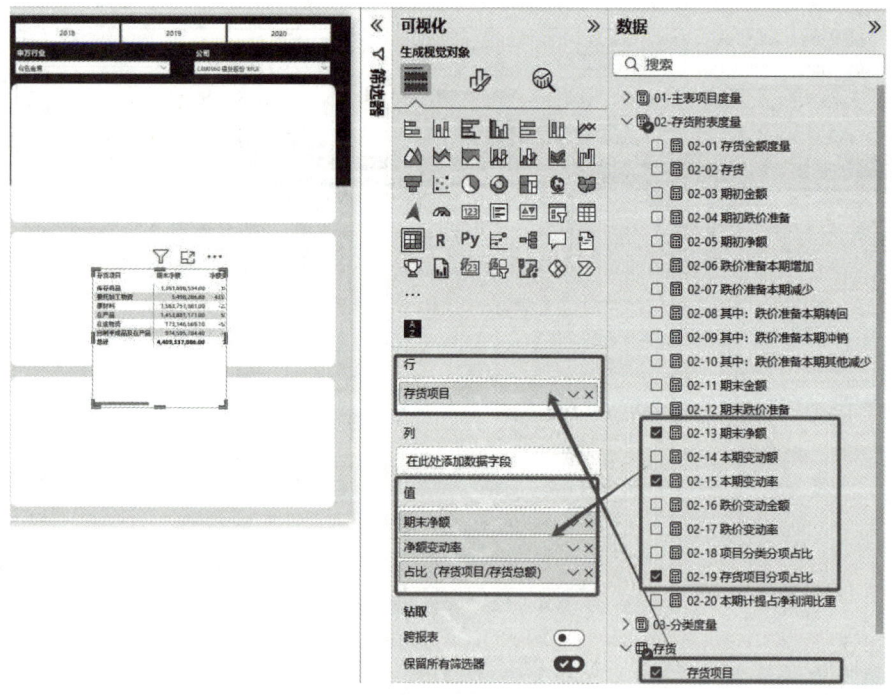

图 6－125　创建矩阵

2. 调整矩阵格式

点击"可视化"窗口下的"设置视觉对象格式"。点开"网格",打开"水平网格线",设置颜色为深灰色;点开"边框",设置颜色为深灰色,在"选项"中设置行填充"5",全局字号"12"。如图 6-126 所示。

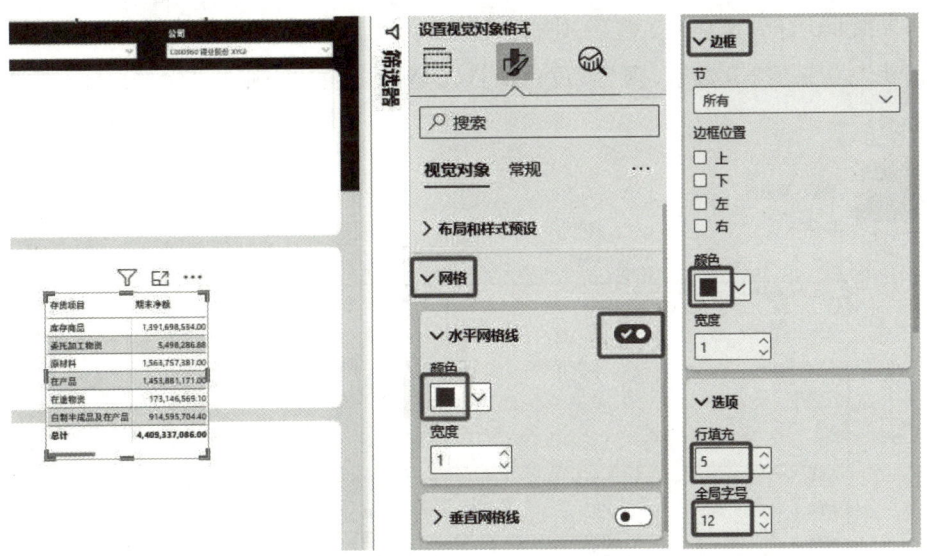

图 6-126　设置水平网格线和边框

点开"列标题",设置字号"12",标题对齐方式为居中。点开"值",设置替代背景色为白色。点开"常规"下的"标题",文本处输入"存货明细数据表",设置字体为粗体,水平对齐为居中。如图 6-127 所示。

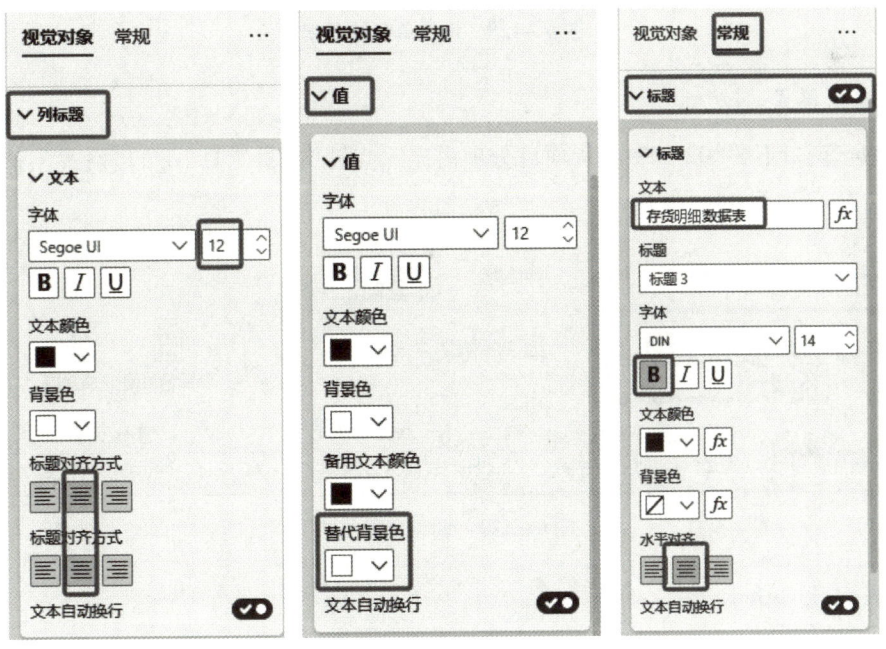

图 6-127　调整矩阵格式

3. 设置单元格元素

点开"视觉对象"下的"单元格元素","将设置应用于"选择"净额变动率",打开"图标",点击"fx"图标,在弹窗中进行设置:

设置图标布局为"数据右侧",图标对齐方式为"中",样式选择"自定义"。

规则:如果值≥0 百分比和<0 数字,则为"红色向下箭头";如果值>0 数字和≤100 数字,则为"绿色向上箭头";如果值=0 数字,则为"黄色横杠";删除多余的规则。设置完成,点击"确定"。如图 6-128 所示。

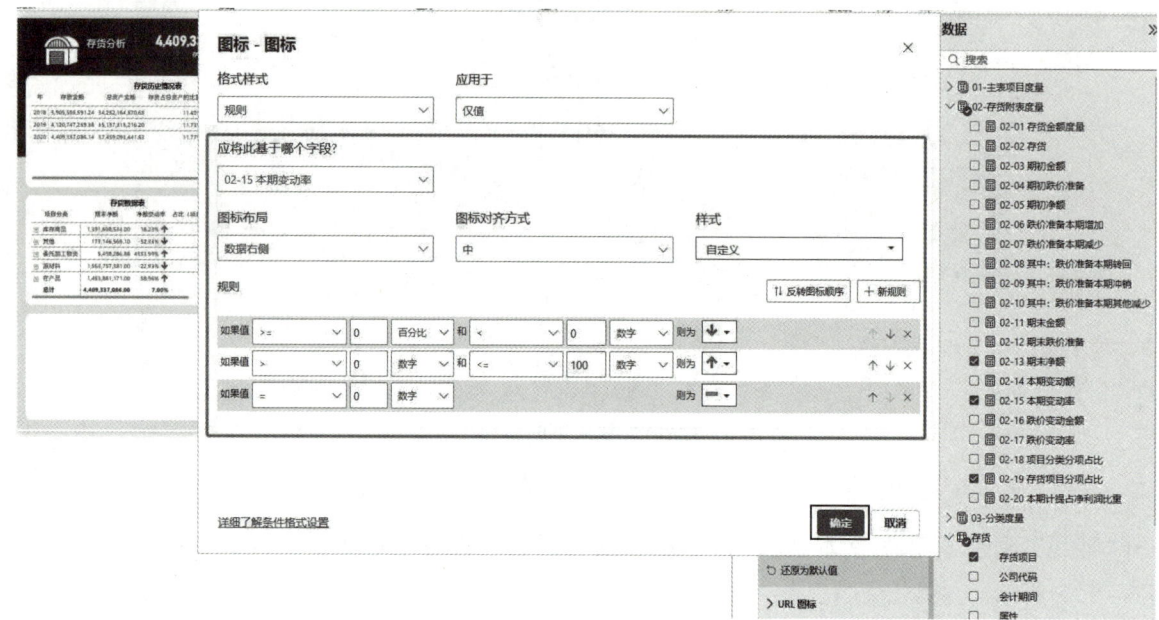

图 6-128　设置单元格元素

4. 调整度量格式

选中"数据"窗口下的"02-19 存货项目分项占比",点开"度量工具"下的"格式",选择"百分比"(小数位数为"2"),如图 6-129 所示。

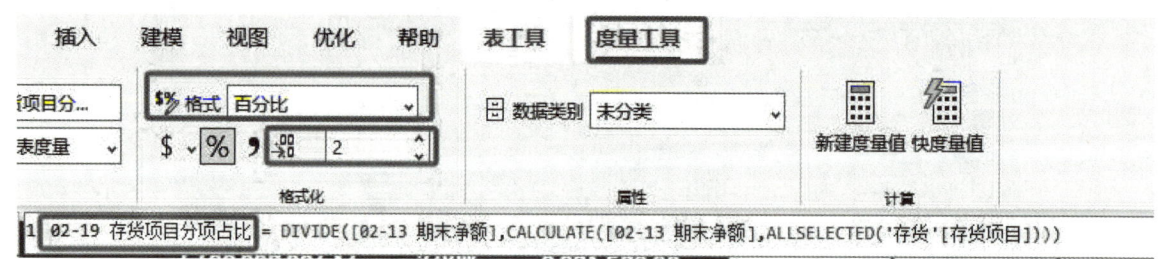

图 6-129　调整度量格式

5. 调整矩阵大小和位置

调整矩阵大小,并移动到合适位置,如图 6-130 所示。

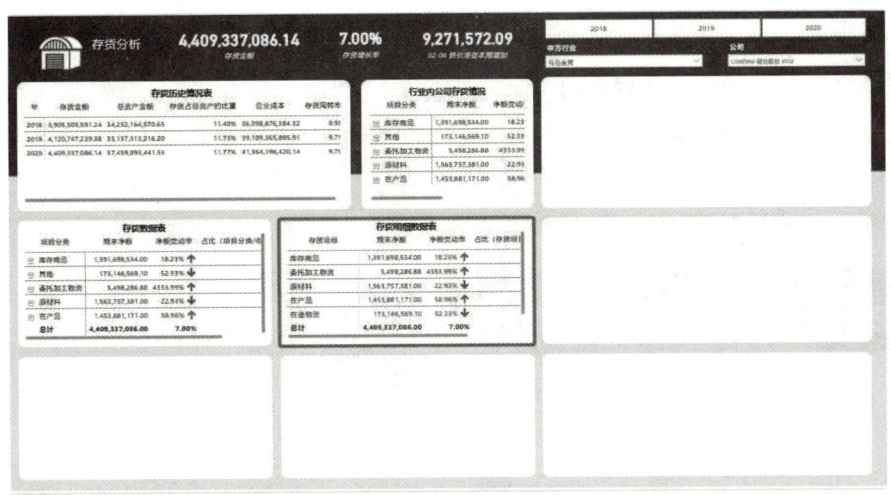

图 6-130 调整矩阵大小和位置

6.6.8 创建视觉对象"矩阵"——存货跌价准备数据表(公司代码)

1. 创建矩阵

点击"可视化"窗口中的"矩阵"图标,完成创建。选中创建对象,点开"数据"窗口下的"公司属性表",拖拽"公司代码"到"可视化"窗口下的"行"。点开"02-存货附表度量",依次将"02-06 跌价准备本期增加""02-20 本期计提占净利润比重"拖拽到"可视化"窗口下的"值"。点开"01-主表项目度量",将"01-14 净利润"拖拽到"可视化"窗口下的"值"(拖拽至 02-06 与 02-20 字段中间)。将三个字段依次重命名为"本期计提跌价准备""合并净利润""占比"。如图 6-131 所示。

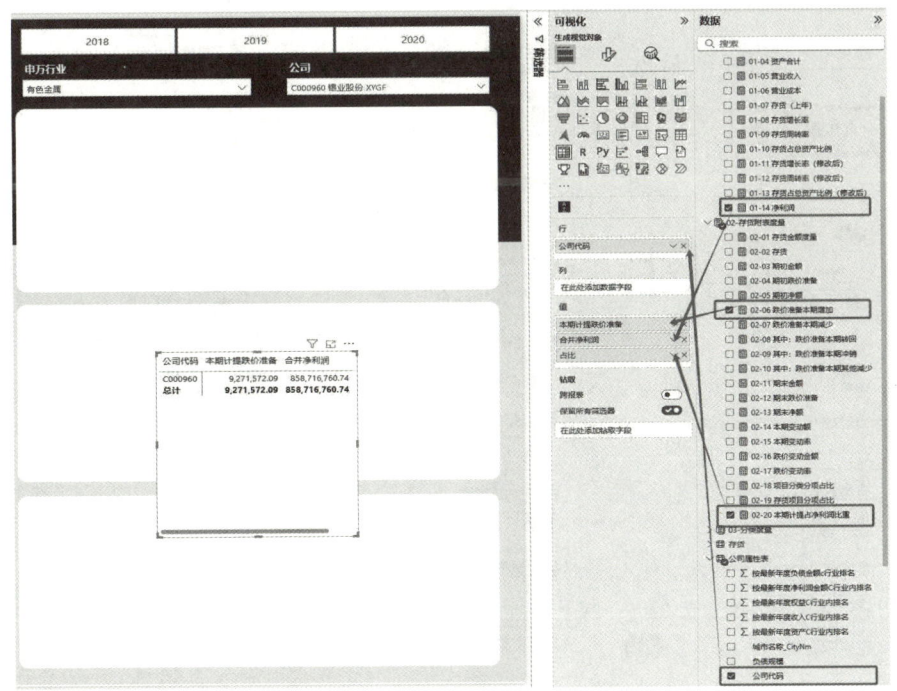

图 6-131 创建矩阵

2. 调整矩阵格式

点击"可视化"窗口下的"设置视觉对象格式"。点开"网格",打开"水平网格线",设置颜色为深灰色;点开"边框",设置颜色为深灰色,在"选项"中设置行填充"5",全局字号"12"。如图6-132所示。

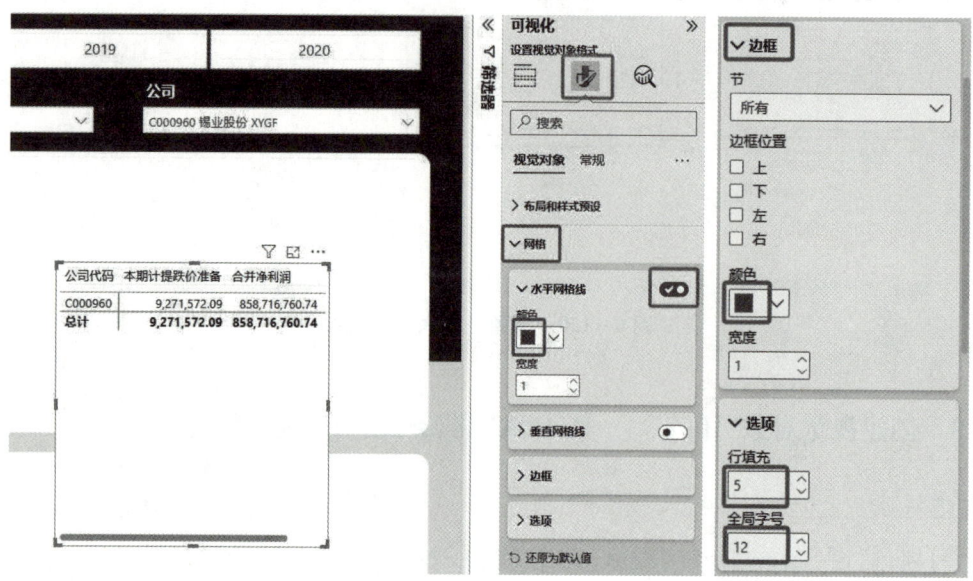

图6-132 设置水平网格线和边框

点开"列标题",设置字号"12",标题对齐方式为居中。点开"值",设置替代背景色为白色。点开"常规"下的"标题",文本处输入"存货跌价准备数据表",设置字体为粗体,水平对齐为居中。如图6-133所示。

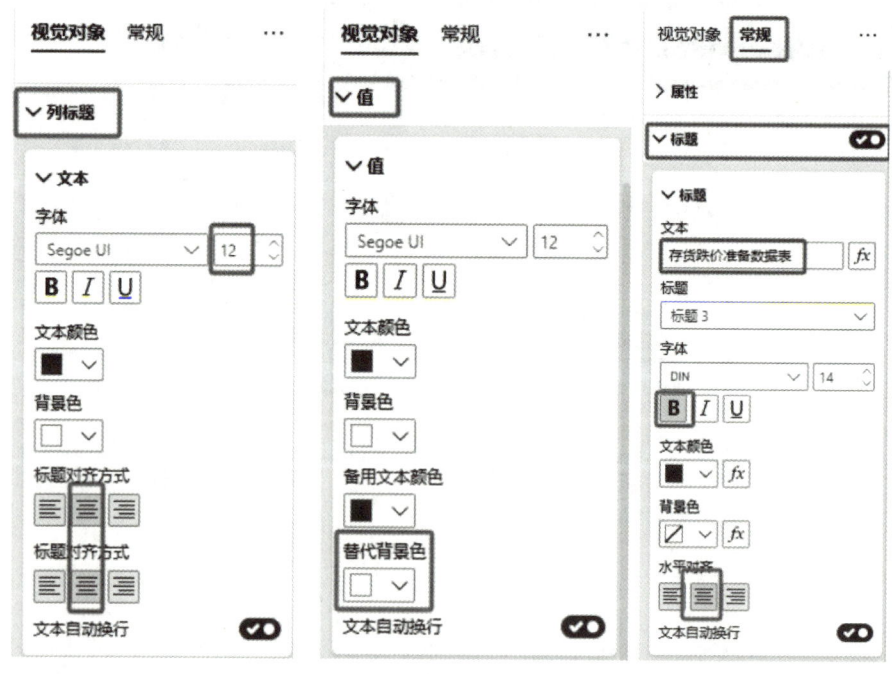

图6-133 调整矩阵格式

3. 调整度量格式

选中"数据"窗口的"02-20 本期计提占净利润比重",点开"度量工具"下的"格式",选择"百分比"(小数位数为"2"),如图6-134所示。

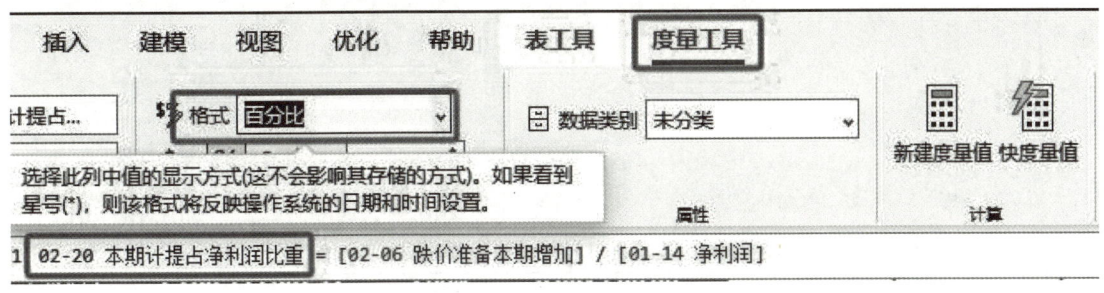

图6-134 调整度量格式

4. 调整矩阵大小和位置

调整矩阵大小,并移动到合适位置,如图6-135所示。

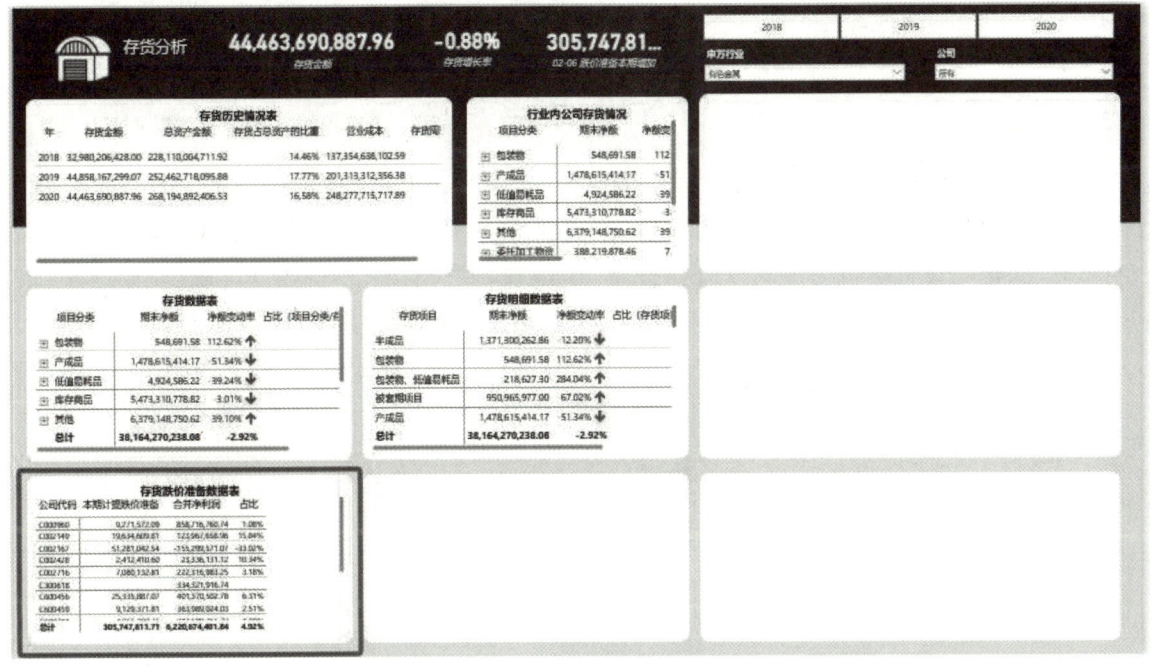

图6-135 调整矩阵大小和位置

6.6.9 创建视觉对象"矩阵"——存货跌价准备数据表(项目分类)

1. 创建矩阵

点击"可视化"窗口中的"矩阵"图标,完成创建。选中创建对象,点开"数据"窗口下的"存货",依次拖拽"项目分类""存货项目"到"可视化"窗口下的"行"。点开"02-存货附表度量",依次将"02-12 期末跌价准备""02-16 跌价变动金额""02-17 跌价变动率"拖拽到"可视化"窗口下的"值",并依次重命名为"期末跌价准备""增减金额""增减比例"。如图6-136所示。

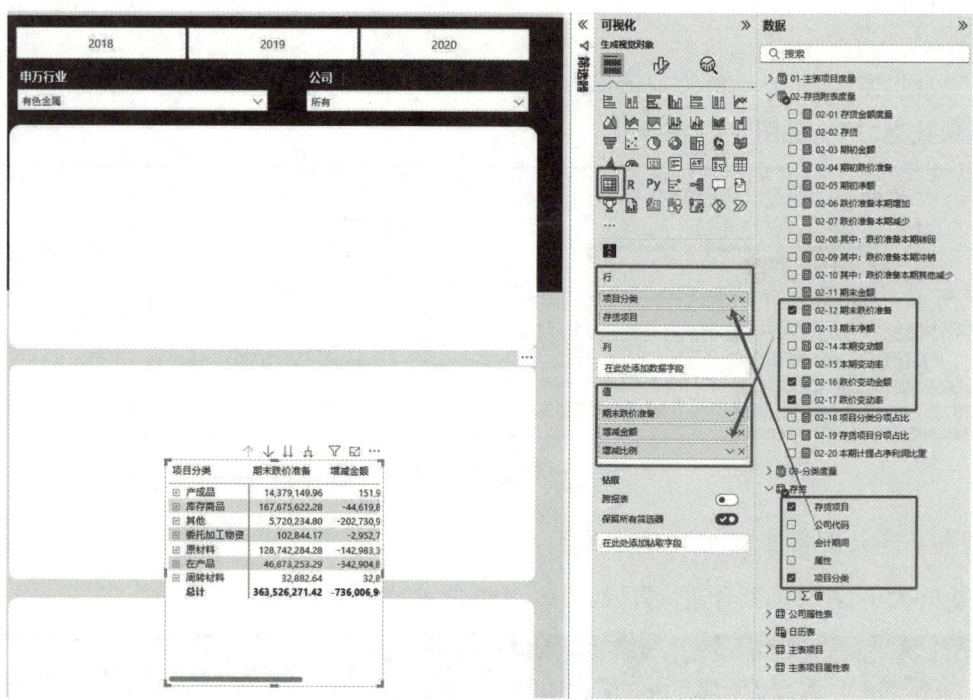

图 6-136 创建矩阵

2. 调整矩阵格式

点击"可视化"窗口下的"设置视觉对象格式"。点开"网格",打开"水平网格线",设置颜色为深灰色;点开"边框",设置颜色为深灰色,在"选项"中设置行填充"5",全局字号"12"。如图 6-137 所示。

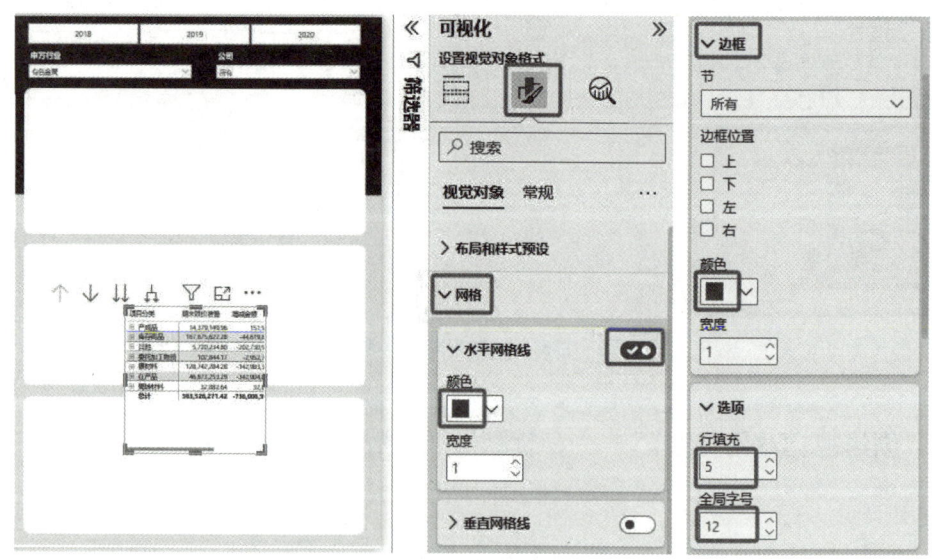

图 6-137 设置水平网格线和边框

点开"列标题",设置字号"12",标题对齐方式为居中。点开"值",设置替代背景色为白色。

点开"常规"下的"标题",文本处输入"存货跌价准备数据表",设置字体为粗体,水平对齐为居中。如图 6-138 所示。

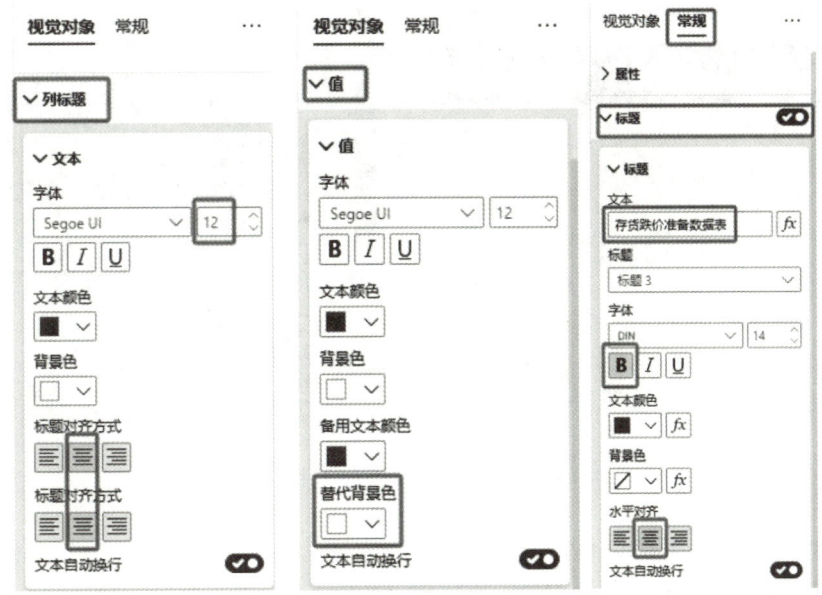

图 6-138 调整矩阵格式

3. 调整矩阵大小和位置

调整矩阵大小,并移动到合适位置,如图 6-139 所示。

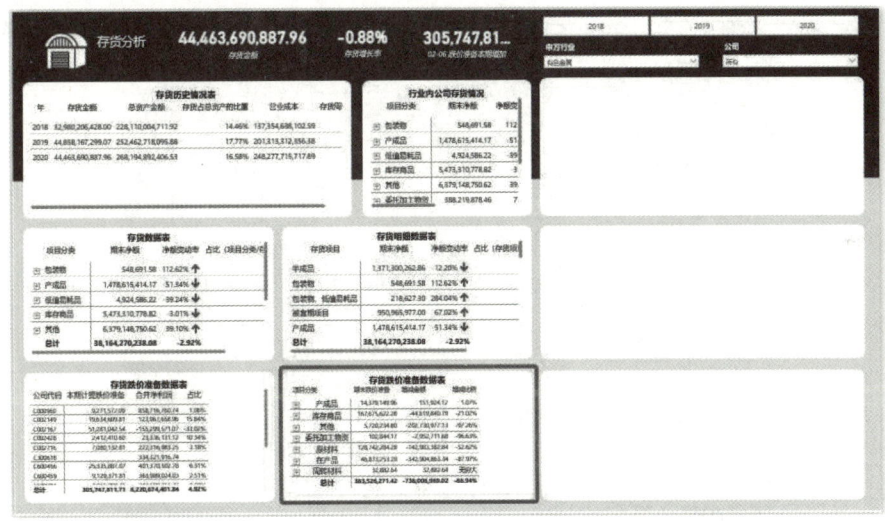

图 6-139 调整矩阵大小和位置

6.6.10 创建视觉对象"折线和簇状柱形图"

1. 创建"折线和簇状柱形图"

点击"可视化"窗口中的"折线和簇状柱形图"图标,创建对象。点开"数据"窗口下的"日历表",拖拽"年"到"可视化"窗口下的"X 轴"。点开"01-主表项目度量",拖拽"01-03 存货"到"可视化"窗口下的"列 y 轴";拖拽"01-08 存货增长率"到"可视化"窗口下的"行 y 轴";将"列 y 轴"和"行 y 轴"字段分别重命名为"存货""存货增长率"。如图 6-140 所示。

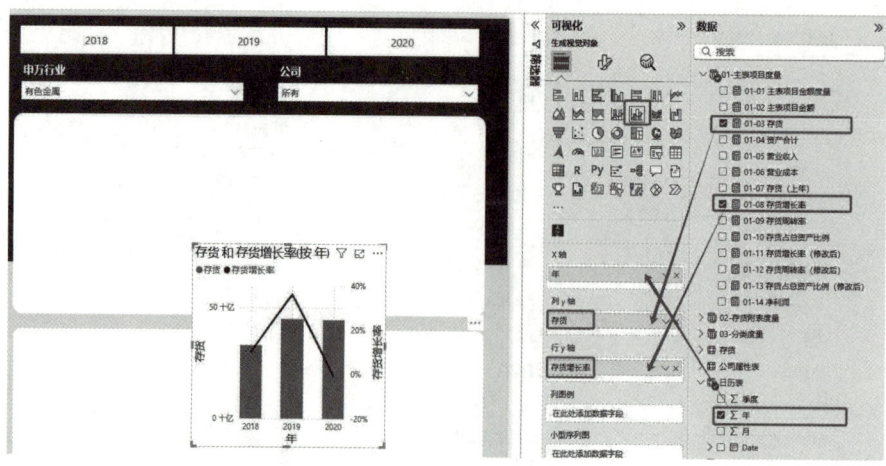

图6-140 创建"折线和簇状柱形图"

2. 调整折线与簇状柱形图格式

点击"可视化"窗口下的"设置视觉对象格式",对折线和簇状柱形图进行格式调整。点开"图例",设置文本字号"12"。点开"X轴",在"值"中调整字号"12",设置字体为粗体、斜体,关闭"标题"。点开"Y轴",在"值"中调整题号"12",设置字体为粗体,点开"标题",标题文本输入"存货"。如图6-141所示。

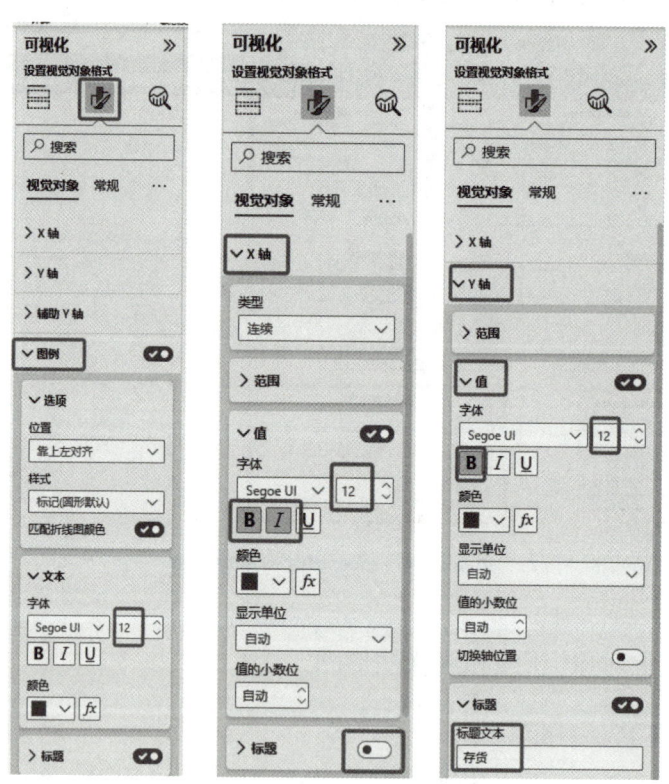

图6-141 调整格式(1)

点开"视觉对象"下的"数据标签",数据系列选择"存货",关闭"显示此系列";在"值"下调整字号"12",设置字体为粗体,显示单位"无";点开"网格线",线条样式选择"实线";点开"标记",打开"显示所有类别"。点击"设置视觉对象格式"下的"常规",点开"标题",文本处输入"存货变动情况",设置字体为粗体,水平对齐为居中。如图 6-142 所示。

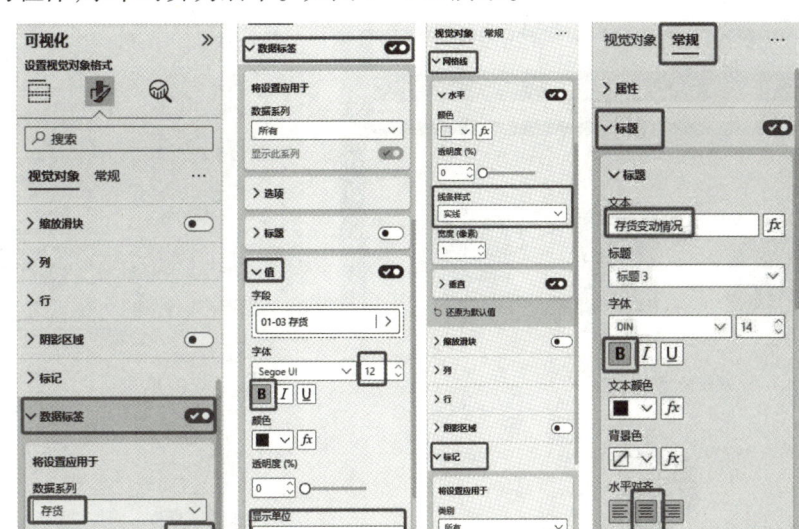

图 6-142 调整格式(2)

3. 调整折线和簇状柱形图大小和位置

调整折线和簇状柱形图大小,并移动到合适位置,如图 6-143 所示。

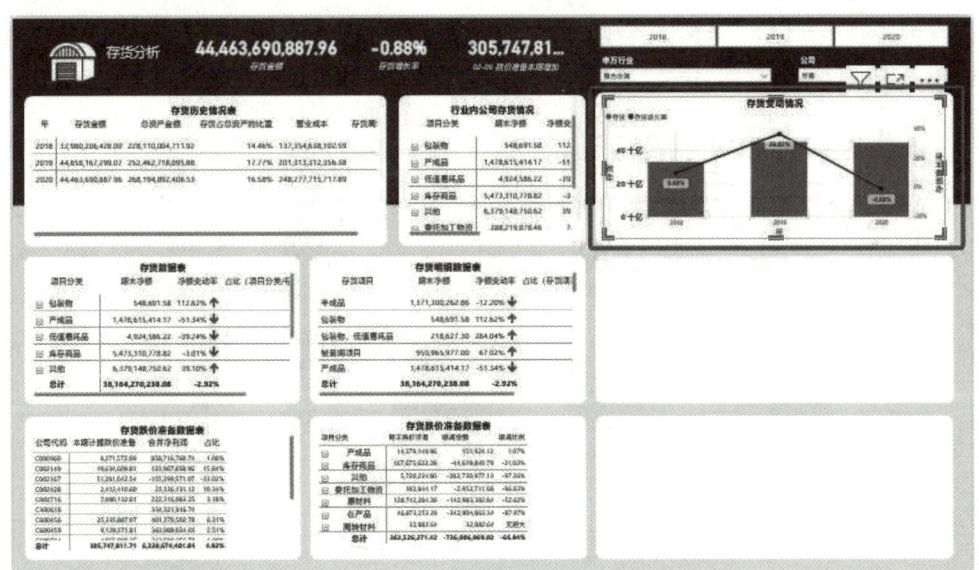

图 6-143 调整折线和簇状柱形图大小和位置

6.6.11 创建视觉对象"饼图"——项目分类

1. 创建饼图

点击"可视化"窗口下的"饼图"图标,创建饼图。选中已创建饼图,点开"数据"窗口下的"存货",拖拽"项目分类"到"可视化"窗口下的"图例";点开"02-存货附表度量",拖拽"02-13 期末净额"到"可视化"窗口下的"值",并重命名为"期末净

额"。如图6-144所示。

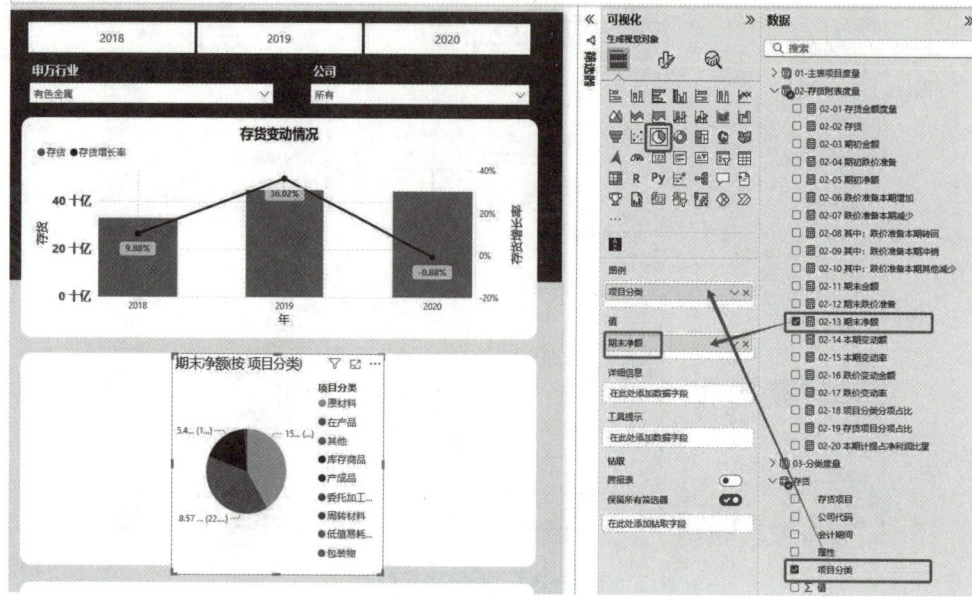

图6-144 创建饼图

2. 调整饼图格式

点击"可视化"窗口下的"设置视觉对象格式"。点开"图例","文本"下调整字号"12"。点开"详细信息标签","值"下调整字号"12",字体为粗体。如图6-145所示。

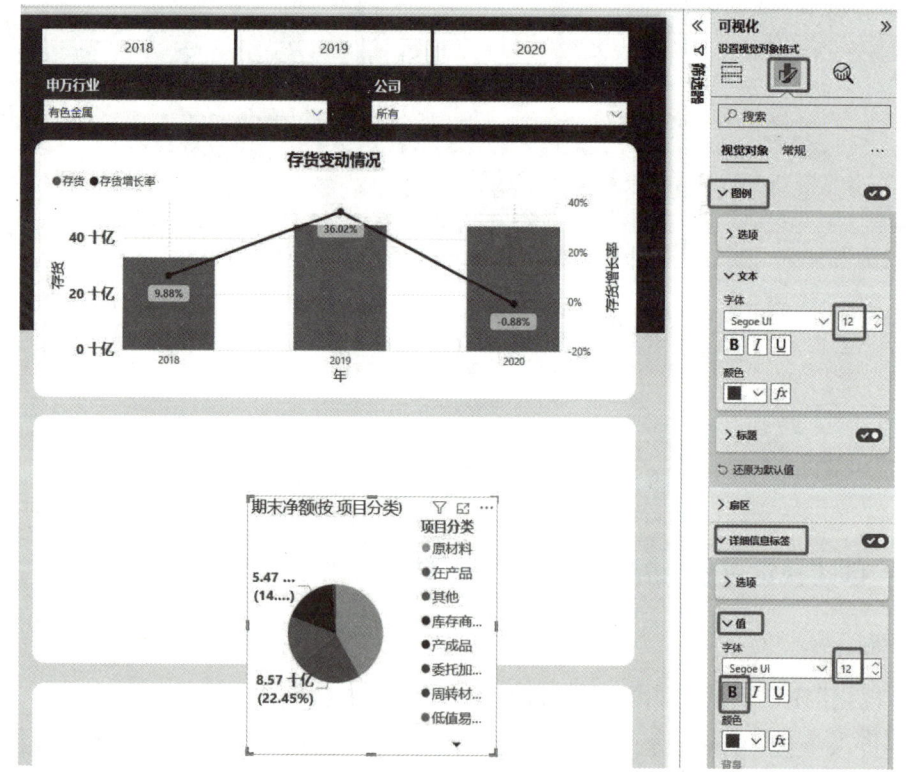

图6-145 调整饼图格式

点开"常规"下的"标题",文本处输入"项目分类",设置字体为加粗,水平对齐为居中,如图 6－146 所示。

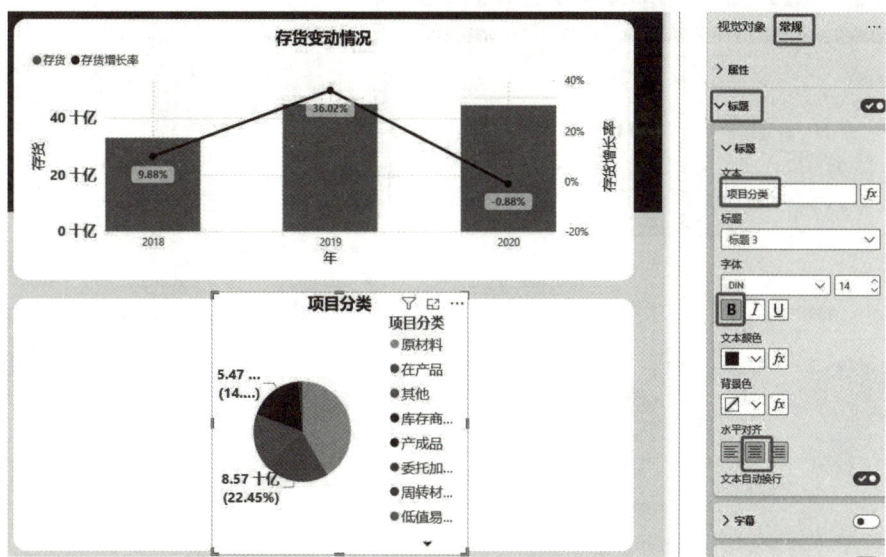

图 6－146　设置饼图标题

3. 调整饼图大小和位置

调整饼图大小,并移动到合适位置,如图 6－147 所示。

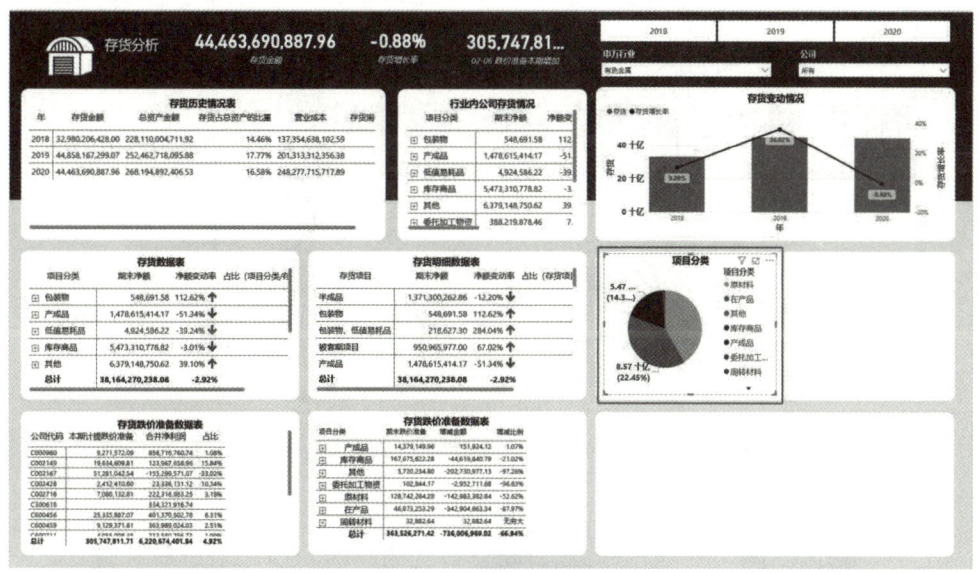

图 6－147　调整饼图大小和位置

6.6.12　创建视觉对象"饼图"——存货项目

1. 创建饼图

选中上一个饼图对象,复制粘贴一个新的饼图,在"可视化"窗口的"图例"中将已有字段删除,点击"数据"窗口下的"存货",拖拽"存货项目"到"可视化"窗口下的"图例",如图 6－148 所示。

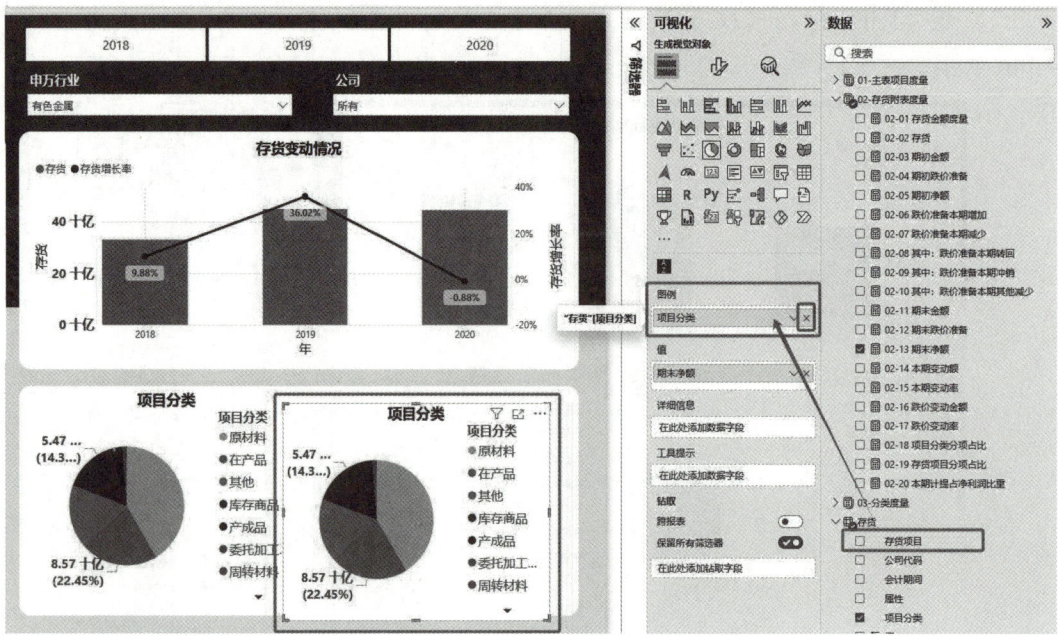

图 6-148　创建新饼图并重置图例

2. 修改饼图标题文本

在"可视化"窗口下的"设置视觉对象格式"中，点开"常规"下的"标题"，标题文本修改为"存货项目"，如图 6-149 所示。

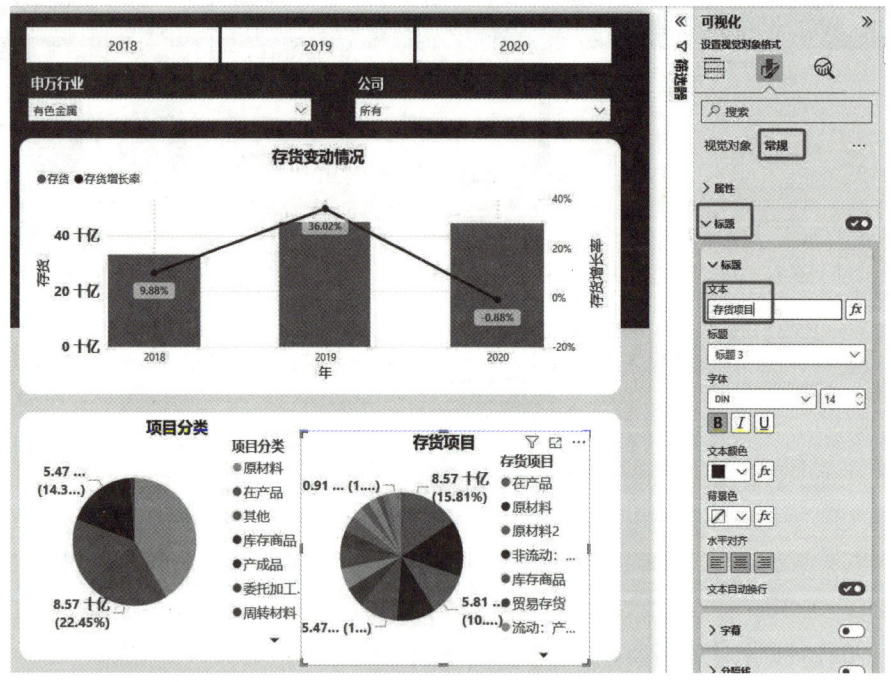

图 6-149　修改标题文本

3. 调整饼图大小和位置

调整饼图大小，并移动到合适位置，如图 6-150 所示。

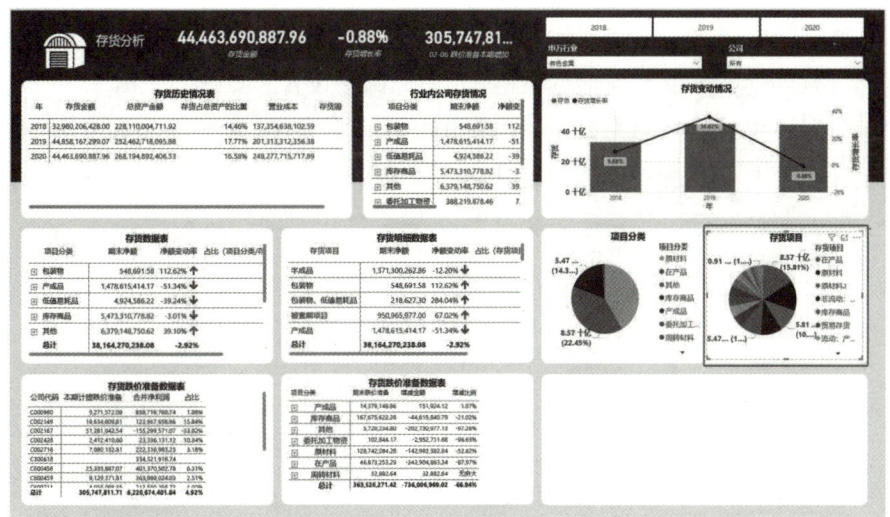

图 6-150　调整饼图大小和位置

6.6.13　创建视觉对象"散点图"

1. 创建散点图

点击"可视化"窗口下的"散点图"图标,创建散点图。点开"数据"窗口下的"日历表",拖拽"年"到"可视化"窗口下的"图例"。点开"01-主表项目度量",拖拽"01-03 存货"到"可视化"窗口下的"X 轴",重命名为"存货"。点开"02-存货附表度量",拖拽"02-06 跌价准备本期增加"到"可视化"窗口下的"Y 轴",重命名为"跌价准备本期增加"。如图 6-151 所示。

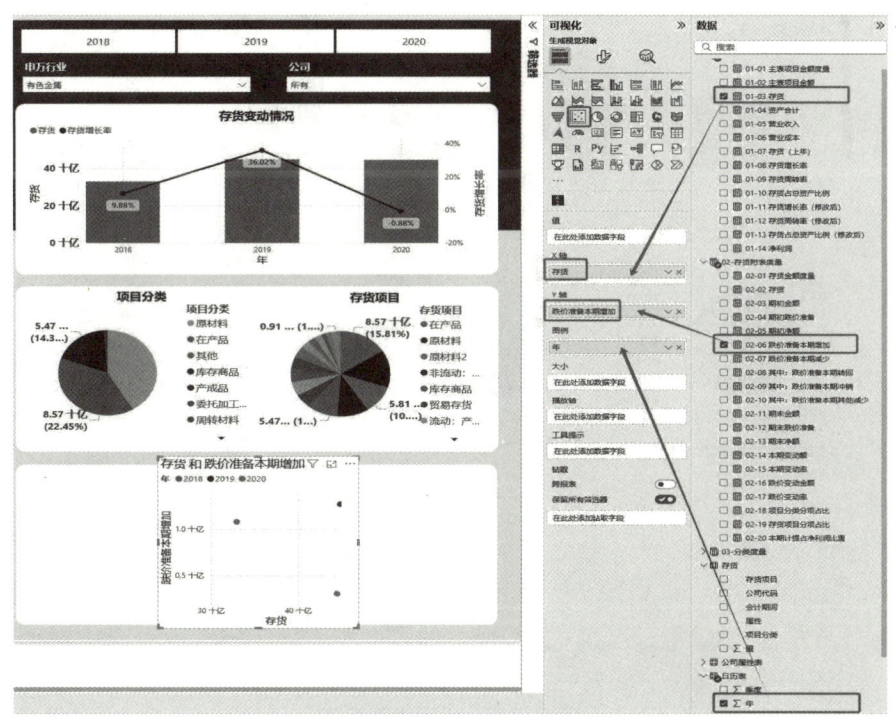

图 6-151　创建散点图

2. 设置散点图格式

在"可视化"窗口下点击"设置视觉对象格式"进行调整设置。点开"图例","文本"下调整字号"12"。点开"X 轴",设置"值"字号"12",字体为粗体、斜体。点开"Y 轴",设置字号"12",字体为粗体。点开"标记",设置大小乘数为"20"。如图 6-152 所示。

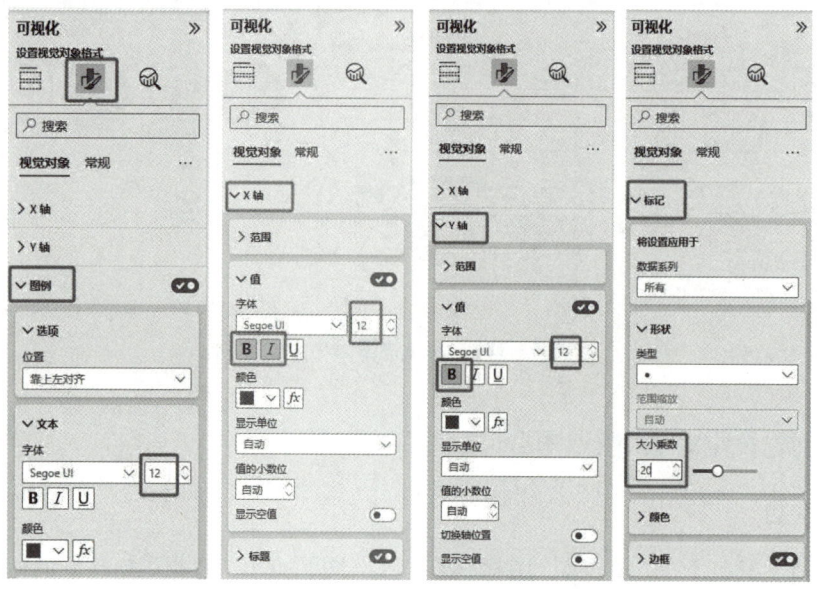

图 6-152 设置散点图格式

点开"类别标签",设置字号"12",字体为粗体,颜色为白色,点开"背景","透明度(%)"为"15",如图 6-153 所示。

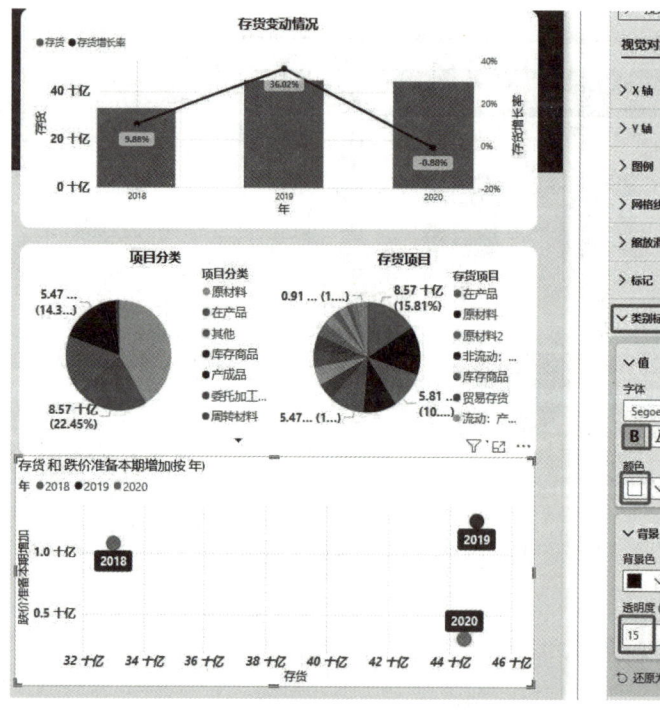

图 6-153 设置类别标签

点开"常规"下的"标题",标题文本输入"存货变动情况",设置字体为粗体,水平对齐为居中,如图 6-154 所示。

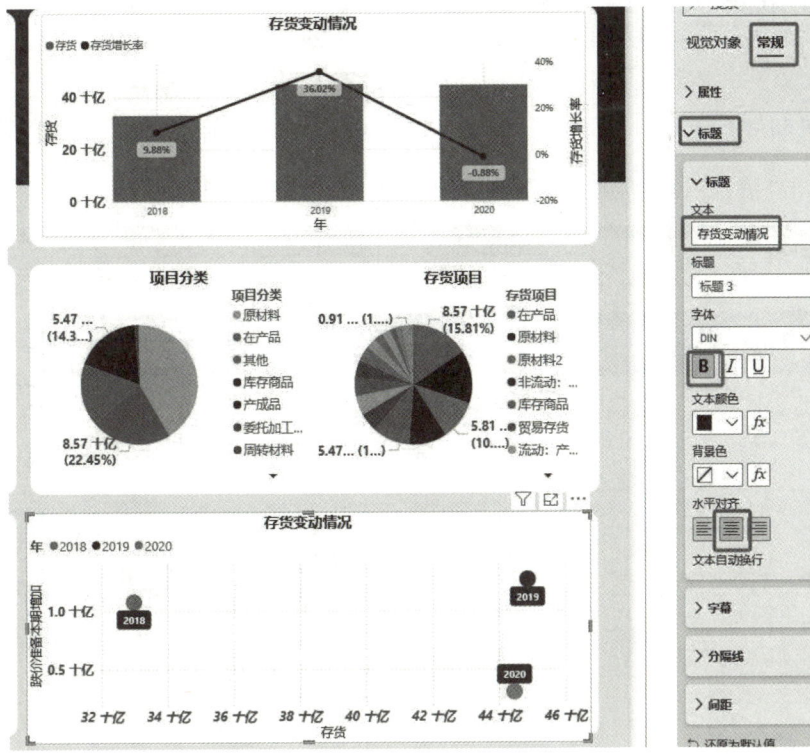

图 6-154　设置标题

3. 调整散点图大小和位置

调整散点图大小,并移动到合适位置,如图 6-155 所示。

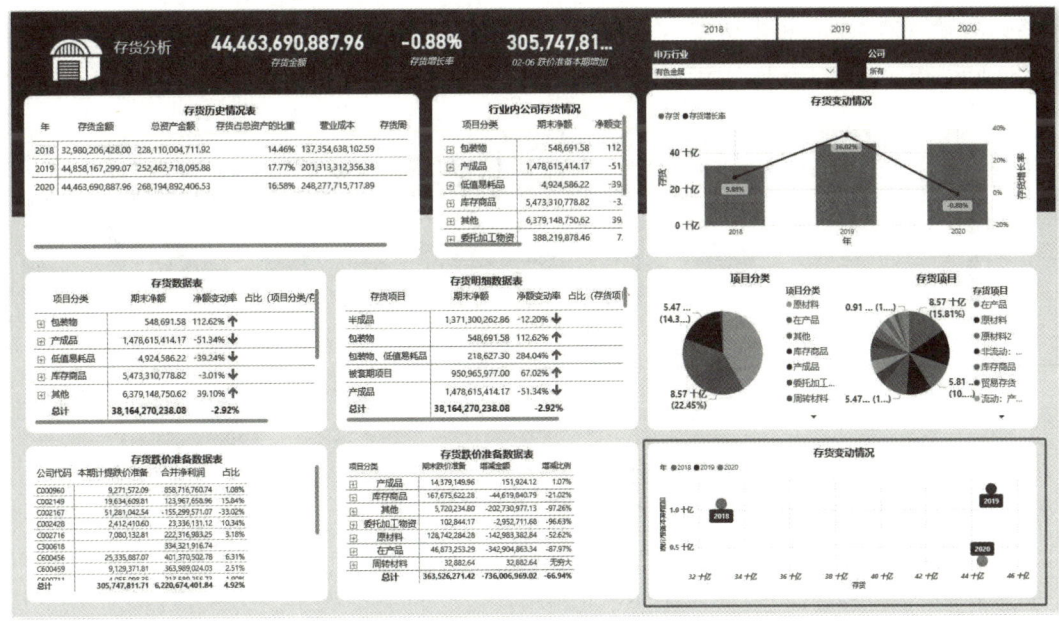

图 6-155　调整散点图大小和位置

6.7 数据可视化——页面导航器

6.7.1 创建页面导航器

点击"插入",单击"按钮",在"导航器"下选择"页面导航器",如图 6-156 所示。

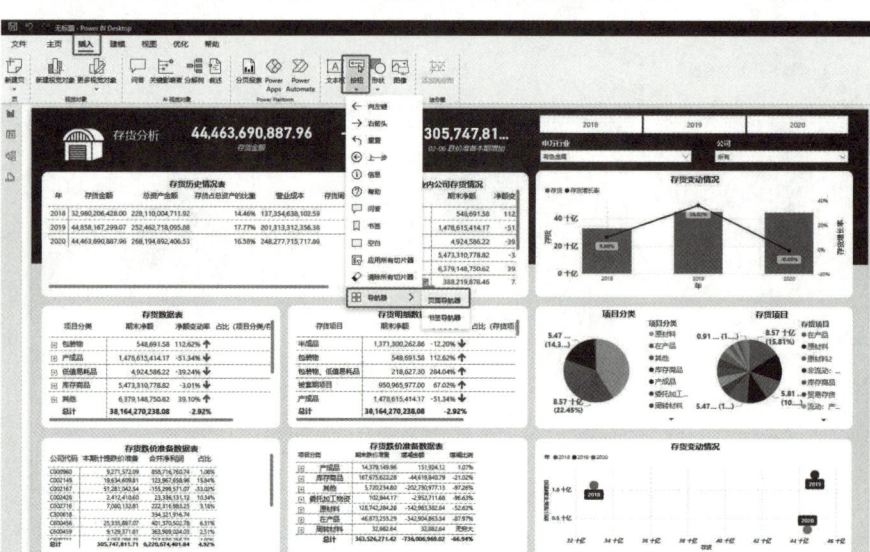

图 6-156 创建页面导航器

6.7.2 调整页面导航器大小和位置

调整页面导航器大小,并移动到合适位置,然后复制到"信息页"相应位置,如图 6-157 和图 6-158 所示。

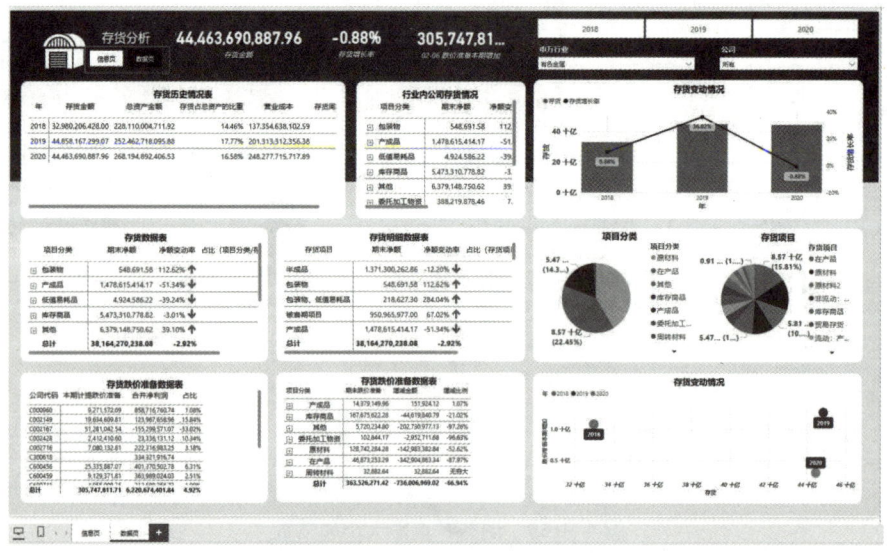

图 6-157 "数据页"导航器

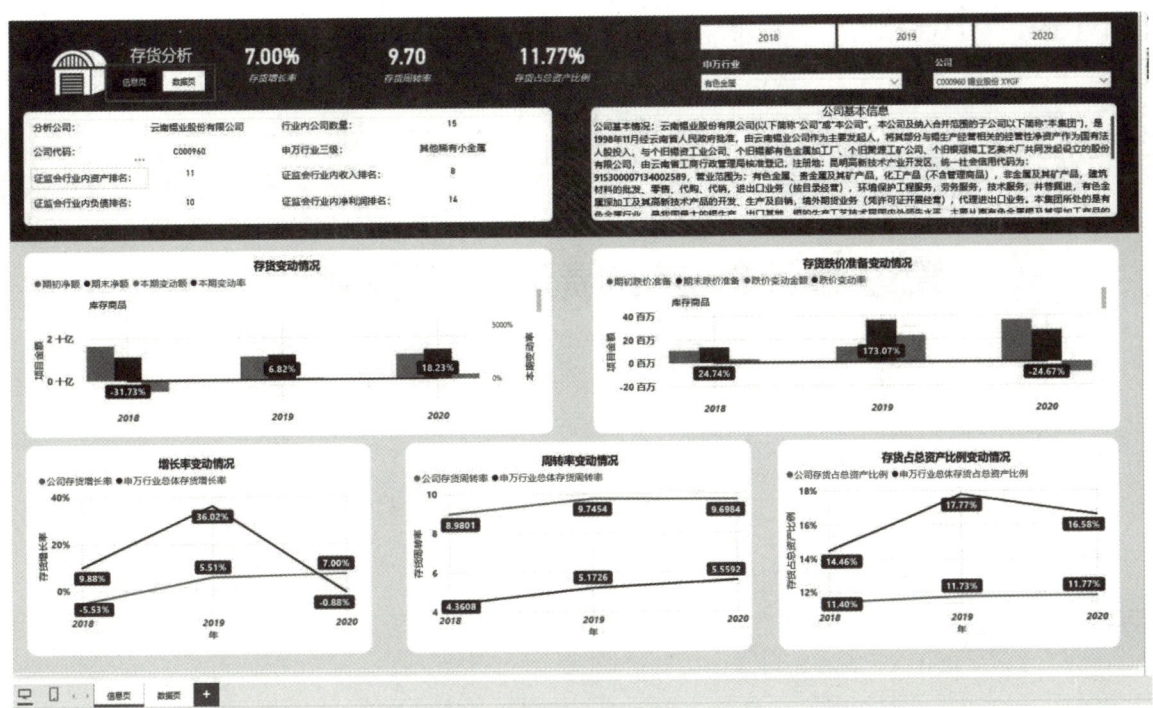

图 6-158 "信息页"导航器

存货分析可视化设计完成。

本章小结

通过本章学习，学生借助 Power BI，以有色金属行业 2017—2020 年的公开财报数据分析为基础，以存货准则为依据，对上市公司存货的种类、期初账面价值、期末账面价值、存货跌价准备的年初账面余额、存货可变现净值的确定依据、存货跌价准备计提方法、本期计提和减少额等会计信息进行汇总分析以及可视化展示，有助于企业存货分析准确性的提升，促进存货管理的优化和运营效率提升。

课后拓展

请同学们尝试建立存货与净利润之间的联系，通过可视化图表说明存货变动对净利润的影响。

第7章 管理会计综合业绩评价可视化

学习目标

本项目中将财务分析工具——杜邦分析法引入管理会计业绩评价,借助 Power BI 将战略管理与杜邦分析相融合,采用杜邦分析方法量化评价定性描述的战略,从而判断战略对绩效产生的影响,进行业绩评价。

内容概述

业绩评价是企业经营管理的最终环节,而杜邦分析是以权益净利率为核心的财务指标体系,通过财务指标内在联系,系统、综合分析企业盈利水平,具有鲜明的层次结构,是典型的利用财务指标之间关系对企业业绩进行综合分析的方法。

借助 Power BI,可以将战略管理与财务分析结合起来,通过战略专业字典的数据检索功能,获取公司战略描述的文本数据,并对行业内不同企业战略进行标签判断,从而实现定性描述;本项目中引入杜邦分析,将战略管理与杜邦分析相融合,通过杜邦分析方法量化评价定性描述的战略,从而判断战略对绩效产生的影响。本实验涉及行业六大类战略,并将其划分为一级分类战略类型和二级分类战略类别,方便呈现可视化效果。

7.1 数据导入

7.1.1 获取数据

本实验数据对应航空运输业,基础数据根据公开财报数据整理,教材提供整理后的 Execl 表格数据,通过 Power BI 导入后可以进行数据清洗。

7.1.2 数据导入

打开 Power BI 后,在编辑器导航栏"主页"下点击"获取数据",在"获取数据"下拉窗口中选择"Excel 工作簿",如图 7-1 所示。

图 7-1 数据导入界面

选择所需 Excel 表格,打钩并点击绿色加载按钮,此处依次导入数据表"公司属性表""申万航空运输行业战略""主表项目"以及"主表项目属性表",如图 7-2 和图 7-3 所示。

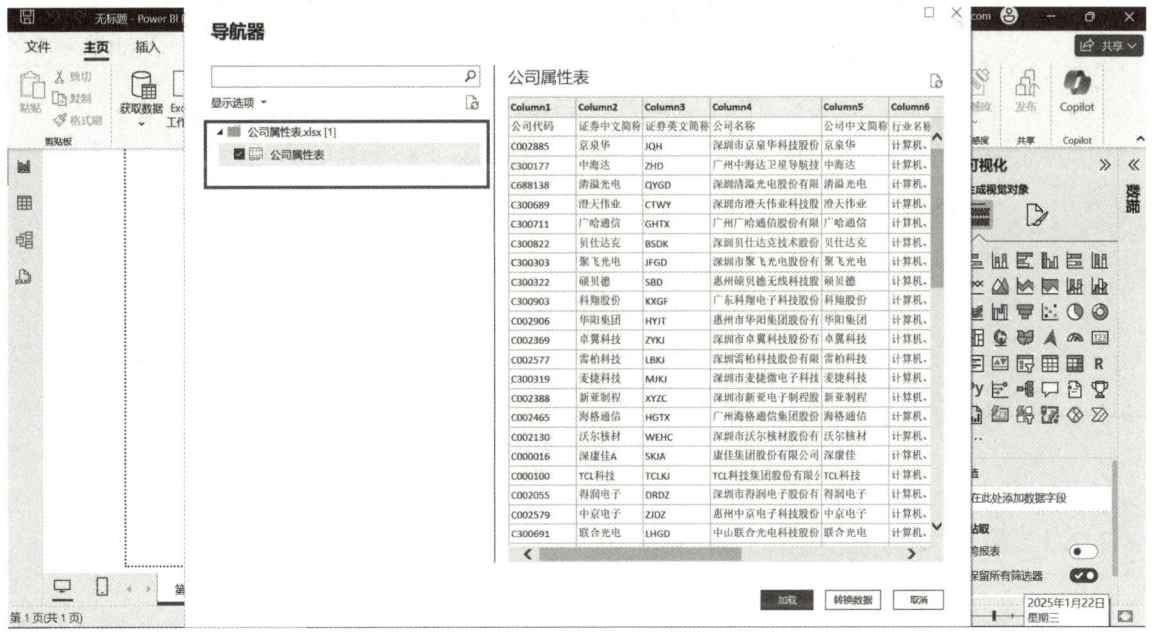

图 7-2 "公司属性表"导入界面

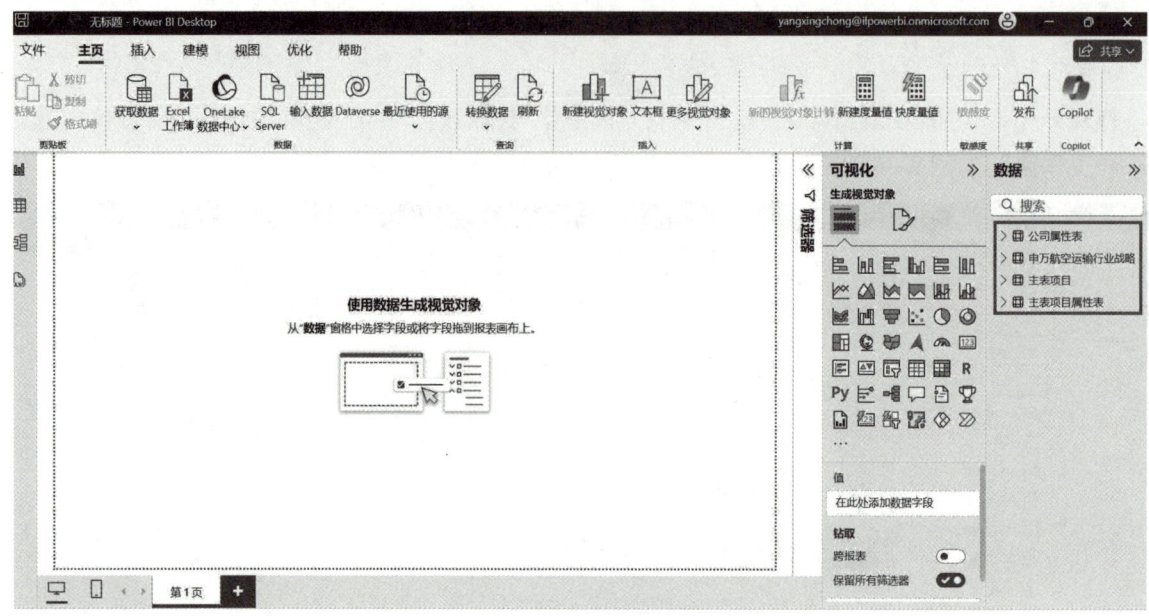

图7-3　4个表格导入界面

7.2　数据清洗

打开导航栏"主页"下的"转换数据",通过"转换数据"进入"Power Query 编辑器(查询编辑器)"页面,如图7-4所示。

数据清洗

图7-4　转换数据界面

7.2.1　清洗"申万航空运输行业战略"表

1. 日期格式转换

选择"申万航空运输行业战略"表的"会计期间"列,点击图标并选择"日期",再选择"添加新步骤",如图7-5和图7-6所示。

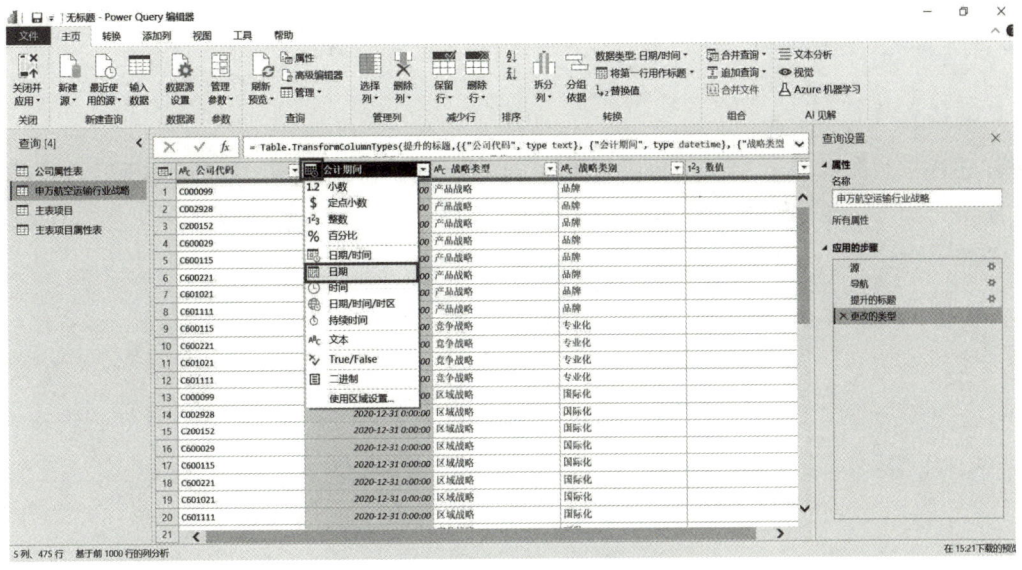

图 7-5 日期格式转换界面

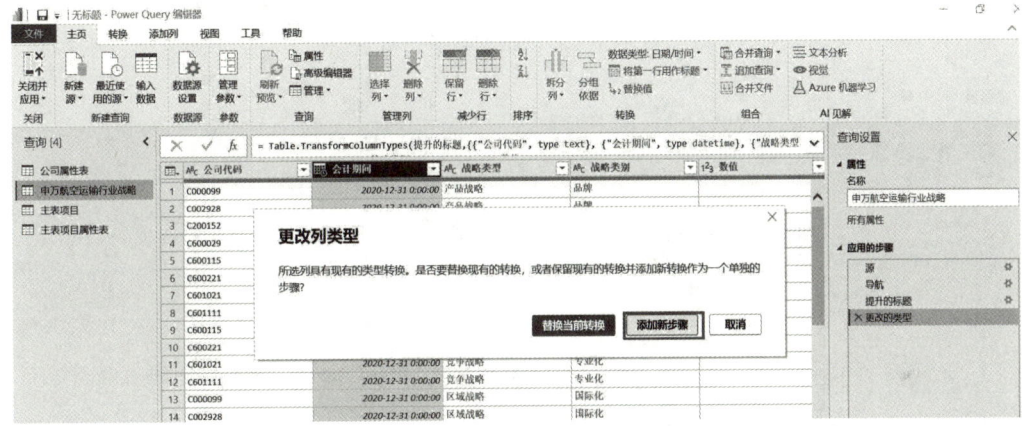

图 7-6 添加新步骤界面

2. 确定数据类型

确定各列数据类型是否正确,具体见图 7-7。

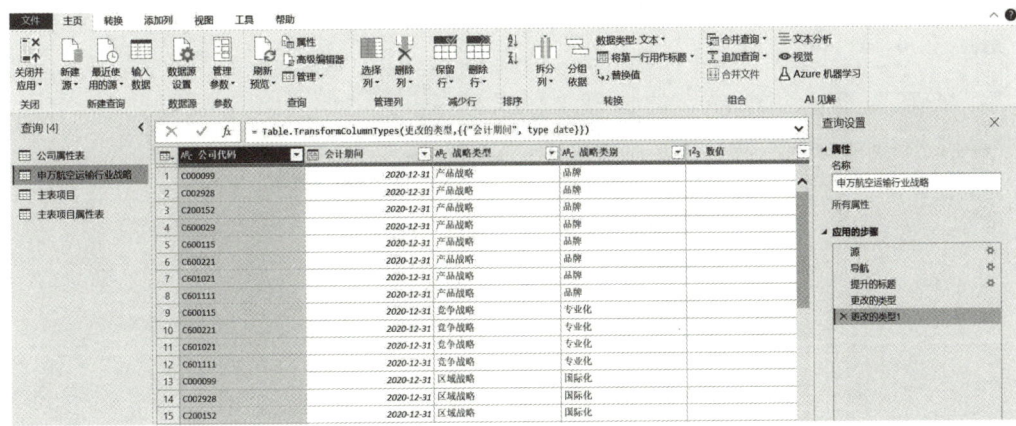

图 7-7 确定数据类型

7.2.2 清洗"主表项目"表

1. 日期格式设置

选择"主表项目"表,点击"会计期间"列图标,选择"日期"格式,点击"添加新步骤",如图7-8和图7-9所示。

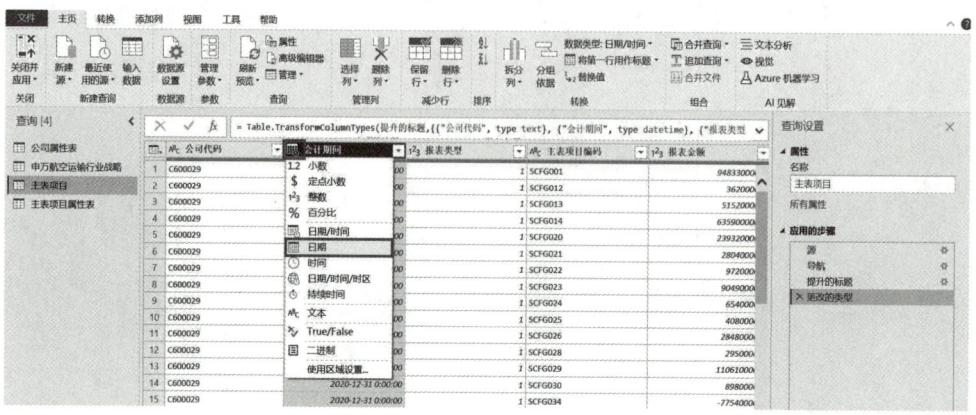

图7-8 日期格式转换界面

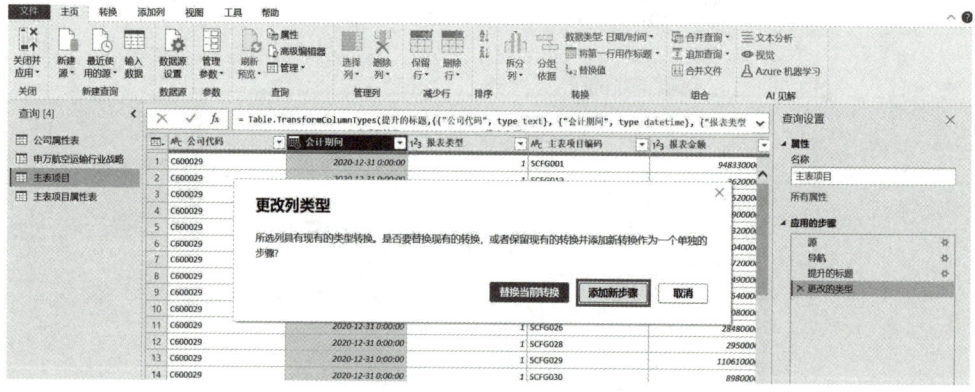

图7-9 添加新步骤界面

2. 小数格式设置

选择"主表项目"表的"报表金额"列,点击图标并选择类型为"1.2 小数",如图7-10所示。

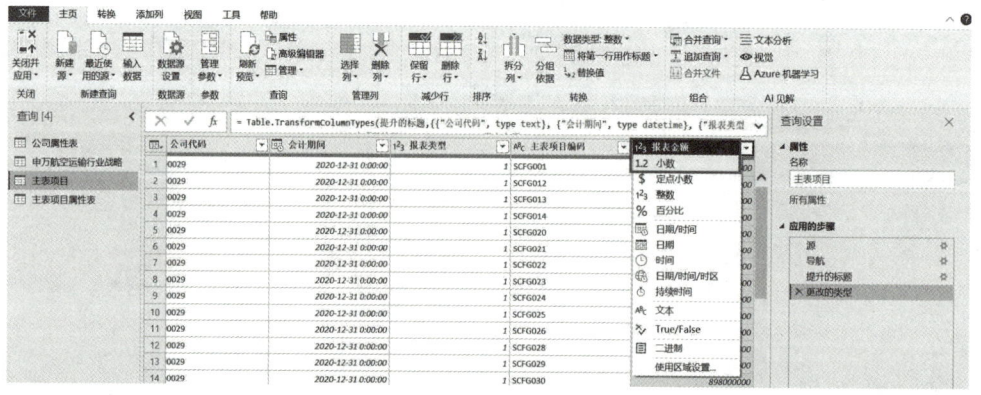

图7-10 小数格式设置界面

7.2.3 清洗"公司属性表"和"主表项目属性表"

对"公司属性表"提升标题行,点击左侧图标后选择"将第一行用作标题",如图 7-11 所示。

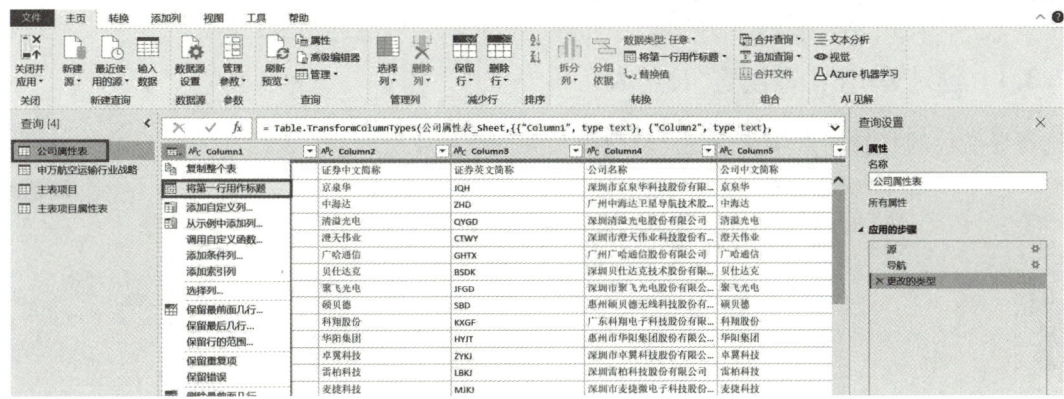

图 7-11 提升标题行界面(1)

对"主表项目属性表"提升标题行,点击左侧图标后选择"将第一行用作标题",如图 7-12 所示。

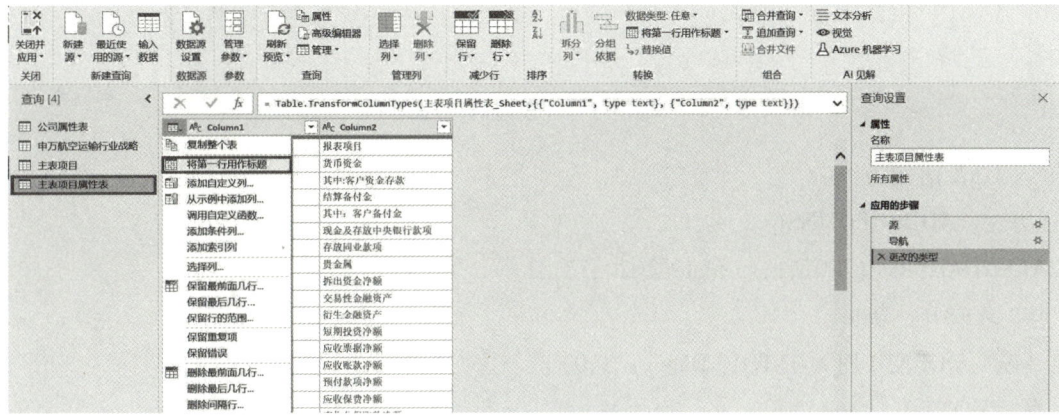

图 7-12 提升标题行界面(2)

7.2.4 关闭并应用

点击"主页"下"关闭并应用"按钮,等待数据加载完毕即可,见图 7-13。

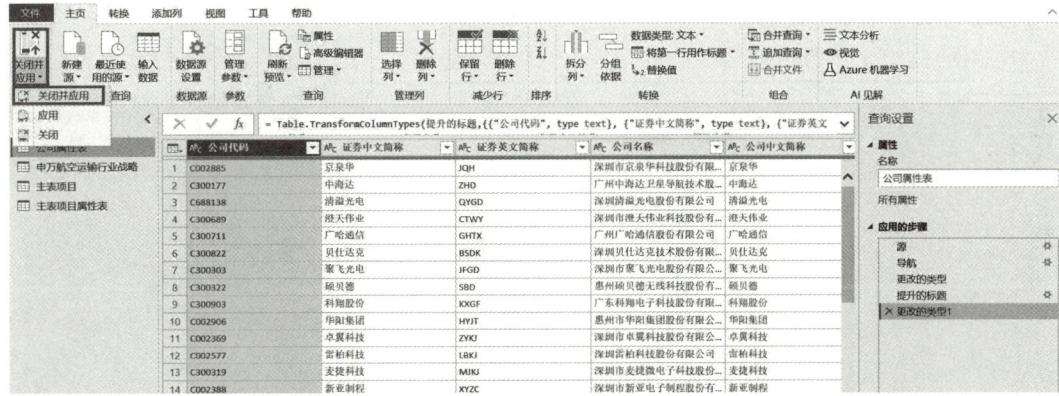

图 7-13 关闭并应用界面

7.3 数据建模

7.3.1 通过 DAX 函数创建"日历表"

选择导航栏的"建模"选项卡,点击"新建表",如图 7-14 所示。

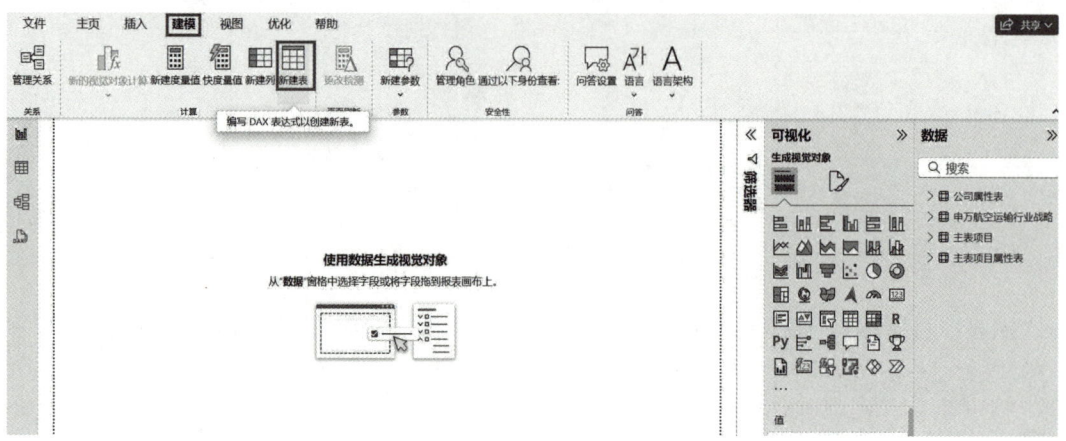

图 7-14 "新建表"界面

输入 DAX 语句为:

日历表 = ADDCOLUMNS(

CALENDAR(date(2007,1,1),date(2020,12,31)),

"年",YEAR([Date]),

"季度",ROUNDUP(MONTH([Date])/3,0),

"月",MONTH([Date]))

输入完后点击函数输入前面的"√"应用此表达式,如图 7-15 所示,提交后如果右边数据窗格下的"表"变成了"日历表",表示创建成功。

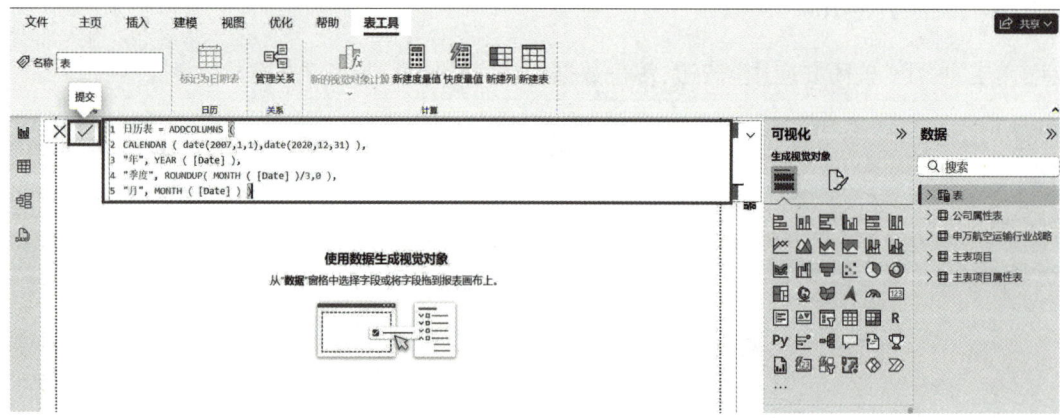

图 7-15 用 DAX 函数创建"日历表"

7.3.2 数据建模

1. 删除自动建立的联系

点击最左侧导航栏第三个模块"模型"视图,为了保证建立联系的正确性,可以先删除自动建立的联系,如图7-16所示。

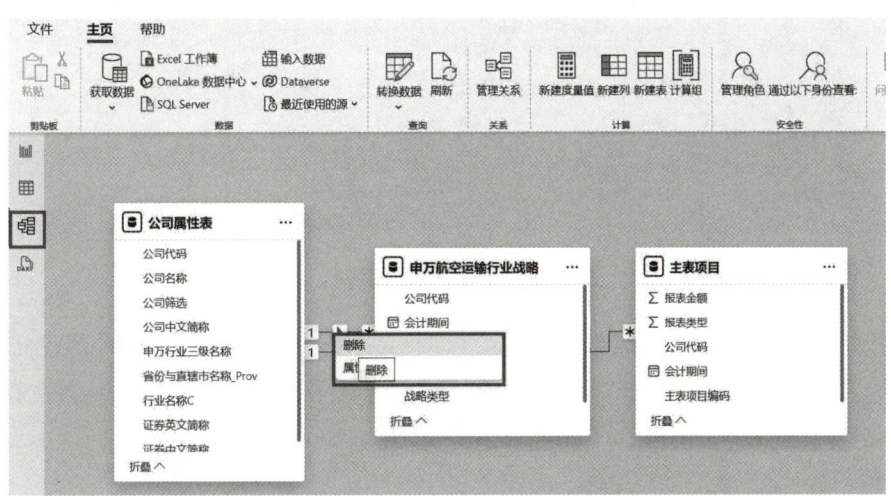

图7-16 删除自动建立的联系

2. 重新建立联系

将模型中"主表项目"表的"公司代码"列与"公司属性表"的"公司代码"列建立关系,为"多对一"关系,勾选"使此关系可用",点击"保存"即可,如图7-17所示。

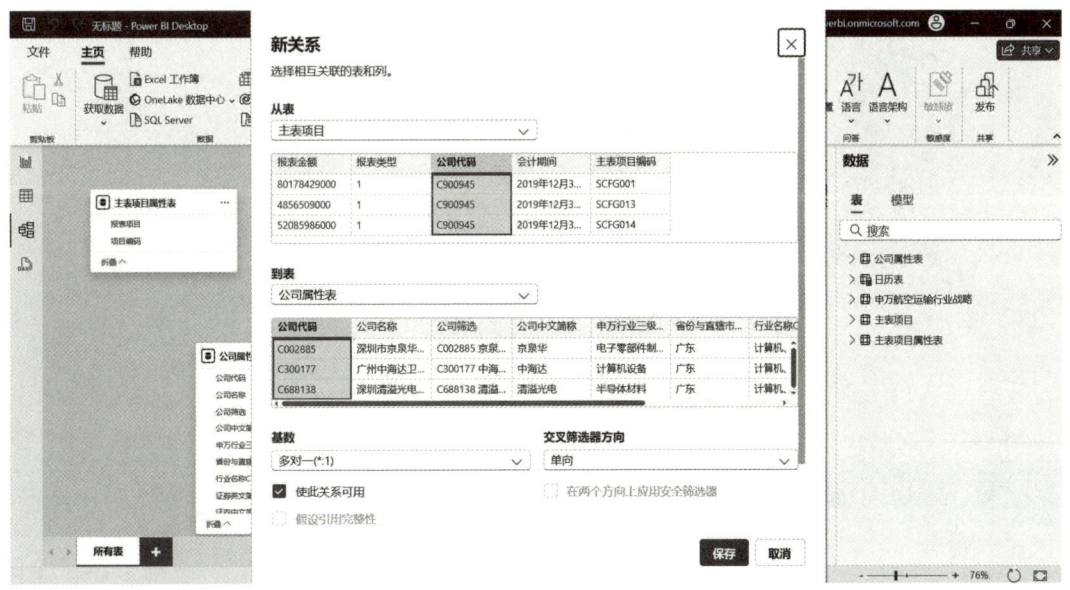

图7-17 "主表项目"表的"公司代码"列与"公司属性表"的"公司代码"列建立关系

将模型中"申万航空运输行业战略"表的"公司代码"列与"公司属性表"的"公司代码"列建立双向关系,如图7-18所示。

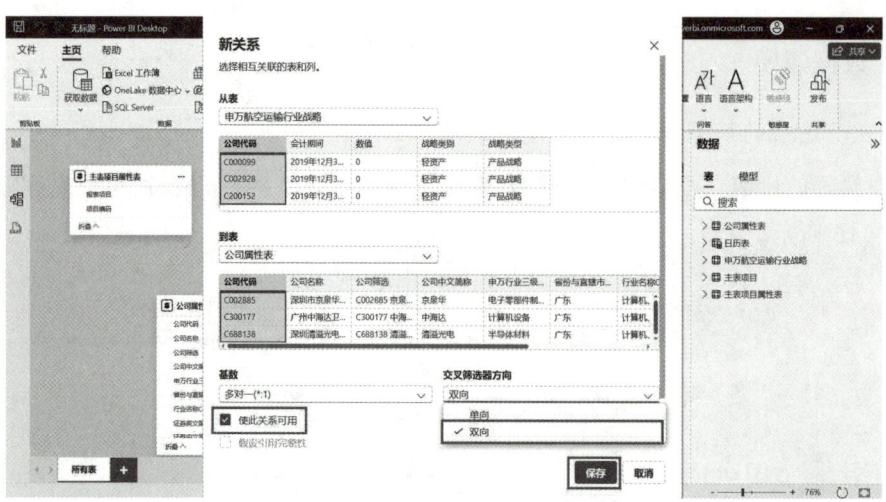

图 7-18 建立双向关系

将模型中"申万航空运输行业战略"表的"会计期间"列与"日历表"的"Date"列建立关系;将模型中"主表项目"表的"会计期间"列与"日历表"的"Date"列建立关系;将"主表项目属性表"的"项目编码"与"主表项目"表的"主表项目编码"建立关系。勾选"使此关系可用"。

最终呈现建模效果如图 7-19 所示。

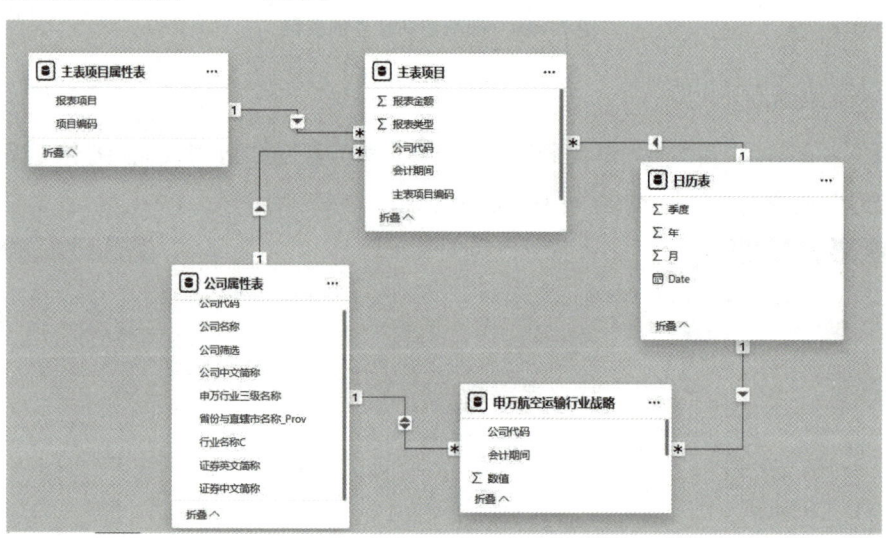

图 7-19 数据建模图

7.4 数据可视化——"信息"页面

7.4.1 页面设置

1. 画布设置

在报表视图"可视化"窗格中选择"设置页面格式",点击"画布设置",在类型中选择"自定义",输入高度"1080",宽度"1920",如图 7-20 所示。

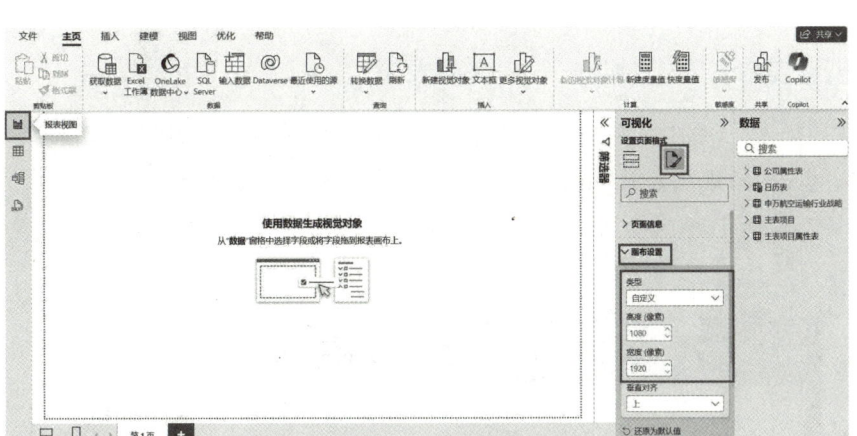

图 7-20　画布设置

2. 添加画布背景

在报表视图"可视化"窗格中进一步选择"画布背景",在"图像"→"浏览"中选择文件名为"背景图(1)"的图像文件,设置"透明度(%)"为"0",如图 7-21 所示。

图 7-21　画布背景设置

3. 页面视图设置

点击"视图"下的"页面视图",在下拉菜单中选择"适应宽度",如图 7-22 所示。

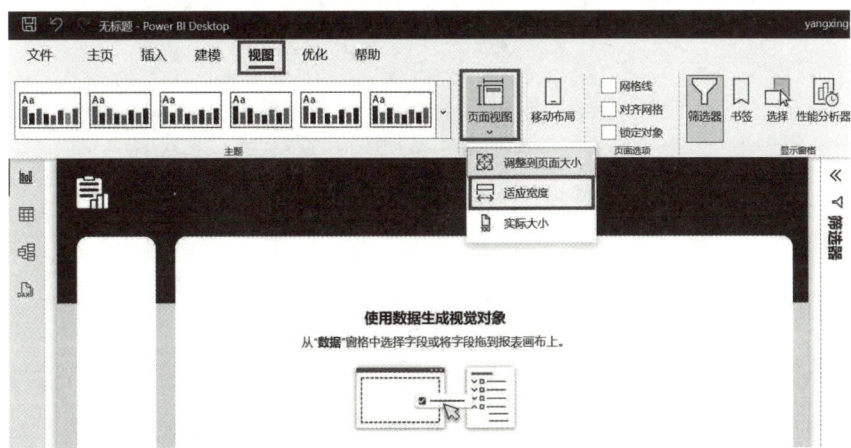

图 7-22　"适应宽度"设置

7.4.2 创建视觉对象"文本框"——页面表头

点击导航栏"插入"下的"文本框",框内输入文本"战略信息",选中文本后调节字号大小为40磅、颜色为白色,点击"常规",点开"效果",关闭"背景",如图7-23所示。

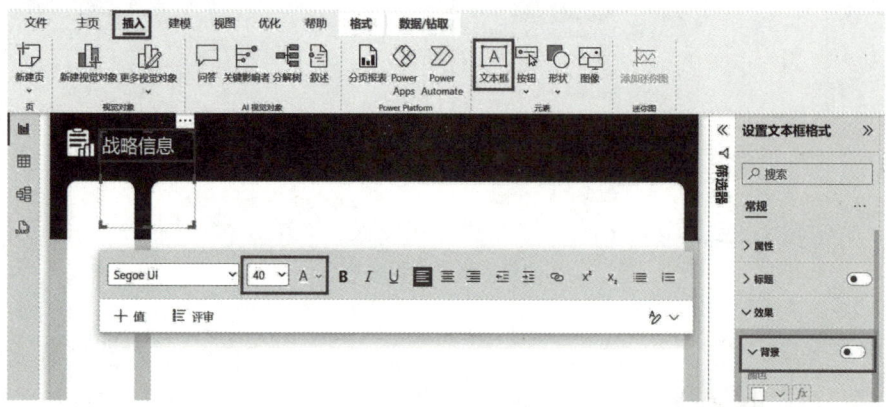

图7-23 文本框设置

7.4.3 创建视觉对象"切片器"——时间切片器

1. 选择切片器

点击右侧"可视化"窗口中的"切片器"图标,将"数据"窗格中"日历表"中"年"拖动至"字段"中,如图7-24所示。

时间切片器

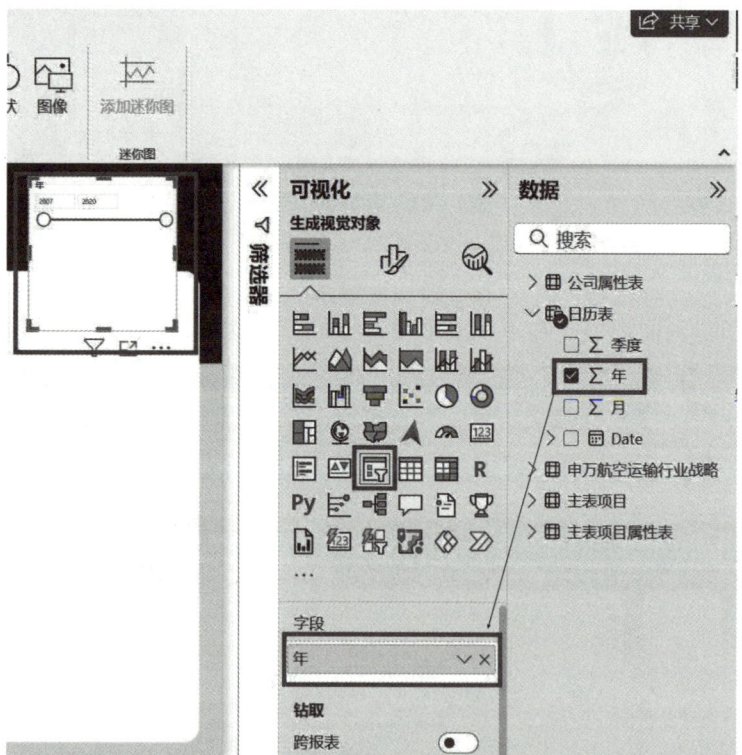

图7-24 时间切片器设置

2. 设置筛选器

本次设置选取年份为2018—2020年,在"筛选器"窗格中点击"年"对应的筛选器,在"筛选类型"为"基本筛选"下勾选"2018、2019、2020"三个年份,如图7-25所示。

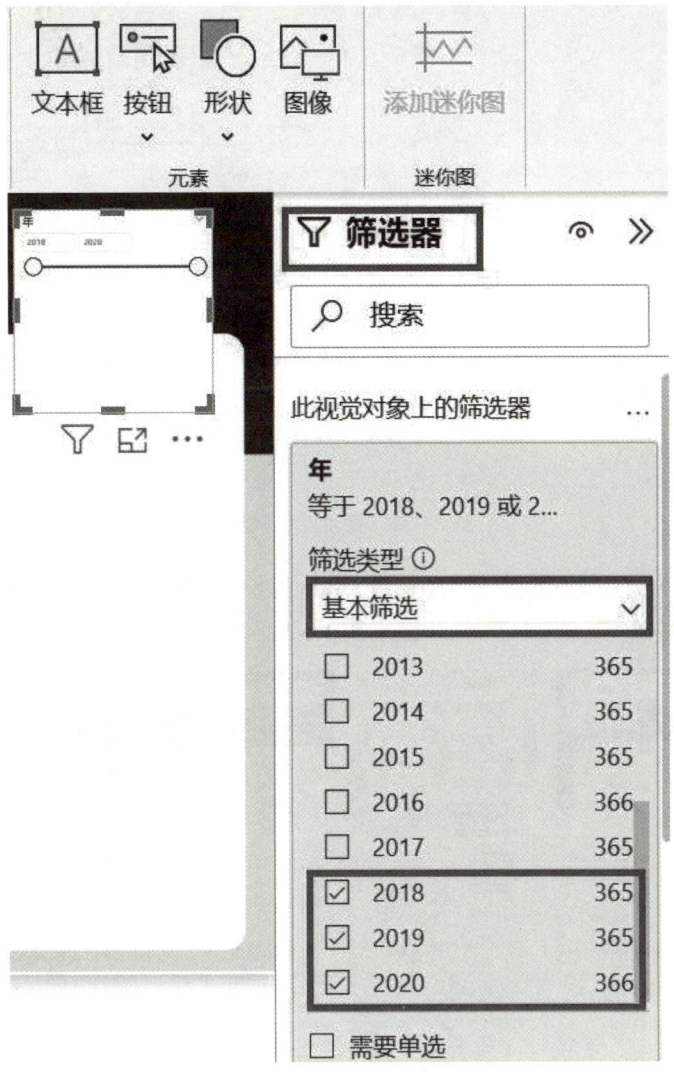

图7-25 筛选器年份设置

3. 切片器格式设置

打开"视觉对象"下的"切片器设置",点开"选项","样式"选择"磁贴",关闭"切片器标头",拉动切片器使之在同一行即可,如图7-26所示。

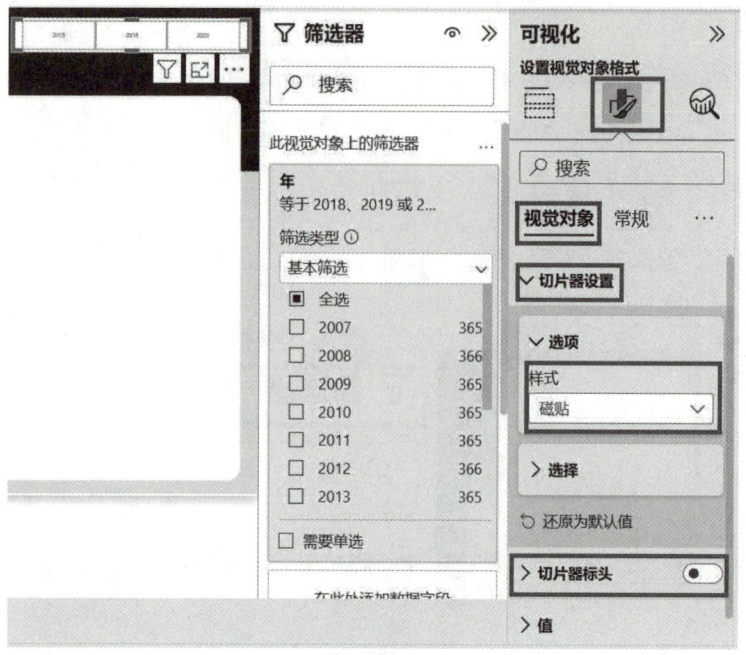

图 7-26　切片器样式设置

打开"视觉对象"的"值",设置字号为 10 磅,字体为加粗、斜体,点开"常规",点击"效果",关闭"背景",如图 7-27 所示。

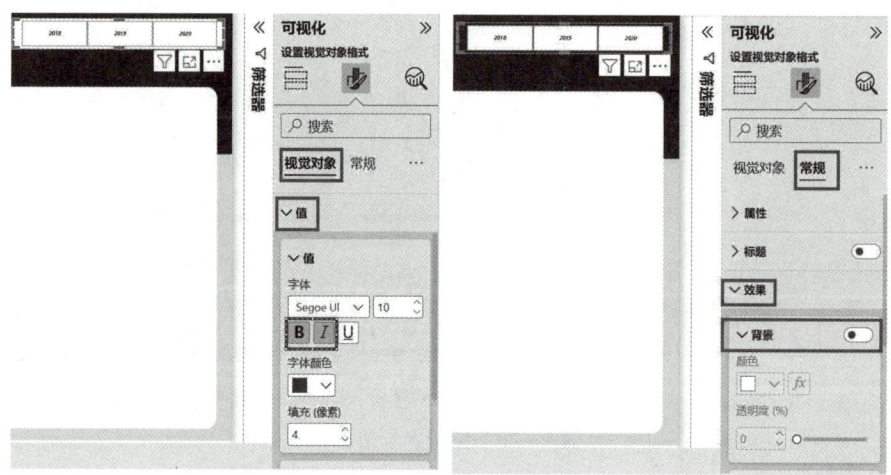

图 7-27　切片器值和效果设置

7.4.4　创建视觉对象"切片器"——行业、地区、公司

1. 行业切片器

点击右侧"可视化"窗口下的"切片器"图标,将"数据"窗格"公司属性表"中"申万行业三级名称"拖入"字段",双击进行重命名,将"申万行业三级名称"变更为"申万行业"作为标题显示。切片器格式设置包括:

在"视觉对象"下点开"切片器设置","选项"→"样式"为"下拉";点开"切片器标头",设置字体为 12 磅,白色、加粗;在"视觉对象"下的"值"中设置字体颜色为黑色,10 磅、加粗,操作步骤如

图7-28所示,设置"值"下的"背景"颜色为白色。

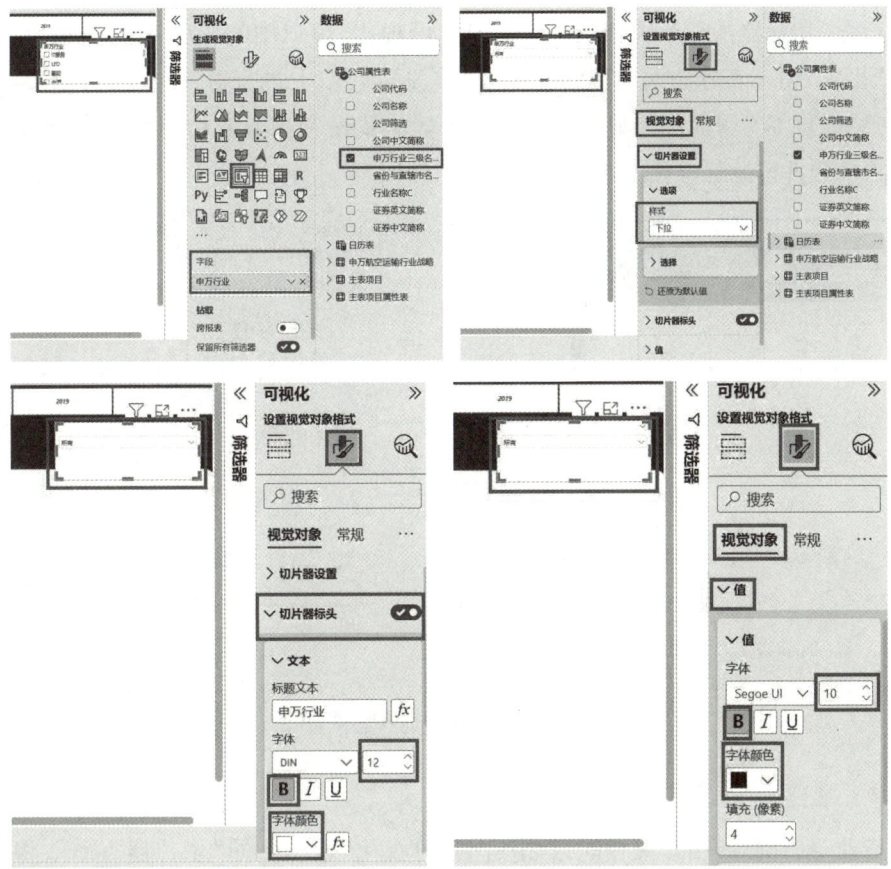

图7-28 行业切片器设置步骤

点开"常规",点击"效果",关闭"背景"。最终显示效果如图7-29所示。

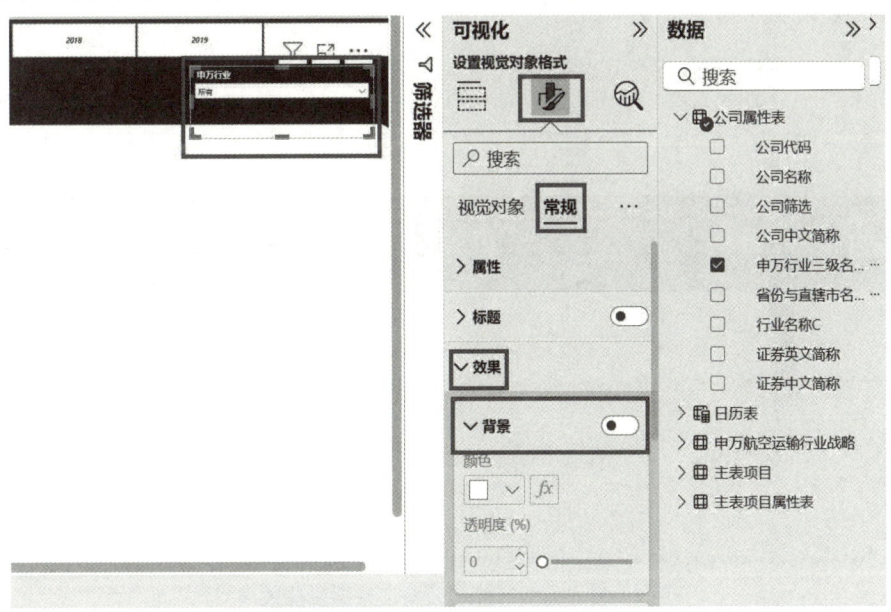

图7-29 行业切片器显示效果

2. 地区切片器

与"申万行业"切片器操作步骤相同,点击右侧"可视化"窗口中的"切片器"图标,将"数据"窗格"公司属性表"中"省份与直辖市名称_Prov"拖入"字段"后,双击进行重命名操作,把"省份与直辖市名称_Prov"变更为"地区"作为标题显示。本次切片器格式设置和行业切片器相同,如果出现空白选项,可以通过筛选器进行设置。如图7-30所示。

图 7-30 "地区"切片器设置

3. 公司切片器

与"申万行业"切片器操作步骤相同,点击右侧"可视化"窗口中的"切片器"图标,将"数据"窗格"公司属性表"中的"公司筛选"拖入"字段"后双击进行重命名操作,将"公司筛选"变更为"公司"作为标题显示,本次切片器格式设置和行业切片器相同。

行业、地区、公司切片器设置效果如图7-31所示。

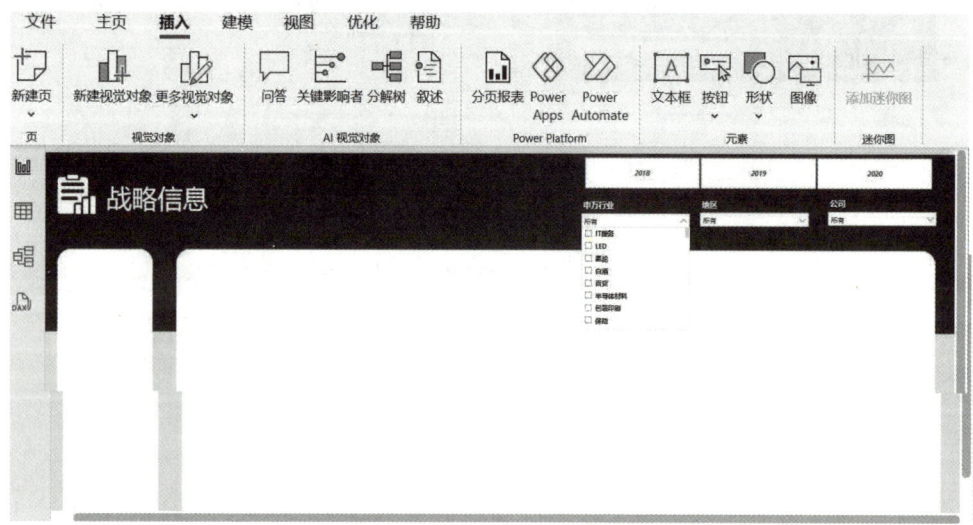

图 7-31 行业、地区、公司切片器设置效果

7.4.5 创建视觉对象"切片器"——战略类型选择(2个)

1. 文本框设置

在导航栏点选插入的文本框,并输入"战略类型选择区域",设置字体为10磅、加粗,如图7-32所示。

图7-32 "战略类型选择区域"文本框设置

2. 切片器设置

点击右侧"可视化"窗口中的"切片器"图标,插入两个切片器,将"数据"窗格中"申万航空运输行业战略"中的"战略类型"与"战略类别"拖到"字段",分别双击重命名为"一级分类战略类型"和"二级分类战略类别",如图7-33所示。

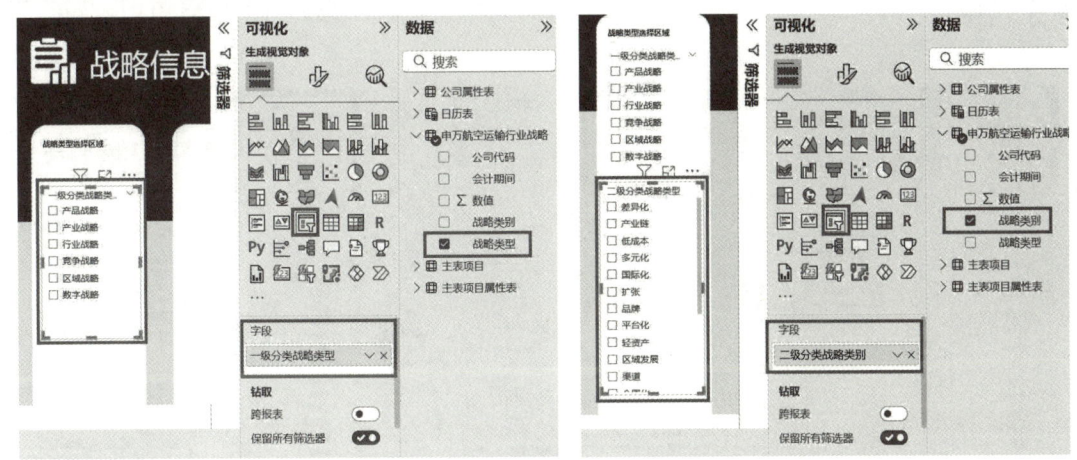

图7-33 战略类型切片器设置

3. 筛选器设置

将"公司属性表"中的"申万行业三级名称"拖拽至筛选器的"所有页面上的筛选器"处,"筛选类型"为"基本筛选",选中"航空运输",两个切片器都要设置,过程如图7-34所示。

图7-34 筛选器设置

4. 设置切片器格式

打开"视觉对象"下的"切片器标头",设置文本字体为10磅、加粗,打开"视觉对象"下的"值",字体设置为10磅、加粗,点开"常规",点击"效果",关闭"背景",并将"视觉对象边框"打开,如图7-35所示。

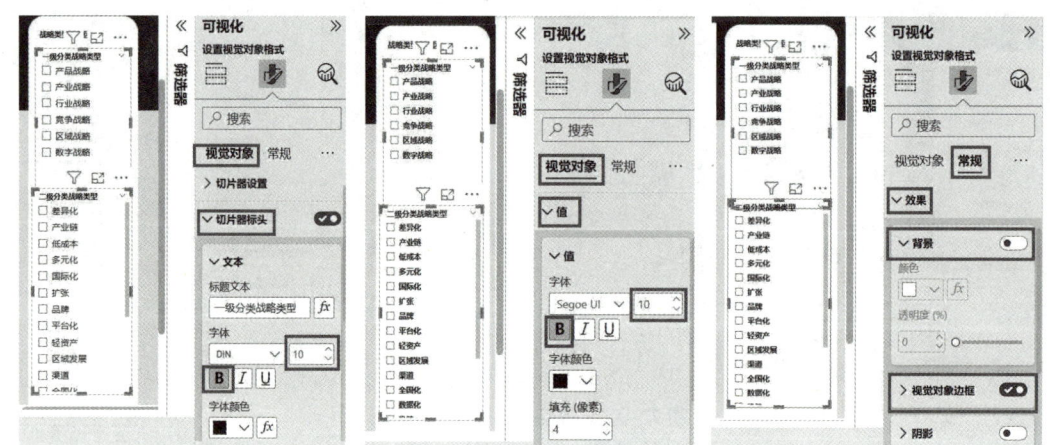

图7-35 设置切片器格式

7.4.6 创建视觉对象"矩阵"——战略类型词频列表区域

1. 插入"矩阵"

点击右侧"可视化"窗口中的"矩阵"图标,将"数据"窗格中"申万航空运输行业战略"中的"战略类型""战略类别"与"公司属性表"中的"公司代码"设置为行,"日历表"中的"年"设置为列,"申万航空运输行业战略"的"数值"设置为"值",此处注意对拖拽后的"数值"单击鼠标右键选择"求和",如图7-36所示。

第7章 管理会计综合业绩评价可视化

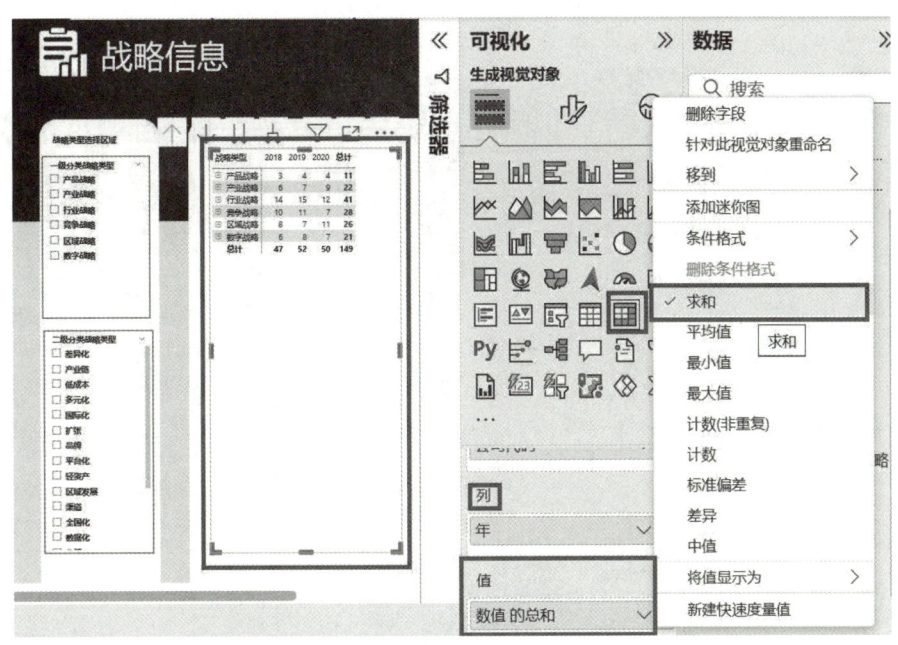

图 7-36　创建视觉对象"矩阵"

2. 对矩阵进行格式设置

将视觉对象中"行小计"与"列小计"都设为关闭状态,再点开"视觉对象"下的"网格",打开"水平网格线"和"垂直网格线",并设置边框位置,颜色为黑色,如图 7-37 所示。

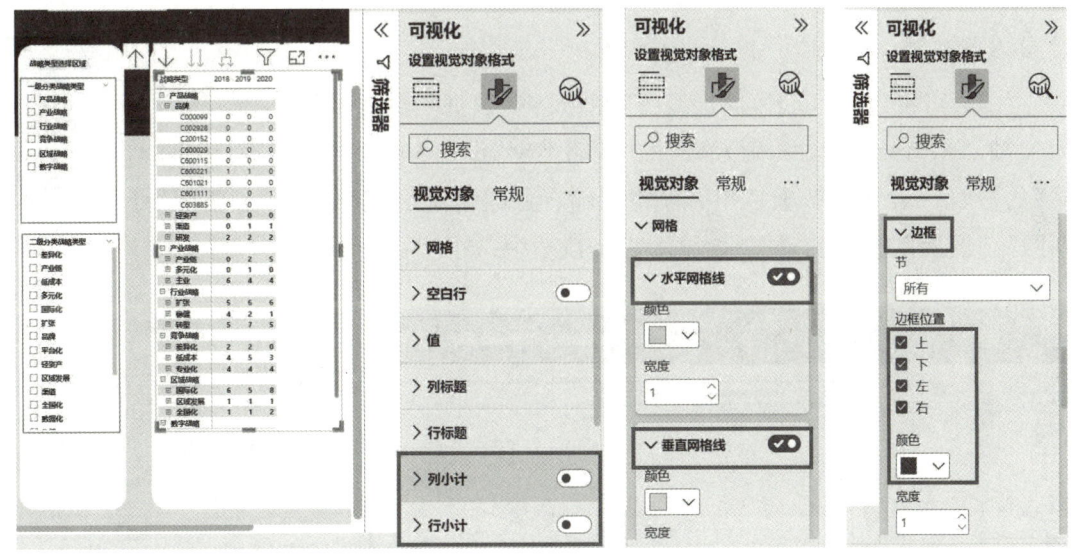

图 7-37　矩阵格式设置

点开"常规"下的"标题",文本处输入"战略类型词频列表区域",把"常规"下的"效果"中的"视觉对象边框"打开,并"对视觉对象"中"列标题"的文本字体进行加粗处理,过程和呈现效果如图 7-38 所示。

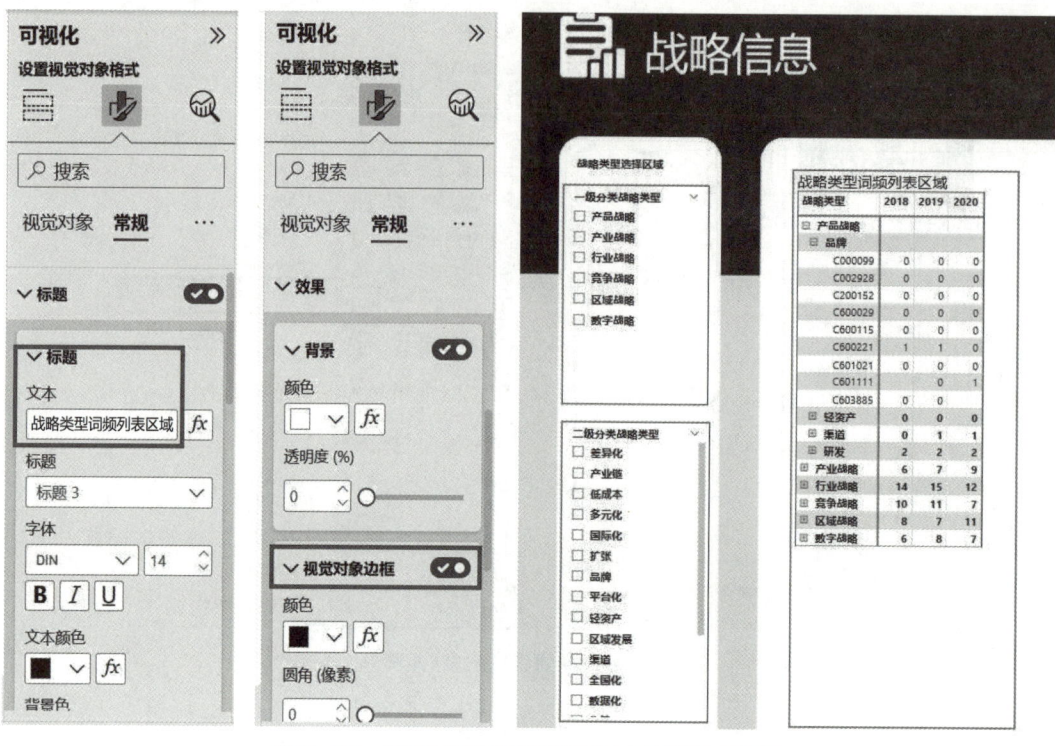

图 7-38　矩阵"战略类型词频列表区域"呈现效果

7.4.7　创建视觉对象"折线图"——战略形态历年变动区域

1. 插入折线图

点击右侧"可视化"窗口下的"折线图"图标,将"数据"窗格中"日历表"的"年"设置为 X 轴,"申万航空运输行业战略"的"战略类别"设置为图例,"申万航空运输行业战略"的"数值"设置为 Y 轴,"申万航空运输行业战略"的"战略类型"设置为"小型序列图"。设置完成后,拖动图标边框使其长度适中,如图 7-39 所示。

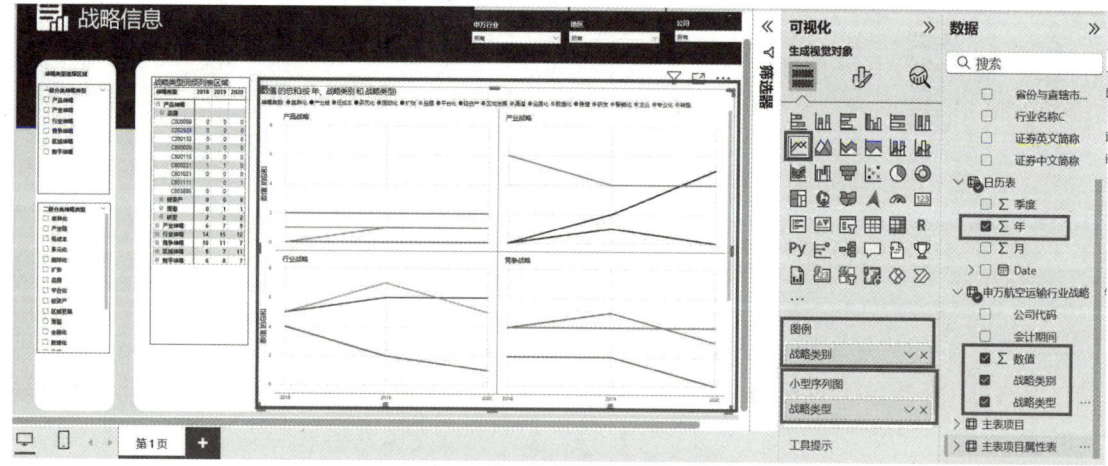

图 7-39　创建视觉对象折线图

2. 折线图格式设置

将"视觉对象"下的 X 轴和 Y 轴中的"标题"关闭；打开"数据标签"；点开标记下的"将设置应用于"，设置"数据系列"为"所有"，打开"显示所有系列"；打开"序列标签"，并将"选项"→"序列位置"设置成"左"，如图 7-40 所示。将"常规"→"效果"→"视觉对象边框"打开，设置"常规"下的"标题"中"文本"为"战略形态历年变动区域"，最终呈现效果如图 7-41 所示。

图 7-40 折线图格式设置

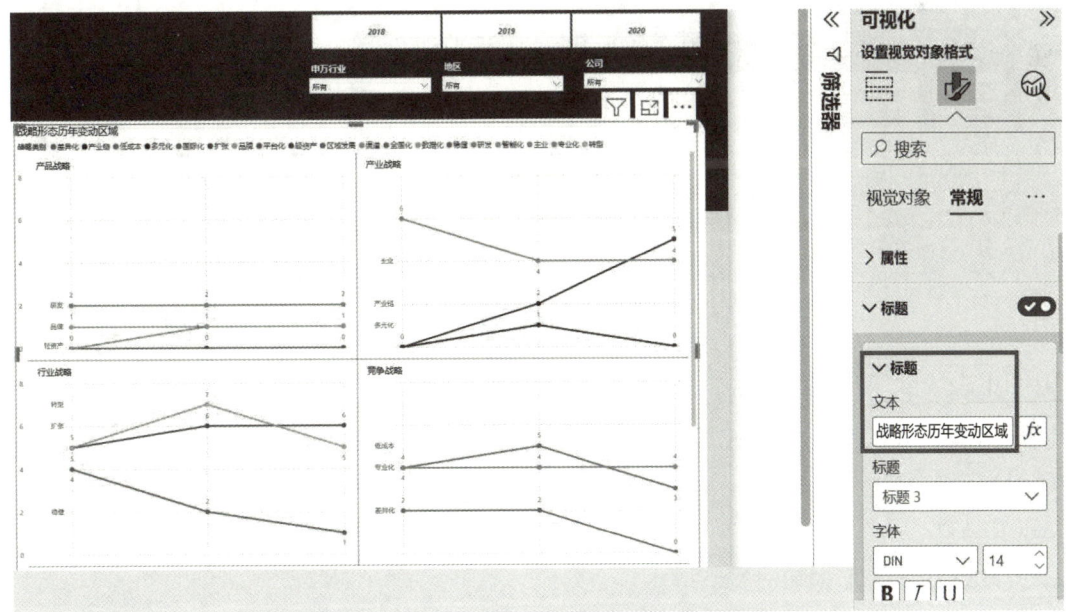

图 7-41 折线图"战略形态历年变动区域"效果

7.4.8 数据度量(27个)

1. 新建"01 – 主表度量"下度量值(23个)

点击导航栏"主页"下的"输入数据",修改名称为"01 – 主表项目",点击"加载",如图7 – 42所示。

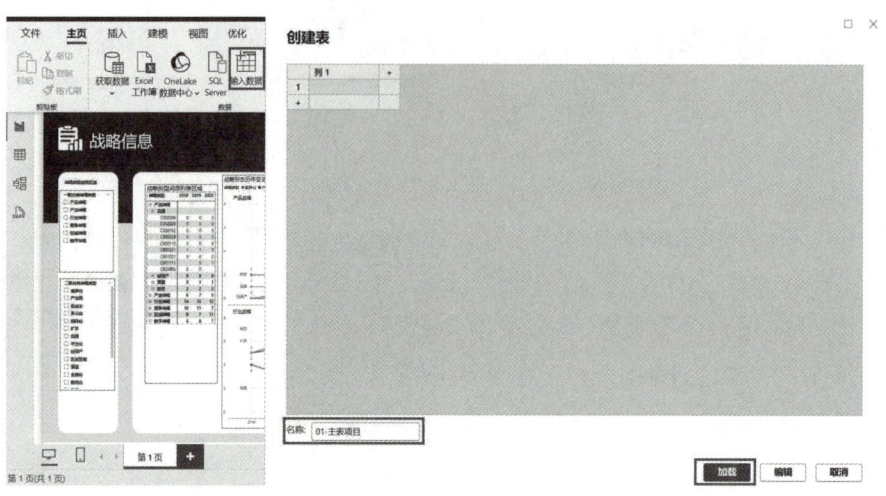

图7 – 42 新建"01 – 主表度量"表

加载完成后在右侧"数据"窗格会显示该表名称,点击"01 – 主表项目"表,选择"新建度量值",并输入下方单个度量值,如图7 – 43所示。

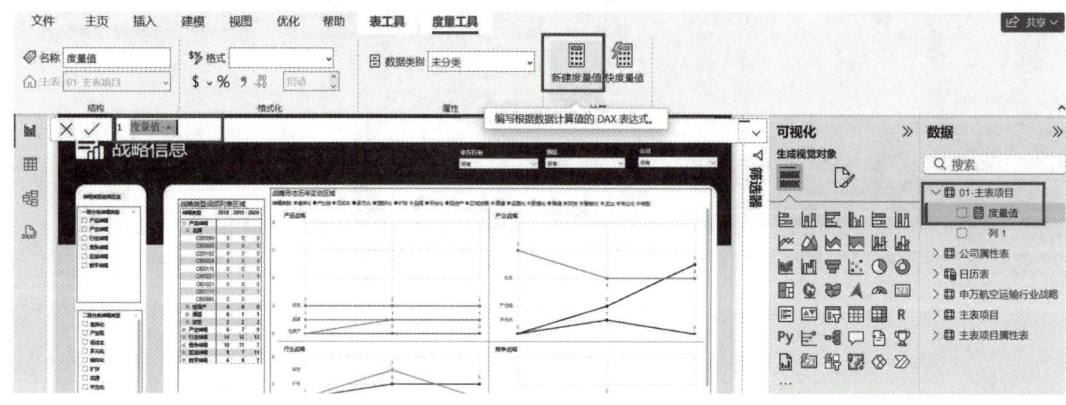

图7 – 43 新建度量值

"01 – 主表项目"度量值如下:

01 – 01 主表金额度量 = SUM('主表项目'[报表金额])

01 – 02 主表金额 =
CALCULATE(
varx = MAX('日历表'[Date])
RETURN
CALCULATE([01 – 01 主表金额度量],'日历表'[Date] = x)
)

01-03 流动资产合计 = CALCULATE([01-02 主表金额],FILTER('主表项目','主表项目'[主表项目编码] = "BSG031"))/10000

01-04 非流动资产合计 = CALCULATE([01-02 主表金额],FILTER('主表项目','主表项目'[主表项目编码] = "BSG057"))/10000

01-05 资产合计 = CALCULATE([01-02 主表金额],FILTER('主表项目','主表项目'[主表项目编码] = "BSG059"))/10000

01-06 负债合计 = CALCULATE([01-02 主表金额],FILTER('主表项目','主表项目'[主表项目编码] = "BSG107"))/10000

01-07 营业收入 = CALCULATE([01-02 主表金额],FILTER('主表项目','主表项目'[主表项目编码] = "ISG001"))/10000

01-08 营业成本 = CALCULATE([01-02 主表金额],FILTER('主表项目','主表项目'[主表项目编码] = "ISG019"))/10000

01-09 税金及附加 = CALCULATE([01-02 主表金额],FILTER('主表项目','主表项目'[主表项目编码] = "ISG029"))/10000

01-10 销售费用 = CALCULATE([01-02 主表金额],FILTER('主表项目','主表项目'[主表项目编码] = "ISG032"))/10000

01-11 管理费用 = CALCULATE([01-02 主表金额],FILTER('主表项目','主表项目'[主表项目编码] = "ISG033"))/10000

01-12 财务费用 = CALCULATE([01-02 主表金额],FILTER('主表项目','主表项目'[主表项目编码] = "ISG034"))/10000

01-13 研发费用 = CALCULATE([01-02 主表金额],FILTER('主表项目','主表项目'[主表项目编码] = "ISG061"))/10000

01-14 其他收益 = CALCULATE([01-02 主表金额],FILTER('主表项目','主表项目'[主表项目编码] = "ISG064"))/10000

01-15 所得税费用 = CALCULATE([01-02 主表金额],FILTER('主表项目','主表项目'[主表项目编码] = "ISG049"))/10000

01-16 净利润 = CALCULATE([01-02 主表金额],FILTER('主表项目','主表项目'[主表项目编码] = "ISG052"))/10000

01-17 全部成本 = [01-08 营业成本]+[01-09 税金及附加]+[01-10 销售费用]+[01-11 管理费用]+[01-12 财务费用]+[01-13 研发费用]

01-18 所有者权益合计 = CALCULATE([01-02 主表金额],FILTER('主表项目','主表项目'[主表项目编码] = "BSG125"))/10000

01-19 营业利润 = CALCULATE([01-02 主表金额],FILTER('主表项目','主表项目'[主表项目编码] = "ISG042"))/10000

01-20 营业外收入 = CALCULATE([01-02 主表金额],FILTER('主表项目','主表项目'[主表项目编码] = "ISG043"))/10000

01-21 营业外支出 = CALCULATE([01-02 主表金额],FILTER('主表项目','主表项目'[主

项目编码] = "ISG045"))/10000

01-22 其他利润=[01-19 营业利润]-[01-07 营业收入]+[01-17 全部成本]+[01-20 营业外收入]-[01-21 营业外支出]

01-23 资产总额=[01-03 流动资产合计]+[01-04 非流动资产合计]

输入全部度量值后,如图 7-44 所示。

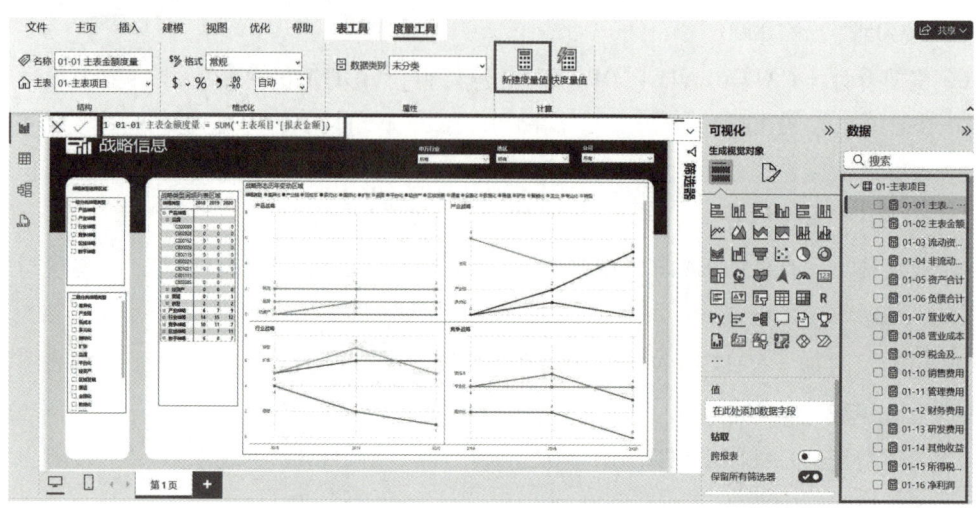

图 7-44 "01-主表项目"度量值

2. 新建"02-目标值"下度量值(4 个)

点击导航栏"主页"下的"输入数据",修改名称为"02-目标值",点击"加载"按钮,如图 7-45 所示。

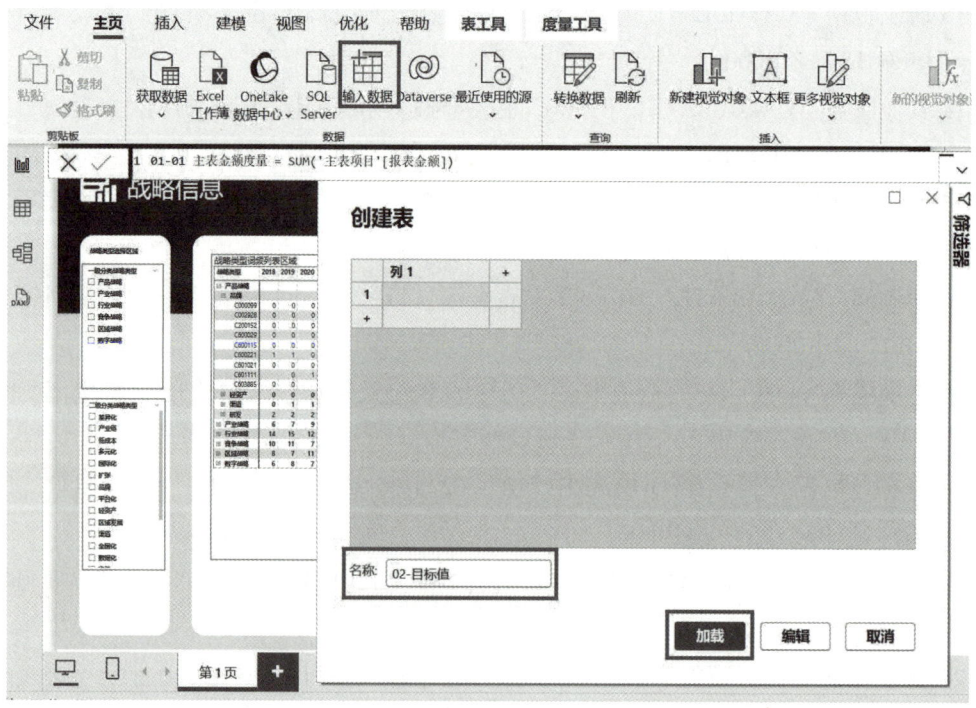

图 7-45 新建"02-目标值"表

加载完成后可在右侧数据处显示该表名称,点击"02-目标值"表,选择"新建度量值",并输入下方单个度量值。

02-01 资产合计(上年) = CALCULATE([01-05 资产合计],SAMEPERIODLASTYEAR('日历表'[Date]))

02-02 负债合计(上年) = CALCULATE([01-06 负债合计],SAMEPERIODLASTYEAR('日历表'[Date]))

02-03 权益合计(上年) = CALCULATE([01-18 所有者权益合计],SAMEPERIODLASTYEAR('日历表'[Date]))

02-04 净利润(上年) = CALCULATE([01-16 净利润],SAMEPERIODLASTYEAR('日历表'[Date]))

输入全部度量值后,可以删除"列1",如图 7-46 所示。

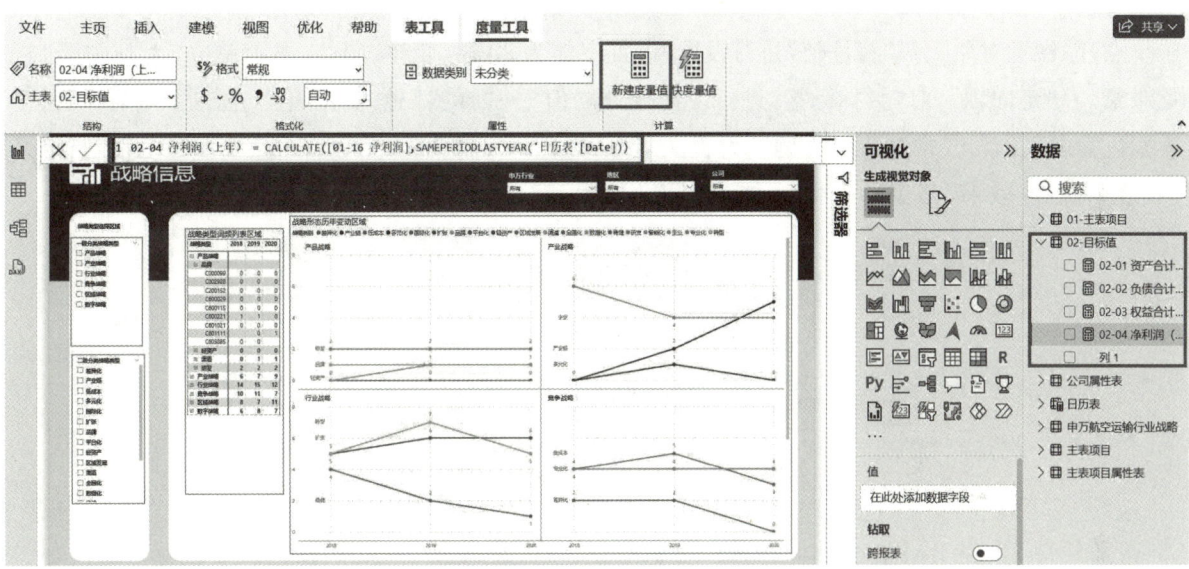

图 7-46 "02-目标值"度量值

7.4.9 创建视觉对象"KPI"(4 个)

1. 插入"KPI"视觉对象

点击右侧"可视化"窗口中的"KPI"图标,将"数据"窗格中的"01-主表项目"中的"01-05 资产合计"设置为"值","日历表"中的"年"设置为"走向轴","02-目标值"中的"02-01 资产合计(上年)"设置为"目标",如表 7-1 所示。

表 7-1 "资产"KPI 设置

项目名称	值	走向轴	目标
资产	'01-主表项目'[01-05 资产合计]	'日历表'[年]	'02-目标值'[02-01 资产合计(上年)]

设置效果如图 7-47 所示。

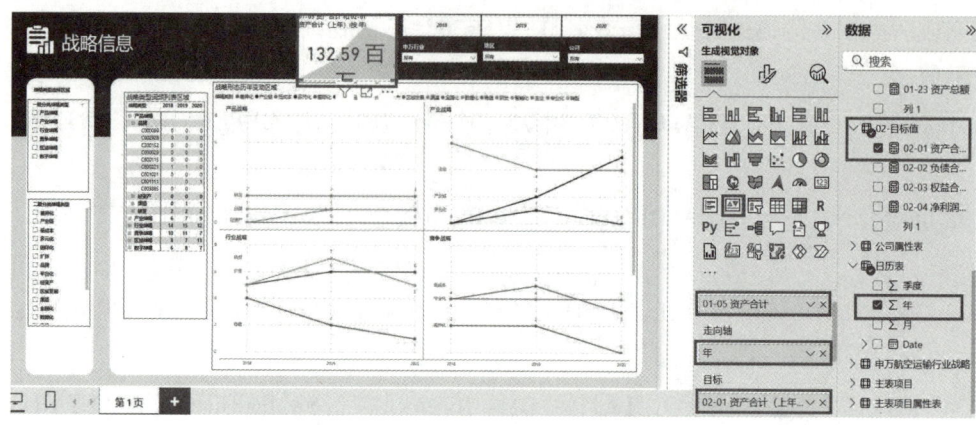

图 7-47 "资产"KPI

2. KPI 格式设置

点开"视觉对象",对"标注值"进行设置,设置字体为 20 磅,粗体、斜体,显示单位"无";关闭"视觉对象"-"走向轴";对"目标标签"进行设置,选择"值"→"标签"输入"上年",值的字体为 8 磅,字体颜色为白色;点开"常规"→"标题",设置文本为"资产",字体为 14 磅、加粗,文本颜色为白色;点开"常规",点击"效果",关闭"背景"。如图 7-48 所示。

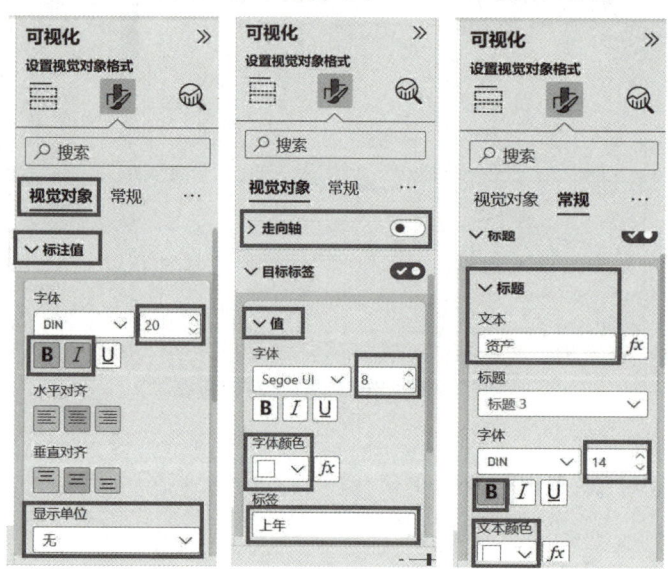

图 7-48 "KPI"格式设置

3. 3 个"KPI"视觉对象

插入另外 3 个"KPI"视觉对象,分别为"负债""所有者权益""净利润",操作参照"资产"KPI 进行即可,各项值、走向轴、目标汇总见表 7-2。

表 7-2 3 个"KPI"设置

项目名称	值	走向轴	目标
负债	'01-主表项目'[01-06 负债合计]	'日历表'[年]	'02-目标值'[02-02 负债合计(上年)]
所有者权益	'01-主表项目'[01-18 所有者权益合计]	'日历表'[年]	'02-目标值'[02-03 权益合计(上年)]

续表

项目名称	值	走向轴	目标
净利润	'01 – 主表项目'[01 – 16 净利润]	'日历表'[年]	'02 – 目标值'[02 – 04 净利润(上年)]

4. 标题等格式设置

对"常规"下的"标题"进行设置,"标题文本"分别输入"负债""所有者权益""净利润",其他格式设置和第一个"资产"KPI 保持一致,最终呈现效果如图 7 – 49 所示。

图 7 – 49　4 个"KPI"效果

7.4.10　修改页面名称

双击修改页面下方页选项卡名称"第 1 页"为"信息","信息"页面(除页面导航跳转按钮)预览见图 7 – 50。

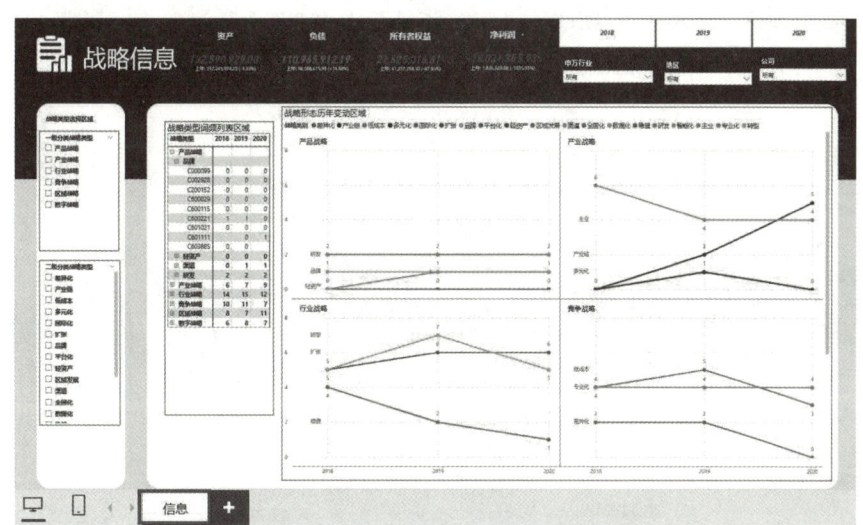

图 7 – 50　"信息"页面总体效果

7.5　数据可视化——"杜邦分析"页面

7.5.1　页面设置

1. 画布设置

点击页面下方页选项卡" + "号新建页面,在报表视图"可视化"窗格中选择"设置页面格式",点击"画布设置",在类型中选择"自定义",输入高度"1080"、宽度"1920",如图7-51所示。

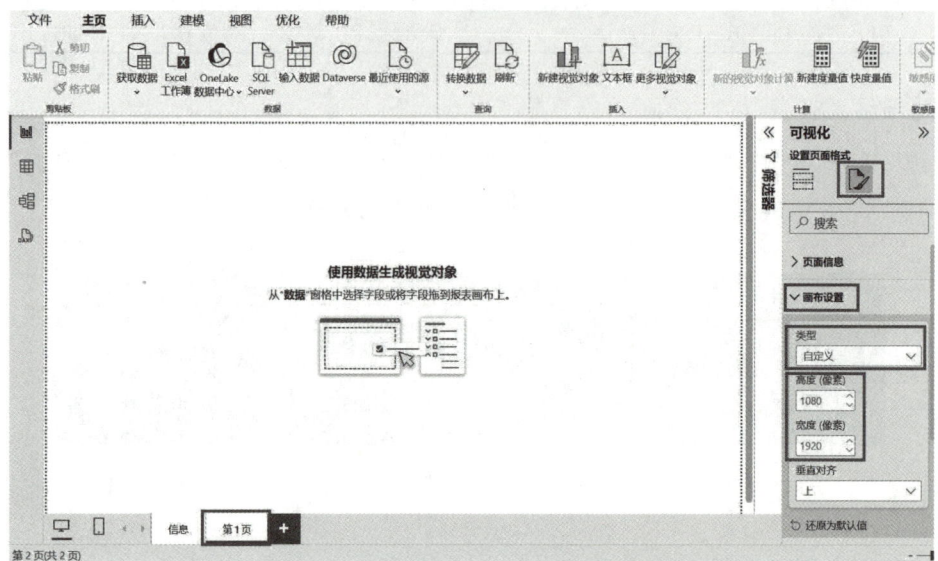

图7-51 画布设置

2. 添加画布背景

在报表视图"可视化"窗格中进一步选择"画布背景",点击"图像",浏览框中选择文件名为"背景图(2)"的图像文件,设置"透明度(%)"为"0",修改页面下方名称"第1页"为"杜邦分析",如图7-52所示。

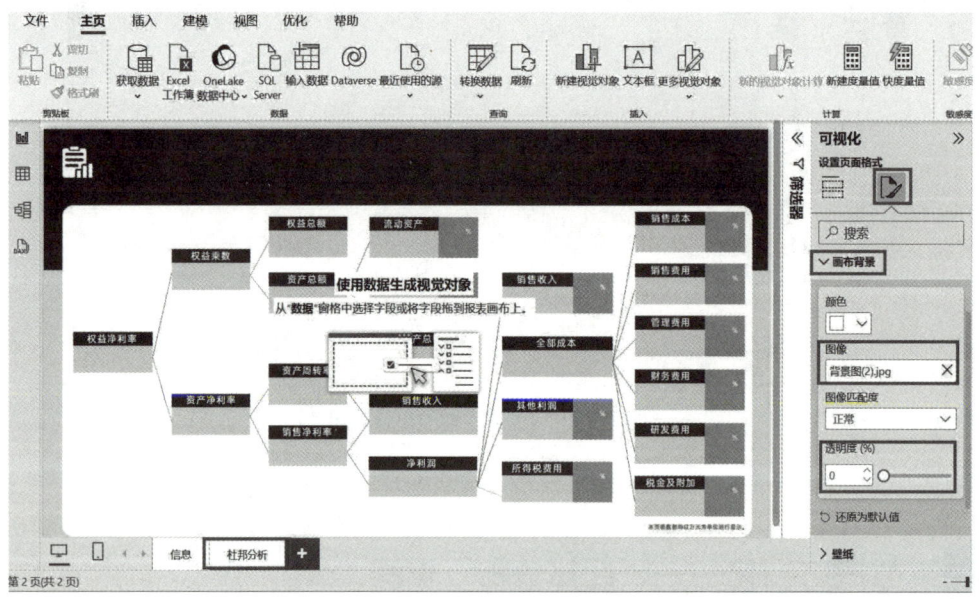

图7-52 画布背景设置

3. 页面视图

点击"视图"下的"页面视图",下拉后选择"适应宽度",完成适应宽度设置,操作步骤和图7-22一致。

7.5.2 新建参数(11个)

1. 新建11个参数

点击导航栏"建模"下的"新建参数",点击"数值范围",在弹出的"参数"界面按下方参数进行依次输入。第一个销售成本参数操作过程如图7-53所示。

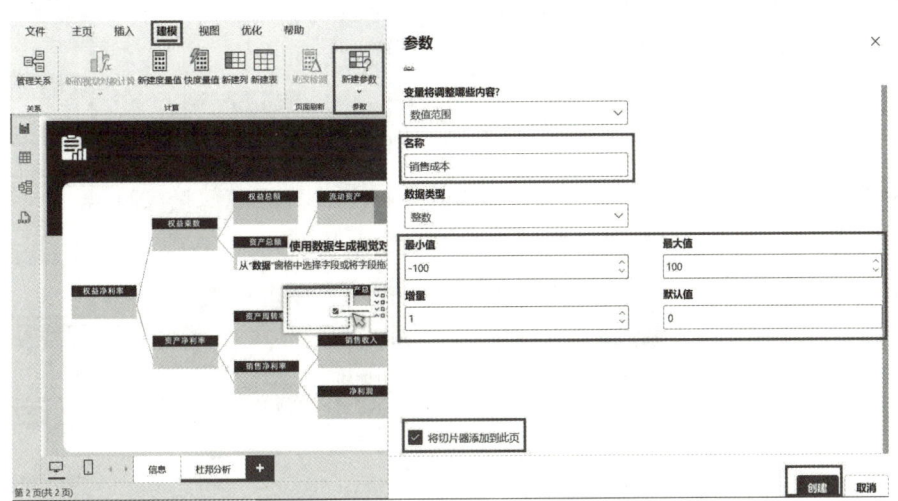

图7-53 新建"销售成本"参数

这11个参数具体包括:

(1)销售成本:修改名称为"销售成本"参数设定,数据类型整数,最小值为-100,最大值为100,增量为1,默认值为0,勾选"将切片器添加到此页"。

(2)销售费用:修改名称为"销售费用"参数设定,数据类型整数,最小值为-100,最大值为100,增量为1,默认值为0,勾选"将切片器添加到此页"。

(3)管理费用:修改名称为"管理费用"参数设定,数据类型整数,最小值为-100,最大值为100,增量为1,默认值为0,勾选"将切片器添加到此页"。

(4)财务费用:修改名称为"财务费用"参数设定,数据类型整数,最小值为-100,最大值为100,增量为1,默认值为0,勾选"将切片器添加到此页"。

(5)研发费用:修改名称为"研发费用"参数设定,数据类型整数,最小值为-100,最大值为100,增量为1,默认值为0,勾选"将切片器添加到此页"。

(6)税金及附加:修改名称为"税金及附加"参数设定,数据类型整数,最小值为-100,最大值为100,增量为1,默认值为0,勾选"将切片器添加到此页"。

(7)销售收入:修改名称为"销售收入"参数设定,数据类型整数,最小值为-100,最大值为100,增量为1,默认值为0,勾选"将切片器添加到此页"。

(8)其他利润:修改名称为"其他利润"参数设定,数据类型整数,最小值为-100,最大值为100,增量为1,默认值为0,勾选"将切片器添加到此页"。

(9)所得税费用:修改名称为"所得税费用"参数设定,数据类型整数,最小值为-100,最大值为100,增量为1,默认值为0,勾选"将切片器添加到此页"。

(10)流动资产:修改名称为"流动资产"参数设定,数据类型整数,最小值为-100,最大值为100,增量为1,默认值为0,勾选"将切片器添加到此页"。

(11)非流动资产:修改名称为"非流动资产"参数设定,数据类型整数,最小值为-100,最大值为100,增量为1,默认值为0,勾选"将切片器添加到此页"。

上述11项参数操作完毕后,在每一个参数窗口统一输入"0"值,如图7-54所示。

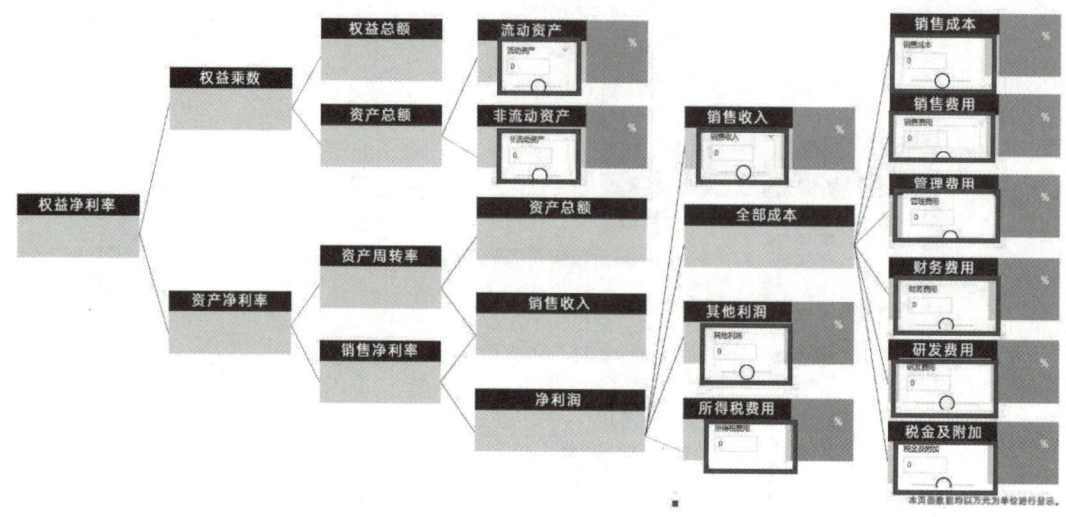

图7-54 新建11个参数

2. 参数格式设置

按Ctrl键同时选中11个参数,统一设置格式。

关闭"视觉对象"中的"切片器标头","视觉对象"中的"值"设置字体为10磅,粗体、斜体,字体颜色为白色,点开"常规",点击"效果",关闭"背景",如图7-55所示。

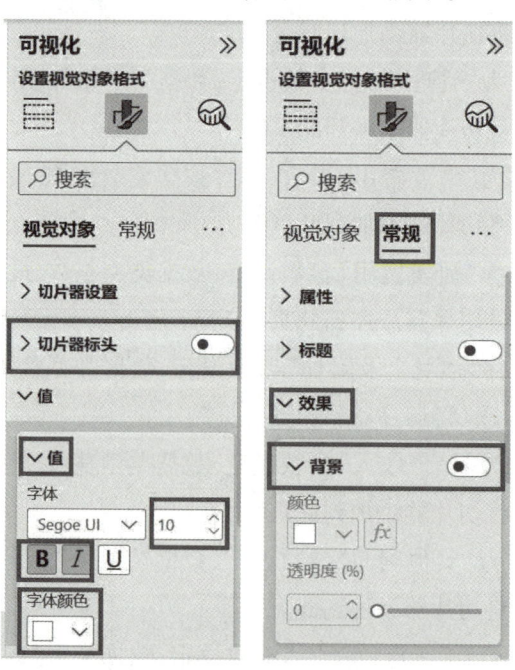

图7-55 参数格式设置

格式设置完成后,将 11 个参数拖到"%"左边对应位置,整体效果如图 7-56 所示。

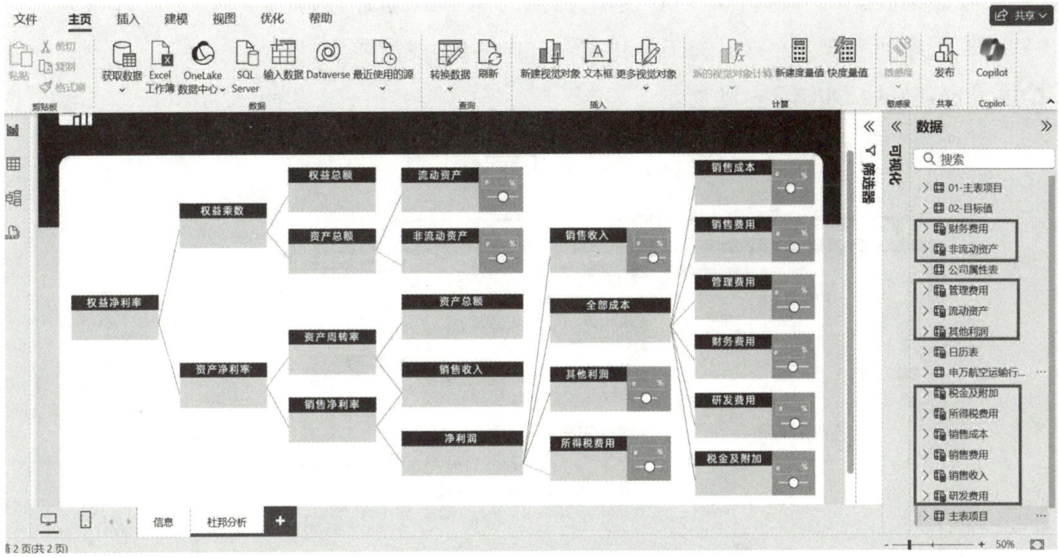

图 7-56 11 个参数设置效果

7.5.3 数据度量(24 个)

1. 新建"03-指标值"下度量值(5 个)

点击导航栏"主页"下的"输入数据",修改"名称"为"03-指标值",点击"加载",加载完成后可在右侧"数据"窗格显示该表名称,操作见图 7-57。

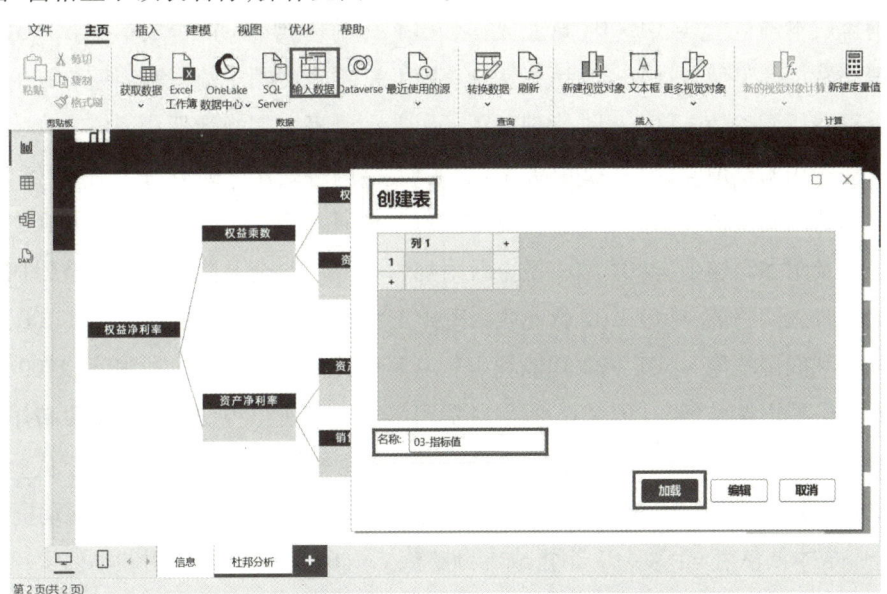

图 7-57 新建"03-指标值"表

点击"03-指标值"表,选择"新建度量值",逐一输入下方单个度量值。

03-01 销售净利率 = [01-16 净利润]/[01-07 营业收入]

03-02 资产周转率 = [01-07 营业收入]/[01-23 资产总额]

03－03 资产净利率＝[03－01 销售净利率]*[03－02 资产周转率]

03－04 权益乘数＝1/(1－([01－06 负债合计]/[01－23 资产总额]))

03－05 权益净利率＝[03－03 资产净利率]*[03－04 权益乘数]

5 个度量值建好后,如图 7－58 所示。

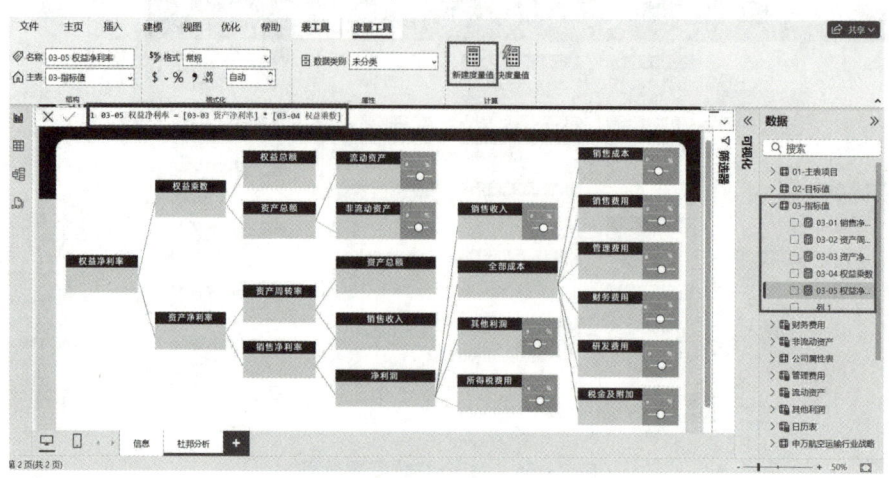

图 7－58 "03－指标值"度量值

2. 新建"04－调整值"下度量值(19 个)

参照上述操作,点击导航栏"主页"下的"输入数据",修改"名称"为"04－调整值",点击"加载",加载完成后可在右侧"数据"窗格显示该表名称。

点击"04－调整值"表,选择"新建度量值",逐一输入下方单个度量值,注意"值"前面的空格。

04－01 销售成本调整值＝[01－08 营业成本]*(1+'销售成本'[销售成本值]/100)

04－02 销售费用调整值＝[01－10 销售费用]*(1+'销售费用'[销售费用值]/100)

04－03 管理费用调整值＝[01－11 管理费用]*(1+'管理费用'[管理费用值]/100)

04－04 财务费用调整值＝[01－12 财务费用]*(1+'财务费用'[财务费用值]/100)

04－05 研发费用调整值＝[01－13 研发费用]*(1+'研发费用'[研发费用值]/100)

04－06 税金及附加调整值＝[01－09 税金及附加]*(1+'税金及附加'[税金及附加值]/100)

04－07 销售收入调整值＝[01－07 营业收入]*(1+'销售收入'[销售收入值]/100)

04－08 其他利润调整值＝[01－22 其他利润]*(1+'其他利润'[其他利润值]/100)

04－09 所得税费用调整值＝[01－15 所得税费用]*(1+'所得税费用'[所得税费用值]/100)

04－10 流动资产调整值＝[01－03 流动资产合计]*(1+'流动资产'[流动资产值]/100)

04－11 非流动资产调整值＝[01－04 非流动资产合计]*(1+'非流动资产'[非流动资产值]/100)

04－12 全部成本调整值＝[04－01 销售成本调整值]+[04－02 销售费用调整值]+[04－03 管理费用调整值]+[04－04 财务费用调整值]+[04－05 研发费用调整值]+[04－06 税金及附加调整值]

04－13 资产总额调整值＝[04－10 流动资产调整值]+[04－11 非流动资产调整值]

04－14 资产周转率调整值＝[04－07 销售收入调整值]/[04－13 资产总额调整值]

04－15 净利润调整值＝[04－07 销售收入调整值]－[04－12 全部成本调整值]+[04－08 其他利润调整值]－[04－09 所得税费用调整值]

04-16 销售净利率调整值=[04-15 净利润调整值]/[04-07 销售收入调整值]

04-17 资产净利率调整值=[04-16 销售净利率调整值]*[04-14 资产周转率调整值]

04-18 权益乘数调整值=1/(1-([01-06 负债合计]/[04-13 资产总额调整值]))

04-19 权益净利率调整值=[04-17 资产净利率调整值]*[04-18 权益乘数调整值]

此处共 19 个度量值,效果如图 7-59 所示。

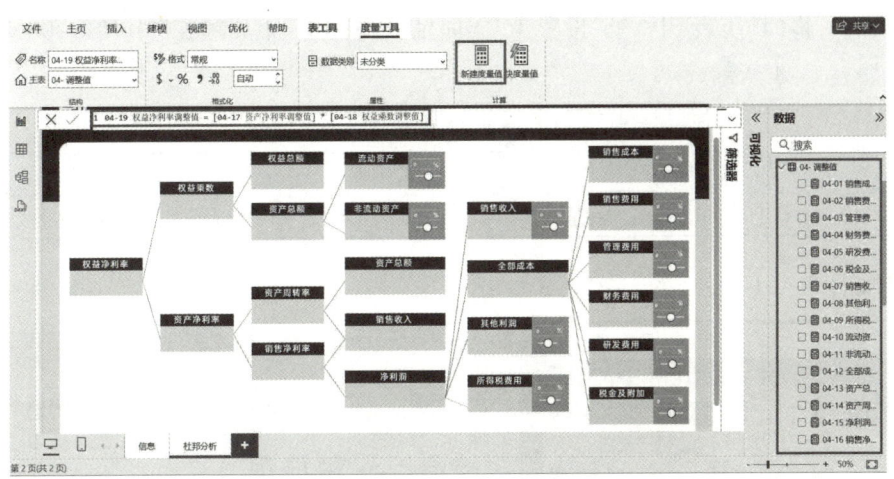

图 7-59 "04-调整值"度量值

7.5.4 创建视觉对象"切片器"

将"信息"页面中创建的四个切片器复制到"杜邦分析"页面中,按住 Ctrl 键点击进行多选,点击"同步",并调整显示大小及位置,如图 7-60 所示。

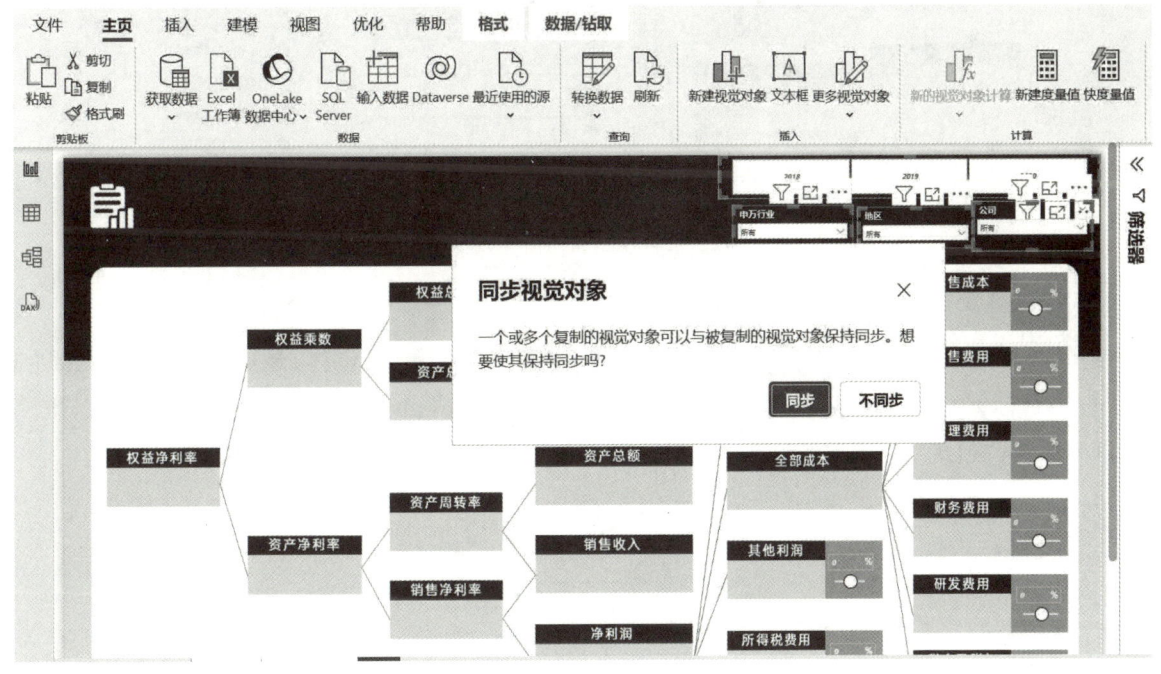

图 7-60 切片器复制

7.5.5 创建视觉对象"KPI"(22个)

1. 插入"KPI"视觉对象

以"销售成本"为例,操作过程如图7-61所示。

点击右侧"可视化"窗口下的"KPI"图标,将"数据"窗格中"04-调整值"中"04-01销售成本调整值"设置为"值",将"日历表"中"年"设置为"走向轴",将"01-主表项目"中"01-08营业成本"设置为"目标",如表7-3所示。

表7-3 "销售成本"KPI视觉对象设置

项目名称	值	走向轴	目标
销售成本	'04-调整值'[04-01销售成本调整值]	'日历表'[年]	'01-主表项目'[01-08营业成本]

设置效果如图7-61所示。

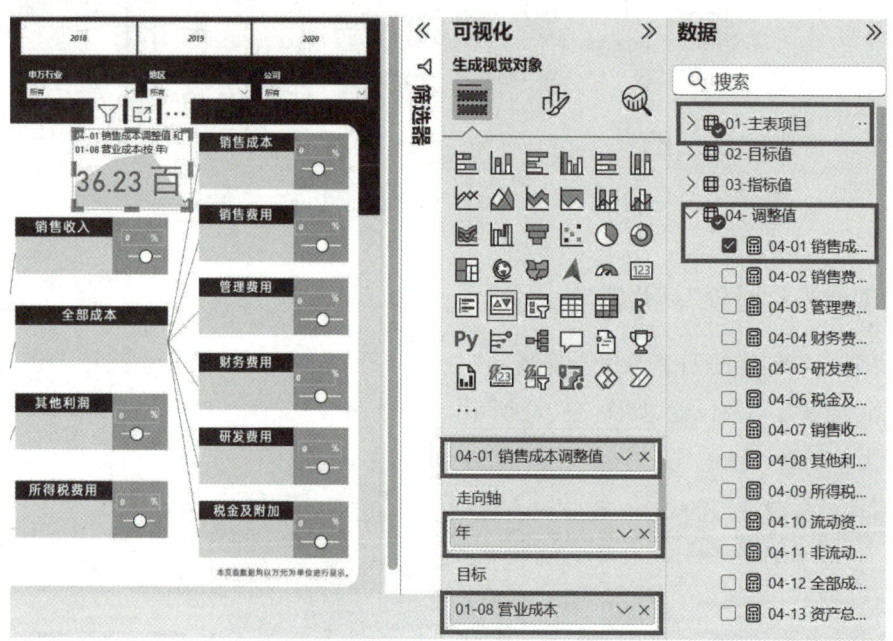

图7-61 "销售成本"KPI设置

2. "KPI"格式设置

点开"视觉对象",对"标注值"进行设置,设置字体为20磅、粗体、斜体,显示单位"无";关闭"走向轴";对"目标标签"进行设置,选择"值"→"标签"输入"原值","值"的字体为8磅、粗体、斜体,字体颜色为黑色;"常规"→"标题"关闭,"效果"→"背景"关闭。操作步骤见图7-62。

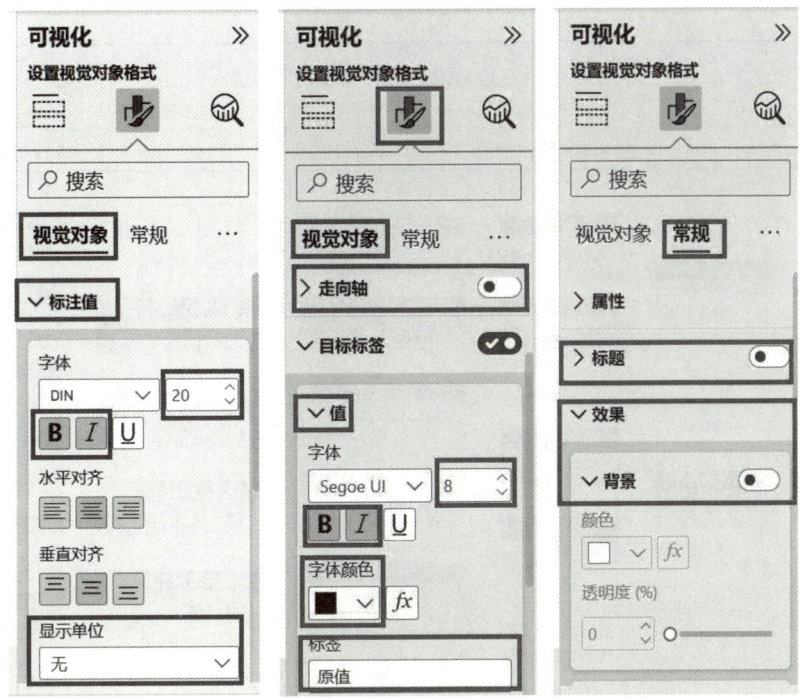

图7-62 "KPI"格式设置

3. 其他项"杜邦分析"指标

按上述步骤完成其他项"杜邦分析"指标,各项值、走向轴、目标见表7-4,其中销售收入和资产总额需要用到两次,设置完成见图7-63。

表7-4 "KPI"视觉对象设置

项目名称	值	走向轴	目标
销售费用	'04-调整值'[04-02 销售费用调整值]	'日历表'[年]	'01-主表项目'[01-10 销售费用]
管理费用	'04-调整值'[04-03 管理费用调整值]	'日历表'[年]	'01-主表项目'[01-11 管理费用]
财务费用	'04-调整值'[04-04 财务费用调整值]	'日历表'[年]	'01-主表项目'[01-12 财务费用]
研发费用	'04-调整值'[04-05 研发费用调整值]	'日历表'[年]	'01-主表项目'[01-13 研发费用]
税金及附加	'04-调整值'[04-06 税金及附加调整值]	'日历表'[年]	'01-主表项目'[01-09 税金及附加]
销售收入	'04-调整值'[04-07 销售收入调整值]	'日历表'[年]	'01-主表项目'[01-07 营业收入]
其他利润	'04-调整值'[04-08 其他利润调整值]	'日历表'[年]	'01-主表项目'[01-22 其他利润]
所得税费用	'04-调整值'[04-09 所得税费用调整值]	'日历表'[年]	'01-主表项目'[01-15 所得税费用]
流动资产	'04-调整值'[04-10 流动资产调整值]	'日历表'[年]	'01-主表项目'[01-03 流动资产合计]
非流动资产	'04-调整值'[04-11 非流动资产调整值]	'日历表'[年]	'01-主表项目'[01-04 非流动资产合计]
全部成本	'04-调整值'[04-12 全部成本调整值]	'日历表'[年]	'01-主表项目'[01-17 全部成本]
资产总额	'04-调整值'[04-13 资产总额调整值]	'日历表'[年]	'01-主表项目'[01-23 资产总额]
净利润	'04-调整值'[04-15 净利润调整值]	'日历表'[年]	'01-主表项目'[01-16 净利润]
权益总额	'01-主表项目'[01-18 所有者权益合计]	'日历表'[年]	
资产周转率	'04-调整值'[04-14 资产周转率调整值]	'日历表'[年]	'03-指标值'[03-02 资产周转率]
销售净利率	'04-调整值'[04-16 销售净利率调整值]	'日历表'[年]	'03-指标值'[03-01 销售净利率]
权益乘数	'04-调整值'[04-18 权益乘数调整值]	'日历表'[年]	'03-指标值'[03-04 权益乘数]

续表

项目名称	值	走向轴	目标
资产净利率	'04 – 调整值'[04 – 17 资产净利率调整值]	'日历表'[年]	'03 – 指标值'[03 – 03 资产净利率]
权益净利率	'04 – 调整值'[04 – 19 权益净利率调整值]	'日历表'[年]	'03 – 指标值'[03 – 05 权益净利率]

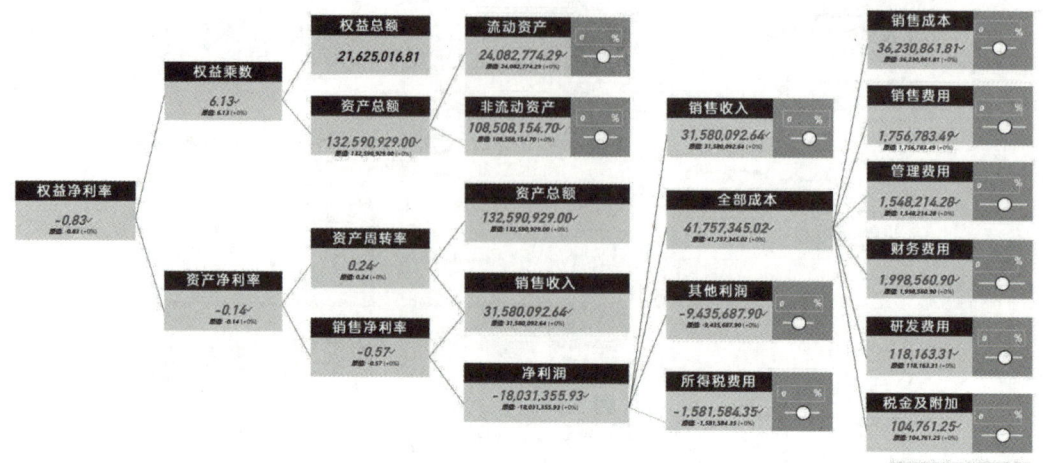

图 7 – 63　杜邦分析"KPI"设置

4. 百分比格式设置

需要将"03 – 指标值"中的 4 个度量值("03 – 01 销售净利率""03 – 02 资产周转率""03 – 03 资产净利率""03 – 05 权益净利率")调整成百分比形式,将"04 – 调整值"中的 4 个度量值("04 – 14 资产周转率调整值""04 – 16 销售净利率调整值""04 – 17 资产净利率调整值""04 – 19 权益净利率调整值")调整为百分比形式,可以通过模型视图进行统一调整,也可以单个调整,如图 7 – 64 所示。

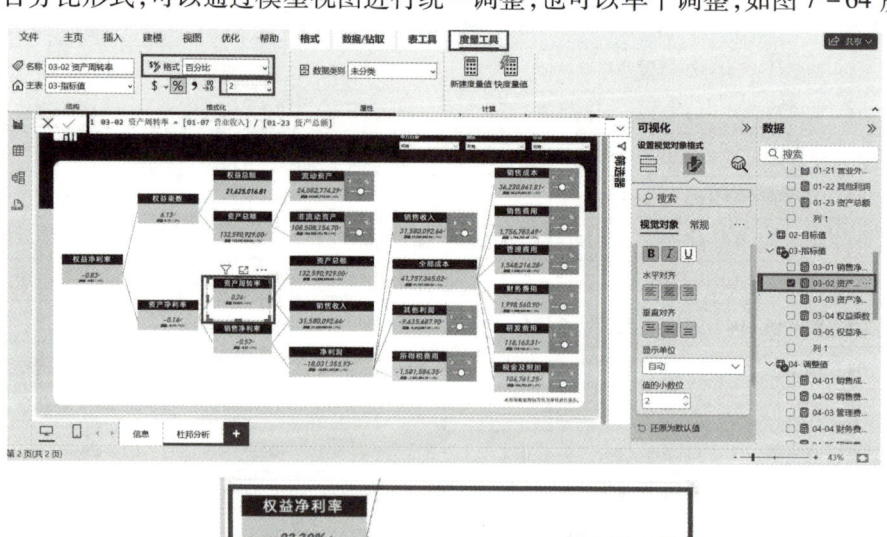

图 7 – 64　KPI 百分比格式设置

5. 杜邦分析呈现效果

全部设置完成后,杜邦分析呈现效果如图7-65所示。

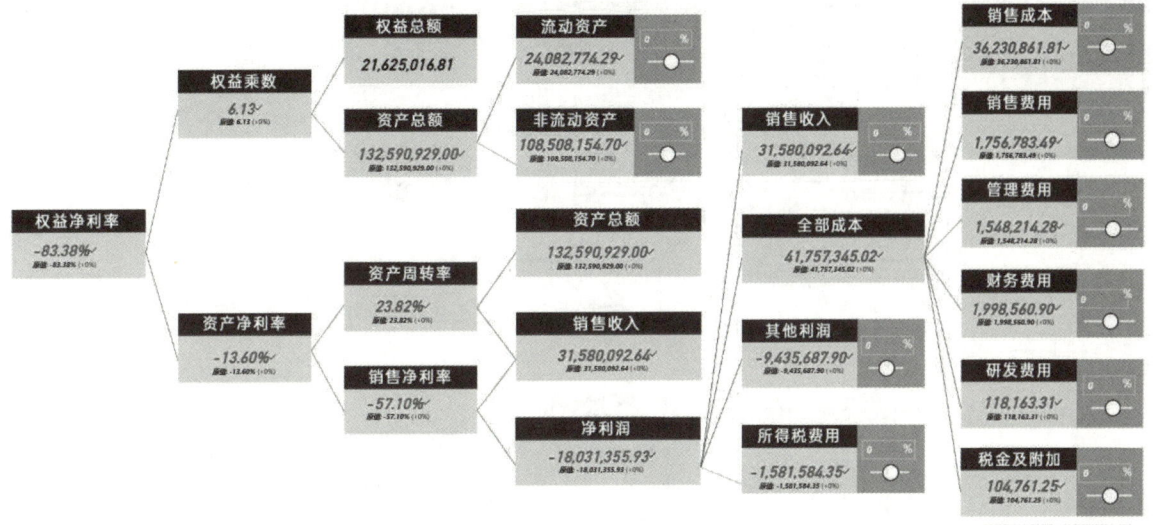

图 7-65　杜邦分析呈现效果

7.5.6　创建视觉对象"切片器"——战略类型、战略类别切片器

1. 战略类型切片器

点击右侧"可视化"窗口中的"切片器"图标,将"数据"窗格中的"申万航空运输行业战略"中"战略类型"拖动至"字段"处,如图7-66所示。

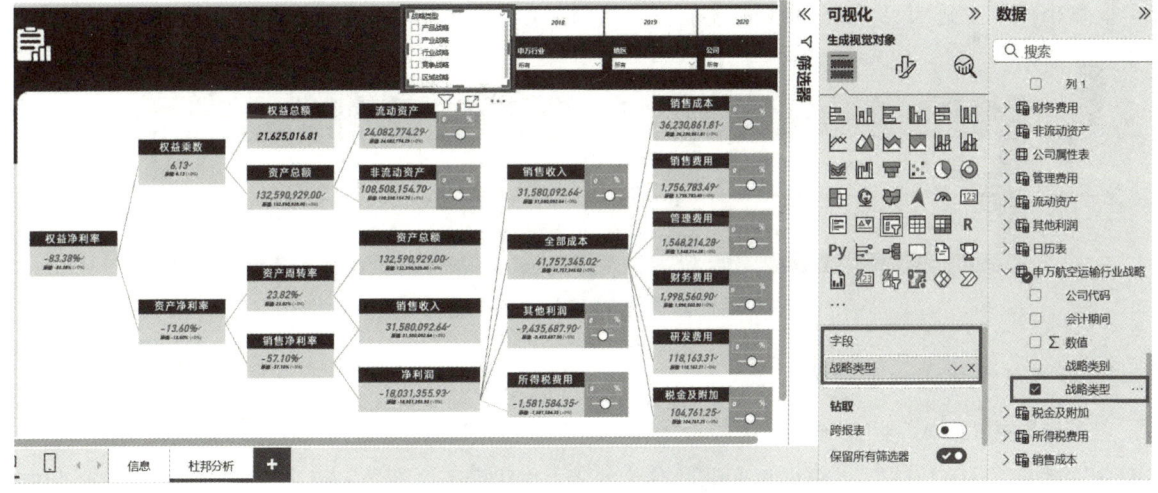

图 7-66　战略类型切片器

格式设置如下:

在"视觉对象"→"切片器设置"→"选项"中的"样式"选中"磁贴",打开"切片器标头";"视觉对象"→"文本"→"标题文本"改成"一级分类战略类型",设置字体为9磅,粗体、斜体,字体颜色为白色,打开"显示摘要";"视觉对象"→"值"设置字体为10磅,粗体、斜体,字体颜色为黑色;点开"常

规",点击"效果",关闭"背景"。操作过程见图7-67。

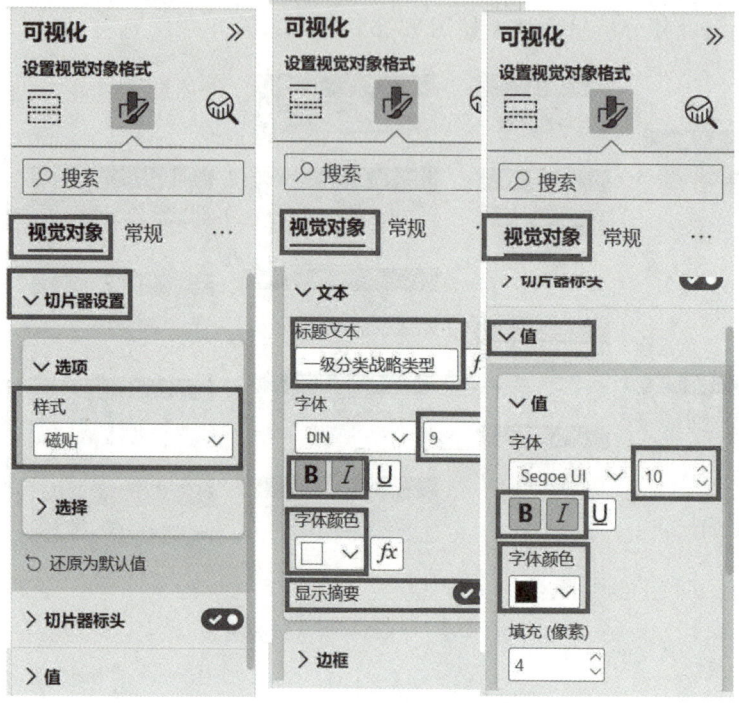

图7-67 一级分类战略类型切片器格式设置

2. 战略类别切片器

点击右侧"可视化"窗口中的"切片器"图标,将"数据"窗格中"申万航空运输行业战略"中"战略类别"拖动至"字段"处。

设置格式同上述"1."步骤,将切片器标头"标题文本"更改为"二级分类战略类别",最终效果如图7-68所示。

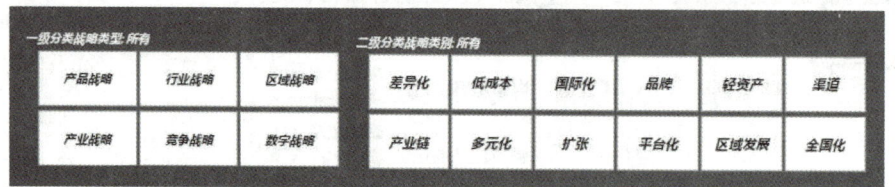

图7-68 战略类型、战略类别切片器呈现效果

3. 数据可视化——页面导航器

点击导航栏"插入"下的"按钮"下拉框"导航器"→"页面导航器"。在"信息"页面和"杜邦分析"页面分别插入"页面导航器",根据页面调整其大小及位置即可,如图7-69所示。

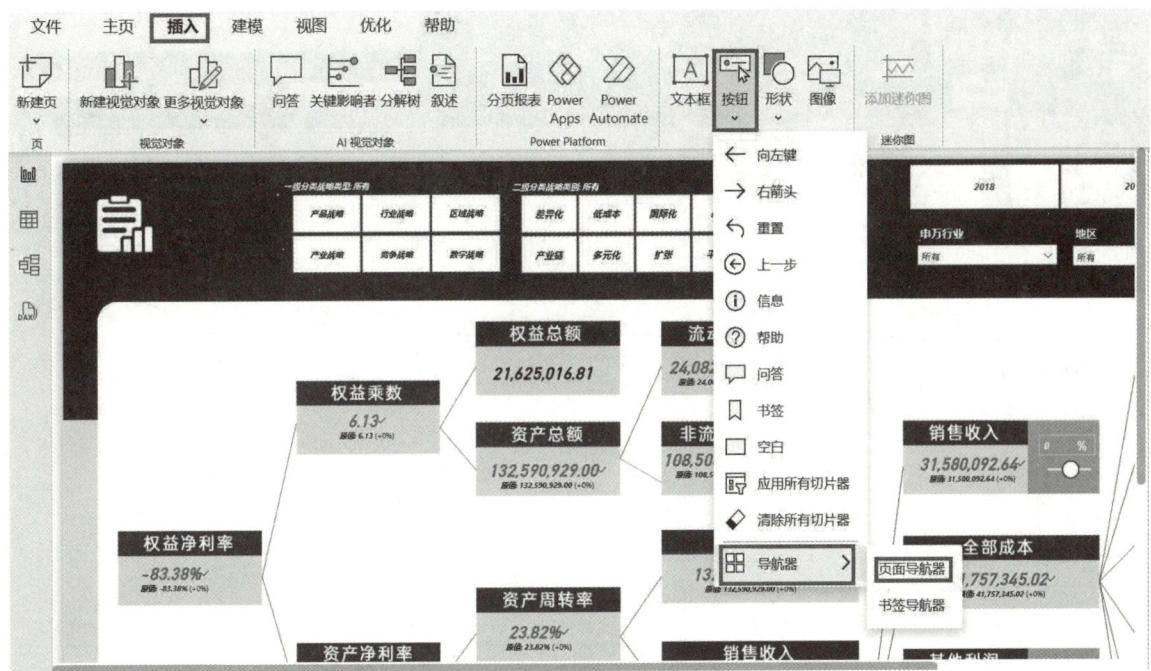

图 7-69 页面导航器设置

"杜邦分析"页面最终效果预览如图 7-70 所示。

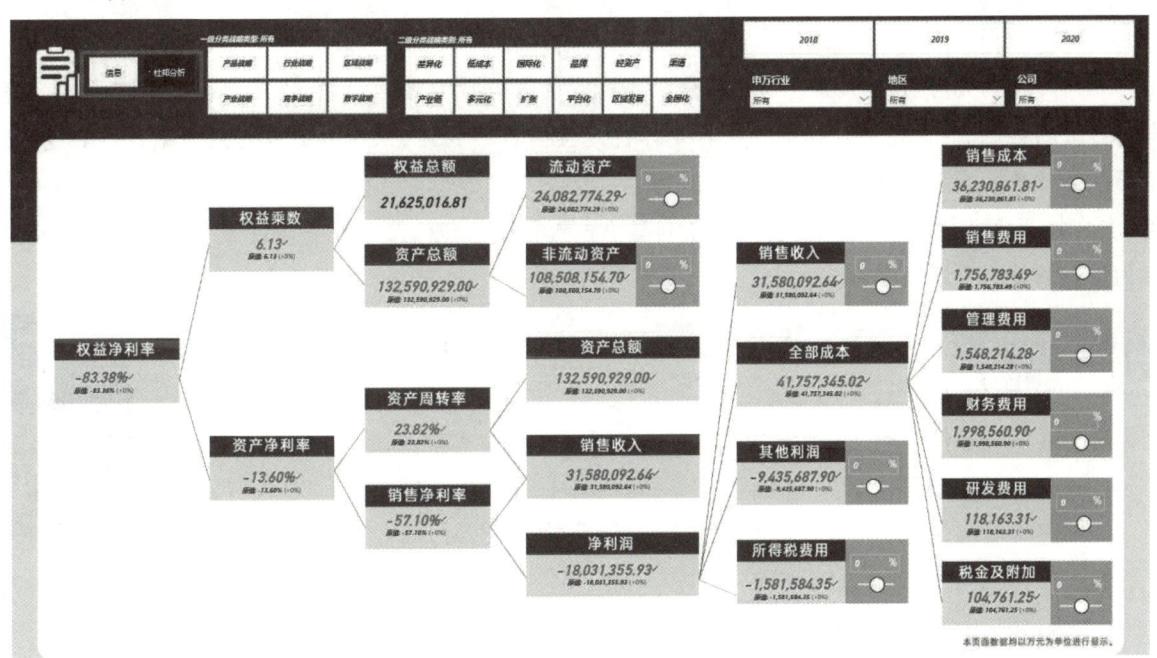

图 7-70 "杜邦分析"页面最终效果预览

"信息"页面最终效果预览如图 7-71 所示。

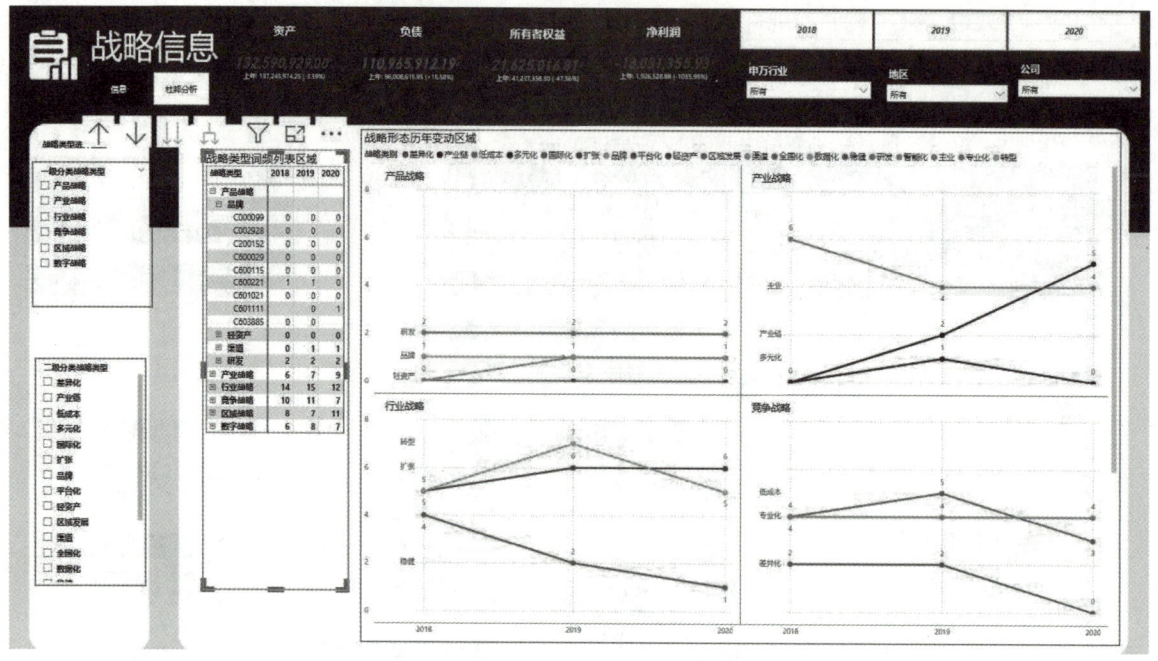

图7-71 "信息"页面最终效果预览

本章小结

本项目中将财务分析工具——杜邦分析法引入管理会计业绩评价中,借助Power BI将战略管理与杜邦分析相融合,通过杜邦分析方法量化评价定性描述的战略,从而判断战略对绩效产生的影响,进行业绩评价。实验在信息页通过折线图展示了战略形态的变化,通过词频列表定量化分析战略类型,在杜邦分析页借助杜邦体系,以权益净利率为核心,逐层分解,形象化呈现变量变动对业绩核心指标的影响程度。

课后拓展

管理会计学40年:研究主题、方法和理论应用的可视化分析。

管理会计学40年:研究主题、方法和理论应用的可视化分析

参考文献

[1] 樊斌,曹越,周鸿. 大数据财务分析[M]. 北京:中国人民大学出版社,2023.

[2] 尚西. Power BI 数据分析从入门到进阶[M]. 北京:机械工业出版社,2024.

[3] 王新玲. 财务大数据分析与可视化[M]. 北京:人民邮电出版社,2024.

[4] 顾瑞鹏,汪刚. 财务大数据分析与可视化:基于 Power BI 案例应用[M]. 北京:人民邮电出版社,2025.

[5] 马世权. 从 EXCEL 到 Power BI 商业智能数据分析[M]. 北京:电子工业出版社,2018.

[6] 刘鑫. 从零开始学 Power BI 商业数据分析[M]. 北京:北京理工大学出版社,2023.

[7] 潘强. Power BI 数据分析与可视化[M]. 北京:人民邮电出版社,2019.

[8] 刘必麟. Power BI 商业智能数据分析与可视化[M]. 北京:北京大学出版社,2025.

[9] 裴丽丽. Power BI 数据挖掘与可视化分析[M]. 北京:人民邮电出版社,2023.

[10] 王国平. Microsoft Power BI 商业数据分析与案例实战[M]. 北京:清华大学出版社,2025.

[11] 黄达明. Power BI 数据处理与分析(微课版)[M]. 北京:人民邮电出版社,2025.

[12] 杨华. 财务大数据分析与可视化(Power BI 版)[M]. 上海:同济大学出版社,2025.